철학,
쉽게명쾌하게

100 fiches pour aborder la philosophie by D. Bourdin, C. Bégorre-Bret,
V. Brière, J. Brumberg-Chaumont, C. Godin, M. Lemoine
Copyright ⓒ 1998 by Bréal
All Rights reserved.

Korean translation edition ⓒ 2007 by Motivebook Publishing House
Korean translation edition published by arrangement with Editions Bréal
through PubHub Literary Agency.
All Rights reserved.

이 책의 한국어판 저작권은 PubHub 에이전시를 통한 저작권자와의 독점 계약으로
도서출판 모티브북에 있습니다.
저작권법에 의해 한국 내에서 보호를 받는 저작물이므로 무단 전재와 무단 복제를 금합니다.

철학의 문제들다지는 철학의 도구
도미니크 부르넬 외 지음 • 이세진·이종민 옮김

철학, 쉽게
명쾌하게

모티브
BOOK

차례

용기를 내어 자신의 오성을 사용하라 _11
주관적으로 사유하기 _20
자기 자신에게 이야기하기 _25
'나'는 타자인가 _30
욕망의 논리 _35
인간의 '자기의식'을 논하는 것이 타당한가 _40

주제 의식의 철학에 대한 비판적 문제들 _44

감각은 우리에게 무엇을 가르쳐주는가 _49
정감의 문제들 _56
감각과 지각 : 감각적인 것이란 무엇인가? _61
실재와 가상의 대립 : 이데아 가설 _66
육체 : 육체는 감옥인가, 외부 세계와의 접근 통로인가? _71
모든 앎은 감각에서 나온다 : 경험론의 쟁점과 전제 _76

주제 '초월적 감성학'을 읽기 위하여 _80

인간 : 시간 속의 존재 _83
의식과 죽음 _91
추억이란 무엇인가 _96
시간은 우리 안에 있는가, 밖에 있는가? _100

망각도 미덕인가 _105
시간은 본질적으로 파괴적인가 _110
주제 형식으로서의 시간이냐 실재로서의 시간이냐 : 칸트와 베르그송 _114

나는 타인 없이 살 수 있을까? _118
또 다른 나 자신으로서의 타인 _126
사람은 자기 자신밖에 사랑할 수 없는가 _131
정념과 소외 _136
욕망과 상상 _140
고독과 소통 _145

주제 상호주관성의 개념 _149

자연적인 것과 문화적인 것 _153
선천적인 것과 후천적인 것 _161
욕구와 욕망 _165
자연을 존중해야만 하는가 _169
꿈과 현실 사이의 자연 _173

주제 헤겔과 낭만주의 _177

사회적 관계 : 사회 속의 인간 _181
사회적 삶의 기원에 대해 생각할 수 있는가 _189
사회 체제란 무엇인가 _194
유용성은 유일한 사회적 관계인가 _199
국가 없는 사회들 _203

주제 루소가 말하는 자연적 평화 상태 _207

의무는 자유와 대립되는가 _211
선이 무엇인지 알아야만 선하게 행동할 수 있는가 _219
자기 마음대로 하는 것이 자유인가 _224
자유와 필연의 대립, 자유와 필연의 공존 _229

왜 의무를 다해야 하는가	_234
책임감과 죄의식	_239
주제 자유의지의 문제	_244
자연법과 실정법	_247
정의 그 자체가 존재하는가	_255
가끔은 법을 어겨도 될까?	_259
폭력이 정당화될 수 있는가	_263
정의와 복수	_268
주제 힘과 정의	_272
지식과 노하우	_276
인식과 지식	_284
과학은 인식의 유일하게 가능한 형식인가	_288
과학과 기술	_291
인식에는 한계가 있는가	_295
주제 기술의 암흑전설과 황금전설	_299
아름다움, 작품, 예술가	_302
예술, 모방, 자연	_311
미적 취향은 사람마다 다른 것인가	_316
예술과 유용성	_321
천재성과 창조	_326
주제 미와 숭고에 대한 칸트의 관점	_331
역사와 역사학	_336
역사와 기억	_344
역사 속의 개인	_348
역사 없는 사회	_352
역사의 의미는 발견하는 것인가, 만들어내는 것인가?	_356

주제 역사 서술의 다양한 서술 미학 _360

말과 언어 _364
언어의 기원 : 신화인가 역사인가? _371
우리는 언어 속에서 사유하는가 _376
언어의 힘, 권력의 언어 _380
의미, 해석, 진리 _384

주제 말과 의미에 대한 아리스토텔레스의 관점 _388

하나의 담론 체계가 과학이라는 것을 어떻게 알 수 있는가 _392
경험과 과학적 지식 _400
생명 현상이 과학의 연구 대상이 될 때 _404
수학은 무엇을 알고 있는가 _408
상상력과 과학적 정신 _412
과학은 분별력이 있다고 할 수 있는가 _416

주제 가스통 바슐라르의 인식론 _420

사유, 지식, 믿음 _424
오류와 환상 _431
진리는 모든 사람이 인정하는 믿음에 불과한 것이 아닐까? _435
사상의 자유 _439
믿음의 이유들 _443

주제 칸트의 텍스트 「사유 속에서 방향을 바르게 잡는다는 것은
무엇인가?」의 주요 논점에 대한 입문 _446

인간 본성이라는 것은 과연 존재하는가 _450
인간에 대한 과학은 가능한 것일까? _457
인간은 인간 역사의 산물인가 _461
신, 동물, 기계 _465
인간적인 것과 비인간적인 것 _469

주제 오귀스트 콩트의 과학 분류　　　　　　　　　　_473

노동의 여러 모순　　　　　　　　　　　　　　　　_477
노동은 필요인가, 권리인가?　　　　　　　　　　　_485
여가는 인생의 이상이 될 수 있는가　　　　　　　　_488
모든 활동은 노동인가　　　　　　　　　　　　　　_492
노동 때문에 사람들은 연대하는가, 경쟁하는가?　　_496

주제 자유주의와 마르크스주의　　　　　　　　　　_500

행복의 추구는 윤리학이 될 수 있는가　　　　　　　_503
행복, 상상력의 이상　　　　　　　　　　　　　　　_510
우리는 악을 원할 수 있는가　　　　　　　　　　　_514
종교, 약속, 기억　　　　　　　　　　　　　　　　_519
최고선의 관념　　　　　　　　　　　　　　　　　_523
창작 활동의 행과 불행　　　　　　　　　　　　　_528

주제 걱정 없는 인생이라는 고대의 이상　　　　　　_533

왜 철학을 하는가?　　　　　　　　　　　　　　　_537
철학, 철학하기, 철학들　　　　　　　　　　　　　_544
철학적 언어는 존재하는가　　　　　　　　　　　　_548
철학과 형이상학 : 공통의 운명?　　　　　　　　　_552
철학과 과학　　　　　　　　　　　　　　　　　　_556
모든 철학은 체계를 이루어야 하는가　　　　　　　_560

주제 소피스트들　　　　　　　　　　　　　　　　　_565

찾아보기　　　　　　　　　　　　　　　　　　　_568

용기를 내어 자신의 오성을 사용하라

이 말은 18세기에 이마누엘 칸트Immanuel Kant가 개인과 계몽주의 시대 사람들에게 던지는 권고다. 이런 권고는 쓸모없지 않을까? 아무 행동도 안 하고 있으면서 누군가가 그 점을 꼬집어 비난하면 "나는 생각 중입니다. 그러니까 생각 좀 하게 나를 내버려둬요."라고 대답하면 그만인 것을 사람들은 너무 잘 알고 있으니까. 결정을 내리라고 옆에서 닦달할 때는 그저 시간을 좀 벌기 위해서 "생각하고 있거든요?"라고 쏘아붙이면 편해질 것이다. 그런데 생각을 한다는 게 그렇게 어려운 일일까? 오성을 사용하여 생각하는 데도 용기가 필요한가? 더구나 우리는 잠잘 때를 제외하면 단 한순간이라도 생각을 하지 않는 때가 있기는 한가? 적어도 생각한다는 것이 꿈꾸고, 상상하고, 욕망하고, 두려워하고⋯⋯ 이런 모든 정신 활동을 포함한다면 말이다.

생각은 인간의 특징

인간의 고유성

인간의 특징은 도구를 사용할 수 있는 능력과 생각할 수 있는 능력에 있다. 물론 이 두 가지 특징은 서로 관련이 있다. 사물을 만들어내고 도구를 사용하려면 어떤 계획을 생각해야 할 것이고, 목표를 이루기 위한 수단을 생각해야 할 것이다. 이 모든 것에는 결정을 내릴 수 있는 능력, 다시 말해 판단할 수 있는 능력이 전제된다.

인간의 지성은 그것이 일으킬 수 있는 사태, 즉 자연을 변화시켜 사물을 만들어낸다는 점에서 두드러진다. 그래서 인간은 역사를 만든다. 역사 속에서 생활양식에 대한 인간의 욕구는 시간에 따라 자꾸 변화한다.

인간의 지성과 인간 문화의 외적 표현으로 미루어보건대, 인간은 현실과 다양한 가능성들을 비교할 수 있는 내적 활동을 하고 있음이 분명하다. 어떤 결정을 내리게 해주는 판단 활동은 분명히 이성의 표현이다. 르네 데카르트René Descartes는 『방법서설方法序說』에서 개인의 정신이 얼마나 명민한가에 상관없이 모든 인간에게 이러한 이성이 있다고 강조했다. 이성은 누가 더 가졌고 누가 덜 가졌다고 따질 수 있는 게 아니다. 이성은 어떤 관점을 취할 수 있고, 판단할 수 있는 능력 그 자체인 것이다.

점진적인 습득

그렇지만 아이는 이성을 점진적으로 습득할 수밖에 없다. 모든 동물에게 볼 수 있는 **본능적 행동**은 생물학적인 것으로서, 별도의 학습을 거치지 않고도 욕구를 만족시키는 과정에서 균일하게 나타난다. 그러나 인간 아이는 **차츰 그 본연의 모습이** 되어가게 마련이다.

그러므로 인간이 인간답게 되기 위해서는 교육이 반드시 필요하다. 운동 행위, 정서 관계, 언어를 통해서 아이는 차츰 판단 능력을 훈련하고 경험한다. 인간은 만 열네 살 정도가 되어야 비로소 논리적 추론 능력을 온전히 사용할 수 있다. 심리학자 장 피아제Jean Piaget는 연구를 통하여 어린아이가 처음에는 상징적인 사유를 하고, 그다음에는 구체적이고 조작적인 사유를 하게 되지만, 아직 그 단계에서는 추상 능력이 없음을 보여주었다.

생각한다는 것은 무엇인가?

'의견'의 형성

우선 '생각하다'라는 말의 두 가지 의미를 명확하게 구분할 필요가 있다. 생각한다는 것은 일단 우리의 정신에서 일어나는 모든 활동, "그래서 우리 스스로 즉각적으로 지각할 수 있는 것"(데카르트)을 말한다. 이렇게 본다면 상상하고, 두려워하고, 욕망하는 것도 모두 생각의 한 형태이다. 예를 들어 누가 "지난 여름휴가를 생각하고 있어." 하고 말한다면 이 말은 그가 '생각 속에서' 멋진 바닷가 풍경이나 사랑하는 사람의 얼굴을 다시 한 번 떠올린다는 뜻이다. 이때에는 관념보다 이미지가 생각에서 더 큰 부분을 차지할 것이다. 그러나 '생각하다'라는 말이 이렇게 넓은 의미로만 쓰이면 좀더 좁고 정확한 의미의 생각, 즉 관념을 형성하는 정신적 활동을 정확하게 나타내기 힘들 때가 많다. 생각한다는 것은 관념을 형성하고 판단을 내리는 것이다. 우리는 이 두 번째 의미에 관심을 두려 한다. 그런데 판단한다는 것은 자신이 지지하는 관점에 반대되는 주장을 제거한다는 뜻이기도 하다. 그래서 철학자 알랭Alain은 "생각한다는 것, 그것은 반대하는 것이다."라고 말하기도 했다.

그 이유는 생각을 하려면 원칙적으로 어떤 내적 작업, 곧 가능한 다양한 관점을 우선 검토해야 하고, 그로써 거짓되거나 불만족스러운 것으로 나타나는 관점들을 물리쳐야 하기 때문이다. 플라톤Platon은 『테아이테토스Theaetetus』에서 사유의 움직임을 영혼이 자기 자신과 나누는 내적 대화라고 했다. 그러한 영혼의 대화는 궁극적으로 안정되고 확실한 관점을 얻을 때까지 긍정에서 부정을 거치면서 자기에게 주어진 문제를 검토한다. 올바른 의견은 어떤 지식이라기보다는 올바르게 보는 관념, 무지와 학문의 중간에 있는 매개자이다.

그러나 의견은 때때로 내적 작업을 잘라먹은 채 이루어지기도 한다. 이러한 의견은 선입견에 물들어 있고, 외부에서 들어온 관념이나 비판적이지 않은 첫인상을 그대로 따르기 일쑤다. 우리는 진정한 사유 과정을 거치지 않은 의견을 표출할 수도 있다. 그러므로 의견을 비판해야 할 필요도 있거니와, 진정한 주장과 선입견을 구분하는 규준, 논쟁적인 문제를 고찰할 수 있는 방법을 찾아야 할 필요도 있다. 철학의 탄생은 어느 정도 이러한 필요성에서 비롯되었다고 할 수 있다.

이미지와 개념

관념의 형성은 우리가 말하는 대상에 하나 혹은 그 이상의 특성을 부여하는 것이다. 그러므로 생각한다는 것은 언제나 관계 짓기일 수밖에 없다. 관계 짓기는 그 관계를 짓는 사람을 끌어들인다. 생각하는 사람은 자신의 주장 혹은 판단에 대해서 뭔가 뒷받침할 것이 있어야 하고, 때로는 정당화도 해야 한다.

우리는 이런 식으로 특성을 부여한다. 똑같은 색깔이 스웨터와 관계 있을 수도 있고, 그림이나 자동차와 관계 있을 수도 있다. 그래서 나는 구체적인 각각의 사물에서 색깔, 형태, 크기 따위의 특성을 추상해낸다. 그렇지만 나무나 강아지, 사각형이나 삼각형, 우정이나 시민의식 등은 언제나 어떤 기본적인 특성의 총체이다. 이것이 본질이다. 나는 본질을 말로 표현할 수 있으나 시각적으로 구체화된 모습으로 표상할 수는 없다. 반면, 이미지는 언제나 특수하다. 장 자크 루소Jean-Jacques Rousseau는 이렇게 이미지로 나타낼 수 없는 관념을 "일반 관념"이라고 했다. 오늘날에는 일반 관념 대신에 개념이라는 용어를 통상적으로 사용한다.

철학은 과학적 사유가 그렇듯이 개념들에 대한 작업이다. 각각의 어휘는 명시적으로 정의되어야만 하는 어떤 개념을 떠받치고, 다양하게 사용되더라도 동일한 의미를 지킨다. 그러므로 우리는 철학적 용어를 읽을 때 그 정의를 염두에 두어야 한다. 그리고 모든 판단은 개념들 사이의 관계 짓기, 어떤 실재의 특성을 지적하는 입장 취하기이다. 각각의 판단은 이해하고자 하는 노력으로 정의되고, 그것이 곧 개념 구성하기에 다름 아니다. 이렇듯 사유는 우리가 이해하고 싶어하는 구체적 상황에서 비롯되어 (추상을 통해) 특성을 고찰하고, 마침내 그 상황을 이해할 수 있게 해주는 정보와 분석을 얻어서 원래 자리로 되돌아오는 것이다.

명백한 의식

우리의 사유에서 참된 것은 무엇이 있는가?

그렇다면 어떤 조건에서 우리는 개념이라는 사유의 도구들을 써

진리에 도달할 수 있다고 하는데, 이것은 결국 진리에 주관적인 토대를 부여한 셈이다. 그런데 제일진리가 근본적인 이유는 그것이 본질적이면서도 다른 모든 진리의 토대가 되기 때문이다.

▶ **철학의 도구들**

▷▷▷ **혼동하지 마세요**
• '생각'의 두 가지 의미 |
넓은 의미로는 인간 정신에서 의식적으로 일어나는 모든 활동을 가리킨다.
좁은 의미로는 관념을 형성하는 정신 활동을 가리킨다.
• 의견과 여론 |
의견은 어떤 판단을 표현하는 것이다. 이때 의견을 내놓는 사람이 그 판단의 진위성을 반드시 보장할 수 있는 것은 아니다.
여론은 정치적 개념이다. 여론은 어떤 문제에 대한 대중의 선호를 반영하기 때문에 평가받거나 결정의 대상이 되고자 한다.

▷▷▷ **정의**
• 개념 | 개념은 연구하거나 생각하고자 하는 실재를 바탕으로 추상하여, 그에 해당하는 특성을 일반적인 용어로 나타낸 것이다.
• 의식 | 의식은 의식의 활동 바깥에서 포착할 수 없다. 의식하는 존재는 외부 세계와 자기 자신을 생각하고, 자기 존재의 항구성을 느끼며, 스스로 의문을 제기하거나 자기 자신을 판단할 수 있다(반성적 의식).
• 의심 혹은 판단 유예는 확실히 알지 못하는 것을 긍정하기보다는 불확실한 상태에 머물 수 있게 해준다.
• 판단 | 적어도 두 가지 개념을, 혹은 개인(유일한 요소)과 개념을 관계 지으면서 입장을 취하는 이성적 행위. 존재를 기술하는 데 목적이 있는 사태 혹은 현실에 대한 판단과, 존재에 대한 평가를 담고 있는 가치판단으로 구분된다.

▷▷▷ **더 읽어볼 만한 글들**
데카르트, 『형이상학적 성찰』, '두 번째 성찰'.
알랭, 『철학의 요소들』.

주관적으로 사유하기

생각하는 사람은 다름 아닌 자기 자신이다. 나는 느낀다. 나는 원한다. 나는 두려워한다. 나는 그렇게 생각한다. 생각은 나의 내적 활동으로, 아무도 내 대신 할 수 없다. 하지만 말이다! 내가 진정 내 말의 주체가 되는 것을 방해하는 요소들은 그 얼마나 많은가!

나는 생각되어진다

나에 선행하는 것들

다른 사람들의 생각, 특히 부모나 주위 사람들의 생각은 우리가 생각하기도 전에 우리 안에 깊이 배어 있다. 우리는 우리가 들은 바 있는, 이미 완전히 만들어져 있는 생각에서 출발하여 말하기를 배운다. 우리는 '우리 고유의 이성을 사용'하기도 전에 이러한 '관념들'을 먼저 갖고 있다.

게다가 자기 생각의 가치를 검증하고 가까운 이들에게 자신의 생각을 옹호하기보다는 자동적이고 지배적인 관념, 즉 완전히 만들어져 있는 관념을 따르는 편이 훨씬 쉽고 편하다. 그런 관념은 자주 등장하고, 시간의 흐름에 따라 더욱더 명백한 듯이 보이기 때문이다.

이렇게 사람들은 '우리'에 대해 생각을 한다. 그리고 이러한 공론은 어떤 것이 잘못되는 책임이 어디에 있는지 미리부터 알고, 무엇이 통하고 무엇이 통하지 않는지를 결정한다. 마르틴 하이데거Martin Heidegger는 이러한 '사람들'의 영향력 때문에 우리의 생각은 생각이 아니게 되고, 우리 삶은 진정성을 지니지 못한다고 말한다. 장 폴 사르트르Jean-Paul Sartre에 따르면 우리는 아주 당황스러운 상황에 처하면 놀라운 '기만'의 능력을 발휘해 종종 우리 자신에게도 거짓말을 한다.

이데올로기

나아가 우리는 전체를 보는 시각을 통해서만, 우리의 관념을 조직하는 지표를 통해서만 우리가 사는 세상을 이해할 수 있다. 그러므로 필연적으로 우리보다 선행하는 우리의 문화, 시대, 사회적 환경, 관념 전체에서 출발하는 수밖에 없다. 우리는 이런 식으로만 우리에게 제기되는 문제들을 생각할 수 있는 것이다. 그러므로 넓은 의미에서의 이데올로기는 불가피하다.

'세계관'은 우리 관념의 흐름을 결정하는데, 우리는 세계관 때문에 사물의 어떤 면을 지각하는가 하면 어떤 면에 대해서는 접근하지 못한다. 마르크시즘의 시각에 따르면, 이데올로기는 사회집단의 이해를 반영한다. 돈과 권력을 소유한 사회의 지배계급은 다른 사회 계급에도 자신들의 이데올로기를 확산한다. 그래서 피지배계급마저 자신들의 사회적 이익과 상반되는 **지배적인 이데올로기**를 받아들이게 되는 것이다.

사유라는 작업 내부의 장애물

사유의 작업은 이미 만들어진 사유의 태만함을 극복하려는 노력 없이는 이루어지지 않는다. 그러므로 선입견이나 이미 나와 있는 의견들을 면밀히 점검, 재검토해야 한다. 그러자면 이미 우리에게 배어 있는 이데올로기와 비판적인 거리를 두어야 한다. 그러한 이데올로기를 거부하기 위해서든, 그것으로 우리의 성찰을 살찌우기 위해서든, 어쨌든 독단적인 자세를 버리고 명석함과 분별력을 가지고 기존의 이데올로기를 대해야 할 것이다.

따라서 사유라는 작업은 일종의 위반을, 위태로운 자유를 전제한다.

나는 생각한다 : 혼자서 사유하기

꼭 독창적일 필요는 없다

우리의 모든 개인적인 생각이 반드시 새로운 것은 아니다. 내가 수학적 공리를 증명해야 하는 경우에, 나는 내적인 추론 능력, 판단 능력, 진리를 분별하는 능력을 동원하여 진정한 사유의 작업을 한다고 할 수 있다. 그렇지만 이 경우에도 내가 얻어내는 결과는 이미 다른 사람들이 수립해놓은 결과와 동일할 것이다. 나는 (독창적인 사유를 한 것이 아니라) 그저 그러한 진리를 생각할 수 있을 뿐이다.

그래서 헤겔G. W. F. Hegel은 철학이 스스로 도야된다고 했다. 인간은 자기보다 선행하는 지식과 논쟁을 실질적으로 제 것으로 삼는 한에서만 새로운 것을 창안해낼 수 있다는 것이다.

완전히 혼자는 아니다

혼자서 사유한다는 것은 누구의 영향도 없는 무인도에서 지내듯이 홀로 고립되어 사유한다는 뜻이 아니다. 그랬다가는 오히려 사유가 말라버리기 십상이다.

그보다는 혼자 사유하기는 사유의 방향으로 스스로 자리 잡으면서 **공통의 문화**에 속하되 비판적인 행보와 생각과 행동의 일관성, 경험과 관념의 일관성을 통해 앎과 이해를 얻고자 하는 태도이다. 왜냐하면 그런 것이 바로 **사유의 기쁨**이기도 하기 때문이다. 바루흐 스피노자Baruch Spinoza는 실질적인 앎, 실재와 존재에 동시에 적절하게 부합하는 앎에 도달했을 때의 기쁨을 보여준 바 있다.

대화를 잘 사용함으로써

그러므로 대화는 자연스럽고 강력한 논증을 내세워 상대방을 논파하는 데만 목적을 두는 것이 아니라, 대화 상대와 함께 문제를 좀 더 잘 이해하는 데도 목적이 있다.

대화를 나누는 각 사람들은 우선 토론의 대상에 관심을 갖는다. 토론이 각 사람의 이해를 증진시키려면—의견이 여전히 일치하지 않을지라도—"반박당하는 데에서까지 기쁨을 얻을 수 있어야"(소크라테스Socrates) 한다.

▶ **철학의 도구들**

▷▷▷ 혼동하지 마세요
- 관념 | 어떤 판단을 담고 있는 명제.
- 이데올로기 | '세계관'을 반영하고 구성하는 집합적인 관념의 총체.

▷▷▷ 정의
- (플라톤적인 의미에서의) 변증법 | 플라톤의 대화는 단순한 대화술을 뛰어넘어 어떤 문제에 대해 모든 면을 고찰하고 어떤 테제에 대한 반박을 전부 살피는 방향으로 나아간다. 인간은 이렇게 해서 감각과 의견에서 가지적可知的인 세계로 부상하며, 나아가 실재의 본질 그 자체, 다시 말해 이데아를 알 수 있다.

▷▷▷ 더 읽어볼 만한 글들
그람시 A. Gramsci, 『감옥에서 보낸 편지』, '철학 공부에 대한 개요' 부분.
사르트르, 『존재와 무』, 제1부 2장.

자기 자신에게 이야기하기

어린아이는 잠의 세계로 들어가면서 부모와 떨어지기 전에 다정한 친밀감을 조금이라도 더 붙들고 싶어서 고집스럽게 졸라대곤 한다. "이야기 하나만 해주세요." 이러한 아이의 요구에서 우리는 이야기라는 문화 전달의 기본적인 양식을 다시금 발견한다.

인간은 이야기에 둘러싸여 산다

자기의식과 시간에 대한 상관성

사르트르는 『구토嘔吐』라는 소설에서 이렇게 썼다. "우리가 살아있을 때에는 아무 일도 일어나지 않는다." 우리가 흘러간 시간을 반추해보고 무엇이 변했는지 깨달을 때, 얼마나 오랫동안 똑같은 몸짓을 반복해왔는지 생각해볼 때, 그때야 비로소 삶은 이야기로서 의식되고 특정한 의미를 갖는다(혹은, 반대로 그런 때에 삶이 부조리해 보이기도 한다).

앙리 루이 베르그송Henri Louis Bergson 또한 『영적 에너지』에서 의식은 기억과 예측이라고 말하기도 했다. 우리는 의식을 통해 시간 속에 자리한다. 자기의식은 감각이 지속적으로 변화함에도, 현재의 우리 행위가 그 자체로 미래에 대한 참여라는 사태에 따라 (과거에 대한) 추억과 (미래에 대한) 계획과의 관계상에 우리 삶의 영속성을 제기한다.

거짓과 허구

그런데 자신에게 자기 이야기를 한다는 것은 더 일반적인 이야기 하기, 사실이든 그렇지 않든 간에 의미 있는 이야기를 만들어내는 능력과 따로 분리해서 생각할 수 없다.

게다가 거짓을 말할 수 있는 능력이 진실성의 가치에 필수불가결하기도 하다. 아이는 자기가 한 거짓말을 엄마, 아빠가 믿는 모습을 보면서 다른 사람들은 자기 생각을 알 수 없다는 사실을 비로소 알게 된다. 아이는 사건을 자기 식대로 이야기하고 이해할 수 있게 되는 것이다. 그리고 이로써 생각의 힘을 깨닫는다.

사람은 거짓말을 통해 자신의 독자적인 주관성을 의식한다. 허구의 "참된 거짓말 하기"(루이 아라공 Louis Aragon의 표현)는 거짓말을 창조적으로 발휘하는 셈이다. 이야기를 한다는 것은 거짓말을 한다는 의미와 무엇을 만들어낸다는 의미를 모두 지닌다. 물론 기만이 현실을 외면하고, 자기 자신에게 어떤 이야기들을 하는 방향으로 이끌 수도 있다(안 좋은 일이 닥칠까봐 두려워하면서 그런 망상으로 자신을 위안해봤자 아무 도움이 안 된다). 허구는 망상이 아니다. 오히려 허구는 현실을 분명히 생각하면서도 비현실을 만들어낼 수 있는 힘이다.

상상은 인식의 조건

현실을 생각하려면 가능한 것을 상상할 수 있어야 한다. 그래서 독일의 현상학자 에드문트 후설Edmund Husserl은 어떻게 의식이 자기 자신에서 나와 이른바 "초월적"인 행보를 통해 사물을 인식(혹은 재인지)할 수 있는지 연구했다.

그래서 인간은 기호들의 세계와 상징화할 수 있는 능력을 갖고 있다는 특성이 있다. 현실 세계는 상징적인 구성물을 통해 의미를 지니며, 이러한 의미는 언어와 관련이 있다. 독자적인 주관성이 현실 세계를 어떻게 느끼는가는 언어 외에도 표현적인 구성물(예술 작품 등)을 통해서 드러나고, 다른 사람들도 그것을 보며 그 세계를 느낄 수 있다.

가스통 바슐라르Gaston Bachelard는 **상상적인 것이 풍부한 이미지에서 나온다고** 강조했다. 이 이미지들은 지각에서 비롯되지만 무한정하게 변형된다. 이러한 상상의 무한성은 모든 창조적 가능성의 바탕이 된다.

서사구조와 실존의 의미

이야기의 구조

서사구조는 **인물과 행위의 도식을** 구축한다. 우리는 그 도식을 통하여 살아가고 우리의 실존을 생각한다.

구조주의는 이러한 구조에 대한 탐구를 체계화했다. 클로드 레비 스트로스Clade Lévi-Strauss는 전통 사회의 종교적 일화, 신화 등을 연구함으로써 그 이야기들에 근본적으로 일관되는 구조와 무한히 다양한 조합의 형태를 동시에 보여주었다.

신화들의 진리가 지니는 가치는 무엇보다도 자신을 나타내고 자신의 존재를 떠받치는 것, 자기 존재에 의미를 주는 것을 스스로에게 이야기하려는 이 필요성과 관계가 있다. 비록 이제는 신화가 직접적으로 어떤 민족의 종교의례나 신앙을 떠받치지 않는다 해도 신화에 대한 인류학적 이해는 여전히 유효하다.

서사적 정체성

폴 리쾨르Paul Ricoeur는 『시간과 이야기』에서 서사 형식(신화적 서사, 역사적 서사, 허구적 서사)의 중요성을 보여주었다. 인간은 서사 형식들을 통해서 자기 자신을 생각하고, 그러한 생각은 그들의 존재와 행위를 결정하는 데 이바지한다.

그러니까 우리는 서사 모델을 통해서 우리 자신의 정체성을 구성하는 셈이다. 여기서 우리는 자기 자신을 이해하는 데 문학이 매우 중요하다는 사실을 알 수 있다. 리쾨르는 이와 관련하여 **서사적 정체성** 개념을 거론한다.

이렇게 해서 실제의 역사는 허구의 틀 속에서 기술된다. 우리가 살고 생각할 수 있는 것은, 수많은 이야기들이 다른 이들과 만나고 다른 이들이 수많은 이야기들을 만들어내기 때문이다. 따라서 문화적으로 개방될수록 우리의 인격은 더욱 풍부해진다.

▶ **철학의 도구들**

▷▷▷ 혼동하지 마세요
• identité(영어로는 identity)의 두 가지 의미 |
어떤 사람의 개인적인 특성을 뜻하는 정체성을 가리킨다.
두 사물 사이의 완벽한 일치성을 뜻하는 동일성을 가리킨다.

▷▷▷ 정의
• 신화 | 엄밀한 의미에서 신화는 전통 사회의 종교적인 이야기, 특히 그 사회의 기원에 얽힌 이야기를 가리키며 특수한 의식과 관련된 상황에서 이야기되곤 한다. 신화는 집단의 기원을 상징적으로 이야기하고 규범들을 수립한다.
• 구조주의 | 20세기 중반에 위세를 떨쳤던 사상적 흐름. 구조주의는 페르디낭 드 소쉬르Ferdinand de Saussure, 로만 야콥슨Roman Jakobson 등의 언어학적 구조 연구의 방법론과 레비스트로스의 인류학적 방법론을 바탕으로 탄생했다. 구조주의는 개인이 의식하지 못하는 구조들이 인간 사회에 실현된다고 보고, 결국 인간 사회에 대해 전반적인 이해로서 발전하고자 했다.

▷▷▷ 더 읽어볼 만한 글들
사르트르, 『실존주의는 휴머니즘이다』.

'나'는 타자인가

"나는 타자다. 구리가 나팔 속에서 깨어난다 한들, 그게 결코 구리의 잘못은 아니다." 프랑스의 시인 랭보J. N. A. Rimbaud는 1871년 5월 15일에 폴 데메니Paul Demeny에게 보내는 편지에서 이렇게 썼다. 이 말은 그가 '견자見者', 즉 통찰력을 지닌 자로서 지녔던 충만한 영감을 잘 보여준다. 그러한 영감에 일반적인 영향은 없는 걸까?

자기의식을 구성하는 데는 타인이 꼭 필요하다

자기의식은 자연적인 세계와 구별된다

헤겔이 지적했듯이 의식적 존재의 실존은 이중적이다. 한편으로 의식을 지닌 존재는 자연적으로 존재하는 만물과 실존을 함께한다. 그러나 다른 한편으로는 생각할 수 있는 능력과 실천적 활동을 통해서 자기 자신의 실존에 대한 표상을 갖는다. 그러므로 자기의식은 외부 세계와의 관계를 통해 구성된다. "나는 그게 아니야!"라는 부정의 활동이 자기의식을 외부 세계와 구별한다.

다른 자기의식도 동일한 부정을 수행한다

그런데 현상들 가운데서도 외부 세계와 자기 자신과의 구별은 수행된다. 다른 자기의식들은 그저 존재하는 것으로 만족하지 않고, 자연적인 것들에 대한 구별의 활동(부정성)을 통하여 살아지고 인식된다.

헤겔은 이러한 자기의식이 다른 자기의식과의 만남을 통해서만 온전한 충족을 얻을 수 있다고 강조한다. 자기의식은 다른 자기의식을 통해 자기 자신의 이미지와 직면한다. 또한 그 이미지 속에서 자기 자신을 알아보고(인정하고) 자신의 자유를 경험할 수 있는 것이다.

인정과 갈등

사실 의식은 그 독특함과 자유로써 다른 의식에게 인정받기를 바란다. 우리는 아이가 얼마나 부모나 주위 사람들에게 자기 존재의 가치를 인정받기 바라는지 잘 알고 있다.

그러나 이러한 기대는 다른 사람들의 인정받고 싶은 욕망과 충돌하곤 한다. 그런데 나의 자유는 다른 사람이 탐내는 것을 아주 강하게 욕망할 수도 있고, 상대의 욕망과 모순을 일으킬 수도 있다(그럼에도 나는 그 상대에게 인정받기를 바란다). 그래서 **자기 자유에 대한 긍정과 인정은 서로 모순이 된다.**

그러나 헤겔은 권력을 행사하는 사람이 그가 굴종시키는 사람들에게 의존할 수도 있고, 노예라 해도 자신의 일을 통해서 주인에 대해 독립적일 수 있다는 점을 잘 보여주었다. 갈등과 모순은 고정된 것이 아니다. 오히려 갈등과 모순이야말로 의식의 변화와 역사의 변화를 이끌어내는 원동력이다.

나는 누구인가?

정체성이라는 말 자체의 애매성

그러므로 시간의 흐름에 따라 변화하는 개인의 정체성은 명백하게 정의되지 않는다. 그러한 개인은 타인과의 관계에서만 그 자신일 수 있는 것이다.

불어나 영어에서 '정체성identité, identity'이라는 말은 그 자체에 정의의 어려움이 배어 있다. 이 말은 어떤 사람을 다른 사람들과 구별하여 확인할 수 있게 하는 개인적인 특성들을 가리키는가 하면, 두 요소가 완전히 동일한 사태를 가리키기도 하기 때문이다(29쪽 참조).

정체성의 확인

사람들은 가정을 이루면 아이를 바라고 아이가 태어나면 이름을 붙여준다. 정체성은 이렇게 정서적이면서도 문화적으로, 의식적이면서도 무의식적으로 확인된다. 그러므로 각 사람의 정체성은 다른 사람들에게서 빌려온 다양한 침전물들로 구성된다.

더욱이 심리적 성숙의 중요한 관건 중 하나는 개인화이다. 현실적으로 자신을 타인과 구별하여 자기가 속한 사회 안에서 비교적 활동적이고 명석하며 책임 있는 인간이 될 수 있어야 하는 것이다.

이타성

이타성異他性 혹은 차이에 대한 인정은 자율성을 포함하는 독자성과 관계를 맺고 있다. 내가 내 실존의 주체가 되려면, 다시 말해서 한편으로 의식적 존재로서의 나의 정체성을 확인하려면, 한편으로는 세상의 이타성을, 자연적인 실존과 의식적인 실존 사이의 차이를 인정해야만 한다. 또 다른 한편으로는 나와 마찬가지로 자유로운 다른 의식적 존재들, 나와 비슷하면서도 나와는 다른 그 존재들의 실존을 인정해야만 한다.

의식적 존재는 이렇게 해서 **자유를** **가치로서** 인정하게 된다. 자유에 대한 존중은 다른 인간 존재의 이타성을 인정하고 받아들이는 의식적 실존에 대한 요구가 된다.

▶철학의 도구들

▷▷▷ 혼동하지 마세요
• 개인, 사람, 인격 |
개인 혹은 개체는 전체의 한 요소이다. 단위로 쓰이는 말로서, 어떤 가치판단이 개입되어 있지 않다.
사람 person은 인간 개체를 가리키는 말이지만 의식적이고 자유로운 존재로서 권리의 주체이자 마땅히 존중받아야 한다는 특성을 그 안에 암묵적으로 담고 있다.
인격은 한 인간의 독자성, 즉 고유한 성격을 가리키는 경향이 있다.

▷▷▷ 정의
• 특수성 | 전체에서 어떤 특징 때문에 구별될 수 있는 일부 개인에게만 관련됨을 뜻한다. 예를 들어 반투 족 문화는 특수한 문화이다. 빨간 머리는 금발이나 갈색 머리와 구별되는 특수성이라고 할 수 있다.
• 독자성 | 독자적이라는 판단은 어떤 특수성을 표현하기는 하지만, 보편적 판단이 적용될 수 있는 확대된 범위 내의 주체에게도 적용될 수 있다. 그러므로 독자성에는 보편성과 특수성이 종합되어 있다. 예를 들어 소크라테스는 독자적인 한 인간이지만 다른 사람들과 똑같은 인간이기도 하다. 어떤 문화의 특성은 인간 문화라는 전체 속에서 독자성을 띤다.

▷▷▷ 더 읽어볼 만한 글들
헤겔, 『철학 예비강의』, 두 번째 강의 '정신현상학'.

욕망의 논리

"논리적으로 생각하세요. 합리적으로 추론하세요. 감정에 휩쓸리지 마세요!" 그러니까 이성의 엄정함과 정서적 활동의 비합리성은 분명히 대립되는 듯하다. 그렇지만 정서, 감정, 나아가 정념까지도 우리가 이해할 수 없는 것은 아니다. 이러한 것들의 '논리'는 과연 무엇이란 말인가?

이성 아니면 정념?

17~18세기 고전 철학에서 정념은 신체 내에서, 신체를 통해 느끼는 모든 감정적, 정서적 움직임을 가리킨다. 그러므로 정념은 우리가 이른바 정서적 영역이라고 생각하는 것을 전부 포괄하며, 비록 나중에는 아주 강하고 거센 반응 혹은 행동이 나올 수 있을지언정 그 자체로는 느낌이라는 사태, 다시 말해 **수동적으로 체험된다는** 점을 특징으로 한다. 정념은 신체적 경험, 수동성, 제어되지 않는 행동방식의 근원이라는 3대 특징 때문에 이성과 대립된다. 이성은 정념을 다스려야 하고, 그로써 합리적인 행동을 낳을 수 있어야 한다.

정념은 19세기부터—이미 헤겔 철학에서부터—좀더 제한된 의미,

즉 '정열'로 이해된다. 다른 것들을 제쳐놓고 유일한 대상(사람, 대의, 활동 등)에만 정신력과 정서 활동이 **전적으로 집중됨**을 뜻하게 된 것이다. 이때 정념은 다른 생각을 모두 배제하는 아주 강한 감정을 특징으로 한다. 정념은 파괴적일 수도 있으나 놀라운 에너지를 발휘하면 모든 장애물을 뛰어넘기 때문에 헤겔은 세상에서 "위대한 것치고 정념(정열) 없이 이루어진 것은 없다."라고 말하기도 했다.

감정이 너무나 절대적이어서 이성을 전복시킬 때마다 우리는 감히 **정념의 논리**라는 역설적인 용어를 내세운다. 정념은 이성을 고려하지 않고 인간의 정신을 맹목적으로 만든다. 무엇보다도 정념에서 비롯된 행동을 합리화하는 데 급급하다면 반박에 무감한 감정적인 정당화가 있을 뿐, 양식 있는 논증은 설 자리를 잃을 것이다.

욕망의 무제한성

욕망은 일단 충족되면 사라지는 단순한 욕구와 구분된다. 욕망은 '쾌락 원칙'에 근거하며 자기애적으로, 혹은 타자와의 접촉을 통해서 충동적으로 만족을 추구한다. 그러므로 근본적으로는 성적인, 이러한 충동의 변화가 인간화라는 정신적 작업 전체를 가능하게 하는 것이다. 정신적 작업에는 지극히 영적이고 사회적인 형태(가장 '승화된' 형태)도 포함된다.

한편, 명시적인 요구 뒤에는 암묵적인 욕망이 있을 수 있다. 예를 들어 장난감을 사달라는 아이의 요구는 어떤 애정의 표시를 원하는 바람을 깔고 있을 것이다. 마찬가지로 의식적이고 명시적인 욕망이 어린 시절에서 비롯되는 무의식적인 욕망을 드러낼 수도 있다. 대형차를 사고 싶은 욕망이 자기 위력을 과시하고 싶은 욕망을 드러내는 것이다. 욕망은 한이 없다. 욕망을 만족시킨다 해도 그 욕망은 사그라지지 않고 오히려 더 거세어진다. 어린 시절의 욕망은 여전히 활성 상태를 유지하며 성년기의 욕망에 잠재해 있기 때문이다. 그렇게 욕망은 불가능성과 무한성이라는 특징을 지닌 채 남는다.

욕망의 논리라 함은, 객관성에 대한 우리의 의지 혹은 이성적인 논리를 뒤집거나 그에 대해 모순을 일으키는 이러한 불가능함과 과도함에 대하여 초월할 수 없다는 관점을 덧붙인다. 그 가장 좋은 예가 바로 환각의 힘이다. 욕망이 스스로 표상하는 것이 거짓이라거나 불가능하다고 생각하지 않을 때 환각이 일어난다. 구체화된 고통스러운 현실을 부인하거나 거부하는 것도 그러한 한 모습으로서, 때로는 매우 병적으로 나타나기도 하지만 사회적 기만 속에서 제법 흔히 볼 수 있기도 하다.

프로이트의 무의식과 원초적 과정

무의식 가설의 적법성

지그문트 프로이트Sigmund Freud는 의식의 간극을 연구하면서 무의식적인 정신 현상의 존재를 상정하기에 이르렀다. 무의식을 가정함으로써 우리는 징후, 말실수, 꿈 등의 정신적 형성물을 이해할 수 있다. 억압된 기억을 찾는 과정에서 나타나는 저항은 무의식의 힘을 느끼게 해준다.

환상은 무의식적 욕망이 빚어낸 시나리오의 표현─부분적으로는 의식적인 표현─이다. 그러나 여러 가지 방어기제들이 정신 현상을 보호한다.

원초적 과정(일차적 사고 과정)

무의식의 활동은 특히 꿈을 통해 잘 드러난다. 꿈은 욕망을 위장하면서 드러내는 작업을 통해 형성된다. 꿈은 여러 가지 요소들을 **응축**하고(예를 들어 꿈속의 어떤 인물은 내가 아는 친구의 특징과 내 할머니의 특징을 동시에 지닌다), **대치**하며(여동생에 대한 꿈을 꾸는데 꿈에서는 내가 여동생 나이로 돌아가 있다든가), **상징화**한다(꼭 닫힌 장롱은 임신한 여성을 상징하곤 한다).

이 같은 **원초적 과정**은 꿈에서 나타나고 (꿈을 꾸는 사람의 연상에서 출발하여) 꿈을 해석하는 작업을 통해 이해할 수 있다. 원초적 과정은 무의식적 사유의 논리가 지니는 특징이다.

▶ 철학의 도구들

▷▷▷ **혼동하지 마세요**

• 욕망의 논리, 정념의 논리 |
욕망의 논리는 합리적인 사유가 지향하는 목적보다 욕망이 지향하는 목적에 더 따르는 사유와 행동의 작용 전체이다.
욕망의 논리 중에서도 정념의 논리는 이성의 규제를 거부하고 정도의 차이는 있지만 다소 의식적으로 기만에 빠지는 것이다.

▷▷▷ **정의**

• 꿈의 작업 | '낮에 있었던 일의 잔재', 다시 말해 무의식적 욕망의 표현을 활성화하는 어떤 지각이나 감정의 흔적을 바탕으로 꿈을 만들어내는 데 필요한 정신 활동. 무의식적 욕망은 이미지들을 불러일으키지만 검열에 부딪친다. 그렇기 때문에 이차적 작업이 꿈을 어떤 이야기로 꾸며낼 수 있을지라도 꿈은 (응축, 대치, 상징을 통해) 위장된 것일 수밖에 없다.

▷▷▷ **더 읽어볼 만한 글들**

프로이트, 『정신분석 강의』, 두 번째 강의와 세 번째 강의.

인간의 '자기의식'을 논하는 것이 타당한가

　우리가 실제로 생각하는 활동은 타인과의 접촉을 통해, 모든 이가 사용하는 말로써 이루어진다. 그렇지만 의식은 그 정의상 개인적이고 내적인 실재이다. 그러나 개인의 자기의식은 자기보다 선행하고 자신을 형성한 집단적 문화를 통해 자신이 생겨나고 인간화되었음을 알게 해주기도 한다.

의식 현상들의 집단적 차원

문화와 인간 의식
　인간사에서 의식이 특별히 나타나게 된 때는 장례식을 통해 죽음에 대한 의식을 표현하면서이다. 이것은 인간이 먹을 수 있는 짐승의 사체와, 같은 인간의 사체를 구별한다는 표시다. 특히 가까운 사람의 시신은 더욱 각별하다. 죽은 자를 배웅하는 의식과 **조상숭배** 사이에는 어떤 관계가 있다.
　근친상간의 금지는 단지 자연과 구별되는 문화의 첫 번째 규칙, 대인간 교류의 기회나 필연이 아니다. 근친상간의 금지는 구별과 가치를 수립하는 자기의식을 입증하는 것이기도 하다. "우리는 짐승이 아니니까 아무 짓이나 해도 좋은 게 아니야!" 성별의 차이, 세대 간의 차이도 자기의식을 구성하는 요건, 주관성을 수립하는 조건이다.

인간 문화는 극도로 다양하며, 그 다양성은 확인될 수 있다. 그러나 자신이 속한 문화가 명백하고 '자연스러운' 것이며, 모든 가능한 문화의 규준이라는 우리의 인상이 문화의 다양성을 가린다(이것이 바로 자민족 중심주의다).

배타주의

규범에 맞지 않는 타자 혹은 타 문화에 대한 거부는 자신을 제대로 알지 못하고 차이를 두려워하는 방어적인 의식에서 비롯된다. 하지만 바로 이 같은 차이와 분별이 있기에 인류가 인류일 수 있다.

레비스트로스는 야만의 뚜렷한 특징은 미개하거나 야만적이라고 판단되는 다른 인간을(마치 아직 개척되지 않은 숲이나 길들여지지 않은 동물을 대하듯이) 거부하는 데 있다고 했다. 문명은 언제나 다양한 차용을 통해 구성되었고 차이를 인류의 근본적인 힘으로 생각한다. 그럼에도 인간이 타자에 대한 두려움으로 퇴행할 수 있다는 위험은 항상 있다.

그러므로 정체성은 개인적이지만 개인의 정체성은 집단성 내에서, 집단성에 의해 이루어진다. 사람은 그의 뿌리만 따져서 규명할 수 있는 존재가 아니다. 사람은 나무가 아니다. 사람은 자신의 기원에서 멀어질 수도 있는 자유를 지닌 존재다. 그러나 기원을 부정하거나 간과한다면 그 사람은 주체성을 수립하는 데 어려움을 겪는다.

인류를 인류로서 인정한다는 것

계몽주의와 보편성

18세기 계몽주의 사상가들은 자유롭고 의식을 지닌 인간 존재의 보편적 존엄성을 내세워 노예제도 폐지를 부르짖었다.

역사적으로 인권 개념은 이러한 논리에서 나왔다. 1789년에 프랑스에서는 최초의 인권선언이 발표되었다. 이 선언은 인간과 시민의 권리를 요구했다. 바로 이러한 정치적 자유의 수립을 통해서 인간의 보편성에 대한 의식을 가질 수 있게 된다.

그러나 인권의 수립만으로는 충분치 않다. 오늘날 인권 윤리는 그 어느 때보다 강력하게 요구되고 있다. 그와 동시에 우리는 지금 악이 만연하고, 경제적 빈곤(실업과 가난)이 부당하게 필연적인 운명으로 취급당하며, 노예라는 이름만 안 붙였다 뿐이지 노예제도나 다름없는 형태(아동 노동, 매춘 등)가 다시 등장하는 상황을 지켜보고 있다.

동족성, 차이성, 연대성 혹은 비인간화와 소외

인간의 보편성과 (문화적, 성적, 개인적) 차이의 작용을 함께 포용하는 것이 명확하고 책임 있는 인류로서의 자기의식의 첫 번째 조건이다.

그런데 경제와 소비의 세계화는 오히려 인간을 포함한 모든 것을 아무 차이 없는 상품으로 만들고 있다. 이러한 근본적인 획일성이 배타와 인종주의를 다시 부각시킨다.

인간의 단일성은 오히려 문화적 형태의 차이를 인정함에 있고, 존중을 호소한다. 그래서 헤겔은 "자기의식의 충족"에 요구되는 것이 상호인정이라고 했다.

▶ **철학의 도구들**

▷▷▷ **혼동하지 마세요**
• '문화'의 세 가지 의미 |
인종학적인 의미에서 문화는 인간 사회의 생활양식, 제도, 상징적 실천을 전체적으로 망라하는 용어이다. 이때의 문화는 자연과 대립된다.
상업적인 의미에서 문화는 책, 영화, 그림 등과 같은 특정한 재화의 범주를 가리킨다.
교육학적이고 규준적인 의미에서 문화는 사회가 그 구성원들에게, 특히 다음 세대에 전달해야 한다고 생각하는 보편적인 것이다.

▷▷▷ **정의**
• 근친상간의 금지 | 모든 인간 문화에서 찾아볼 수 있는 보편적 규칙이지만 각 문화에 따라 특정한 형태로 나타난다. 가까운 가족과의 결혼만을 금지할 수도 있지만, 혈연상의 근친이 아니더라도 상징적으로 중요한 의미가 있는 인물과의 결혼을 금지하기도 한다.

▷▷▷ **더 읽어볼 만한 글들**
레비스트로스, 『인종과 역사』.

▶생각해볼 주제
의식의 철학에 대한 비판적 문제들

데카르트의 대담성

　데카르트의 사유에서 의심을 밀고 나간 대담성은 가히 주목해볼 만하다. 데카르트는 의심이라는 무기를 이용했고, 모든 것을 의심했다. 그런데도 회의주의를 무너뜨리고 지식을 정초하는 결과를 얻었다. 그는 자칫 모든 확실성을 포기할 수도 있었다. 모든 지지대를 잃고 어떤 의심에 버티지 못할 수도 있었다. 감각의 명백성을 감히 의심했다는 것은 그가 소위 즉각적인 상식의 수준에서만 통하는 사유를 했던 것이 아님을 보여준다. 심지어 그는 우리 정신의 작용을 믿어도 되는지 알 수 없다는 이유로 수학적 추론과 결과까지도 의심했다(이 때문에 모든 가능한 진리를 보증하는 신의 존재가 상정되어야 한다). 그는 이렇게 우리 정신의 한계와 상대성에도 주의를 기울였다. 데카르트가 특별한 것은, 첨예한 의심과 진리에 대한 첨예한 의지의 결합이 실로 역설적임에도 그 두 가지를 결합하여 의심을 진리에 나아가는 방법으로 삼았다는 데 있다.
　모든 인간의 이성에 대한 믿음도 대담성 면에서 결코 뒤지지 않는다. 이러한 대담성은 성직자의 해석에 기대지 않고 각 사람이 자유의지의 이름으로 성경을 직접 읽을 권리를 요구했던 인문주의적 유산을 이어받는다. 그러나 데카르트는 여기서 한 발짝 더 나아갔다. 데카르트에게 모든 진리의 근본 토대인 "생각하는 존재인 나의 확실성"은 각 사람의 사유의 **자율성**을 통해 스스로 얻어진 것이기 때문이다. 그러므로 지식은 특별한 지성이나 교육의 소관이 아니요, 오직 **방법**의 문제다. 왜냐하면 이성은 모든 사람에게 평등하기 때문이다. 그러니까 판단할 수 있는 능력만 있으면 족하고, 아무도 자신은 성찰할 수 있는 능력이 없다고 할 수 없다. 그저 생각해보기만 하면 된다. 그리고 생각을 하기 위해서, 알기 전에 성급하게 굴거나 선입견에 매달리지 않고 오직 진리에서만 만족을 구하는 것으로 족하다.

세상을 감히 수학적 유형의 모델에 따라 이해하겠다는 마음은 철학을 수학만큼 견고한 학문으로서 수립하고, 진리에 대한 지식이 개인적·사회적 삶에 직접적인 도움을 주는 경우에 수학적 방법들을 사용하고자 한다. 물론 이러한 데카르트의 바람은 훗날 반박을 당하게 되고, 신의 존재에 대한 데카르트의 증명 또한 칸트가 제기한 이성의 가능성에 대한 비판적 분석을 통해 무너지고 만다. 데카르트가 본유관념本有觀念으로 인정했던 것들도 비판을 당하게 된다. 경험을 우리 지식에 필요한 원천으로 보는 태도는—경험주의자들은 경험만이 유일한 지식의 원천이라고 생각한다. 한편 칸트는 경험이 이성과 결합되어야 한다고 본다—수학적 엄밀함만으로 자연에 대한 지식을 정초할 수 있다는 생각을 반박하게 된다. 그렇지만 나중에 제기된 이러한 비판 때문에 데카르트의 시도 자체가 지닌 위대함을 인정하지 않아서는 안 된다.

"나는 생각한다"에서의 '나'는 누구인가?

"나는 생각한다, 고로 나는 존재한다."가 지닌 힘은 여기서의 '나'가 독자적인 동시에 보편적이라는 역설에서 나온다. 방법적 회의라는 실험은 개인적이고 대담하기 짝이 없는 사유의 실험이다. 그렇기 때문에 '나'는 유일하다. 데카르트의 『방법서설』에 따르면 그는 겨울에 따뜻한 방에서 이 사유의 실험에 빠져들었다. 그렇지만 '나'는 보편적이기도 하다. 왜냐하면 모든 인간은 데카르트처럼 내가 생각하고 있다는 한 가지 사태만으로도 자기 자신의 존재를 의심할 수 없음을 확인할 수 있기 때문이다. 생각한다는 것은 생각하는 누군가가 있음을 전제한다. 그러므로 우리는 적어도 우리가 '생각하는 무엇'이라는 점은 확신할 수 있다.

그런데 이 물음은 좀더 미묘하게 다시 겹쳐진다. 초월적인 '나'는 자기 자신 너머의 대상을 두고 그것을 생각한다. 실존적인 '나'는 경험적인 삶을 살면서 그 경험으로부터 자기 실존의 확실성을 끌어낸다. 이 두 가지 '나'는 중첩될 수 있는가? 모든 사람이 데카르트 같지는 않다. 데카르트적인 탐구를 가능하게 했던 물음을 스스로 제기할 수 있으려면 어떤 사회적, 개인적 조건들이 필요하다. 특히 초월적 지식의 '나'는 추상적인 주체이며, 오직 그러한 주체만이 보편화될 수 있다.

한편, 스피노자는 자유의지에 대한 데카르트의 생각을 비판했다. 나는 자유로운 결정에 따라 의심하는 것이 아니라 주장이 의심스럽기 때문에 의심하는 것이다! "인간은 자기 행동에 대한 의식이 있으되 그것을 결정하는 원인은 모르기 때문에 스스로 자유롭다고 생각한다." 그러니까 의지 개념은 확고하게 수립되지 않은 채 긍정된 것이다.

그러므로 데카르트의 주체는 우리가 일견 보고 생각할 수 있듯이 간단하지가 않다.

의식은 일차적일 수 있는가?

데카르트의 사유는 의식의 철학이라는 특징을 지닌다. 다른 모든 진리의 토대인 제일진리가 생각하는 의식의 직접적인 경험만으로 확실해지기 때문이다. 후설은 초월적 '나'의 행보를 명시적으로 밝히는 데 관심을 두었고, 사르트르는 자유로운 주체성을 강조했다. 이 두 사람 역시 의식의 철학자라고 할 수 있다. 그들은 코기토의 다양한 측면을 구별함으로써 데카르트의 유산을 원용했다.

또 다른 비판들은 의식의 철학을 구성하는 환영을 문제 삼는다. 사회적 조건에 대한 은폐나 오인 때문에 개인의 의식이 지금의 모습이 되고 의식 자신을 경험하게 되었다는 비판이다. 의식은 사회적 과정의 결과이다. 에밀 뒤르켐Émile Durkheim은 사회적 과정이 개인의 경험에 선행하며 그러한 경험을 조건화한다는 것을 보여주었다. 그는 사회적 사태들은 사물로서 취급되어야 한다고, 그것이 사회적 사태들을 연구하기 위한 조건이라고 주장했다. 카를 마르크스Karl Marx는 의식이 사회적 요인에 의해 결정되며 언어의 존재에 따라 영향을 받는 역사적 과정임을 보여주었다.

데카르트의 의식 개념은 인간의 동물성도 은폐한다. 그렇지만 프리드리히 빌헬름 니체Friedrich Wilhelm Nietzsche는 우리의 동물적인 결정이 지닌 힘을 강조했고 거기에서 진리에 대한 인간의 집착보다 훨씬 더 활발한 특성을 발견하기도 했다. 이성에 지나치게 높은 가치를 부여하면 동물로서의 인간은 스스로 환상을 품게 된다. 의식은 사회적 소통의 도구일 뿐이며, 의식적으로 표현되는 것은 경험의 아주 적은 부분, 피상적인 부분에 지나지 않는다.

프로이트는 무의식을 발견함으로써 의식의 간극을 명확히 입증할 수 있었다. 그는 자아는 자기 집의 주인이 아니라는 것을 보여주었다. 게다가 정신분석학자 자크 라캉Jacques Lacan은 「프로이트에게 돌아가기」라는 글에서 프로이트의 입장을 한층 더 심화했다. 라캉은 의식은 일단 방어적이고 의식의 일차적 기능은 오인과 상상적인 착각에 있다고 주장했다.

▷▷▷ 더 읽어볼 만한 글들
스피노자, 『에티카』, 특히 1부와 3부 명제 2에 대한 주석 부분.
니체, 『즐거운 학문』, $ 335, 354.
마르크스, 『정치경제학 비판 요강』, '서문'.
마르크스, 『독일 이데올로기』.

감각은 우리에게 무엇을 가르쳐주는가

우리가 사물에 대해 갖고 있는 지식, 그 지식의 본성과 가치에 대한 물음을 제기함으로써 우리는 그것들과 접할 수 있는 방식을 돌아보게 된다. 안다는 것은 어떤 식으로든 어떤 대상에 도달하거나 그 대상을 포착한다는 것이다. 반면, 미지의 것과 알 수 없는 것은 우리가 접할 수 없는 것, 다시 말해 접근 불가능한 상태로 남아 있는 것이다. 우리가 지식의 행보를 검토할 수 있으려면 사물과 대면해야 한다. 그런데 사물의 현존은 우리와 사물 사이의 **감각적 접촉**을 통해 이루어진다. 사물이 우리의 시야에 들어온다든가, 어떤 소리를 낸다든가 하는 식으로 말이다. 이처럼 감각은 인식의 결정적인 순간처럼 보인다. 감각이 외부 사물에 대한 접근을 보장하는 것이다. 대상은 (감각에 대해) **주어진 것**所與이며, 단순히 고안되거나 만들어진 것이 아니다. 이때 감각에 대한 우리의 기술은 인식 과정에 대한 우리의 이해, 사물의 진리를 발견하는 우리의 능력을 조건화할 수 있다. 모든 인식의 철학에 대해서 감각은 안다는 행위의 **객관적인 계기**, 우리가 현실에 뿌리내리는 계기로서 자리 잡는다.

감각을 감각기관에 대한 대상의 활동으로 보는 시각

감각만이 사물이 존재한다는 표시이다

감각의 고유성은 다른 표상 활동과 달리 우리가 사물의 존재를 알 수 있게 한다는 데 있다. 왜냐하면 감각의 발생은 감각되는 사물에 달려 있기 때문이다. 우리는 어떤 대상을 우리 의지에 따라 지각할 수 없다. 사물이 구체적인 모습으로 있어야만 하는 것이다. 반면, 나는 아무 때나 사물을 생각하거나 상상하거나 원할 수 있다. 대상을 생각할 수 있다는 사태는 대상의 현존이나 실존을 전혀 보장해주지 않는다. 대상에 대한 생각이나 상상은 실제 그 대상을 접하는 것이 아니기 때문이다.

감각은 사물의 중립적인 수용 장치다

감각은 우리의 감각기관과 사물의 접촉에 해당한다. 그래서 철학에서 감각은 감각적 인상의 표현으로서 기술되는 경우가 많다. 사물이 우리의 감각기관에 대해 작용하고, 거기에 어떤 식으로 흔적을 내는 것이다. 감각기관은 사물의 수용 장치로 기능할 수 있는 한에서 감각하는 역할을 다하는 셈이다.

이때부터 우리는 감각기관이 우리에게 제공하는 사물에 대한 지식이 진실한지 보증하려면 감각기관의 **수동성과 중립성**이 필연적으로 요구됨을 헤아릴 수 있다. 만약 (사물이 감각에 작용하는 것이 아니라) 사물을 알기 위해 감각이 사물에 대해 작용한다면, 혹은 감각이 그 고유한 속성에 따라서 사물을 왜곡한다면 우리는 더는 사물 그 자체로서의 존재에 접근할 수 없을 것이기 때문이다. 만약 우리의 시각이 온통 파란색으로 물들어 있다면 우리가 보는 모든 사물은 원래 색이 무엇이든 간에 파란색으로 보일 것이다.

감각의 주관성 : 규준을 찾기 어렵다는 문제점

감각의 수동성과 중립성이라는 이상이 충족된다면 사물 그 자체에 직접 접근할 수 있는 방도가 생길 수도 있을 것이다. 그렇지만 그러한 이상은 감각한다는 행위의 주관적이고 개인적이며 가변적인 본성과 양립할 수 없는 듯하다. 각 사람은 자기에게 완전히 고유한 신체를 통해, 어떤 보편적 규준으로도 가늠할 수 없는 본성과 상태에 따라서 감각을 수행하기 때문이다.

건강한 사람과 병든 사람의 구분을 떠올려보자. 건강한 사람이 병든 사람의 왜곡된 감각과는 반대되는 진정한 감각을 정의하기 위해 어떤 규준으로서 동원될 수 있다. 그렇지만 감각의 다양성과 가변성은 '건강한 사람·병든 사람' 식의 간략한 구분을 훨씬 넘어선다. 두 사람이 똑같은 사물을 보고도 그 색깔을 서로 다르게 말한다면 그중 누가 그 사물의 원래 색깔을 제대로 보았는지 알 수 있을까? 우리는 다른 사람이 느끼는 것을 느낄 수 없다. 어떤 사물과 그 사물에 대해 우리가 가진 시각을 비교해볼 수도 없다. 우리는 항상 시각을 통해서만 사물을 알 수 있기 때문이다. 색깔은 그 **사물이 (본래) 지닌 특질인가**, 아니면 그저 우리 **신체가 사물에 반응한 결과인가**? 그러므로 우리는 어떻게 해서 감각이 주체와 대상의 직접적인 관계를 채택하기는커녕, 주체가 외부 세계에 대해 다양하게 반응하는 자신의 신체와 맺는 관계를 개입시키는지 알 수 있다.

감각이라는 장애물

감각적 가상과 대립되는 사물

가상들이 일으키는 갈등(예를 들어 똑같은 사물을 다르게 보는 두 시각의 갈등)은 감각이 사물 그 자체를 알려주는 중립적인 매개가 아니라, 실재를 가리는 베일처럼 작용한다는 점을 잘 보여준다. 실제로 각 사람은 그가 사물에 대해 가지고 있는 감각적 지식에 갇혀 있는 듯하다.

그래서 지식을 사물에 대한 감각적 접촉이 아니라 감각의 장애물을 넘어서는 방식으로서 재정의해야 할 필요성은 명백하다. 플라톤의 철학이 바로 그런 경우이다. 감각적 지식을 비판함으로써 인식의 대상은 진정한 사물, 사물 자체가 된다. 그러한 사물 자체는 우리가 사물을 위장할 수 있는 모든 감각적인 가상들과 대립된다. 감각적 가상들은 사물 본연의 존재를 반영하는 대신에 우리 감각기관의—나아가 우리 욕망의—본성과 입장을 더 많이 반영하기 때문에 우리를 속인다.

감각을 넘어서는 인식의 어려움

인식 가능성에 대해 회의적인 논증들은 감각을 모든 인식의 기원으로 보면서도 감각이 사물에 대한 진정한 접근을 보증할 수 없음을 보여주는 철학에 속하는 경우가 많다. 반면, 인간의 인식 가능성을 구해내려는 시도는 우리가 인식 대상에 접근할 때 감각을, 다시 말해 고유한 신체를 뛰어넘는 인식을 하도록 이끈다.

이러한 인식의 새로운 전개는 필연적으로 인식 대상을 정의하는 데도 변화를 수반한다. 인식 대상은 이제 이른바 '감각적인' 사물, 다시 말해 우리가 일상생활에서 보고 만지고 느낄 수 있는 직접적 대상이 아니다. 그러니까 우리가 살아가는, 우리에게 직접적으로 현존하는 세계가 인식 대상이 아닌 것이다. 그러나 직접성은 우리의 감각적 본성이 불러온 결과일 뿐이며 다양한 가상들 이면에 남아 있는 존재의 진정한 이미지가 아니기 때문에, 인식 대상은 오히려 그러한 직접성과 대립되는 것으로서 정의되어야만 한다.

바로 이 점에서 여러 가지 물음에 열려 있는 역설적인 주장이 나온다. 특히 인식에 대한 플라톤의 철학은 이러한 난관들에 대해 시사하는 바가 적지 않다. 그 근본적인 혁신성을 이해하기도 쉽지 않을 뿐더러 그 변화를 나타내는 긴장들 때문이다. 플라톤의 '이데아'는 철학과 관련된 시험에서 단골로 출제되는 경향이 있다. 이데아가 플라톤이 만들어낸 실재의 한 형태 혹은 대상으로서, 그 자체로 받아들여지거나 비판되듯이 말이다. 그렇지만 이데아 사상의 철학적 토대는 아직까지도 까다로운 문제다. 우리를 둘러싼 세상이 정말로 보이지 않는 이데아보다 허망한가? 세상은 정말로 가시적인 것 너머에 있는가? 플라톤은 후기 저작 『파르메니데스*Parmenides*』와 『티마이오스*Timaios*』를 통해서 우리가 경험하는 가시적이고 현실적인 세계와 인식 대상 사이의 간극을 좁히기 위해 노력했다. 플라톤의 작업이 열어 놓은 문제는 이런 것이다. 순전히 지성적인 그 대상들의 실재성은 무엇인가? 인식이 알 수 있는 대상과 우리가 실제로 접하며 이해하고자 하는 감각적 현실이 어떤 관계를 맺고 있다고 생각할 수 있는가? 우리는 인식을 통해 세계를 해명하기를 단념할 수 있는가?

느끼다, 인식 대상을 구성하다

감각을 통해 인식을 추구하는 데 따르는 모순은 직접적인 인식 모델을 초월해야 할 필연성을 부각시킨다. 여기서 말하는 직접적 인식 모델의 가장 특징적인 표현은 사물과의 감각적 접촉이다. 좀더 근본적으로, 우리는 감각이 대상에 대한 인식을 진작시키는 능력에 대해서 그러한 인식이 허망한 것인지 그렇지 않은지 의문을 제기할 수 있다. 사실 감각과 지각을 구분하는 문제로 돌아갈 필요가 있다. 감각은 신체적 정동affection에 해당한다. 감각은 주체가 느끼는 것이며 참이나 거짓을 말할 수 없는 사태이다. 아리스토텔레스Aristoteles가 감각은 그것이 주체가 느끼는 것인 한에서 언제나 참되다고 말했던 것도 바로 이런 의미에서였다. 지구는 둥글지만 그래도 내가 지구가 편평한 듯 느끼는 사태에 대해서는 반박할 수 없다.

반면 지각은 대상에 초점을 맞춘다. 지각은 외부 대상을 겨냥하며 암묵적으로 그 대상에 대한 판단을 담고 있다. 지각은 대상에 대한 재인지 현상으로 해석된다. 이러한 관점에서 순수한 감각, 다시 말해 지각으로서 구성되지 않은 그냥 감각은 객관적 차원이 제거된 신체적 사건일 뿐이다. 우리는 그러한 감각을 쾌락 혹은 고통이라는 감정과 연결지어 생각할 수 있다. 우리는 어떤 대상을 지각하지 않아도 자신의 신체를 느낀다. '고통'은 바늘이라는 사물의 특질이 아니며, 나의 몸이 다른 물체에 대해 일으키는 반응이다. 그리고 그 반응의 성격이나 강도는 엄밀하게 개인적인 것이다.

인식 과정에서 감각이 차지하는 위상을 문제 삼으면 인식 대상의 직접성에 부여되는 확실성도 흔들리게 된다. 이는 인식이 단순히 어떤 소여를 직면하지 않고 인식 대상을 구성할 수 있는 방식에 대해 의문을 낳는다. 그러므로 이러한 성찰은 감각 문제의 의미를 변화시킨다. 감각이 객관적 소여와 주관적 활동을 대립시키는 계기라기보다는 **경험** 개념에 대한 심도 깊은 고찰로 돌아가는 계기가 되는 것이다(76~79쪽 참조). 우리는 인식 과정이라는 틀 안에서 **구성된 것**이자 **주어진 것(소여)**인 경험을 어떻게 이해할 것인가?

▶ **철학의 도구들**

▷▷▷ **혼동하지 마세요**
• 느끼다 | 우리는 감각을 느낄 때나 감정을 느낄 때나 똑같이 '느끼다'라는 동사를 쓴다. 감각에는 객관적 차원이 있다. 그래서 감각은 사물에 대해 우리에게 알려주는 것이 있는 한에서 인식의 원리가 될 수 있다. 반면, 감정은 주체의 쾌락 혹은 고통과 관련된 주관적 사태에 속한다. 불타는 사물 '안'에 고통이 있는 것이 아니요, 고통은 사물에 대한 우리의 주관적 반응인 것이다. 그러니까 이 두 가지를 구분하는 관건은 색깔이나 형태, 그 밖의 감각이 감각되는 사물에 어느 정도까지 속한 것인가를 아는 데 있다.

▷▷▷ **정의**
• 규범 | 우리가 가치판단을 내리는 기준. 규준은 보편적인 원칙은 아니지만 이러한 기능을 담당하는 모델이다. 규준은 정상적인 것을 나타내는 어떤 중간치의 경험적인 결과물이기도 하다(이성적으로 꼭 따져본 것이란 법은 없다). 정상적인 지능, 양안 1.0의 정상 시력 등과 같은 의미에서 말이다.

▷▷▷ **더 읽어볼 만한 글들**
플라톤, 『테아이테토스』, 151d~154a.
플라톤, 『크라튈로스』, 439c~440c.
칸트, 『프롤레고메나』.
바슐라르, 『과학정신의 형성』.

정감의 문제들

기쁘면 모든 게 신나고, 슬프면 모든 게 괴롭고, 화가 날 때는 모든 게 짜증스럽다. 감정은 우리의 감각을 물들이는 것 이상이며, 우리는 감정에 따라 장밋빛 인생을 보는가 하면 매사를 어둡게 보기도 한다. 감정은 우리에게 사물이 주어지는 방식 그 자체이며, 우리 세상의 전반적인 분위기이다. 우리가 감정을 지배할 수 있도록 정서의 과학을 도모한다면, 그러한 계획은 자연에 대한 기술의 지배를 넘어서는 것이리라.

체험은 무엇인가?

감정은 감각인가?

나는 내가 슬픈지 기쁜지, 차분한지 피곤한지 안다. 감정은 일반적인 감각적 정보의 특수한 한 양태이다. 시각이라는 감각은 나에게 세상의 상태를 알려준다. 감정은 내 몸 상태나 내 입장에 대해 알려준다.

그렇지만 감정은 감각과 동일한 방식으로 나타나지 않는다. 감각은 외부 세계에서 나에게 주어지지만 감정은 나 자신에게서 비롯되는 듯 나타난다. 감각은 나와 다른 무엇을 직면하게 하지만 감정은 그 무엇을 나 자신으로서, 그러니까 내가 무엇을 직면하는 게 아니라 내가 점유하는 동일한 장소로서 제공한다.

감정이 감각이라면 내 몸의 색깔에 대해서 알게 되듯이 내 몸의 고통에 대해서도 알게 될 것이다. 그런데 그 둘은 전혀 같은 문제가 아니거니와 서로 반대 방향을 지향한다. 내가 감정적일수록 나의 지각은 떨어진다. 내가 덜 감정적일수록 나는 좀더 잘 지각할 수 있다.

감각은 감정인가?

감정이 우리에게 주어지는 방식과 감각이 우리에게 주어지는 방식은 근본적으로 다르다. 그렇지만 감각은 감정이기도 하다. 나는 저기 있는 벽을 지각한다. 그러나 그 지각은 벽에 대한 지각에 영향을 받는다는 감정과 불가분의 관계에 있다.

정서는 내 몸의 현재 모습과 내 정신 상태에서 기인한 단순한 우연성이 아니라 모든 감각이 주어지는 불가피한 현상이다. 이것이 감각에 형태와 형세와 의미를 부여한다. 감각은 감정 속에서 주어진다.

그렇지만 감각이 감정 안에서 주어진다 해도 감정으로 완전히 환원되지는 않는다. 사실 감정이 우리에게 세상이 주어지는 방식만을 나타내는 반면, 감정이 세계를 어떤 모습으로 보이든 간에 감각은 거기에서 더 나아가 세상의 내용 자체를 알려준다.

정서의 과학은 있는가?

감정에 대한 지식

정서의 과학은 우리 감정에 대해 절대적인 힘을 제공할 것이다. 그러한 학문이 의학처럼 구성된다면 우리의 신체 상태, 정동情動에 작용하게 될 것이다. 그러나 우리 정서에 대해 작용한다고 해서 그 학문이 반드시 우리 정서를 안다고 할 수는 없다. 정서는 신체에 따라 변화되기는 하지만 완전히 신체적인 것으로 환원되지 않기 때문이다.

정감이 일차적으로 정신적 현상처럼 체험된다는 것은 단순한 사태다. 그렇지만 이 현상은 우리의 가장 내밀한 본성과 너무나 밀접하게 결합되어 있기 때문에 정감은 시선 아래에 쏠리기는커녕 오히려 시선 속에서 확산된다.

정감은 우리 신체에서 가장 정신적인 것이요, 우리 정신에서 가장 신체적인 것이다. 정감을 인식하려면 그것을 우리 자신에게서 끌어내어 감각의 대상처럼 구성하든가, 신체적 관찰이 가능한 영역에 전적으로 투사해야 할 것이다. 따라서 정감을 인식하고자 하면 필연적으로 정감의 본성을 변질시켜야 한다.

감정의 소통

나의 정신 상태는 나 자신이 세상을 보는 능력이기 때문에 나 자신에게는 보이지 않는다. 그런데 다른 사람에게는 그렇지 않다. 화가 난 사람은 매사를 짜증스럽게 본다. 그는 일이 짜증스럽게 돌아간다고 생각하며 자신이 화가 나 있음을 생각하지 못한다. 그런데 다른 사람이 보기에는 그 반대다. 그 사람이 화가 나 있어서 짜증을 부리며 모든 것을 짜증나게 만들고 있는 것이다.

사람이 화가 나면 표시가 나기 때문에 주위에서도 알 수 있다. 그렇지만 정감의 기호들을 해석하는 보편적 약호가 있다 해도 다른 사람이 느끼는 바를 우리도 느끼지 않고서는 그 사람의 행동방식을 해석할 수 없을 것이다.

그렇지만 감정이 바이러스처럼 전달되는 것이라면 아무도 감정을 알 수 없을 것이다. 타인의 정감은 우리에게 현존하는 정감이 아니기 때문에, 우리는 정감을 어느 정도 거리를 두고 표상하며 그런 식으로 정감을 인식한다.

▶ **철학의 도구들**

▷▷▷ **혼동하지 마세요**
• 감각과 감정 |
감각은 우리에게 사물의 현실에 대해 감각적인 내용을 전해주는 양태이다. 그 내용은 그것을 전달받는 사람과 구별된다.
감정은 우리의 모든 감각적 정보들의 독자적 형태를 전하는 양태이다. 감정은 정신 상태의 근본적인 분위기로서 주어지며, 그것을 전달받는 사람과 분리될 수 없다.

▷▷▷ **정의**
• 정감 | 의식에 대한 신체 활동에 상관관계가 있는 수동적 의식. 모든 사유 활동의 분위기를 형성하는 정신 상태의 근본적인 현상이다.
• 내성 | 자기 자신의 내면을 관찰하는 방법. 이러한 내성을 통해 본래의 관찰하는 자아와는 구별되는 한 인격이 구성된다.
• 체험 | 의식의 전반적인 삶 전체를 가리키는 말. 의식의 소여는 그것이 의식에 주어진 것인 이상 모두 체험된다.

▷▷▷ **더 읽어볼 만한 글들**
데카르트, 『정념론』, 제1부.
스피노자, 『에티카』, 제3부.
칸트, 『판단력 비판』, '들어가는 글'과 7장.
멘 드 비랑Maine de Biran, 『심리학의 토대에 대하여』.
베르그송, 『물질과 기억』.

감각과 지각 : 감각적인 것이란 무엇인가?

　어떤 사람이 모기에 물렸다. 그런데 물린 사람은 아무것도 못 느꼈다고 한다. 그 말은 모기의 침이 그 사람의 몸에 아무 영향도 미치지 못했다는 뜻이다. 한편, 모기에 물린 사람이 전혀 그런 줄 몰랐다고 한다면 그 말은 모기가 그를 물었다는 사실조차 알아차리지 못했다는 뜻이다. 느낀다는 것이 곧 지각한다는 것은 아니다. 나는 내 몸이 영향을 받는다고 느낀다. 하지만 내 몸에 영향을 미치는 사물들에 대해서는 그 사물들을 지각하는 것이다. 감각과 지각은 감성 sensibility의 서로 다른 두 양태이다. 감각과 지각의 차이를 분석한다는 것은 감성적인 것의 본성을 분석하는 셈이다.

감각과 지각은 앎이다

감각과 지각의 대립

　어떤 것을 지각한다는 것은 직접적으로 그것의 대자적 현존을 알아차리는 것이다. 반면, 느낀다는 것은 그것이 자신에게 남긴 표시를 통해 간접적으로 그 현존을 알아차리는 것이다. 그러니까 감각될 수 있는 사물 그 자체에 강조점이 있는지, 아니면 사물에 영향을 받는 자기에게 강조점이 있는지가 지각과 감각을 구별하는 핵심이다.

지각은 나와 사물이 곧바로 구별된다. 반면, 감각은 내가 사물에 '거의' 동일시된다. 지각되는 대상은 비록 피부에 달라붙어 있다 해도 어느 정도 거리를 두고 있는 셈이다. 그 대상은 자기가 아니며 타자다. 자기는 그 결과에서 물러서 있다. 반면, 나의 감각은 육신과의 내밀한 결합을 드러낸다. 몸은 사물과 함께 전율하고, 나는 그것과 더불어 전율한다. 나는 감각을 통하여 사물의 전율 그 자체가 된다.

세계 내에서 내가 지각하는 사물은 나와 거리를 두고 있다. 그러나 내가 느끼는 것은 이미 내 안의 정신이다. 사물은 지각을 통해 나에게 현실로서 주어지고, 감각을 통해서는 관념으로서 주어진다. 넓이를 갖는 대상인 동시에 관념적인 특질을 지니는 감각적인 것은 무엇일까?

특질과 관계

붉은색을 본다는 것은 자기 밖에 있는 어떤 붉은 물체와 관계를 맺는 동시에 나의 머릿속에 어떤 사물의 특질을 받아들이는 것이다. 사물은 내 밖에 있어서 나는 거기에 다다르려고 애쓰지만, 그와 동시에 사물은 내 안으로 들어온다. 일차적 특질, 부수적 특질이 내 정신을 수정하고, 내가 뜻대로 다루는 관념이 된다.

대상은 감각에 의해 나에게 주어지는 한, 그 대상을 구성하는 특질들의 집합으로 축소된다. 조지 버클리George Berkeley는 그러한 추론을 극단까지 밀어붙였다. 그는 대상은 특질들일 뿐이고 특질은 관념이기 때문에 결국 대상은 관념에 지나지 않는다고 주장했다. 따라서 물질은 존재하지 않으며 오직 지각되는 것이 있을 뿐이다.

반면, 지각을 인정하면 대상의 독립성을 보전하는 셈이 된다. 지각이라는 관계에서 주체와 대상이라는 두 항은 서로 별개이기 때문이다. 이러한 구별의 논리를 끝까지 밀고 나가면 주체에 대한 대상의 작용을 이해하지 못할 수밖에 없다.

감각과 지각은 행동이다

의식의 작용과 사물의 작용

지각과 감각은 우리에게 정보로서 나타나기 때문에 이때에는 지각과 감각이라는 행동, 주체에 대한 대상의 행동은 이해할 수 없다.

지각과 감각을 먼저 행동으로 해석해야만 그것들을 이해할 수 있는 수단을 마련하는 것이다.

사물이 감각기관에 남기는 '인상'만 가지고 의식을 논할 수 있다면 외부 세계는 마치 우리가 잠들어 있을 때처럼 나타날 것이다. 어떤 소리가 들리지 않아도 나의 청력이 소리를 듣는 식으로 말이다. 그러므로 나의 의식이 깨어나려면 나의 몸에 대한 사물의 작용뿐만 아니라 다른 무엇이 반드시 필요하다.

의식에 반드시 필요한 상관 요소는 자아의 활동이다. 자아가 노력하는 정도, 다시 말해 내가 수동적이라든가 능동적이라든가 하는 차이는 감각과 지각에서 각기 다르다. 감각은 무력하게 어떤 작용을 감내하며 당하는 입장이고, 지각은 그 자체가 이미 어떤 행동을 계획하는 것이다.

감각적인 것과 행동

감각적인 세계는 우리의 흥미를 끄는 모습으로서, 약속과 위협이 가득 찬 모습으로서 나타난다. 공간은 먹이를 잡기 위한 노력이나 위험을 결정한다. 감성적인 것은 우리 행동에 상응하여 나타날 수밖에 없다.

우리는 행동함에 따라 의식한다. 우리는 우리가 하고 있는 것을 느끼며, 우리가 하려는 것을 지각한다. 지각되는 세계의 거리가 실제 행동의 지연을 나타낸다.

자아는 더는 세계 밖에서 그 세계를 관찰하고 관조하는 자가 아니며 세계의 일부로서 세계에 대해 작용하는 자이다. 내가 지각하는 것은 세계와 분리될 수 없으며 나의 정신에 녹아 있지만, 그것이 내 삶에서 차지하는 흥미에 따라서 세계 내에서 두드러져 보일 수는 있다.

▶ **철학의 도구들**

▷▷▷ **혼동하지 마세요**
- 일차적 특질과 부수적 특질 |

부수적 특질은 파악되는 대상의 본성보다는 우리의 감각기관의 본성에 더 좌우되는, 대상의 특질 전체이다. 예를 들어 대상의 온기나 색깔은 반드시 내가 느끼는 그대로 사물에 내재한다고 볼 수는 없는 특질이다.

일차적 특질은 나의 정신에 나타나는 그대로 사물에 내재하는 특질이다. 그러므로 내가 그 사물과 관계 맺는 방식에 의존하지 않고 대상의 본성에 의존하는 특질이라 하겠다. (내가 보는 형태가 아니라 공간 속에서 차지하는) 사물의 형태, 강도 등이 그러한 특질이다.

▷▷▷ **정의**
- 감각적인 것 | 감각에 주어질 수 있음 혹은 감각으로 파악될 수 있음을 가리킨다. 복숭아는 감각적인 것이다. 피부는 감각적인 것이다. 감각적인 것 혹은 감각적 세계는 전통적인 감각이 관여하는 전체(지각과 감각을 통틀어서)를 가리킨다.
- 인상 | 어떤 사물이 나의 몸에 직접적으로 작용함. 이때 그 사물이 반드시 의식되라는 법은 없다. 그러므로 인상은 아직 감각도 지각도 아니다.

▷▷▷ **더 읽어볼 만한 글들**
데카르트, 『형이상학적 성찰』, '두 번째 성찰'.
조지 버클리, 『인간 지식의 원리에 대한 논고』, '서론' 부분.
베르그송, 『물질과 기억』, '요약과 결론'.
르노 바르바라 Renaud Barbaras, 『지각 – 감각에 대하여』.

실재와 가상의 대립 : 이데아 가설

　가상과 실재의 대립은 철학에서 일반적으로 적용되는 전제이다. 또한 이 대립은 일상적인 경험을 기술하는 데도 쓰인다. 그래서 우리는 새로운 장소 혹은 새로운 인물을 알게 되었을 때 흔히 "그 사람은 보기에는 어떠어떠하지만 실제로는 어떠어떠하다."라고 말하곤 한다. 그러므로 이러한 대립에서 우리는 즉각적으로 실상을 가리는 어떤 베일과 같은 이미지를 떠올리게 된다. 가상 이면에 실재가 있다, 라는 식이다. 그러니까 우리는 대번에 현실의 두 '층'을, 공존하는 두 개의 '세계'를 보는 셈이다. 이 같은 '선先이해'가 실재와 가상을 구분하는 이원론의 근원에 있는 철학적 쟁점들을 파악할 수 있게 해줄까? 사실 이원론은 인식의 대상을 정의하는 데 패러독스를 낳는다. 진정한 실재는 우리에게 보이지 않는 것, 가상 너머에 있는 바로 그것이라는 패러독스이다. 우리는 이 패러독스를, 그리고 그 패러독스 때문에 플라톤이 철학적으로 반드시 필요로 했던 이데아라는 것을 어떻게 이해해야 할까?

가상의 흐름

감각적인 것 : 생성계

우리가 감각하는 그대로의 세계는 인식의 대상이 될 수 없다. 지각되는 세계는 그 세계를 지각하는 자와 분리해서 생각할 수 없다. 마치 우리의 그림자가 우리의 움직임에 따라 같이 움직이기 때문에 결코 잡을 수 없는 것 같다고나 할까.

가상은 시간에 따라서, 또한 그것을 지각하는 주체에 따라서 항상 유동적이다. 가상은 영원한 생성 속에서 포착된다. 감각적 사물은 항상 그 자체가 아닌 다른 것으로서 포착된다.

가상적인 것의 흐름은 언어로 포착될 수 없다

아리스토텔레스는 플라톤과 같은 시대 인물인 크라틸로스Cratylus가 실재는 유동적일 수밖에 없다는 생각 때문에 말하기를 그만두었다는 이야기를 전해준다. 사실 언어와 인식은 고정된 지시 대상이 있음을 의미한다. 언어와 인식으로는 생성이라는 영원한 운동 상태를 '쫓아갈' 수 없다. 이를테면 작열하고 있는 불꽃을 바라보는 상황에서 언어는 무력해진다. 시시각각 다른 상태들이 이어지는 것을 보면서 우리는 "아, 저 예쁜 파란색을 봐!", "이제 멋진 빨간색이네!"라고 외치는 식으로 항상 시간적으로 어긋나거나 뒤처지는 감탄만을 내뱉을 수 있을 뿐이다.

말과 인식의 가능성

실재와 가상의 대립이 지니는 의미

그러므로 플라톤은 말하고 인식할 수 있는 여지를 확실히 남기기 위해 이데아 가설을 세웠다. 이는 곧 감각적 존재에 대비되는 절대적 존재 양태를 가정한 것이다.

그러기 위해서는 감각적인 것은 단지 실재의 가상에 지나지 않는 것으로 고발되고 오직 실재만이 진정한 것으로 여겨져야 한다. 이로 인해 우리의 사유 습관은 전복되었다. 이제 (진정한) 존재는 눈에 보이지 않는 것이 되었다.

이데아와 철학

플라톤의 이데아는 어떤 불분명한 본체entity로 이해되는 경향이 있다. 하지만 그러한 경향은 이데아 가설을 낳은 철학적 필요성을 무시한 결과이다. 플라톤은 인식의 대상을 재정의함으로써 앎의 가능성을 열어놓기 위해 이데아를 필요로 했다.

그러므로 이데아 가설은 철학하고자 하는 욕망과 불가분의 관계에 있다. 이 가설만이 진리에 대한 담론을 생각할 수 있게 한다. 소피스트들에 대항하여 언어적 효과에 기대지 않고 존재하는 것을 담론의 규준으로 삼기 위해서는 실재를 그 자체로서 사유해야만 했던 것이다.

플라톤의 이데아가 지닌 위상

이데아는 사물이 아니다

보이지 않는 실재인 이데아는 눈에 보이는 사물에 대해서 만들어낸 '유령', 지성으로 파악할 수 있는 분신 따위가 아니며, 다만 우리가 사물을 존재 그 자체로서 말할 수 있게 하는 의미로 파악되어야 한다.

그러므로 감각적 사물과 가지적인 실재가 공존하는 것이 아니요, 서로 독립적인 별개의 두 세계가 있는 것도 아니다. 이데아는 '사물'이 아니라 그 사물의 가지적인 실재이기 때문이다.

이데아는 개념이 아니다

또한 이데아는 단순한 심리적 표상이나 인간이 세계를 이해하기 위해 제기한 개념도 아니다. 만약 그렇다면 이데아는 실재가 아니라 심리적인 것이 될 수밖에 없기 때문이다. 이데아는 인간의 지성이 만들어낸 것이 아니다. 다만 인간의 지성이 눈에 보이는 가상을 외면할 때 원래 본성과 동일한 가지적인 대상을 파악할 수 있는 것이다. 이데아는 사물의 존재 원칙이며, 그렇기 때문에 지성으로서 파악되기 위한 원칙이기도 하다.

▶ 철학의 도구들

▷▷▷ **혼동하지 마세요**

- 개념과 이데아 |
개념은 항상 인식론적 맥락에 따라 좌우된다. 다시 말해 우리 앎의 본성과 그 형성을 어떻게 기술하느냐에 따라서 개념은 달라진다.
반면 이데아(관념)는 (비록 우리가 통상적으로는 이 용어를 개념과 같은 뜻으로 사용한다고 해도) 객관적인 차원에 있다. 예를 들어 우리가 육체의 이데아가 영혼이라고 말하는 것은 우리가 육체를 이해하는 방식을 두고 하는 말이 아니며, 육체에 활기를 불어넣는 실재적 원리를 지칭하는 것이다.

▷▷▷ **정의**

- 이데아 | 플라톤이 이데아 혹은 형상form이라는 용어로 제시한 전복적 사유는 그리스 어 'eidos'에서 비롯되었다. eidos는 원래 '측면', '면'을 가리키며 그리스 어 동사 '보다'에 그 기원을 둔다. 플라톤은 눈에 보이지 않으면서 가지적인 사물의 실재를 뜻하는 의미로 이 단어를 이용했다.
- 가지적인 것(지성으로 파악할 수 있음) | '가지적인 것'이나 '감각적인 것' 같은 용어를 사용할 때는 주의해야 한다. 우리는 이 말이 존재의 범주를 가리키는 것으로 생각하기 쉬우나 사실은 해당 대상을 감각으로 받아들이느냐 지성으로 받아들이느냐라는 (주체의) 행위 유형에 주안점을 두어야 한다.

▷▷▷ **더 읽어볼 만한 글들**

플라톤, 『테아이테토스』, 151d~161e.
플라톤, 『크라튈로스』, 439d~440e.
플라톤, 『파이돈』, 78c~79d.

육체 : 육체는 감옥인가, 외부 세계와의 접근 통로인가?

내가 앞을 보지 못하고 소리도 듣지 못하고 감각을 쓸 수 없는 존재라면 나는 어떻게 생각할까? 나에게 육체가 없다면 나의 생각은 어떻게 될까? 육체는 나의 일부이자 세상의 일부이기 때문에 나에게 나타나는 그 무엇은 육체를 통해서 나타나게 마련이다. 그러나 그렇게 나타나는 것이 허상에 지나지 않는다면 육체는 일종의 감옥이 아닌가? 반대로 존재가 나에게 나타나는 것이라면 오직 나의 육체만이 존재에 다다를 수 있다고 해야 할 것이다.

육체가 아는 것과 할 수 있는 것

감각에 대한 매혹에서 육체의 무력함으로

내가 사유를 잊고 육체의 수준에서 나에게 주어지는 것을 순전히 방관한다면 세계는 개별적이고 무의미한 사건들이 펼쳐지는 거대한 무대와 같을 것이다. 감각에만 만족하면 세상은 기만적이지 않다. 나에게 나타난 것은 그것이 비록 환영일지라도 분명히 나에게 나타난 것임에는 틀림없기 때문이다. 그러나 제 몸의 순수한 방관자라는 몽롱한 상태는 매혹적인 감옥일 뿐이다.

그렇지만 나는 내 육체 안에서 생각을 한다. 내가 본 것에 대한 나의 판단은 내가 본 것에서 나를 떼어놓는다. 나의 감각을 믿든지 안 믿든지, 나는 그것들을 해석한다. 우리는 사유를 통해 육체라는 감옥에서 벗어난다. 사유는 오류와 진리의 가능성을 열어준다. 그 이유는 사유가 우리에게 판단을 열어주기 때문이다.

그렇지만 나에게 판단의 소재를 제공하는 것은 육체이다. 육체가 나에게 준 소재는 이미 그와 관련된 바에 따라서 형성되어버린 것이다. 육체는 자기에게 유용한 대로 세상을 재단한다. 정신은 참된 것을 따라 세상을 재단한다. 육체의 무력함은 참된 것에는 관심이 없으며 따라서 우리를 참된 것으로부터 멀어지게 한다.

육체의 유한성에서 육체의 역량으로

육체의 세계에서 나는 실재를 판별할 수 없다. 나는 그저 사물의 변덕에 따라 휘둘릴 뿐이다. 하지만 사유에서는 내가 세상의 주인이다. 육체 때문에 나는 수동적이다. 무엇인가가 내게 나타나려면 세상이 그래주기를 기다려야만 한다. 나의 유한성은 주어져야만 하는 것, 다시 말해 부여되는 것으로 한정되어 있다는 데 있다.

그렇지만 내가 세계 내에서, 세계에 대해 행동할 수 있는 것은 육체를 매개로 해서이다. 그러니까 나는 육체 때문에 능동적이기도 하다. 육체가 없으면 나는 순수한 생각의 수동성에 갇혀 있을 수밖에 없다.

육체는 나의 수동성의 매개자이자 능동성의 매개자이며, 나와 세계 사이의 연결점이다. 육체는 나의 수동적인 힘과 능동적인 힘이 서로 작용할 수 있게 하는 장본인이다. 그러므로 나는 육체로 인해 자유로운 인간 혹은 유한한 동물인 것이다.

이원론인가, 일원론인가?

영혼 대 육체 : 객관적 육체에서 주관적 육체로

'육체가 있음'과 '육체임'은 같은 게 아니다. 돌멩이는 하나의 육체(물체)이다. 인간은 육체를 가지고 있다. '육체가 있음'은 육체와 구별되어 존재하며 그 육체로 완전히 환원되지 않는 것이다. 나의 몸은 나의 바깥에 있다. 그러나 내가 이 세계 안에 들어와 있는 이상 나의 몸은 세상의 일부이기도 하다. 나는 보이지 않는다. 내 몸이 보일 뿐이다.

나는 몸과 구별되기는 하지만 분리되어 있지는 않다. 데카르트가 말했듯이, 내 몸이 망가지면 나는 항해 중인 조종사처럼 그러한 손상을 (외부에서) 확인만 하는 게 아니라 직접 고통을 받는다. 그러므로 어떤 의미에서 나와 나의 몸은 뒤섞여 있는 것 같다.

나와 세계의 연결점인 나의 고유한 육체는 나인 동시에 세계이다. 그것은 객관적인 육체이자 주관적인 육체이다. 주관적 육체로서의 몸은 사유의 감정적인 감옥이고, 객관적 육체로서의 몸은 자아가 세계로 나아가는 길이다.

육체에 기대지 않는 순수 사유가 있는가?

정감이라는 주관적 육체성은 사유를 교란시킨다. 피로, 질병은 생각을 어지럽힌다. 객관적 육체의 상상적 표상은 순수 개념을 어떤 모습들로 나타내면서 왜곡한다. 나는 영혼을 생각할 때 그것을 어떤 육체처럼 여긴다. 이렇듯 객관적 육체든 주관적 육체든 순수 사유의 활동을 옭아매기는 마찬가지다.

그렇지만 나는 어떤 것을 육체를 통하여 상상적으로 구성하지 않은 채 그것을 생각할 수 있는가? 영혼은 분명히 내가 점차 소멸되어 가는 육체로써 만들어낸 이미지가 아니다. 그러나 이러한 상징, 내 생각의 단순한 상징이 없으면 나는 사유의 주의를 집중시킬 수 없다.

한편, 사유가 집중하고자 하는 노력이라면 모든 노력은 어떤 저항을 받으며 이루어진다. 사유가 나에게 다루기 쉬운 것인 반면, 저항하는 것은 육체일 수밖에 없다. 나는 몸에 대해 노력을 기울이며 주의를 집중한다. 피로 때문에, 점점 더 커지는 몸의 저항 때문에 사유하려는 노력은 어려움을 겪는다. 이렇듯 육체는 사유의 실행을 가능하게 하는 동시에 제한하기도 한다.

▶ **철학의 도구들**

▷▷▷ **혼동하지 마세요**

• 객관적 육체와 주관적 육체 |
신체와 물체를 막론하고 외적으로 나타나며 내가 그것들을 감각을 매개로 삼아 표상으로 나타낼 수 있다면, 다시 말해 보고, 만지고, 일반적인 감각으로 느낄 수 있다면 그것들은 '객관적 육체(물체)'라고 할 수 있다.

주관적 육체는 살아 있는 나의 신체에 한하여 내적으로 체험된다. 나는 주관적 육체를 표상하지 않지만 그 육체를 통하여 영향을 받는다. 고통스러워하거나, 피곤해하거나, 졸려 하는 등 전반적으로 영향을 느끼는 육체에 해당한다.

▷▷▷ **정의**

• 이원론 | 일반적으로 철학 이론은 현실의 두 면을 구별한다. 이런 이원론에 따라서 몸의 철학에서는 영혼과 육체를 서로 구별되는 두 존재로 본다.

▷▷▷ **더 읽어볼 만한 글들**

플라톤, 『파이돈』, 82c~84b.
스피노자, 『에티카』, 3부 명제 2에 대한 주석.
멘 드 비랑, 『심리학의 토대에 대하여』.
메를로퐁티, 『지각의 현상학』.

모든 앎은 감각에서 나온다 : 경험론의 쟁점과 전제

　　경험론은 모든 인식이 경험(그리스 어 empeiria)에서 나온다고 주장하는 철학 사조이다. 이것은 다시 말해 직접적으로든 간접적으로든 앎이 감각에서 나온다는 얘기다. 이러한 주장은 감각적인 대상뿐만 아니라 인식의 원리와 구조에도 적용된다. 그러므로 경험론은 감각 소여를 **추상화**하고 일반화화는 과정에 대한 기술을 제공해야만 한다. 실제로 보편적인 원리나 관념은 인간 정신이 선천적으로 소유할 수 없기 때문에 일시적으로 지나가는 특수한 소여들이 보편적 원리나 관념으로 구축됨을 고려해야만 한다. 그러나 이러한 도출의 가능성은 여전히 논쟁의 소지가 있다. 우리는 학문이 요구하는 보편성과 필연성을 언제나 특수한 조건들에 제한되어 있는 경험으로부터 끌어낼 수 있는가?

경험론의 전제

근본적 경험으로서의 감각적 접촉

　　우리가 모든 감각을 박탈당했을 때를 가정해본다면 우리의 모든 관념이 감각에서 온다는 생각에는 꽤나 중요한 논증이 개입되어 있다고 할 수 있다. 시각의 박탈은 색깔, 모양, 전망 등의 완전히 현실적인 영역에 대한 지식의 박탈을 의미한다. 우리의 모든 관념에 대해서도 마찬가지다. 관념들은 근본적인 경험, 현실과의 감각적 접촉이라는 경험에 연동되어 있다.

그 결과 인간 정신은 아무것도 쓰여 있지 않은 '백지 상태'로 여겨질 수밖에 없다. 그 백지를 감각적 경험이 채우는 것이다. 우리의 모든 표상들은 직접적인 감각적 인상이든가 그 인상에서 파생된 것일 수밖에 없다.

귀납의 역할

그런데 사유의 대상은 직접적으로 감각될 수 없기 때문에 선천적으로 타고나는 것이 있거나 신의 존재가 개입을 해야 한다. 색깔에 대한 일반 관념(개념) 그 자체는 보이지 않는다. 그러한 관념은 파란색, 빨간색, 초록색 등을 감각적으로 경험함으로써 도출된 것이다.

귀납, 즉 특수한 사례들을 통해 일반적인 법칙이나 관념을 도출하는 추론은 경험론의 관점에서는 근본적인 원동력이다. 그 이유는 귀납은 감각적 경험의 소여들에 여전히 의존하면서도 그러한 소여들을 뛰어넘을 수 있게 해주기 때문이다. 경험은 엄밀한 의미에서의 **감각적 경험**을 넘어서는 관계와 편성을 통해서 조직된다. 이렇게 해서 인과관계, 사물의 **범주** 구분이 우리 경험의 심층조직을 이루는 것이다.

경험론의 난점

경험의 틀은 경험에 정초되어 있는가?

그러한 범주들은 어디에서 비롯되는가? 범주들은 객관적 가치가 있는가? 범주들은 우리 본성이 반영된 것인가, 아니면 교육에 의한 우연한 결과물인가? 개와 고양이를 한 번도 본 적 없는 사람이 있다고 치자. 그 사람이 난생 처음 검은 고양이와 흰 고양이, 흰 개와 검은 개를 보았다. 그는 '개·고양이'라는 차이를 무시하고 그 동물들을 '흰 것'과 '검은 것'으로 분류할까? 아니면 개와 고양이를 서로 다른 종으로 분류해야 할 필연성을 자연스럽게 느낄까? 만약 그렇다면, 그 필연성에는 어떤 근거가 있을까?

인식의 필연성과 객관성

이러한 물음의 쟁점은 객관적이고 보편적인 앎의 가능성에 있다. 만약 경험의 구조들도 경험론적으로 해명되는 것이라면 그러한 구조들은 심리적 기원에서 나온 결과일 것이다. 그러한 기원은 각 사람이 체험한 경험과 그들이 수행한 추상에 따라 달라지기 때문에 어디까지나 우발적인 것일 수밖에 없다.

그러나 객관적 앎에 이용되는 개념들은 사물 그 자체를 기술해야만 한다. 어떤 것이 (실제로) 다른 것의 원인으로서 존재함을 알 수 있어야지, 그저 여러 경험을 일반화해서 이것이 저것의 원인이려니 생각하는 것만으로는 부족하다는 말이다. 칸트는 이러한 어려움을 바탕으로 인과성이라는 보편적 개념이 모든 경험에 앞서는 틀이 아니라면 그 개념은 결코 경험 내에서 찾을 수 없을 것이라고 했다.

▶ **철학의 도구들**

▷▷▷ 혼동하지 마세요
- '경험'의 두 가지 의미 |

일차적 의미에서 경험은 감각의 직접적인 소여이다.
이차적 의미에서 경험은 세계에 대한 구조화된 앎을 가리킬 수 있다. 그러한 앎은 날것 그대로의 단순한 소여로 환원되지 않는다. 문제는 그러한 소여에서 앎으로 나아가는 데 있다.
- 보편성과 일반성 |

보편성은 모든 사물에 대해 유효하다.
일반성은 언제나 일반화를 통해 나온다. 그러므로 일반성은 항상 개별성의 흔적을 담고 있다. 일반성은 개별적인 사례들에서 도출된 것이므로 그러한 사례들을 반영하고 있기 때문이다. 우리가 흔히 접하는 한국인, 중국인, 일본인을 통해 인간상을 도출한다고 해서 그것이 보편적 인간에 대한 생각은 될 수 없는 것이다.

▷▷▷ 정의
- 추상 | 귀납에 반드시 필요한 과정. 엄밀하게 말해서 추상한다는 것은 **사유**를 통하여 개별적이고 특수한 일련의 사태들에서 **고유성**을 제거해버리고 그 사태들에 **공통적인 것**만을 고려한다는 뜻이다.

▷▷▷ 더 읽어볼 만한 글들
데이비드 흄 David Hume, 『오성에 관하여』.
칸트, 『순수이성비판 서문』.

▶ 생각해볼 주제

'초월적 감성학'을 읽기 위하여

'초월적 감성학'은 칸트의 『순수이성비판』의 첫 번째 장이다. 여기서 'aesthetics'라는 용어는 그리스 어원 aïsthésis를 따라 '감성'의 의미를 지니므로 '미학'보다는 '감성학'으로 받아들일 수 있겠다. 한편 '초월적'이라는 용어는 기술적이다. 이 용어는 이 저작의 관심사가 경험이 가능한 조건들을 구성하는 데 있음을 뜻한다.

칸트의 저작은 이성이 독단주의의 함정과 회의주의의 함정을 모두 피하기 위해서 선험적으로 인식할 수 있는 능력의 한계를 정해야 할 필요성을 보여주었다. 이성은 인식과 도덕에 대해 계속 판단을 내리기 위해서 어떤 비판에 맡겨져야 한다. 칸트는 이러한 비판이 이성의 권력을 축소하고 그 무력함을 드러내되 이성이 지니는 가치를 훼손하지는 않는다는 점을 보여주었다.

사실 이성의 한계는 경험적이거나 우연적인 경계, 즉 뛰어넘어야 할 법한 한계가 아니다. 오히려 그러한 한계는 인간에게 필연적이고, 우리의 '인식할 수 있음'의 한계에 해당한다. 칸트 철학의 원칙이 중대하게 공헌한 바가 바로 여기에 있다. "일반적인 경험이 가능한 조건들은 경험 대상들이 가능한 조건이기도 하다." 우리에게 가능한 경험의 영역은 대상에 대한 감각적 직관이 가능한 영역과 일치한다. 이 원칙을 이해하느냐 마느냐는 『순수이성비판』의 출발점, 즉 초월적 감성학에 달려 있다.

우리는 초월적 감성학의 주요한 쟁점들을 요약적으로 살펴볼 수 있다. 인식은 대상과의 관계를 함축한다. 칸트는 그 관계의 직접적인 형태를 '직관intuition'이라고 부른다. 그러나 대상이 우리의 직관에 주어지려면 그 대상이 우리의 정신에 영향을 미쳐야만 한다. 인간은 유한한 본성을 갖고 있기 때문에 감성을 거쳐야만 대상을 알 수 있다. 그렇지만 감각은 주관적, 개인적, 가변적 실재를 환기하는 듯하고, 그러한 실재의 규칙들은 개인이 좌우한다. 인간 지식의 경험론적 근거를 인정하면 소위 우리 인식의 객관성에 대한 포부는 모두 접고 회의주의와 상대주의에 빠질 수밖에 없는 걸까?

그런데 초월적 감성학은 오히려 감성의 선험적 형식들의 존재를 도출한다. 그 형식들은 모든 인간에게 유효하다는 의미에서 분명히 보편적 형식들이다. 또한 그 형식들은 선험적이다. 다시 말해 경험의 산물이 아니라 대상에 속한 것이라는 말이다(그 대상이 인식의 대상인 한에서). 여기서 문제가 되는 것은 **현상**이다. 현상은 순수한 가상이 아니라 우리에게 나타나는 그대로의 대상이다. 이렇게 이성적 인식을 가능한 경험의 대상으로 한정함으로써 우리는 회의주의에서 벗어날 수 있다. 왜냐하면 현상은 즉자적 대상이 아니며 실제로 주어진 것이기 때문이다. 그리고 이렇게 한계를 짓는다고 해서 이성이 무엇을 손실하는 것도 아니다. 칸트는 감성의 선험적 틀 바깥에서, 시공간에서 벗어나 고려되는 사물을 '즉자적 사물'이라고 불렀다. 그런데 즉자적 사물은 그 자체로는 인식이 불가능하다. 칸트의 비판철학은 제3의 길이 가능하다는 사실을 잘 보여주었다. 인식은 이해를 벗어나는 절대적인 것이 아니지만, 주관적이고 가변적인 표상도 아니다. 인식 대상은 우리의 인식 능력에 따라 조건지어지지만 그러한 조건화는 반드시 필요하다. 또한 그 조건화는 각 사람의 감성이나 상상과 관련이 없으며 객관성을 구성하는 요소이다.

 우리는 우리의 모든 직관이 현상에 대한 표상에 지나지 않으며 우리가 직관하는 사물 자체는 우리가 직관하는 바와 같지 않음을 말하고자 했다. (……) 우리는 우리가 지각하는 특유의 양식밖에 알지 못하며 (……) 시간과 공간은 그러한 지각의 순수 형식이 아니다. 일반적으로 감각은 지각의 질료이고 (……) 그러한 형식들은 절대적이고 필연적으로 우리의 감성에 내재하는데 (……) 시간과 공간은 모든 경험의 필연적 조건으로서, 우리의 모든 직관의 순전히 주관적 조건이라는 것, 이 조건과 상관해서 모든 대상은 한낱 현상일 뿐이요, 대상 자체는 이러한 방식에서 주어진 사물이 아니라는 것, 그러므로 현상의 형식에 관해서는 여러 가지 선험적인 주장을 할 수 있으나 물 자체에 대해서는 사소한 주장도 할 수 없음이 의심의 여지없이 확실하다.

(칸트, 『순수이성비판』 중에서)

인간 : 시간 속의 존재

시간은 우리가 매몰되어 있는 일종의 환경이며 우리는 거기에서 벗어날 수 없다. 시간은 거의 물질만큼이나, 혹은 우리가 숨쉬는 공기만큼이나 현실적이다. 그렇지만 시간은 끊임없이 우리를 벗어난다. 시간은 자꾸만 도망가고 우리는 절대 시간을 잡을 수 없다. 우리는 태어나면서부터 시간에 '주어진' 바이다. 그리고 언젠가 죽고 만다는 약속도 그때 이미 맺어진 셈이다. 그러므로 실존이라는 관점에서 보건대, 다음과 같은 역설이 인간 조건을 한정하고 있다. '실존, 그것은 시간이 열어놓은 동시에 닫아놓은 지평에서 산다는 것', 곧 사라짐(과거)과 부재(미래)의 간극 사이에 있다는 것이다. 시간에는 어떤 방향이 있다. 그러나 과연 시간에 의미도 있을까?

시간의 차원

안인가 밖인가?

우리 모두는 시간이라는 것을 **직관적으로** 알고 있는 듯하다. 시간은 우리의 모든 경험과 불가분의 관계에 있으며 우리의 모든 감각과 뒤섞여 있다. 우선 시간은 공간과 마찬가지로 **현실의 한 차원**, 우리가 사건을 자리매김할 수 있는 환경이다. 또한 우리는 시간을 측량할 수 있다. 시간은 우리 우주의 **좌표** 중 하나이며 사물을 통합한다. 그러므로 우리는 시간이 사물들 바깥에 있다고 생각할 수 있다.

그러나 시간에는 **불가역성**, 다시 말해 그 흐름을 되돌릴 수 없다는 특성이 있다(불변하는 것만이 변화를 피할 수 있다). 시간의 불가역성은 시간이 사물에 내재적이기도 하다는 점을 보여준다. 살아 있는 것들의 생물학적 리듬은 **연속의 법칙**에 따라 이루어진다. 나무에 열매가 열리려면 그전에 반드시 꽃부터 피어야 한다. 모든 생명 기능은 우리가 완전히 폐기할 수도 없고 잠시 유예할 수도 없는 **내적 필연성의 좌표**들 같다.

창조자와 파괴자

시간 속에 존재한다는 것은 생성의 법칙에 종속된다는 것이다. 그런데 이 법칙은 그 본성 자체가 역설적이다. 어떤 연속이나 변화는 어떤 형태에서 다른 형태로의 이행, 장차 되고자 하는 것을 위한 이행이다. 그러한 이행은 일종의 부정을 통해 이루어진다. 그러나 그 부정은 동시에 긍정이기도 하다. 꽃이 피었던 자리에 열매가 열리는 경우는, 하나의 사물에서 그 원래 형태가 사라지고 변화되어 또 다른 형태가 나타난 것이다. 그 새로운 형태는 첫 번째 형태와 똑같이 긍정된다.

그러므로 시간에는 일종의 작업에 대한 모순이면서도 단일성 그 자체인 것이 있다. 실존의 순간은 연속적으로 넘어가면서 사라지는 듯하나 그와 동시에 또 다른 형태로 보전된다. 왜냐하면 우리가 어린 시절에 거친 순간과 우리가 어른으로서 보내는 순간 사이에는 분명히 연속성이 있기 때문이다. 어떤 순간도 다른 순간으로부터 완전히 분리될 수 없다. 사라짐과 새로움은 완벽하게 서로 맞물려 있다. 바로 여기에 시간의 구조 그 자체, 순간의 유기적 결합이 있다.

절대와 상대

이러한 시간의 법칙을 통해 우리는 시간의 절대적인 성격을 알아보게 된다. 여기서 말하는 절대성의 의미는 **고유한 방식으로 존재함**, 그 자체로서 존재함을 뜻한다. 아이작 뉴턴Isaac Newton은 『자연 철학의 수학적 원리(프린키피아)Philosophiae naturalis principia mathematica』(1687)에서 시간은 "하느님의 기관" 같다고 했다. 시간은 신이 실재를 수학적으로 해결하기 위해 사용하는 방식이라는 것이다. 이러한 관점에서 보는 시간은, 그 시간 속에 있는 물체와 신체에 대해 독립적으로 존재하는 완벽한 항구성이자 연속성이다.

그러나 20세기에 물리학의 혁명이 일어나면서 **시간은 상대적**이라는 사실이 증명되었다. 시간의 측정은 측정 기준이 되는 틀이 어떤 운동에 따라 다르게 기능한다면 달라질 수 있다.

시간의 형식과 질료

우리 감성의 형식

시간은 어떤 실체를 가진 '사물'이라고 하기는 어렵지만 비현실적이지도 않다. 시간은 우리가 **변화를 지각하는 방식** 그 자체라고 할 수 있을 것이다. 실제로 시간은 경험의 소여를 받아들이는 우리의 감성이 어떤 것을 지각할 수 있게 되는 조건으로서 나타난다. 연속성이라는 시간적 조건이 없다면 우리는 아무리 사소한 현상도 포착할 수 없다. 여기서 현상은 다시 말해 다양한 요소들이 하나의 '감각 소여'로 합쳐지는 것을 말한다. 그러한 소여들은 전후 관계에 따라야 하고, 이 발현 방식을 따를 때에만 우리는 현실을 지각할 수 있다(80~82쪽 참조). 이때 시간은 비현실적인 것이라기보다는 우리 감각 능력의 한 측면이다. 시간은 어떤 '것', 자연의 법칙이 아니라 현상들 사이를 이어주는 방식인 것이다.

이때의 시간은 우리의 인간 조건, 우리의 유한성에 관련된 고유한 의미를 지닌다. 우리는 어떤 것도 이 조건 바깥에서 지각할 수 없다. 이 조건이 우리의 성분과 한계를 결정한다. 우리는 유한한 존재들이고 시간 그 자체는 현상들을 연결하는 양식일 뿐이다. 우리는 우리의 인간다움 그 자체에 종속되어 있는 것이다. 우리는 어떤 것도 시간의 밖에서 접근할 수 없지만 어떤 무한한 존재는 시간성을 완전히 벗어나 사물을 지각할 수 있을지도 모른다. 우리의 유한성은 결코 "사물 그 자체로서의 존재"를 안다고 주장할 수 없으며 다만 그 사물들에 대해 어떤 '전망'만을 갖는 데 만족해야 한다. 시간은 우리 시선의 형식, 그러한 전망 그 자체다.

구체적인 지속

우리가 기다림을 구체적으로 경험할 때에는 시간이 순수한 추상이 아니다. 오히려 그럴 때에 시간은 무한히 늘어지는 것 같기도 하고 짧은 순간으로 수축되는 것 같기도 하다. 그때 우리가 경험하는 것은 '초'나 '분'이 아니라 어떤 지속의 거의 물질적이라고까지 할 수 있는 두께와 연속성이다. 시간은 사물과 존재를 둘러싼 텅 비어 있는 형식이 아니다. 그 반대로 시간은 생명체의 맥박 그 자체다. 사물과 존재는 시간으로 이루어져 있는 듯하고 현재를 사는 우리 신체는 "물질로 포착된 지속"(베르그송의 표현), 응고된 지속이라고 할 수 있다. 그래서 우리의 기억은 신체적인 동시에 정신적이다.

우리는 "시간의 살갗으로" 이루어진 존재들이다. 시간은 단순한 환경이 아니라 삶이 형식을 취하는 방식이라고 보아야 한다. 우리의 몸은 응고된 기억, 형식 혹은 윤곽을 통해 "육화된" 기억을 닮았다. 이때부터 실존은 단순히 생물학적으로 살아가는 것이 아니요, 과거에 힘입어 열려 있는 미래를 직면하는 것이다. 시간은 삶에 의미와 통일성을 부여할 수 있게 하는 유일한 길이다.

실존과 불가역성 : 시간의 의미

불가역성

'불가역성'은 말 그대로 방향을 바꿀 수 없음을 뜻한다. 그래서 만물은 그 귀결에 이르고, 되돌아갈 수도 없고 시간을 다른 방향으로 흐르게 할 수도 없다. 바로 그러한 불가능성 때문에 사물이 의미를 갖는 게 가능하다. 사물에 의미를 부여하려는 계획을 가능하게 할 뿐 아니라, 나아가 필연적이게 하는 것이다. '실존'은 'ek-sistere', 말 그대로 '자기 밖에' 있음, 결코 자기 자신과 정말로 일치되지 않음이다.

미래는 과거에 의미를 부여할 수 있게 한다. 인간은 사르트르의 말마따나 "주체적으로 자기 삶을 다스리는 기획"이다. 개인의 경우를 예로 들어보자. 어떤 사람이 청소년기에 신비주의적인 발작을 일으켰다고 치자. 그 발작이 그저 일시적인 것이었는지, 아니면 결정적이었는지는 그 사람의 미래가 '후험적으로a posteriori' 결정한다. 과거와 미래 사이에 개인이 어떤 선택을 하느냐에 달려 있다는 것이다. 그러므로 우리는 사르트르의 주장에 동의하여 사실상 우리와 과거에 의미를 부여하는 것은 우리의 미래이지, 우리의 과거가 미래에 의미를 부여하는 것은 아니라고 할 수 있을 것이다. 이것이 우리를 조건화하고, 우리에게 한계를 부여한다. 또한 우리 삶에 질료를 부여하기도 한다. 나는 언젠가 죽기 때문에 살면서 무엇을 하느냐가 중요한 것이다. 나에게 기획이 있기 때문에 나의 과거는 회고적으로 어떤 의미를 갖게 되는 것이다.

잃어버린 시간, 다시 찾은 시간

그러므로 시간은 인간을 가늠하는 것인 동시에, 인간이 자기에게 맞게 만들어낸 것이기도 하다. 과거는 사라지고 미래는 부재하지만, 인간의 실존은 이러한 시간의 법칙으로 삶의 골조를 만든다. 우리가 시간을 잃는 것은 과거가 멀어지기 때문이기도 하지만 삶 자체가 무용성과 부조리 속에서 표류하기 때문이기도 하다. 마르셀 프루스트Marcel Proust의 소설 『잃어버린 시간을 찾아서』에 등장하는 인물 샤를 스완의 경우가 바로 그러했다. 그는 나중에 작가가 되는 소설의 화자와는 달리 파리의 사교계 살롱을 전전하며 자신의 인생과 예술가로서의 재능을 망친다.

그러나 잃어버린 시간이 그저 공허한 시간인 것은 아니다. 특히 어린 시절과 그 시절의 수수께끼는 항상 우리가 온전히 파악할 수 없는 부분이다. 기억은 단순히 과거에 대한 보전이 아니다. 기억은 우리 안에서 합치되는 것, 감각의 무한한 다양성이기도 하다(96~99

쪽 참조). 이렇게 때로는 현재의 감각을 접하는데 과거의 중요한 시기가 그 감각과 함께 떠오르면서 "잠시 순수 상태의 시간"과 만날 수도 있다.

『잃어버린 시간을 찾아서』의 화자는 차에 적신 마들렌 한 조각을 목으로 넘기면서 영원히 사라졌다고 생각했던 어떤 감각을 되찾는다. 그럴 때의 감각은 그 안에 상상과 지각이 뒤섞여 있기 때문에 마치 "과거와 현재 안에서 동시에 번쩍거리는" 듯하다. 그 감각은 이미 지나간 것으로서 상상의 대상이 될 수 있다. 그러나 현존하는 것으로서 실존으로 충만하기도 한데, 그러한 충만은 상상만으로는 불가능한 것이다. 시간의 가혹한 법칙은 이때에 유예되어 있으며, 그럼으로써 사물의 본질을 한순간이나마 고립시키고 정체시킨다.

▶ 철학의 도구들

▷▷▷ **혼동하지 마세요**

• 삶과 실존 |

삶이라는 개념은 어떤 존재가 유기체적 작용에 따라 존재로서 피어남을 말하며 식물, 동물, 인간 모두에게 적용될 수 있다. 그러므로 생명이 인위적으로 유지되는 경우나 극단적인 조건에서 살아가는 경우에도 '삶'이라는 개념은 여전히 유효하다. 반면, '실존'은 그 삶이 미래와 의미의 지평으로 정리되어 있음을 뜻한다. 실존은 삶이 단순한 생존 그 이상일 수 있음을 가리킨다.

▷▷▷ **정의**

• 절대성 | 말 그대로 그 자체가 분리된 상태로(ab-solu, ab은 '~으로부터'를 나타내는 접사, solu에는 '떨어져 있음'의 의미가 있음) 존재하는 것이다. 절대적인 것은 그 어떤 것과의 관계도 유지하지 않는다. 그러므로 유보되는 것도 없고 어떤 예외나 제한도 없다. 신에 대한 관념은 그 자체로서 규정되는 어떤 절대성을 표상한다. 우리는 신에 대해 절대적인 힘, 즉 아무 한계도 없다는 속성을 부여했다고 할 수 있을 것이다.

• 상대성 | 절대성과는 반대로 어떤 관점에 따라 결정되고 어떤 전망에 속함을 가리킨다. 예를 들어 우리가 지구에서 태양을 바라보는 이상, 태양에 대한 우리의 지각은 이 위치에 '상대적'이다. 다른 곳에서 보면 태양은 완전히 달라 보일 수도 있을 것이다. 그러므로 상대적이라는 것은 그 자체로 존재하지 않으며 다른 것에 근거하여 존재함을 뜻한다.

▷▷▷ **더 읽어볼 만한 글들**

칸트, 『순수이성비판』, '초월적 감성론 : 시간에 대하여'.
베르그송, 『사유와 운동』, 5장 '변화의 지각', 6장 '형이상학 입문'.
라벨L. Lavelle, 『시간과 영원에 대하여』.
사르트르, 『실존주의는 휴머니즘이다』.
프루스트, 『되찾은 시간』.

의식과 죽음

의식과 죽음이라는 두 낱말은 언뜻 보기에 상호배타적인 듯하다. 의식은 삶 그 자체요, 신체 내에서 사유를 통해 파악되는 것이다. 반면, 죽음은 모든 의식의 가능성을 반박하고 제거한다. 그러나 비록 죽음이 추상적이고 모호하기는 해도 '나의' 죽음에 대한 전망이다. 이 파악할 수 없는 것, 아직은 멀게만 생각되어 머릿속으로 그려보기도 힘든 그것이 우리 주위를 그림자처럼 어슬렁거리지 않는다면 우리가 어떻게 죽음에 대해 사소한 의식이라도 가질 수 있단 말인가?

심연에 대한 의식

죽음 : 미지의 것이지만 피할 수도 없는 것

의식이 죽음을 생각한다는 것은 정말로 역설적이다. 죽음은 절대적 확실성의 대상인 동시에 근본적인 무지의 대상이기도 하기 때문이다. 나는 죽음의 필연성을 안다. 그러나 죽음은 모든 의식의 폐기와 실종에 해당하므로 나는 죽음을 표상할 수 없다.

블레즈 파스칼Blaise Pascal의 표현에 따르면 우리는 "죽음을 벗어날 수 없는 불가능성"을 마주하며 그것을 생각하지 않는 방법만을 고안해낼 수 있다. 그러나 우리는 동물과 같은 망각의 능력을 지니지 못했다. 동물은 최후의 순간이 임박하여 자신의 죽음을 예지할 수는 있을지언정 자신의 최후를 의식하지 않고 삶 전체를 지낼 수 있다. 그런데 우리 인간에게 죽음은 현존하는 동시에 부재한다. 어떤 전망으로서는 분명히 현존하지만, 우리가 그것을 생각한다는 사태 자체가 우리가 아직 살아 있음을 뜻하기 때문에 부재하는 것이다.

죽음은 의식의 조건인가?

죽음은 절대적 확실성이다. 그러나 죽음은 우리에게 대답 없는 의문을 안긴다. 그것은 "왜?"라는 물음이다. 인간으로서의 나의 조건은 의미가 없고 부조리한 것처럼 보인다. 우리 의식에 대해서는 사유의 힘과 반드시 죽어야만 한다는 사태가 서로 모순되는 것 같다. 내 삶의 조건은 나의 삶이 참여하는 방향인데, 이 방향에는 과연 어떤 의미가 있는 걸까?

사실 의식은 없는 대답을 찾으려고 노력하며 자신에게로 돌아가는 이 움직임, 바로 그것이 아닐까? 시간 속에 자리매김할 수 없는 죽음에 대한 전망에서 출발하여 현재로 돌아오는 이 시선 자체가 아닐까? 심연을 마주하는 의식은 그 심연 가장자리에 우뚝 서서 내려다보고자 함에 다름 아니다.

유한성과 실존 : 의식의 지평

나 자신의 죽음이라는 불가능한 가능성

모든 인간에게 유효한 것은 그 인간들 중 어느 한 명에게도 유효한 듯 보인다. 그러나 그 '어느 한 명'이 바로 내가 되면 갑자기 사정이 달라진다. 죽음이라는 심연은 반드시 넘어서야 할 것이 되는 것이다. 나의 죽음은 필연적으로 나의 실존에서 일어날 수 있는 한 부분이다(나는 현실적으로 내가 죽을 수 있다는 현실을 인정해야 한다). 그와 동시에 죽음은 내가 절대로 생각할 수 없는 것이라는 의미에서 '불가능한 것'이기도 하다. 일단 죽으면 '나'는 그 죽음을 내 것으로 삼을 수 없다.

그렇지만 아무도 내 대신 죽을 수는 없다. 그렇기 때문에 죽음은 나에게 가장 고유한 것이다. 만약 내가 그러한 시각을 통해서(혹은 그러한 시각에 힘입어) 살 수 있다면 그것은 내가 죽기 전에 이루어질 일들에 대한 책임감을 가질 수 있을 것이다. 의식은 죽음에 어떤 의미를 부여할 수 없지만 죽을 수도 있다는 것은 미래와의 유일무이한 관계를 가리킨다. 그것이 바로 나의 삶을 내 것으로 만들 수 있는 가능성이다.

의식과 타자

그러므로 죽음은 의식에 있어서 일종의 또 다른 절대성이다. 죽음은 의식을 완전히 이해할 수도 없고 정복할 수도 없다. 그런데 타인이 바로 이런 식으로 나에게 나타난다. 타인은 결코 완전히 동일하지도 않고 완전히 판판이지도 않다. 타인은 나와 다르기 때문에 수

수께끼 같은 존재다. 나의 의식은 그의 이타성을 완전히 투명하게 할 수 없으며, 그저 그의 현존을 향할 수 있을 뿐이다.

이러한 대면(타자에 대한 대면, 죽음에 대한 대면)은 두 가지 사례 모두 의식의 문제 삼기이지 의식을 문제 삼는 것이 아니다. 죽음은 의식의 '타자'이다. 의식은 불시에 나타나고 난입하면서 어떤 채워지지 않는 공백을 환기시킨다. 그러므로 사실상 죽음에 대한 의식은 없다. 죽음은 의식이 자신과의 지고한 합일을 상실하는 전망일 뿐이다. 죽음은 의식이 더는 스스로 정초되지 못하는 맹점이다.

▶ 철학의 도구들

▷▷▷ **혼동하지 마세요**
- 의식과 예지 |
의식은 어떤 것을 현존하는 방식으로 표상할 수 있는 능력이다(20~24쪽 참조).
예지는 비교적 가까운 미래를 미리 파악하는 능력이다. 신학적인 의미에서 신의 예지는 신이 인간의 미래에 대해 전체적으로나 세부적으로나 틀림없는 지식을 갖고 있음을 뜻한다.

▷▷▷ **정의**
- 유한성 | 엄밀한 의미에서 유한성은 어떤 끝이 있음을 뜻한다. 그러나 여기서는 실존적인 의미, 다시 말해 인간성 그 자체를 정의하며 인간의 존재 방식을 결정하는 의미로서 인간 조건의 근본적인 한계를 뜻한다.
- 실존 | 말 그대로 'ek-sistere(자기 밖에 있음)'이다(83~90쪽 참조). 삶이라는 관념과는 달리 실존은 어떤 기획 가능성, 이미 존재했던 것과 (아직은 존재하지 않지만) 존재할 수 있는 것에 대한 관계를 전제한다. 그러므로 실존은 시간적인 전망 안에 포함된 관념이다.

▷▷▷ **더 읽어볼 만한 글들**
파스칼, 『팡세』.
장켈레비치, 『죽음』.
레비나스, 『시간과 타자』, '죽음과 미래'.

추억이란 무엇인가

추억은 기억력에 결부되어 있다. 추억을 간직하거나 되찾는 것이 기억이라면 그 반대는 망각이다. 망각은 기억의 상실이나 파괴, 혹은 이따금 기억의 해방에도 해당한다. 망각의 양가성에는 기억의 양가성이 부합한다. 트리비얼 퍼수트trivial pursuit(잡학 퀴즈에 답하는 보드 게임) 같은 게임에서 알 수 있듯이 뛰어난 기억력은 지능이 높다는 증거이다. 그러나 추억에 사로잡혀 살면서 미래를 생각하지 못하는 사람들에게는 기억이 버거운 짐이 되기도 한다. 기억은 오늘날 역사, 정보, 컴퓨터, 전통 등 여러 영역에서 핵심 개념이 되고 있다. 그렇지만 우리는 추억의 특정한 성격을 해명함으로써 추억에 대한 다양한 평가들을 이해할 수 있을까?

추억의 정의

추억, 기억, 망각

다양한 현상이 기억을 망각과 대비시킨다. 이러한 의미에서 모든 보존 활동은 컴퓨터, 박물관, 도서관에 정보가 저장되듯이 '기억 활동'으로 불린다.

하지만 추억을 저장되어 있던 정보가 모니터에 뜨는 것과 마찬가지 현상으로 볼 수 있을까? 그렇게 보아서는 추억의 본질적인 한 측면을 분명히 놓치고 만다. 그것은 바로 시간과의 관계라는 측면이다. 잊히지 않았다고 해서 필연적으로 추억의 대상이 되지는 않는다. 나는 삼각형에 대해 별다른 추억이 없을지라도 삼각형의 정의를 기억하고 있을 수 있다. 그 이유는 삼각형의 정의는 시간적 실재, 이미 지나간 것인지 현존하는 것인지 미래의 것인지를 민감하게 따지는 실재가 아니기 때문이다.

추억의 두 가지 활동

사실 추억에는 여러 순간이 포함된다. 우선 과거의 경험이 있어야 한다. 누군가 함께 차를 마셨다든가 하는 경험 말이다. 그다음에는 그 사건의 흔적을 간직하고 있어야 하고, 궁극적인 시기에 그 사건을 다시 떠올려야 한다. 과거의 대상에 대한 기억은 그렇다. 추억이 우리 머릿속에 현존할지라도 그 추억은 과거에 대한 환기처럼 주어진다.

그러므로 추억에는 두 가지 활동이 있다. 하나는 과거의 사건에 대한 표상의 보존 활동이요, 다른 하나는 그러한 표상을 활성화하는 활동이다.

추억과 과거의 관계

시간에 대한 의식

추억은 그 특성성을 감안하건대 시간에 대한 경험 자체에 초점을 맞춘다. 기억이 없으면 의식은 순전히 일시적일 수밖에 없을 것이다. 그러한 의식은 영원한 현재에서만 살아갈 것이다. 추억은 과거와 현재에 대한 의식에 상응한다. 현존하는 경험(우리가 추억을 바로 지금 떠올리는 경험)을 통하여 우리는 과거를 돌아보고 그것이 현재와 근본적인 차이가 있음을 가늠하게 된다.

과거를 인정하고 미래를 열기

추억의 두 가지 활동은 우리의 모든 추억이 동시에 활성화되지 않지만, 어떤 추억은 의식의 표면으로 부상하는 반면 어떤 추억은 무의식에 잠재 상태로 남아 있음을 분명히 보여준다. '기억'이라는 말에는 양가성이 담겨 있다는 점을 짚고 넘어가는 게 좋을 것 같다. 실제로 정신분석학을 통해 우리는 반복되는 고통이 추억의 무의식적 상태에서 비롯되는 결과임을 이해할 수 있었다. 반면에 우리가 의식하는 추억, 의식으로 소환된 추억은 치유와 해방의 활동에 상응한다. 의식으로 소환되지 않았기 때문에 추억이 징후의 형태로 현재를 엄습하는 것이다. 추억은 사라지지 않는다.

우리는 추억에 대한 정신분석학적 태도에 영감을 받아 "기억해야 할 의무"라는 표현에 의미를 부여할 수 있게 되었다. 특히 이 표현은 홀로코스트에서 죽어간 유대 인들을 기억해야 할 의무를 뜻한다. 그러니까 무의식적인 기억에서 벗어나 과거를 과거로서 의식하고 소화해야 한다는 뜻이다. 이렇게 추억을 인정해야만 반복의 위협에서 벗어나 진정 새로운 미래를 열 수 있다.

▶ **철학의 도구들**

▷▷▷ **혼동하지 마세요**
• 기억의 의미 |
컴퓨터나 비디오녹화기 등의 '기억(메모리)'은 잠재적인 것이 현재적인 것으로 넘어가는 이행 과정은 분명히 있지만 시간에 대한 의식, 그러니까 전후에 대한 의식이 없다. 뇌에 기억을 관장하는 부분이 있다고 생각하다보면 뇌를 컴퓨터처럼 보고 기억을 단순한 저장과 활성화로 축소시켜 고려하기 쉽다.

▷▷▷ **정의**
• 활성화 | 우리는 현실태를 어떤 실재의 잠재 상태와 대립시켜서 말할 수밖에 없다. 예를 들어 도토리는 잠재적으로 혹은 가능적으로 떡갈나무가 될 수 있지만 아직 현 상태로서는 떡갈나무가 아니다.
• 양가성 | 어떤 실재가 그 본성 자체에 의해 서로 모순적인 가치판단들의 대상이 된다면 그 실재는 양가적이라고 할 수 있다. 예를 들어 유혹은 누군가에 대한 기만과 쾌락 사이에 있다는 점에서 양가성을 띤다.

▷▷▷ **더 읽어볼 만한 글들**
아리스토텔레스, 『자연사에 대한 소고』.
프로이트, 『정신분석 강의』.

시간은 우리 안에 있는가, 밖에 있는가?

시간은 흐르지만 나는 결코 시간의 흐름 자체를 멈추게 하거나 포착할 수 없다. 그렇지만 시간은 잡을 수 없는 것이면서도 그와 동시에 **직관적 명증성**을 띠고 있다. "시간은 무엇인가? 나도 안다, 아무도 나에게 그것을 묻지 않는다. 그러나 나는 그 물음에 대해 해명하고 싶은데, 나는 그 답을 모른다!"(성 아우구스티누스Augustinus) 이 말은 시간이 나의 의식 '안'에 있다는 뜻인가? 사실 더는 존재하지 않는 과거는 나의 기억 안에만 있고, 아직 존재하지 않는 미래는 나의 기획 안에만 있는 것처럼 보이기도 한다. 그리고 현재도 내가 현재에 대해 갖고 있는 의식과 뒤섞인 것 같다.

시간의 흐름과 영혼의 팽창

세 가지 시간

시간은 그 결과를 통해서 포착되지만 과거와 미래는 현존하지 않는다. 과거는 이미 지난 것이고 미래는 아직 오지 않은 것이기 때문이다. 현재도 끊임없이 '과거로 넘어가고' 있기 때문에 이러한 '존재의 결여'를 피할 수 없다. 현재는 끊임없이 지워지고 필연적으로 미끄러진다. 만약 그러지 않으면 현재는 영원이 될 것이다. 성 아우구스티누스의 말대로 현재의 "존재 이유가 존재하기를 그치는 데 있다면" 현재의 존재를 어떻게 인정해야 할까?

여기에는 형이상학적인 난관이 있다. 사실 분명히 과거, 현재, 미래라는 세 가지 시간은 하나다. 그 하나가 '지나가고', '도래하고', 지금 현실로서 존재할 뿐이다. 과거는 현재가 사라진 것이요, 미래는 새로운 현재가 다가오는 것이니 말이다. 그렇지만 이 지나가는 것들은 어디 있으며, 다가오고 있는 것들은 또 어디 있단 말인가?

의식의 삼중적인 현재

사실 과거, 현재, 미래는 우리 영혼 속에 있다. 내가 어떤 시를 암송할 때, 한 음절 한 음절 발음하는 순간에 내 의식 속의 현재는 즉각적인 과거를 기억하는 동시에 이미 미래를 예측하고 있다.

그러므로 서로 구별되는 세 가지 시간이 있는 것이 아니다. 오직 현재만이 앞으로 올 것과 겹치고 이미 사라진 것의 순간적인 흔적을 간직한 채 정말로 존재할 뿐이다. 현재의 세 가지 형태는 마치 영혼(의식)이 약간은 과거에 걸쳐 있으면서 이미 미래를 향해 팽창하기라도 한 듯이 서로 뒤얽혀 있다. 이런 경우에 시간은 의식에 있는 것이라고 할 수 있지 않을까?

현실적 시간과 수학적 시간

체험되는 시간

그런데 실제로 시간이 의식에 포함되어 있는 것은 아니다. 비록 특정한 정신적 외상의 경우들이 보여주듯이 의식이 심하게 동요할 때는 시간도 멈춘다고 할 수 있을지 모르지만 말이다. 그렇지만 공간이 분리할 수 있는 점들의 집합이라 해도, 시간은 분리되어 있는 순간들의 집합이라고 생각할 수는 없다. 그것은 시간을 추상적으로 표상함으로써 공간과 혼동하는 추상적인 표상일 뿐이다.

구체적인 현실 속에서 현재는 지속이다. 그리고 우리의 심리적 상태는 그 내용에 해당한다. 예를 들어 어떤 기다림이라는 특수한 시간은 '후험적으로' 계산될 수 있다("세 시간을 기다렸다."라는 식으로). 하지만 구체적으로 그 시간은 유일하게 지각되는 지속, **연속적이고 분리할 수 없는 지속**일 뿐이다. 내 마음이 얼마나 조급하고 느긋하냐에 따라 지속은 짧게 느껴질 수도 있고 길게 느껴질 수도 있다.

시간의 운동 : 신체

시간이 이같이 연속적 연장이라면 모든 과거는 어떤 식으로든 보전되며 바로 그 보전된 과거에서 현재로 진행되는 것이라고 할 것이다. 그러나 시간은 나의 의식이 아니라 그 시간을 기억으로 변화시키는 것은 나의 신체다. 실제로 어떤 것을 배우고 나면 두 가지 기억이 작동한다. 하나는 시간을 운동 및 감각 습관으로 변화시킨다. 감각이 신체적 기억이 되는 것이다. 그러한 감각은 과거를 활성화하여 다른 활동들도 가능하게 한다. 한편, 또 하나의 기억은 나의 가르

침에서 개인적 독해의 특정성, 뚜렷한 시기를 갖는 '이미지'를 간직한다. 이 이미지들은 (가상적으로) 보전되는 동시에 지워진다. 그 이미지들은 구체적인 경험의 내용을 잃는 것이다. 하지만 때때로 질료가 없는 일종의 '순수한' 이미지로서 되살아나곤 한다. 신체는 이 모든 과거의 감성적 해석이다. 신체는 현재를 나아가면서 지속의 두께를 관통한다. 그러므로 시간은 액면 그대로 우리 안에 있는 것도 아니고 우리 밖에 있는 것도 아니다. 얼굴에 세월의 흔적이 남는 것을 보면 알 수 있듯이 우리의 과거가 점진적으로 우리의 신체와 영혼이 되는 것이다.

▶ **철학의 도구들**

▷▷▷ **혼동하지 마세요**
• 의식과 직관 |
의식은 사유가 발생하고 있는 것으로서 반성적으로 파악되는 양식을 가리킨다. 나는 내가 존재함을 의식하고 정신 상태가 변화함으로써 시간이 흐르고 있다는 것을 의식할 수 있다.
직관은 (이 논제에서는) 아직 명확한 윤곽이 갖추어지지 않았거나 고정되거나 결정된 내용이 없는 모호한 사유를 가리킨다.
의식과 직관은 둘 다 '내적'이지만 의식이 (자기를 향한) 반성적 움직임인 데 반해 직관은 불완전한 앎이다.

▷▷▷ **정의**
• 활성화 | 잠재적이고 가능적인 상태에서 현실태로의 이행(96~99쪽 참조).
• 가상성 | 가상성은 현실적이고 구체적이며 물질적으로 존재하는 것과 대립되는 개념이다. 예를 들어 머릿속으로 산책을 상상한다면 그러한 산책은 '가상적'이라고 할 수 있다. 그 산책은 어떤 가능성으로만 존재하고 '잠재적으로' 실현될 수 있을 뿐이기 때문이다.

▷▷▷ **더 읽어볼 만한 글들**
성 아우구스티누스, 『고백록』.
베르그송, 『물질과 기억』.

망각도 미덕인가

우리가 보는 가운데 말없이 자행된 학살을 우리는 기억해야 할 의무가 있다. 그러한 야만을 염두에 둠으로써 똑같은 일이 다시는 일어나지 않도록 해야 한다. 사실 망각에는 어떤 힘이 있기 때문이다. 죽은 자들이 건너가야 하는 망각의 강 레테가 그러하듯이, 망각은 추억의 자취를 지운다. 그러나 정신적 외상 때문에 사는 게 힘들 정도라면 잊어버릴 수 있는 것도 지혜가 아닐까?

망각의 힘 : 소멸과 부재

망각과 죽음

고대 그리스에서 레테는 망각의 신이다. 레테는 타르타로스(지옥의 끝)와 엘리시움 들판(선한 영혼이 거하는 곳)을 갈라놓는 강에 자신의 이름을 붙였다. 세상을 떠난 영혼들은 이 강물을 마시면서 자기가 살았을 때의 일을 모두 잊어버린다. 그리고 지상에서의 새로운 삶을 얻게 된 영혼들도 죽음의 기억을 모두 잊기 위해 레테 강물을 마신다.

이렇듯 망각은 삶과 죽음의 분리를 보장하는 역할을 한다. 삶의 기억이 죽은 자들에게 떠오르는 일도, 죽음의 기억이 삶에 방해가 되는 일도 없게 하는 것이다. 그러므로 망각은 '미덕'을 갖고 있다. 여기서의 미덕vertu은 그 어원적인 의미로 어떤 힘virtus을 가리킨다. 그것은 소멸과 사라짐의 힘, 마치 두 번째 죽음과도 같은 힘이다. 그러므로 망각이 단지 생각나지 않음, 결여에 지나지 않는다 해도—뭔가를 말하고 싶은데 생각나지 않을 때 그렇듯이—어떤 상실감을 남긴다.

망각의 이중성

그렇지만 망각의 고유성은 우리가 이미 잊어버렸음을 알지 못한다는 데 있다. 그 이유는 다름 아니라 우리가 그것을 이미 잊어버렸기 때문이다. 고의가 아니라면, 내가 잊어버린 것을 내가 알지 못한다면, 나에게 생각나지 않는 그것은 이중으로 나를 벗어난다. 왜냐하면 나는 그것이 생각나지 않는다는 것조차도 알지 못하기 때문이다.

그러나 잊어버린 것이 의식이 지우려고 애쓰는 것, 의식의 바닥에 묻어두려고 애쓰는 것이라면, 기억이 (외상 때문에) 소환하지 않으려 하는 것이라면 사정이 다르다. 그렇게 잊힌 기억은 **억압된** 것이다. 그러나 이 경우에도 나는 그것을 잊고 있다는 것을 모른다. 억압된 것이 다른 경로를 통하여 나타날 때, 고통스러운 징후로 회귀할 때 비로소 기억은 그것을 몰아내려고 한다.

잊을 줄 알아야 하는가?

영원회귀

그러니까 "잊고 싶어한다."는 말은 그 자체가 모순적이다. 망각의 미덕을 인정하면서 우리가 망각을 선택할 수 있다든가 적극적으로 환기할 수 있다는 생각을 전제하기 때문이다. 그런데 망각은 사실 어떤 활동이 아니다. 망각은 어떤 것의 소멸 혹은 도피다. 정신분석학이 보여주었듯이 우리는 잊어버린 척할 수는 있지만 그런 경우를 진정한 의미에서의 망각이라고 할 수는 없다. 말실수, 꿈, 하려다 만 행동 등은 그러한 억압이 의식을 수시로 엄습하며 삶을 힘들게 한다는 점을 보여준다. 그러니까 망각이 불가능하다는 바로 그 이유 때문에 우리는 항상 동일한 것을 반복적으로 겪게 되는 것이다.

그렇지만 기억은 필연적으로 부재를 포함하지 않는가? 우리가 사용할 수 있는 항구적인 기억은 오로지 우리의 신체뿐이다(83~90쪽, 100~104쪽 참조). 그러나 몸의 기억은 완전히 의식으로 옮겨지지 않는다. 어떤 형태의 망각은 의식에 대한 상실이 아니며 필연적으로 삶에 속해 있는 게 아닐까?

순간의 문지방

의식은 개인의 정체성을 위한 노력, 자신을 되찾으려는 노력일 뿐이다. 이러한 정체성은 추억, 행위, 어떤 이야기로 이루어져 있다. 그렇지만 모든 행위는 망각을 요구한다. 니체의 표현을 빌려 말하자면 우리가 행동할 때에 "순간의 문지방에 거해야만" 한다. 아무것도 잊어버리지 못하는 사람은 생성 중인 사물들의 도랑에 빠진 채 표류할 수밖에 없다. 그러므로 기억력은 병적인 저장이나 보존이 아니라 과거를 과거로서 의식할 수 있는 추억의 능력을 나타낸다. 이러한 조건에서 본다면 기억해야 할 의무와 망각의 미덕은 결코 서로 모순되지 않는다.

따라서 유기체가 자라려면 햇빛이 필요하듯이 망각은 반드시 필요하다. 하지만 망각은 도피나 억압이 되어서는 안 된다. 잠시 자신이 역사의 밖에 있다고 느낄 수 있고 "잠시나마 승리처럼 우뚝 설 수 있는"(니체의 표현) 능력, 그것이 바로 망각의 능력이다. 그것이 바로 현재와 그 절대적인 새로움을 드높이는 것이기도 하다.

▶ **철학의 도구들**

▷▷▷ 혼동하지 마세요
• 기호와 징후 |
기호는 그 현존, 나아가 기능으로 자기 아닌 다른 것을 가리키거나 반영하는 모든 것을 가리킨다. 이런 식으로 보면 연기는 불의 기호라고 할 수 있다. 연기가 난다는 것에서 우리는 (연역 혹은 귀납으로) 불이 있음을 추론할 수 있기 때문이다. 이것이 신호와 지표의 기능이다.
징후는 신호 그 이상이다. 징후는 계속 감추어져 있어야 할 것 혹은 그 현존이 부정적으로 받아들여지는 것이 있음을 나타낸다. 감기에 걸린 사람에게는 감기의 징후가 있듯이, 정신분석학에서는 억압된 것, 외상적인 것의 징후가 있다.

▷▷▷ 정의
• 미덕 | 이 단어의 일차적인 의미는 물리적 힘, 용기, 지혜를 뜻하는 라틴어 'virtus'에서 나왔다(vir-라는 접사는 남성성을 나타낸다).
• 억압 | 정신분석학에서 억압은 고통스러운 추억이나 사건 등이 주체에 의해 기억의 한구석으로 밀려남을 뜻한다. 나는 기억을 거부하지만 자연스럽게 감추어져 있었던 것으로 드러나기 전까지는 그 점을 의식하지도 못한다.

▷▷▷ 더 읽어볼 만한 글들
니체, 『유고들』.
프로이트, 『꿈의 해석』, '꿈의 망각'.

시간은 본질적으로 파괴적인가

 우리가 시간에서 그 흐름의 흔적을 보지 않는다면 과연 무엇을 본다고 할 수 있겠는가? 시간은 그 뒤에 폐허를 남긴다. 시간은 만물을 최후로, 파괴로 인도한다. 그렇지만 폐허는 시간이 바로 인간이 창조한 모든 것의 장場임을 말해준다. 인간이 점진적으로 세워왔던 것들의 자취가 남아 있을 뿐이니까. 그렇다면 시간의 자연스러운 운동에 상반되는 인간의 시간이라는 것이 있는 걸까?

연대기의 시간, 비극의 시간

크로노스

 그리스 신화에서 **크로노스**는 거인족의 일원이었다. 그는 누이인 레아와 결합하여 수많은 아들들을 낳자마자 삼켜버렸다. 그러나 크로노스의 아들 중 하나였던 제우스는 아버지의 손아귀에서 벗어나 다른 형제들을 구해주었다. 이리하여 제우스와 그 형제들은 올림포스 산에 거하는 신들의 첫 세대가 되었다. 시간이라는 말은 자식을 낳은 부모이자 그 자식을 삼켜버리는 크로노스에게서 유래했다. 시간 chronos은 그렇게 자기가 만들어낸 모든 것을 파괴한다.

이러한 역설이 시간의 본질이요, 본성이다. 모든 것이 시간 속에서 생성되고 소멸된다는 점에서만 그러한 것이 아니라, 삼켜버림 자체가 시간의 본성이라는 말이다. 모든 순간, 모든 '현재'는 나타나는가 싶으면 사라진다. 더욱 나쁜 것은, 시간은 거의 현실적인 존재가 없다시피 한다. 시간은 끊임없이 이어지며 대체되는 현재로서 부정된다. 시간은 동시적인 생성과 소멸이다.

신들의 시간, 인간의 시간

인간은 제우스와 달리 시간의 법칙에 종속되어 있다. 그렇지만 플라톤이 전하는 또 다른 신화는 우리가 살아가는 비극의 시간이 어떻게 충만의 시간 이후에 오게 되었는지 이야기해준다. 그 시절에는 신이 세상의 움직임을 이끌었고, 인간은 만물을 마음대로 할 수 있었다. 어떤 노동도 필요치 않았고, 인간에게는 모든 것이 주어져 있었다. 그러나 세상이 제멋대로 돌아가면서부터 결핍과 곤궁이 지배하게 되었다. 이 시기가 진정한 '크로노스'의 시기이다. 여기서 크로노스는 신이 아니라 자원의 생성과 소멸을 뜻한다.

그리고 그것이 곧 인간의 시간이다. 인간은 자신의 생존에 책임이 있고 자신들의 가능성을 만들어내야 한다. 모든 것을 해결해주는 "신이라는 목자"의 도움 없이 진정한 시간이 시작되었고, 그것이 곧 인간적인 생산의 시간이다. 시간이 '직접' 파괴를 하는 것은 아니다. 오히려 인간이 시간을 책임져야 하는 것이다.

역사적 시간 : 인간 행동의 의미

연대기에서 역사로

신화는 동물성에서 인간성으로의 변화를 이렇게 이야기한다. 동물들은 크로노스의 지배를 받으며 의존적인 상태로 살아갔다. 그러다가 그들 스스로 세계를 이끌어나가야 하는 바람에 정치술을 고안해야만 했고, 그로 인해 동물은 인간이 되었다. 그러니까 시간 그 자체가 전제적인 법칙을 휘두른 것은 아니다. 오히려 인간이 그들의 길잡이를 잘못 선택하면 전제주의가 도래할 위험이 있다고 보아야 한다. 파괴는 시간이 저지르는 것이 아니요, 시간은 다만 인간이 책임져야 하는 형식일 뿐이다.

연대기는 사라지고 소멸되는 순간들의 나열이다. 그러므로 역사가 없으면, 인간 행동이 부여하는 형식이 없으면 연대기는 아무것도 아니다. 미래가 기획, 예측이라면 그러한 지평은 과거에 의미를 부여한다. 인간이 그들의 실존에 부여하고자 하는 방향에 따라서 그들의 과거는 의미를 획득할 것이다. 이러한 결정성 덕분에 비극적인 사건이 시간을 거쳐서 발전의 근원이 될 수도 있다.

인간의 행위 : 이야기와 의미

인간의 시간은 본질적으로 '줄거리'(탐정소설의 줄거리와 같은 의미에서)의 형식을 갖는다. 실존은 직선적 시간 혹은 우리가 거할 수 있는 시간과 무관하다. 장애물들에 대한 나의 행동의 전개, 나의 의도의 전개가 실존을 이룬다. 실존은 어떤 이야기, 서사의 형식을 띠고 처음과 끝을 지닐 수 있으며 어떤 의미도 도출될 수 있다.

어떤 비극에서 끔찍한 행동이 나타날지라도 인간은 결코 자기 의지에 반하는 운명을 따라 행동한다고 볼 수 없다. 인간은 시간과 더불어 운명을 만들어나간다. 시간은 바로 그 운명의 글쓰기인 것이다.

▶ 철학의 도구들

▷▷▷ 혼동하지 마세요
- 연대기 chronology

연대기라는 용어는 시간 그 자체의 전개, 연속적인 순서와 관련이 있음을 나타낸다. 이 말은 시간을 뜻하는 크로노스 chronos 와 로고스 logos 가 합쳐진 것인데, 여기서 로고스는 합리적인 순서 짓기, 시간적으로 자리매김되는 사태들의 이야기, 구성을 고려하고자 함을 뜻한다.

▷▷▷ 더 읽어볼 만한 글들
플라톤, 『정치가』.
헤겔, 『철학적 학문의 백과전서 강요』.
사르트르, 『존재와 무』.

▶ 생각해볼 주제

형식으로서의 시간이냐 실재로서의 시간이냐 :
칸트와 베르그송

시간은 (기하학이 흔히 그러하듯이) 내가 순수하게 비어 있는 것으로 상상할 수 있는 공간처럼 '사물 밖에' 존재하지도 않고, 자연 법칙처럼 '사물 내에' 존재하지도 않는다. 시간은 나의 지각이 현상들을 연속에 따라 이어주는 방식이다. 그러므로 시간은 현상이 나에게 나타날 수 있는 조건이다(80~82쪽과 83~90쪽 참조).

a) 시간은 그 자체로 존재하는 것이 아니요, 객관적 결정처럼 사물에 내재하는 것이 아니다. 따라서 사물을 직관하는 모든 주관적 조건을 무시할 때에도 남는 것은 아니다. 왜냐하면 시간이 자기 자신만으로 있는 경우에는 현실의 대상이 없음에도 실재하는 셈이 되기 때문이다. 시간이 사물의 객관적 특성으로서 사물에 속해 있다는 경우에는, 시간이 사물 자신에 속하는 규정 혹은 질서가 되기 때문에 대상을 직관하는 조건인 시간이 대상에 선행하지 않을 수도 있고, 따라서 종합 명제를 통해서 선험적으로 인식되거나 직관되지 않을 수도 있다. 그러나 반대로 시간이 모든 직관을 우리 마음에 성립시키는 주관적 조건이라면 시간이 사물의 객관적 규정일 수 있다. 내적 직관의 이 형식(시간)은 대상에 앞서서 표상될 수 있고, 따라서 선험적으로 표상될 수 있기 때문이다.

b) 시간은 내감內感의 형식, 즉 우리 자신과 우리의 내적 상태를 직관하는 형식에 다름 아니다. 시간은 외적 현상에 관한 어떤 규정일 수 없다. 시간은 외적인 형태나 위치에 속하지 않고, 우리의 내적 상태에서 표상들의 관계를 결정한다. 이러한 내적 직관은 아무런 형태도 제공하지 않고, 바로 그렇기 때문에 우리는 이런 결함으로 다음과 같은 유추를 보충하고자 한다. 우리는 시간의 계속을 무한히 뻗어가는 직선으로 표상한다. 이 선에서 다양한 것들은 일차원뿐인 계열을 형성한다. 그리고 이 직선의 성질을 통해 우리는 시간의 모든 성질을 유추해본다. 그러나 선의 부분들이 동시에 존재하되 시간의 부분들이 연속적으로 존재한다는 한 가지 성질만은 제외해야 할 것이다. 이상을 통해, 시간 자신의 표상이 직관임은 명백해진다. 시간의 모든 관계는 외적 직관을 통해 표시될 수 있기 때문이다.

　c) 시간은 모든 현상 일반의 선험적인 형식 조건이다. 공간은 모든 외적 직관의 순수 형식이되, 선험적 조건으로서는 외적 현상에 대해서만 타당하다. 반면에 모든 표상은 외적 사물을 대상으로 삼든 그렇지 않든 간에 그 자체가 정신의 규정, 곧 내적 상태에 속한다. 그러한 내적 상태는 내적 직관의 형식 조건에 속하고, 나아가 시간에 속한다. 그러므로 시간은 모든 현상 일반의 선험적 조건이다. 다시 말해 시간은 (우리 마음의) 내적 현상의 직접적 조건인 동시에, 바로 그렇기 때문에 간접적으로 외적 현상의 조건인 것이다.

(칸트, 『순수이성비판』 중에서)

　다음의 텍스트는 두 가지 시간의 근본적인 대립을 수립한다. 하나는 추상적으로 고려되며 순간들의 구성으로 생각되는 순전히 '관념적인' 시간이다. 아리스토텔레스는 『자연학』에서 시간이 "운동의 수 數", 다시 말해 한 순간에서 다른 순간으로의 이행을 헤아리는 것이라고 말했는데 이때 그는 관념적인 시간을 모델로 삼았던 것이다. 또 다른 시간은 구체적이고 현실적이며 체험되는 시간이다. 그것은 일시적으로 '지나가는' 것의 관점에서 바라본 시간, 나의 지각과 연결되어 있는 시간이다. 그러므로 이 시간은 칸트가 "순수 형식"으로 정의했던 시간과 대립된다. 순수 형식으로서의 시간은 나의 지각이 구성하는 현상들의 시간적 연결일 뿐 그 자체로는 어떤 실체도 없다. 그런데 베르그송은 칸트와는 반대로 지속의 실재성을 강조했다. 물질을 "둘러싸고" 존재하는 것 같은 즉자적 시간이 아니라 변화의 구체적 실재성, "안으로부터의 성장"의 끊임없고 실질적인 연속성을 강조했던 것이다(83~90쪽, 96~99쪽, 100~104쪽 참조).

사실 우리가 현재적 실재를 의식이 받아들이는 어떤 구체적인 표식을 정의하는 것으로 시작하여 과거 상태의 기억을 특징지으려 한다면 그것은 헛된 일이다. 나에게 현재의 순간이란 무엇인가? 시간은 흐른다는데 그 고유성이 있다. 이미 흘러간 시간은 과거이다. 우리는 시간이 흐르는 그 순간을 현재라고 부른다. 그러나 여기서 문제가 되는 것은 수학적 시간이 될 수 없다. 분명히 순수 사변에는 과거와 미래를 구분하는 불가분의 한계로서의 어떤 이상적 현재가 있다. 하지만 현실적이고 구체적이며 경험된 현재, 내가 현존하는 지각을 말할 때에 관련되는 그 현재는 필연적으로 어떤 지속을 차지한다. 그렇다면 이 지속은 어디에 있는가? 내가 현재의 순간을 생각할 때에 이상적으로 결정하는 수학적 점의 이편에 있는가, 저편에 있는가? 지속이 수학적 점의 이편과 저편에 동시에 있으며 내가 말하는 '나의 현재'가 과거와 미래에 동시에 걸쳐져 있음은 너무나 명백하다. 우선 나의 과거에 대해서는 "내가 말하는 순간은 벌써 나에게서 멀어져 있기" 때문이요, 나의 미래에 대해서는 이 순간이 미래를 향하고 있으며 내가 미래를 지향하고 있기 때문이다. 내가 이 불가분의 현재를 고정할 수 있다면 시간 곡선의 무한소적 요소가 미래로의 방향성을 보여줄지도 모른다. 그러므로 내가 "나의 현재"라고 부르는 심리 상태는 즉각적인 과거에 대한 지각인 동시에 즉각적인 미래의 결정이다. 그런데 앞으로 살펴보겠지만 즉각적인 과거는 그것이 지각되는 한 감각이다. 왜냐하면 모든 감각은 요소적 진동들이 길게 이어지는 것으로 나타나기 때문이다. 그리고 즉각적인 미래는 그것이 결정되는 한 행동 혹은 운동이다. 그러므로 나의 현재는 감각인 동시에 운동이다. 나의 현재는 불가분의 전체를 이루기 때문에 그러한 운동은 감각에서 기인하여 감각을 행동으로 연장시킨다. 그러므로 나는 나의 현재가 감각과 운동이 결합된 하나의 체계라고 결론을 내린다. 나의 현재는 본질적으로 감각 – 운동적인 것이다.

(베르그송, 『물질과 기억』 중에서)

나는 타인 없이 살 수 있을까?

라틴 시인 테렌티우스Terentius의 희극 『자학자』는 기질이 사뭇 다른 두 명의 시골 귀족의 만남으로 시작된다. 메네데모스가 이웃사람들과의 관계를 생각지 않고 항상 자기 밭에서 일만 하는 반면, 크레메스는 안면을 틀 기회를 열심히 찾는다. 크레메스는 메네데모스에게 다가가서 대화의 물꼬를 트고 건강에 신경을 쓰라고 충고까지 한다. 그러나 상대는 자기 일이나 잘하라고 냉담하게 대꾸한다. 그러자 크레메스는 자신의 오지랖 넓은 호기심을 정당화하려고 이렇게 말한다. "나는 인간이고, 인간에 관한 것 중에서 그 무엇도 나와 무관하지 않습니다."

우리는 다른 사람들을 대하는 우리의 태도가 무뚝뚝한 인간혐오자 메네데모스의 태도 같지는 않은지 생각해봄직하다. 다른 사람들은 나에게 성가신 훼방꾼, 나아가 원수는 아닌가? 그들과 더불어 산다는 것이 그렇게 당연하지만은 않다. 그렇지만 타인들은 어디에나 있다. 우리는 왜 우리가 타인들 없이 살 수 없는지 그 이유를 찾아보아야 할 것이다.

"아! 나는 네가 아니라고 생각하는 몰지각한 이여!"

(빅토르 위고 Victor Hugo의 시구)

아마도 인간은 혼자서는 살아남을 수 없기 때문에 다른 사람들에게로 나아갈 수밖에 없을 것이다. 사실 살기 위해서는 타자들과 관계를 맺어야만 한다. 그러나 그러한 관계들은 오직 욕구에서만 비롯되었을까? 타자의 현존은 나 자신의 보전을 위한 필요악일 뿐이런가?

자급자족의 불가능성

인간은 동물과 달리 자기 혼자서 욕구를 충족시킬 수 없다. 플라톤도 강조했듯이 인간은 추위나 포식자들에 대해 자연적인 방어 체제를 갖추고 있지 못하다. 인간은 살기 위해 기술을 사용해야 한다. 가장 기본적인 수공업만 생각해보아도 인간에게는 분업과 협조가 필요하다. 로빈슨 크루소도 난파선에서 무기와 도구를 건질 수 있었던 덕분에 무인도에서 혼자 살아남을 수 있었지, 그렇지 않았더라면 어찌 됐을지 모르는 일이다.

인간은 자기 자신만으로 충족되지 않는다. 자급자족으로 살 수 없는 것이다. 여기서 타자와 관계를 맺어야 할 필요성이 나온다. 이러한 관점에서 나는 타자들과 이해관계로 얽힐 수밖에 없다. 우리의 욕구는 비슷비슷하다. 어쩌면 그것이 우리의 유일한 닮음일지도 모른다. 우리는 욕구를 함께 충족시킬 수밖에 없으며, 그로써 우리의 관계가 한정된다. 이 경우 사람들은 공동체를 구성한다기보다는 그저 사회에 편입되는 것이다. 나는 타자에게서 내 문제만을 본다. 나의 목표는 타인과 더불어 사는 것이 아니라 다른 사회 구성원과 연합하는 것이다.

유유상종

그럼에도 타자는 단순히 내가 더불어 공존해야만 하는 상대로서만 존재하는 것이 아니다. 나는 타자와 나를 동일시하기도 하고, 타자에게 공감을 느끼기도 한다. 그래서 나와 타자 사이에 근접성이 생긴다. 그러나 루소가 보여주었듯이 공감이 반드시 인간 존재에게만 생기란 법은 없다. 나는 동물에게도 비슷한 감정을 느낄 수 있다. 이렇듯 공감은 엄밀한 의미에서 타인만을 겨냥하는 것이 아니며 가까운 상대라면 그 상대가 무엇이든간에 느낄 수 있는 것이다.

그러나 타인은 어떤 구성원 혹은 가까운 상대로 축소되지 않는다. 메네데모스와 크레메스는 이해관계로 얽힌 사이도 아니고, 서로 정감을 나누는 사이도 아니다. 그러면 무엇이 그 둘을 연결해주는가? 그 둘은 모두 인간이고, 동일한 본성을 갖고 있다. 그들은 **일치되는 본질로서 연결되어 있다**. 그러므로 타자는 나의 동족, 인간이라는 종의 대표자이다. 현대의 휴머니즘과 인권은 모두 이러한 공통의 본성에 근거해 있다. 인간은 누구나 나의 동족이며 그는 나와 똑같은 권리(자유, 안전 등에 대한 권리)를 누린다. 그럼에도 '유유상종'이라는 말로는 나와 타인의 관계가 필연적이고 분리될 수 없다는 사실을 설명하기에 역부족이다. 모든 인간이 진정한 공통의 관점을 수립하는 데는 이 동족성이 너무 막연하고 추상적이지 않은가?

이타성이 없으면 정체성도 없다

 그렇지만 '동족' 개념은 타인과 나 사이의 차이에 대한 생각을 완전히 배제하지 않는다. 타인을 자기 자신과 완전히 동일한 존재로 본다면 그것은 모든 분리를, 나아가 모든 이타성을 폐기하는 셈이 될 것이다. 사실 타자와의 관계는 근접성과 거리를 동시에 의미한다. 서로 구별되면서도 유비類比적인 두 존재 사이에서만 어떤 관계가 생길 수 있기 때문이다.

 바로 이 양가성 자체가 타인과의 삶을 절대적으로 필요로 하게 한다. 타인의 도움이 없다면 어떻게 내가 나 자신에 대해 생각할 수 있겠는가? 물론 나의 기술적인 실현은 내 행동의 효율성을 증명해 줄 수 있다. 그러나 그것만으로는 자기 자신을 알 수 없다. 내가 누구인가를 알려면 나와 비슷하면서도 나를 자기와 비슷한 존재로 인정하는 어떤 존재가 꼭 필요하다. 나는 비교와 대조를 통하여 내가 무엇인가를, 내가 인간임을 배운다. 반대로 내가 누구인가를 알려면 내가 다른 인간들과 어떻게 다른가를 알아야 한다.

 비슷한 점과 차이점, 근접성과 거리, 이런 것들이 타인을 통해 나 자신을 알게 해주는 것들이다. 그러므로 타인과의 관계는 필요악 그 이상이며 우리의 정체성을 구성하는 요소이기도 하다. 우리가 타인 없이 살 수 없는 이유를 멀리서 찾을 필요도 없다. 타인은 진정한 인간의 실존을 이루기 위해서 반드시 필요한 조건이다.

갈등과 이타성

크레메스의 태도는 자연스러운 것으로 보인다. 그의 물음이나 너무 적극적으로 보이는 자세는 그저 '벽을 허물자고' 그러는 것이 아니다. 그는 모든 인간들 사이에 어떤 공동체가 있다고 생각하고 싶어한다. 그렇기 때문에 그는 "나는 인간이고, 인간에 관한 것 중에서 그 무엇도 나와 무관하지 않습니다."라고 대꾸했던 것이다. 이 말은 현대 휴머니즘의 슬로건이 되었다. 그런데 타인과의 관계가 항상 크레메스처럼 열성적이고 적극적인 자세로만 나타나는가? 우리가 타자와 맺는 관계에서는 몰이해와 갈등이 가장 흔히 볼 수 있는 양상이 아니던가? 그런데도 우리는 여전히 타인이 나에게 없어서는 안 될 존재라고 말할 수 있는가?

야만인은 나의 동족이 아니다

우리가 앞에서 보았던 것처럼 타인은 반드시 나와 가까운 사람은 아니다. 타인은 나와 다른 사람 아무나일 뿐이다. 그럼에도 타인이 내 편, 샤를 피에르 보들레르Charles Pierre Baudelaire의 표현을 빌리자면 "나의 동포, 나의 형제"로 보이지 않을 때가 참으로 많다. 타인은 무엇보다도 그 근본적인 이타성으로서 나타난다. 타인은 나와 너무 달라서 이해할 수 없을 때도 많다. 타인의 행동과 말은 나에게 부조리하고 무의미해 보이거나 아예 이상하게 여겨지곤 한다. 타인의 낯섦은 공포, 반감, 나아가 공격성까지 불러일으킬 수 있다. 타인의 독자성과 차이 때문에 타인과 나의 유사성을 보지 못하게 되는 일도 많다. 타인은 더는 나의 동족이 아니요, 나와 완전히 다른 이방인일 뿐이다.

예를 들어 여러 문화들 간의 차이는 대개 넘어야 할 간극으로 여겨지곤 한다. 고대에는 이렇게 노골적으로 드러나는 차이를 대하는 태도로서 가장 널리 퍼져 있었던 것이 자신과 충분히 비슷하다고 생각되는 이들만을 '인간'으로 간주하는 태도였다. 이 점은 레비스트로스가 유네스코에 인종주의에 대한 보고서를 올리면서도 지적한 바 있다. 그러나 우리는 모든 인간이 타인이라는(나아가 동족이라는) 보편적 인류 공동체에 대한 생각을 자꾸 망치고 있다. "인류는 부족, 언어 집단, 나아가 촌락의 경계에서 인류이기를 멈추기" 때문이다. 예를 들어 그리스 인들은 자기와 같은 언어를 쓰지 않는 민족들을 모두 '야만인'이라고 불렀다. 사실 야만인은 아직 '타인'이라고 하기에는 너무나 '별개인' 존재다. 그는 나와 어떤 관계도 맺을 수 없을 것 같은 존재인 것이다. 그러므로 그와 나 사이에는 긴장된 대면만 있을 뿐이다.

타자는 지옥이다

문화적 차이는 나와 별개의 타자 사이에서 일어나는 균열의 특수한 사례에 지나지 않는다. 이러한 간극에서 갈등과 고통이 비롯된다. 예를 들어 타인의 시선은 아주 냉혹할 수도 있다. 초연하게 나를 뜯어보는 그 시선은 나를 사물처럼 여길 수도 있다. 그렇게 타인의 시선이 인간으로서의 나를 부정한다면, 나는 그의 시선을 참을 수가 없을 것이다. 그럴 때면 우리는 『출구 없는 방』의 등장인물 가르생처럼 "타자는 지옥이다!"라고 외치고 싶을 것이다.

그러므로 "타자는 지옥"이라는 이 유명한 말을 다른 사람들에게 자신의 안락을 제약당하거나 자신의 바람을 저지당한 한 인간의 불평 정도로 생각해서는 안 된다. 『출구 없는 방』의 작가 사르트르는 『존재와 무』에서도 그러했듯이 타인의 시선은 나의 힘, 욕망, 의지를 벗어나기 때문에 나에게 불안을 자아낸다고 말한다. 시선은 타인이 항상 멀리 있다는 신호다. 그러므로 타인과 산다는 것은 그렇게 당연한 일이 아니다. 왜냐하면 타인은 그 본성 자체가 나와 분리되어 살게끔, 심지어 때로는 나와 상반되게 살게끔 되어 있기 때문이다. 그렇다고 해서 나와 타자의 관계가 갈등을 통해 완전히 폐기된다고 보아야 할까?

반목과 무관심

가장 격렬한 싸움 한복판에서도 적대자들 사이에 어떤 일치되는 관점은 있을 수 있다. 헤겔이 기술한 바와 같이 서로 대립되는 인간 의식들은 서로를 부정할 수 있다. 그러한 의식은 상대가 자신과 비슷하다고 생각하기를 거부할 것이다. 그리고 한 의식이 다른 의식을 지배할 수도 있다. 그렇지만 승리한 의식에도 필연적으로 자신이 패배시킨 의식이 필요하다. 패자가 없으면 어떻게 자신의 힘과 자유를 긍정할 수 있단 말인가? 누구를 통해서 자신이 하나의 의식으로서 인정받을 수 있단 말인가? 그러므로 인간 의식에게 타인과의 관계는 비록 그 관계가 갈등을 일으킬지라도 필수불가결하다. 반목조차도 '타인과 함께 사는' 하나의 방식인 것이다.

갈등보다는 무관심이 타인과 함께 살 수 있는 가능성을 망친다. 나의 무관심은 타인에게 내가 그를 필요로 하지 않음을 나타내기 때문이다. 나는 무관심에 힘입어 나 자신 밖에 있는 모든 지표를 벗어버릴 수 있다. 그렇지만 나 혼자 살 수 있다는 생각은 착각이다. 물질적으로 나 혼자 살아갈 수 없듯이 나 혼자의 힘으로 나의 정체성을 확인하고 실존을 영위할 수 없다. 결과적으로 무관심은 항상 부자연스러운 것, 인위적으로 꾸며낸 것이 아닌가? 무관심도 사실은 타인을 염두에 둔 어떤 몸짓이 아닌가? 나의 절대적이고 허상적인 독립성을 타인에게 납득시키기 위해서(그리고 스스로 납득하기 위해서) 내세우는 기호가 무관심 아닌가? 그런 점에서 다시 한 번 타인과 함께 사는 삶이 반드시 필요한 지평, 넘어설 수 없는 지평임을 알 수 있다.

▶ 철학의 도구들

▷▷▷ 정의
- 이타성 | 타자가 타자로서 지니는 본질적인 특성, 다시 말해 '타자임'의 사태를 가리킨다.
- 자급자족 | 자기 스스로 충분함. 여기서는 자기 욕구를 스스로 충족시킬 수 있고 자기 자신으로 충분히 독립적으로 존재할 수 있음을 뜻한다.
- 공감 | 한 사람이 다른 사람에게 일치감을 느낌. 그러나 어원적으로 공감 sympathy은 고통을 함께 느낌('함께'라는 의미의 sym, '고통스러워하다'를 의미하는 patior가 결합되어 이루어진 단어)을 뜻한다. 루소는 공감을 '연민'이라고 하기도 했다.

▷▷▷ 더 읽어볼 만한 글들
플라톤, 『국가』, 제2권.
루소, 『인간 불평등 기원론』.
헤겔, 『정신현상학』.
레비스트로스, 『인종과 역사』.
사르트르, 『존재와 무』.

또 다른 나 자신으로서의 타인

다른 사람들도 나처럼 생각을 한다는 사실을 누가 나에게 보증해주는가? 그들이 의식은 없으면서도 말하고 행동할 수 있도록 기막히게 설계된 기계들인지 아닌지 내가 어떻게 아는가? 데카르트는 『방법서설』에서 바로 이러한 의문을 제기했다. 나의 의식, 나의 내밀함의 토대라고 할 수 있는 그 의식에는 오직 나만이 접근한다. 그런데 타인도 그 점에서 마찬가지라면 나는 어떻게 타인도 나처럼 자기 자신을 의식한다는 사실을 알 수 있는가?

나의 동일자로서의 타인

유아론

나는 나 자신을 자기의식으로서 정의한다. 의식에게 존재는 곧 자기 자신에 대한 의식이다. 내가 존재함을 알지 못한다면 그것은 곧 자기 존재를 의식하지 못한다는 것이다. 그렇다면 나는 어떤 의식이 아닐 것이며, 그저 여러 사물 중 하나인 신체에 불과할 것이다.

사물의 존재는 그 외재성으로 충분히 확인되지만 의식은 사물과 달리 특수한 방식으로 존재한다. 의식은 의식 자신에 대해서만 존재한다. 나는 내가 의식으로서 존재함을 알 뿐이며, 아무도 나의 내밀성을 강제하여 의식의 존재 여부를 확인할 수 없다.

의식의 세계에서는 아무도 그 누구에 대해 존재하지 않으며 각 존재는 자신의 존재를 확신할 뿐, 다른 의식이 존재하는지 어떤지는 확실히 알 수 없다. 이것이 바로 유아론의 철학이다.

타인으로부터 자기 자신을 구성함

그렇지만 나의 의식의 존재를 전적으로 확신한다면 그러한 확실성이 보편적 진리가 되기 위해서는 각 사람이 의식의 존재를 분명하게 확인해야 할 것이다. 내 의식의 존재의 확실성은 타인도 의식을 갖고 있다는 것을 앎으로써만 진리가 될 수 있다.

내가 지극히 내밀하고 확실하게 지니고 있는 자기의식은 사실 타인의 시선에 대해 존재함으로써만 존재한다. 나는 의식으로서 내가 존재함을 주관적으로 확신하지만 그 확신을 객관적인 진리로 삼을 수는 없다. 내 의식의 존재를 긍정하려면 나는 타인을 필요로 할 수밖에 없다.

그러므로 먼저 타인의 눈에 존재함으로써 각 사람은 진정으로 자기 자신으로서 존재한다. 이렇듯 각 사람은 자기 자신이 존재함을 알기 위해서 다른 사람을 필요로 한다. 그러므로 각 사람이 타자의 존재를 인정하려면 두 가지 자기의식이 있어야 한다.

나의 타자로서의 타인

자기 자신으로부터 타인을 구성함

타인의 존재는 나 자신의 실존이라는 진리의 조건이다. 그런데 나로서는 타인의 존재가 내가 인정하느냐 마느냐의 문제일 뿐이다. 다른 자기의식의 존재를 생각한다는 것은 무엇인가? 다른 자기의식을 대면한다는 것은 자기 바깥에, 자기와 다르지만 자기와 비슷한 무엇인가가 있음을 가정한다는 것 아닌가?

우리가 다른 의식을 생각한다는 것은 자기 자신의 의식에 대한 우리의 경험에 그 기원이 있다. 우리는 원초적으로 발견되는 나의 의식이라는 존재와의 유비 관계를 통해서 타인이 나와는 다른 자기의식이라고 생각한다.

이러한 추정을 토대로 삼아 보편적 진리를 공유할 수 있게 된다. 타인도 나와 같기 때문에 내가 진리로 여기는 것은 타인도 진리로 여길 수 있는 것이다. 심지어 나는 나 자신의 느낌에 근거하여 타인의 느낌을 이해할 수도 있다. 타인은 또 다른 나 자신이기 때문에 증명된 것, 시험된 것은 보편적이라고 할 수 있다.

다른 사람의 환원되지 않는 이타성

그렇지만 타인과 나의 유사성은 가정에 지나지 않는다. 타인의 자기의식이란 그 정의 자체가 나에게 허락되지 않은 것이다. 나는 절대로 타인의 자기의식이 지닌 성격을 알 수 없다. 나에게 다른 사람은 언제나 절대적으로 접근 불가능한 존재다.

다른 사람의 이타성은 근원적이다. 타인은 나의 동일자, 내 곁에 있는 동일자가 아니다. 나와 타자는 별개이다. 동일자의 반복이 아니라 서로 별개인 타자들인 것이다. 타인은 나와 너무나 다르기 때문에 우리는 우리를 인정할 수 있을지언정 결코 알 수는 없다.

내가 접근할 수 있는 모든 사물 가운데 타자는 예외다. 모든 것이 내가 갖고 있는 앎으로 환원될 수 있고 나에게 속해 있지만 타인만은 그렇지 않다. 내가 다른 사람을 절대 나의 것으로 삼을 수 없는 이상, 타인은 나에게 일개 돌덩어리 이상의 존재다. 타인은 나의 세계 바깥에 존재하는 사람으로서 나의 존경을 요구한다.

▶ **철학의 도구들**

▷▷▷ **혼동하지 마세요**
• 확실성과 진리 |
헤겔의 구분에 따르면 확실성은 사람이 어떤 것에 대해 반드시 진리라고 말할 수는 없어도 제각기 갖고 있는 의심할 수 없는 앎을 가리킨다. 나는 둥근 탑을 보았다고 확신하지만 사실 그 탑은 둥글지 않고 각진 모양일 수도 있다.
진리는 보편적 확실성으로서 의심할 수 없고 객관적이다. 그 점에서 확실성의 독자적이고 주관적인 성격과 확실히 대조된다. 확실성이 의식과 관련되어 있다면 진리는 존재와 관련되어 있다.

▷▷▷ **정의**
• 유아론 | 나 홀로 세상에 존재한다는 이론. 철학자 본인의 의식과 전혀 다른 자기의식들을 고려하지 않거나 간과하는 철학은 유아론적이라는 비난을 면하기 어렵다.
• 인정$_{reconnaissance}$ | 헤겔에 따르면 자기의식이 다른 자기의식에 대해서 자기의식이 되는 과정이다. 다른 존재를 인정하는 존재는 상대에게도 인정받는다.

▷▷▷ **더 읽어볼 만한 글들**
헤겔, 『정신현상학』.
후설, 『데카르트적 성찰』, '제5성찰'.
메를로퐁티, 『지각의 현상학』.
사르트르, 『존재와 무』.
레비나스, 『이타성과 초월』.

사람은 자기 자신밖에 사랑할 수 없는가

몰리에르Molière의 희곡 작품에서 돈 후안은 하인 스가나렐에게 자신의 불타는 정념의 진짜 동기를 밝힌다. 돈 후안은 여자들을 유혹하면서 자신의 승리만을 기뻐하고 좋아하는 인물이다. 그는 "아름다운 여인의 저항을 무너뜨리는 것만큼 달콤한 것은 아무것도 없지."라고 스가나렐에게 고백한다. 그는 애인들의 눈에서 자기 자신의 이미지만을 본다. 사실 이러한 연인의 모습은 과장된 경우라고 할 수 있지만 그럼에도 사실 알고 보면 사랑도 자존심에서 나오는 것이 아닌가 한번쯤 생각해보게 된다.

타자 안의 자기 자신을 사랑하다

자존심의 힘

자아는 자기 자신만을 사랑한다. 그래서 파스칼은 자아를 가증스러운 것이라고 생각했다. "자기밖에 생각하지 않음", 그게 바로 자아의 소관이다. 그러나 자아는 자기 자신을 있는 그대로 보려 하지 않는다. 자아는 특히 자기가 보기에 기분 좋은 이미지를 추구한다. 그렇지만 자아는 스스로 생각하는 것처럼 완벽하지 않으며 속아 넘어가게 마련이다. 자존심은 자신에 대해 환영을 품고자 하는 의지에 다름 아니다.

그래도 자아는 자신의 기만을 믿기 위해 타인이 필요하다. 다른 사람들이 좋아해주어야만 자아가 스스로 만들어낸 좋은 이미지가 확증될 수 있기 때문이다. 자아는 가까운 사람이 자신의 허영에 부응해주는 한, 그를 좋아한다. 그리고 타인이 자신에 대한 진실을 알아차리면 그에 대한 애정은 증오로 바뀐다. 자아는 진실과 그 진실을 말해주는 이를 싫어한다. 그리고 기만과 그 기만을 믿는 이를 좋아한다.

사랑과 나르시시즘

그러나 타인 안의 자기 자신을 사랑하는 것은 그저 우리의 자존심이라는 공범에게 애착을 느끼는 수준이 아니다. 예를 들어 서로 밀고 당기는 유혹의 게임에서 우리는 타인에 대한 우리 힘의 증거를 찾으려 한다. 그래서 사랑을 얻는 것이 더러 '공략'이나 '승전'으로 표현되곤 하는 것이다. 이때 우리는 타자에게서 우리 힘의 이미지를 사랑한다.

우리의 처음 의혹은 굳어지는 듯하다. 우리가 다른 이에게 느끼는 애착은 자기 자신에 대한 사랑의 우회적 방식일지 모른다는 의혹 말이다. 그렇지만 우리는 이러한 애정의 형태를 진정한 사랑이라고 평가할 수 있을까? 페르디낭 알키에Ferdinand Alquié가 『영원성의 욕망』에서 지적했듯이 우리는 진정한 사랑을 순전한 나르시시즘과 혼동해온 것이리라.

희생에서 존중으로

자기애와 희생적인 사랑

진정한 사랑은 오히려 사랑하는 존재 앞에서 자기 자신을 지워버린다. 타인의 행복을 바라며 때로는 자신의 안위를 돌보지 않고 온 힘을 다해 그 행복에 도움이 되고자 하는 자세, 이것이 바로 진실한 애정의 표시라고 할 수 있다. 엄밀하게 말해서 진정한 사랑은 자신을 잊고 아무 제한 없이 타자에게 자신을 내어주는 것이다. 이러한 사랑은 희생적이다.

그렇지만 타인에 대한 사랑이 무조건 희생적이어야만 자존심을 배제할 수 있는 건 아니다. 사실 자기애는 각 사람의 자기보존에 꼭 필요한 아주 자연스러운 감정이다. 더욱이 자기애는 비단 인간에게만 있는 것이 아니다. 모든 생명체는 자기 존재를 보전하려는 경향이 있기 때문이다. 그러므로 자기애는 진정한 사랑의 적이 아니다. 반면, 자존심은 인간이 자신을 다른 인간들과 비교하고 제압하려 하면서 발생한다. 실제로 자기애에서 비롯된 타인에 대한 사랑은 시기심에서 비롯된 증오와 비교될 수 있다.

하나 되기와 거리 두기

이제 타인에 대한 진정한 사랑의 조건이 무엇인가를 이해하는 문제가 남아 있다. 우리는 플라톤의 『향연饗宴』에서 아리스토파네스가 말했듯이 사랑은 두 연인이 하나가 되는 것이라고 보아야 할까? 만약 그렇다면 사랑하는 존재의 이타성을 완전히 폐기하는 셈이 되지 않겠는가? 우리 자신이 어떤 전체의 반쪽이라고 생각하며 타자를 다른 반쪽으로서 사랑한다면 그것은 전혀 새로울 것 없는, 다만 다른 의미에서의 자기 사랑일 뿐이지 않는가?

그러므로 타인에 대한 사랑과 하나가 되고자 하는 마음은 별개로 보자. 자기 자신이 아니라 타인을 사랑한다면 근본적인 이타성을 염두에 두어야 한다. 그러므로 나는 다른 사람에게서 발견하는 나와 다른 점도 존중할 수 있어야 할 것이다. 그러나 존중은 사랑의 필요조건일 뿐 충분조건은 아니다. 사랑에는 존중뿐만 아니라 나와 내가 사랑하는 대상을 갈라놓는 거리, 그 거리를 절대 파괴하지 않으면서도 좁혀나가는 친밀감이 있어야 할 것이다.

▶ **철학의 도구들**

▷▷▷ **혼동하지 마세요**
• 자기애와 자존심 |
자기애는 자기 보전을 꾀하려는 자연스러운 감정으로서 모든 동물에게 나타난다.
자존심은 개인이 그 어떤 것보다 자기 자신을 중요시하는 감정으로서, 사회에서 탄생한 인위적 감정이다.

▷▷▷ **정의**
• 나르시시즘 | 그리스 신화에서 나르키소스는 대단한 미남자였다. 그는 자기 자신의 이미지에 사로잡혀서 님프 에코의 구애를 거절했다. 정신분석학에서 나르시시즘은 신화 속의 나르키소스처럼 자기 이미지에 정서적으로 고착되어 있는 것을 가리킨다.
• 희생적인 | 이 형용사는 자기 자신의 욕구를 희생하면서까지 남의 욕구를 충족시키려 하는 정서 혹은 사람을 가리킨다.

▷▷▷ **더 읽어볼 만한 글들**
파스칼, 『팡세』.
루소, 『인간 불평등 기원론』.
칸트, 『도덕 형이상학을 위한 기초 놓기』.
알키에, 『영원성의 욕망』.

정념과 소외

 라신J. B. Racine의 비극 『페드르』에서 여주인공 페드라는 히폴리투스에게 걷잡을 수 없는 애정을 느낀다. 그녀 자신도 그를 사랑하지 않으려 안간힘을 쓰지만 어쩔 수가 없다. 비극의 여주인공 페드라는 우리에게 정념의 전형적인 이미지를 보여준다. 정념은 그 정념에 사로잡힌 사람이 다스릴 수 없는 어떤 힘처럼 나타난다. 또한 정념은 외부의 힘에 대한 복종 상태를 야기한다. 그렇다면 정념은 순전한 소외가 아닐까?

이성의 해체?

소외와 이타성

 '정념passion'이라는 말은 어원상 라틴 어 patior('고통스러워하다'는 뜻)에서 유래했다. 따라서 정념에 사로잡힌 사람은 외부의 영향을 감내하는 자, 자기 자신이 원인이 아닌 행위의 결과에 고통받는 자이다. 그는 엄밀한 의미에서 소외에 시달리는 자이다. 왜냐하면 소외는 타인(라틴 어로 alienus)에 대한 의존성을 가리키기 때문이다.
 특히 사랑의 정념에서 자아가 더는 자기 자신의 주인이 되지 못하는 경우는 너무나 많다. 그는 완전히 정념의 대상에게 종속되어버린다. 그래서 『페드르』에서 페드라의 짝사랑 상대인 히폴리투스는 자기 역시 정념에 사로잡힌 사람, 사랑하는 상대의 포로 같은 신세라고 말하는 것이다. 이러한 사랑의 형태에서 타인은 정념에 사로잡힌 사람을 매혹하고, 사로잡으며, 절대적 왕국을 소유한 것처럼 보인다. 사랑에 빠진 사람은 자기 의지와는 다른 의지에 의존할 수밖에 없다. 즉 그는 자신의 자유를 잃은 셈이다.

정념, 혹은 어떻게 떨쳐버릴 수 있는가의 문제

그러나 열정적인 사랑이 정념의 소외가 보여주는 유일한 모습은 아니다. 정념은 탐욕, 야심, 육욕 등 그것이 어떤 것이든 간에 비이성적이고 일관성 없는 행동을, 때로는 발작을 연상케 하는 광적인 행동까지도 낳는다. 그래서 일찍이 스토아 철학자들이 그랬듯이 정념에 사로잡힌 사람은 소외된 사람으로, 정념은 영혼의 병으로 생각할 수도 있다.

철학은 영혼의 병을 치유할 책임이 있다. 그리고 철학의 지고한 치유책은 이성의 훈련이다. 나는 이성에 힘입어 정념이 내게 일으키는 동요에서 자유로워질 수 있고, 아타락시아ataraxia에 도달할 수 있다. 나아가 이성은 나의 권한 내에 있는 능력이요, 그렇기 때문에 내가 나 자신을 다스리고 자유를 되찾을 수 있게 해준다.

정념의 복권

영원한 전쟁을 향하여?

그러나 나를 해방시키는 이성과 나를 소외시키는 정념의 싸움은 결코 어느 한쪽의 결정적인 승리로 매듭지어지지 않는다. 정념은 다양하고, 언제나 다시 생겨난다. 그 이유는 정념이 우리 인간의 유한성과 관련되어 있기 때문이다. 파스칼이 보여주었듯이 우리의 감각적 본성은 필연적으로 이성을 여러 약점들에 노출시킨다. 이성과 정념의 전쟁은 영원히 끝나지 않는 듯하다.

그렇기에 우리 안에 현존하는 정념은 치유할 수 없는 듯 보인다. 그런데 우리는 정념을 반드시 물리쳐야만 하는 우리 내부의 적, 우리를 소외시키는 힘으로 생각해야만 하는 걸까? 오히려 인간 행동을 살펴보면 정념의 창조적인 힘이 두드러져 보인다. 위대한 인물과 예술가는 정념에 이끌릴 뿐 아니라, 정념에 힘입어 그들의 열망을 실현해왔다. 어떤 의미에서 정념은 인간의 자기실현을 부추기기도 하는 것이다.

정념의 정신화

이처럼 우리의 가능성을 계발하고 우리 자신에 대해 알려주는 이 힘을 굳이 소외라고 불러야 할까? 루소가 지적했듯이 정념이 오히려 우리의 무한한 개선 가능성을 실현시킨다고 보아야 하지 않을까? 이로써 우리는 정념이 우리의 행동과 능력에 힘을 더해줄 수도 있다는 우회적인 역설에 이른다.

그러나 우리를 소외시키고 고갈시키는 정념이 어떻게 해서 우리 안의 자아를 실현시키는 정념이 될 수 있을까? 니체가 생각했던 것처럼 아마도 정념이 정신화되는 과정이 이 문제의 관건일 것이다. 소외의 굴레에서 벗어나기 위해 우리 안의 모든 정념을 파괴할 필요는 없다. 단지 날것 그대로의 정념을 정화하고, 정념이 내포한 힘을 자기 것으로 삼기만 하면 된다. 그러므로 소외는 정념의 피할 수 없는 차원이 아니다. 소외는 단지 정념의 전개에서 원초적이고 일시적인 한 단계일 뿐이다.

▶ **철학의 도구들**

▷▷▷ **혼동하지 마세요**
- 소외는 개인이 자기 행동과 자질을 스스로 다스리지 못하게 되는 모든 상황(정치적 상황, 사회적 상황 등)을 포함하는 일반적인 개념이다.

▷▷▷ **정의**
- 아타락시아 | 인간의 마음속에 어떤 동요도 없는 상태. 철학자 에픽테토스Epiktētos에 따르면 정념을 무화하는 영혼의 이성적 부분이 활동함으로써 사람은 이러한 상태에 이르게 된다고 한다.
- 유한성 | 유한하고 제한된 힘을 지닌 존재의 특성. 신의 전능성이나 무한성과 대비되는 개념이다.
- 개선 가능성 | 루소가 만들어낸 개념으로 인간은 자신의 행위와 이해를 개선할 수 있는 새로운 가능성을 계속 획득할 수 있기 때문에 본능으로 정해진 것들을 뛰어넘을 수 있다는 의미를 담고 있다.

▷▷▷ **더 읽어볼 만한 글들**
에픽테토스, 『편람』.
파스칼, 『팡세』.
루소, 『인간 불평등 기원론』.
니체, 『우상의 황혼』.

욕망과 상상

프루스트의 소설 『꽃피는 아가씨들 그늘에』에는 욕망의 탄생을 묘사한 유명한 대목이 있다. 소설의 화자는 여성의 특징만을 살짝 감지하고서도 그 자리에서 열정에 사로잡히고 만다. 이때 화자는 상상을 작동시키면서 단순한 파편들로부터 온갖 아름다움을 담은 이미지를 구성하는 것이다. 이처럼 상상은 욕망을 살찌운다. 상상은 그렇게 우리를 끝없는 소용돌이로 몰고 들어가지 않는가? 상상은 욕망에 대하여 언제나 새롭고 언제나 허상적인 대상을 만들어내지 않는가?

넘치는 욕망과 경계 없는 상상

욕망은 상상을 선호한다

우리가 어떤 사람에게 욕망을 느낄 때면 종종 그 사람에게 완전히 상상적인 특성을 부여하곤 한다. 사랑은 상상과 떼려야 뗄 수 없는 것이기 때문이다. 사실 사랑하는 존재의 현존은 그 존재의 부재보다 더 욕망을 발전시키지 못한다. 상상은 그 존재가 굉장히 완벽한 것처럼 꾸며낸다. 그렇게 상상은 스탕달 Stendhal의 표현대로 결정 작용이라는 놀라운 작업을 수행한다.

 따라서 욕망은 현실을 두려워한다. 현실이 욕망의 바람에 부응하는 극히 드물기 때문이다. 예를 들어 프루스트의 소설 속 화자는 어렴풋이 보았던 여인이 즉시 자취를 감추지 않는 한 사랑이 절정에 이르지 못한다. 사실 하염없이 여인의 얼굴을 바라보면서는 상상을 통해 그 얼굴에 온갖 매력을 더하기가 어려워진다. 그럴 때에 욕망이 상상의 과정에서 취하는 힘은 억제되고 말 것이다.

다나이데스의 항아리

 지금까지 살펴본 맥락에서, 사랑은 그저 유령을 좇을 뿐이다. 상상은 욕망을 살찌우지만 욕망을 만족시키지는 못하기 때문에 사랑은 결코 충족되지 못할 위험도 있다. 욕망은 실망을 피하기 위해서 다시금 상상에 도움을 구한다. 그래서 희망을 만들어낸다. 희망은 언제나 실망만을 맛보지만 언제나 새롭게 쇄신된다.

 상상과 욕망은 무한히 확장된다는 점에서 동일하게 움직인다. 우리는 그러한 움직임을 플라톤이 그러했듯이 다나이데스가 받은 벌에 비유할 수 있겠다. 그리스 신화에서 다나이데스는 다나오스 왕의 딸들로 나온다. 그들은 구멍 뚫린 항아리에 영원히 물을 채워야 하는 벌을 받게 된다. 그들이 받는 벌이 영원히 끝나지 않듯이 욕망의 완전한 만족도 영원히 불가능하다. 욕망은 항상 좀더 완벽한 대상을 상상할 것이고, 절대 현실로 만족하지 못할 것이다. 현실은 언제나 상상보다 초라한 법이니까.

욕망을 억제하기 위해 상상을 구속한다?

욕망의 교육

욕망의 끝없는 소용돌이라는 불행을 달랠 수 있는 첫 번째 치유책은 상상에 굴레를 씌우는 것이다. 데카르트가 '임시 도덕'을 통해 채택했던 해결책이 바로 이것이다. 상상력이 너무 활개를 치지 못하게 구속하고 다다를 수 없는 대상을 그려내지 못하게 함으로써 우리는 욕망의 확장을 막을 수 있다. 오로지 우리의 권한 내에 있는 것만을 욕망하면 만족도 가능해진다. 요컨대 우리는 다나이데스의 항아리에 난 구멍을 '메우는' 셈이다.

나아가 욕망의 일차적인 열망을 우회시키는 데도 상상력을 사용할 수 있다. 욕망이 원하는 만족을, 상상이 등가적인 것으로 내세울 법한 다른 것으로 대체하는 것이다. 예를 들어 승화의 과정에서 욕망은 원래의 성적 목표에서 벗어나 사회적으로 가치 있는 일에서 그 만족을 찾을 수 있다고 생각한다. 이런 경우에는 상상의 교육은 욕망이 앞으로 달아나지 못하게 막는 셈이다.

해방을 가져오는 상상

상상이 없으면 우리는 절대 욕망에 종속되지 않을 것이다. 그렇지만 우리는 순전한 욕구에만 목매단 채 살아가게 될 것이다. 그래서 그저 동물처럼 손쉽게 만족을 구할 것이다. 그러므로 상상은 우리에게 어떤 즉각적인 기쁨을 앗아간다. 그렇지만 상상은 그렇게 함으로써 우리를 본능에서 해방시키기도 한다. 상상은 우리를 욕망에 예속시키는 도구이지만 본능은 더욱더 가혹한 주인이 아닌가?

또한 상상은—이를테면 기술의 발명을 통해서—자기가 낳은 욕망으로부터 우리가 자유로워질 수 있도록 도구를 제공한다는 점도 고려해야 한다. 상상은 현실적인 만족의 수단을 만들어내면서 적어도 부분적으로나마 욕망의 힘을 제한하기도 한다.

▶ 철학의 도구들

▷▷▷ 혼동하지 마세요
• 욕구와 욕망 |
욕구는 모든 유기체가 그 정상적인 기능에 필요한 것이 부족할 때에 처하게 되는 상태를 가리킨다. 그러므로 욕구는 인간에게만 있는 것이 아니다.
반면 욕망은 그 대상이 본능에 의해 주어지지 않는다. 욕망은 자기 마음에 드는 것 혹은 자기가 이끌리는 것을 바라는 경향이다.

▷▷▷ 정의
• 결정 작용 | 스탕달이 소금광산에서 아무렇게나 버려진 사물들 주위에 결정이 맺히는 현상을 비유하여 사용한 말이다. 여기서는 상상이 사랑하는 대상을 변화시키고 끊임없이 새로운 완벽성을 부여하는 현상을 가리키는 의미로 쓰였다.
• 임시 도덕 | 데카르트가 『방법서설』 제3부에서 어떤 확실성도 갖지 못하지만 그럼에도 인간들과 함께 계속 살아갈 수밖에 없는 상황에서 마땅히 적용해야 할 삶의 규칙으로서 상정한 것이다.
• 승화 | 원래는 성적인 어떤 충동의 목표를 성적이지 않지만 정신적으로 유사한 또 다른 목표로 교환할 수 있음을 뜻한다.

▷▷▷ 더 읽어볼 만한 글들
데카르트, 『방법서설』.
스탕달, 『연애론』.
프로이트, 『예술, 문학, 정신분석』, '레오나르도 다빈치의 어린 시절의 추억'.
프루스트, 『꽃피는 아가씨들 그늘에』.
사르트르, 『상상력』.

고독과 소통

무인도에 고립된 로빈슨 크루소는 대화를 나누고 싶은 욕구가 어찌나 간절한지 개에게 말을 하기에 이른다. 물론 그가 처한 상황은 분명히 예외적이지만 그럼에도 타인과의 관계가 지닌 중요한 측면을 잘 보여준다 하겠다. 우리 모두 로빈슨 크루소처럼 대화 상대 없이는 살 수 없다는 느낌을 갖곤 한다. 그런데 대화 상대들은 정말로 우리를 그만큼 이해한다고 확신할 수 있을까? 이따금 타인은 나와 너무나 다르기 때문에 그와 더불어 소통을 한다는 것이 너무나 어렵게 생각되기도 한다.

인간, 자기 뜻과 상관없는 은둔자 신세

바벨탑의 저주

구약성경에서 창세기 초반부만 해도 인간은 모두 한 언어를 쓰고 있었기 때문에 서로 화합할 수 있었다. 그러나 그들이 "하늘에 다다를 정도로" 높은 탑을 세우려고 했기 때문에 하느님은 벌을 내려 인간의 언어가 제각기 달라지게 했다. 그래서 인간은 서로 하는 말을 이해하지 못하게 되었고 불화와 전쟁이 일어났다.

바벨탑 이야기는 언어가 타인과 나 사이에 넘을 수 없는 장벽을 세울 수도 있음을 지적하고 있다. 우리가 자주 볼 수 있듯이, 어떤 외국어의 가장 특징적인 단어들은 근본적으로 나와는 다른 생활방식이나 사고방식에 관련된 것이기 때문에 번역이 불가능하다. 번역이란 필연적으로 근사치밖에 될 수 없기 때문에 각 민족들은 서로 고립되어 있는 듯하다. 번역은 결코 다양한 언어 집단을 갈라놓는 거리를 완전히 뛰어넘지 못한다.

언어의 불충분함

그러나 우리의 소통 불가능성은 개인적이기도 하다. 내가 마음 깊은 곳에서 우러나온 나의 인상을 표현하고자 할 때, 그 인상을 타인에게 전달해야 할 책임이 있는 말들은 부적절해 보인다. 사실 언어는 일반적인 개념들로 이루어져 있다. 언어는 각 사람이 경험한 내용을 모두가 알아들을 수 있게 발화한다. 베르그송이 말했듯이 단어는 그것을 사용하는 모든 존재에게 공통적이기 때문에 몰인격적이다. 그러므로 언어는 일반적인 것과 특수한 것을 말할 수 있으되, 독자적인 것을 표현하기에는 역부족이다.

그런데 내가 타인과 진정한 관계를 맺기 위해 털어놓고 싶은 것은 나의 지극히 개인적인 감정, 절대적으로 유일무이한 감정이다. 소통에서 제일 중요한 것은 바로 **말로 표현할 수 없는** 것이다. 근본적인 자아는 이렇게 타인에게 감춰져 있다. 언어는 부정확할 수밖에 없고 그러한 언어가 타인과 나 사이에서 장막처럼 작용하기 때문에 우리는 고독할 수밖에 없다.

대화의 경험

이성의 중재

그렇지만 타인과의 소통은 우리의 사유에 필수불가결하다. 정신은 모순적인 싸움에 익숙하며 대화에서 끌어내는 관념들을 먹고산다. 그렇지만 좀더 심도 깊게 바라보면 타인과의 대화는 인간 인식의 필요조건이다. 사실 나라는 사람에 따라 달라지는 상대적 앎과 객관적 앎을 구분할 수 있는 기준은 그 앎이 다른 사람들에게도 받아들여지느냐 그렇지 않으냐에 달려 있다.

그러나 모든 소통과 합의는 대화 상대들에게 공통되는 능력을 요구한다. 나와 타인은 학문을 이루면서 어떤 관계로 연결되는가? 나와 타인 두 사람 모두 갖고 있는 능력은 바로 이성이다. 우리가 이성적인 담론을 생산할 때에 비로소 바벨탑의 저주와 각 사람의 독자성에도 불구하고 우리 사이에는 진정한 소통이 가능하다.

둘로서 존재함

그렇다면 우리는 타인과의 소통을 학문적인 합리성의 영역에만 국한시켜야 할까? 굳이 그러지 않더라도 우리는 대화를 통해 타인과의 현실적 소통을 경험하지 않는가? 대수롭지 않은 시선, 몸짓, 말은 대화에서 우리에게 공통되는 어떤 의미를 얻는다. 실제로 나는 대화 상대의 생각을 앞질러나가는가 하면 그러한 생각을 보완해주기도 한다.

대화는 타인과의 관계에서 아주 특별한 순간이다. 대화를 통해 우리의 독자성이 감내할 수밖에 없었던 고독은 물러가고, 모리스 메를로퐁티Maurice Merleau-Ponty가 "둘로서 존재함"이라고 했던 것이 나타나게 된다. 그러나 대화를 통해 타인과 나 사이의 모든 경계가 허물어진다고 말할 수 있을까? 물론 그렇지 않다. 대화가 수립하는 것은 소통이 아니라 친교communion이다. 나의 사유는 대화에서 항상 타인의 사유를 향하지만 타인의 사유에 녹아 들어가는 것은 아니다.

▶ 철학의 도구들

▷▷▷ **혼동하지 마세요**
- 독자적인 것과 특수한 것 |
독자적인 것은 절대적으로 유일무이하며, 일반적 범주로 묶이지 않음을 뜻한다.
특수한 것은 수적으로는 구분되지만 그것이 속한 범주의 모든 개체에게 공통되는 속성을 갖고 있다.

▷▷▷ **정의**
- 친교 | 의식들 간의 친밀한 융합으로 인해 '나'와 '너'의 구분을 넘어서서 '우리'라고 말할 수 있음.
- 말로 표현할 수 없음 | 서로 다른 언어의 부적절성 때문에, 혹은 현실이 너무나 독자적인 성격을 띠고 있어서 언어를 통해 말로 옮길 수 없는 사태.

▷▷▷ **더 읽어볼 만한 글들**
루소, 『언어 기원에 관한 시론』.
칸트, 『무엇이 사유의 방향을 정하는가?』.
베르그송, 『의식에 직접 주어진 것들에 대한 시론』.
메를로퐁티, 『지각의 현상학』.

▶ 생각해볼 주제
상호주관성의 개념

상호주관성intersubjectivity이라는 개념은 주관성, 주체성subjectivity이라는 단어에 '사이'를 뜻하는 접사 inter가 붙어서 만들어진 것이다. 그러므로 상호주관성의 의미를 논하기 전에 먼저 주관성이 무엇인가를 분석해보아야 한다. 그러나 이것은 순수한 어휘 차원의 문제가 아니다. 이 개념 자체가 주체에 부여하는 중요성에 대한 철학적 논쟁에서 도출된 것이기 때문이다.

데카르트적인 주체의 철학

일단 상호주관성이라는 개념 자체가 철학적 전통과의 단절을 몰고 왔다는 점을 알아야 한다. 데카르트 이후로 철학은 주체에 아주 중요한 위치를 부여해왔다. 데카르트는 『방법서설』에서 진리의 명증한 규준을 찾고자 했고, 그러기 위해서 의심스럽게 보이는 모든 것을 거짓된 것으로 간주했다. 타인의 실존 역시 우리가 감각을 통해 아는 것이고, 감각은 우리를 속일 수 있기 때문에 불확실하기는 마찬가지다. 그러므로 데카르트는 타인과의 관계가 진리를 발견할 수 있는 토대를 제공할 수는 없다고 보았다. 그에게 유일하게 확실한 것은 "나는 생각한다(코기토)."뿐이다. 그는 자신이 주체로서, 다시 말해 생각하는 것으로 존재함을 확증했다. 여기서 그의 철학이 지닌 성격이 비롯된다. 이것은 유아론, 다시 말해 주체가 세상에 자기 혼자뿐이라고 생각하는 순간에 해당한다. 그렇지만 주체는 어떻게 자기 자신으로부터 벗어나는가? 유아론은 일시적이어야 한다. 그렇지 않으면 진리에 대한 탐구는 더는 나아갈 수 없을 것이다. 그래서 데카르트는 참된 지식을 재구성하기 위해 신의 존재와 명증성의 법칙을 담보삼아야 했다. 여기서 신의 존재와 명증성의 법칙이라는 두 가지 테제는 별로 중요하지 않다. 우리가 다루는 주제에 관한 한, 데카르트 철학의 본질적인 핵심은 주체의 존재와 그 주체의 사유 활동을 가장 근원적인 것으로 고려한다는 데 있다. 그의 철학에서는 주체가 진리의 원천이다. 그러므로 주체성의 철학은 개인의 특수성을 고양하지 않으며, 주체를 토대로 삼는 사유라고 하겠다.

타인과의 관계를 토대 삼음

상호주관성 개념은 자력으로 자신의 실존을 긍정하는 고독한 주체를 반성적 성찰의 궁극적 토대로 삼지 않겠다는 철학자들의 거부를 담고 있다. 특히 그러한 철학자들로는 메를로퐁티와 레비나스를 들 수 있겠다. 다음 페이지에 인용한 텍스트에서도 볼 수 있듯이, 이 철학자들은 타인이 항상 이미 거기에 있음을 고려한다. 그러므로 진정으로 근본적인 것은 타인과의 관계다. 사실, 주체는 자신과 다른 타자들의 의식을 만남으로써만 스스로 독자적인 의식으로 수립될 수 있다. 대화, 대립 혹은 단순한 시선만으로도 주체에게 다른 주체의 존재는 드러난다. 그 여파로 주체는 자기 자신을 욕망하는 주체, 행동하는 주체, 느끼는 주체로서 파악한다. 그러므로 데카르트적 주체를 거부하는 철학자들은 "나는 생각한다, 고로 나는 존재한다."가 절대로 홀로 존립할 수 없다고 본다. 오히려 "우리는 함께 있다, 고로 우리는 존재한다."라고 해야 한다고나 할까. 또한 어떤 이들은 주체의 철학자 중에서도 칸트는 '상호주관성' 개념의 선구자적인 존재였다고 평가한다. 칸트가 「상호주관성이란 무엇인가?」에서 상호주관성의 "다수적 코기토"를 개괄적으로 보여주었기 때문이다.

타인은 결코 부재하지 않는다

다음에 인용한 메를로퐁티의 글은 타인과의 관계에서 극복할 수 없는 특성을 잘 드러낸다. 이 글은 주체의 철학과 상호주관성에 대한 사유 사이의 단절을 다루고 있다.

타인은 나를 대상으로 변화시키며 나를 부정하고, 나는 타인을 대상으로 변화시키며 그를 부정한다고 한다. 사실 타인의 시선은 우리들 각자가 우리가 생각하는 본성으로 물러나 있을 때에만, 우리가 서로를 비인간적인 시선으로 바라볼 때에만, 각자의 행동을 받아들이고 이해하지 않은 채 마치 곤충의 행동을 보듯이 관찰할 때에만 나를 대상으로 변화시킨다. 예를 들면 모르는 사람이 나를 바라볼 때 바로 그런 대상화가 일어난다. 그러나 설령 그런 때라도 타자의 시선에 의한 각 사람의 객관화는, 그러한 객관화가 가능한 소통의 자리를 대신해버리지만 않는다면 고통스럽게 느껴지지 않는다. 나를 바라보는 개의 시선은 전혀 불편하지 않다. 소통에 대한 거부는 여전히 소통의 한 양태이다. 변화무쌍한 자유, 결코 소외될 수 없는 사유의 본성, 형언할 수 없는 실존은 내 안에서, 그리고 타인 안에서 모든 공감의 한계를 나타내고 소통을 유예하지만 결코 소통을 무화시키지는 않는다. 아직 한 마디도 하지 않은 모르는 사람을 상대할 때에 나는 그 사람이 나의 행동과 생각이 그려낼 수 없는 전혀 다른 세상에 사는 사람이라고 믿을 수 있다. 그러나 그가 무슨 말을 하면, 아니 그저 그가 조급한 듯한 몸짓만 해 보여도 이미 그는 나를 초월하지 않게 된다. (……) 철학자는 반성적 사유에 물러나 있으면서도 타자들을 끌어들이지 않을 수가 없다. 왜냐하면 세상의 어둠 속에서 그는 항상 타자들을 '일당(같은 운명을 함께하는 사람들)'으로 다루는 법을 배웠고 그의 모든 학문은 이러한 의견의 소여에 근거해 있기 때문이다. 초월적 주관성은 계시된 주관성, 그 자신과 타인에 대한 지식이다. 그리고 바로 그렇기 때문에 초월적 주관성은 상호주관성이다.

(메를로퐁티, 『지각의 현상학』 중에서)

자연적인 것과 문화적인 것

'자연·문화'의 대립은 최근에 나타났다고 하나 사실 이 대립이 나타내는 개념은 철학 그 자체만큼이나 오래된 것이다. 소피스트들은 관습과 자연을 대립시킴으로써 관습법과 자연법 또한 대립시켰다. 소피스트들에 대한 설파를 사유의 중요한 한 부분으로 여겼던 플라톤은 그러한 이원론을 받아들일 수 없었다. 그에게는 유일한 선 밖에 있을 수 없었다. 어쨌든 이미 둘 중 하나가 되었다. 인간은 '세계'의 일부인가, 아니면 자연에 대하여(혹은 대립하여) 인간들만의 고유한 가치와 법칙을 가지고 세계를 구성하는가?

자연·문화의 대립이 어떻게 구성된 것인지 밝히기에 앞서, 먼저 이러한 대립을 무시하거나 거부하는 생각들을 살펴보자.

대립 이전, 대립에 맞서서

단일한 법칙과 질서

원시 사회 혹은 고대 사회에서는 인간을 자연과 분리하여 생각하지 않았다. 인도에서 신성한 질서 다르마dharma는 우주의 별과 행성이 이루는 체계에는 물론 카스트 제도 같은 인간의 위계질서에도 똑같이 내재하는 것으로 여겨진다. 또한 그리스에서 '코스모스cosmos'라는 말은 지금처럼 질서를 지닌 우주를 가리키기 이전에 군대의 기강이나 전열을 가리키는 의미로 쓰였다. 성경에서도 신은 만물과 존재에 자신의 법을 부여한다. 그러므로 자연의 법과 사회의 법은 동일한 신에게서 나온 것이고 서로 동질적이거나 등가적이다.

이러한 사고방식 때문에 법이라는 개념에는 사회가 반드시 따라야 하고 그러지 않을 경우 처벌이 예상되는 규준들의 발화라는 의미 외에도, 자연 현상들 사이의 객관적 관계의 표현을 가리키는 의미의 자취(물리학적 법칙, 생물학적 법칙 등)가 남아 있다. 그러므로 원래 법은 단일한 개념 하에 자연적 사태의 기술과 인간 행위의 규정을 모두 포함하고 있다고 하겠다.

이것은 단지 문화가 자연에 통합되었다는 의미가 아니다. 아직까지 문화는 자연과 비교했을 때 환원할 수 없는 이질성이 있는 것으로서 인정받지 못했을 뿐이다.

전체성으로서의 자연

일자―者와 전체성의 대립을 부정하는 일원론자들은 '자연'이라는 말로 실재의 전체성을 모두 담으려 했다. 이러한 사유의 틀에서 반자연적인 '문화'는 들어설 자리가 없다. 그러므로 소크라테스 이전에 활동했던 철학자 파르메니데스Parmenides가 "존재와 사유는 동일한 것이다."라고 했던 것은 데카르트처럼 "나는 생각한다, 고로 나는 존재한다.", 즉 사유하기 때문에 존재한다는 의미에서 그런 말을 한 것이 아니라 존재(나의 존재 같은 특수한 존재자가 아니라 존재 그 자체)와 사유(로고스, 질서의 섭리)가 동일하다는 뜻이다. 좀더 나중에 출현한 스토아 철학자들도 그와 비슷하게 자연과 이성을 동일시했다. "자연에 따르는 삶"이라는 그들 철학의 모토—제대로 이해받지 못하는 경우가 많은 모토—가 그들에게는 이성에 따라 사는 삶을 의미했기 때문이다.

근대 철학기에 이르러 데카르트는 인간은 언젠가 "자연의 주인이자 소유자"가 될 것이라고 예견했다. 스피노자는 자연 속의 인간은 "제국 속의 제국" 같을 수 없다고 반박했다. 스피노자에 따르면 사물의 질서에 이질적인 인간 행위의 질서 따위는 없다. 단 하나의 동일한 질서가 두 가지 양태에 따라서 표현될 뿐이다.

헤겔은 정신을 반反자연으로, 자연을 소외된 정신으로 보았다. 프리드리히 빌헬름 폰 셸링Friedrich Wilhelm von Schelling은 이러한 헤겔의 생각에 반대하여 자연에서 "가시적인 정신"을, 정신에서는 "비가시적인 자연"을 보게 된다.

위에서 소개한 철학자들은 모두 자연을 전체성으로 보았고, 인간과 인간이 생산한 것은 그 전체의 일부라고 생각했다. 문화를 자연과 다른 세계로 보아 대면 혹은 대립시키는 태도는 이러한 단일성을 깨뜨리는 셈이다.

자연과 문화의 이원성

대립의 인정

고대 사회의 일원론을 앞에서 살펴보아서 알겠지만, 당시에는 자연과 문화를 이원적으로 보지 않았다. 창세기는 인간의 두 가지 상태를 기술한다. 낙원에서 살았던 인간은 벌거벗고 지내며 노동을 하지 않았다. 그러나 낙원에서 쫓겨난 후로 인간은 옷을 걸치고 살며 도시를 건설하게 되었다. 장 자크 루소의 『인간 불평등 기원론』은 바로 이러한 창세기의 삼단계 도식에 정치적, 역사적 차원을 새롭게 부여하면서 자연과 문화에 대립적 의미를 고착시킨다. 창세적인 환란(성경에 나오는 원죄는 사유재산의 탄생을 비유하는 것으로 파악된다)은 그 이전과 이후를 명확하게 갈라놓았다는 것이다. 이전이 성경에서 말하는 에덴동산 같은 자연 상태였다면, 이후는 노동, 여가, 범죄가 있는 사회 상태이다.

그러므로 자연과 문화의 관계는 이중적이다. 그것은 전후 관계인 동시에(자연은 문화 이전의 것이며 문화는 자연 이후의 것이다) 부정 관계이다(자연은 반문화이고 문화는 반자연이다).

문화의 본질

문화의 본질은 노동에 있다. 그래서 문화culture라는 단어는 인간의 전반적인 생활양식을 가리키기도 하지만 (논밭 등의) 경작, (학문 따위의) 수양이라는 뜻도 있다. 그런데 헤겔은 노동이 부정인 동시에 어떤 넘어섬이라고 했다.

문화에 의한 자연의 부정

의복은 자연적인 나체를 부정한다. 말은 자연스러운 신음소리나 비명을 부정한다. 그림은 자취를 부정한다. 인간은 숲 속에서도 동물이나 나무처럼 존재하지 않는다. 인간은 숲에 '대하여' 존재한다. 그래서 숲을 밀어버리고 얻은 공터에 도시나 공항을 세우는 식으로 자연을 반박하고 제거한다. 인간의 집은 단순한 거처, 둥지, 소굴이 아니다. 이제 인간은 새벽 닭 우는 소리가 아니라 자명종 소리에 맞춰 잠에서 일어난다. 인간을 이루는 것, 인간이 이룬 것 가운데 그 무엇도 자연적이지 않고, 인간의 모든 역사는 영원히 잃어버린 기원, 즉 자연으로부터 차츰 멀어지기만 했다. 도시에서 벗어난 농경 세계와 그곳의 동식물조차도 자연과 맺고 있던 태곳적 관계에서 끊어지기는 마찬가지다.

선진국의 경제는 더는 하늘의 뜻에 의존하지 않는다. 오히려 그 의존성이 현대 경제를 평가하는 기준이 될 정도다(예를 들어 일본은 옹색한 영토와 천연자원이 부족한데도 경제적 번영을 누린다. 반면 방글라데시 같은 후진국은 기후 변화에 여전히 의존적이다).

문화에 의한 인간의 자연성에 대한 부정

인간은 끊임없이 문화를 통해 자신의 일차적인 자연성을 뒤덮으려 한다. 어떤 사회, 어떤 곳에서도 인간의 몸을 자연 상태로 내버려두지 않는다. 어디서나 옷을 걸치고, 장식하고, 꾸미고, 문신을 하고, 심지어 신체를 훼손까지 하는 실정이다. 이러한 "몸의 기술들"(인류학자 마르셀 모스Marcel Mauss의 표현)은 인간에게만 특수하며 동물 세계에서는 완전히 낯선 것이다.

비슷한 맥락에서 동물의 특징이라 할 수 있는 본능은 이제 인간의 삶과 실존에서 부재하게 되었다. 충동은 언제나 준엄한 본능과는 달리 유연성, 유순함이 있다(충동은 우회되거나 억압되거나 변화될 수 있기 때문이다). 나아가 우리는 자연적인 욕구(먹고 마시고 자야 한다는 욕구)와 인위적인 욕구(담배를 피우고 싶다든가 텔레비전을 보고 싶다는 욕구)를 구분할 수 있을 것이다. 더욱이 욕망은 욕구와 다시 구분되어야 한다. 욕구는 항상 신체와 연결되어 있지만, 욕망은 심리적·사회적 차원이 우세하다.

마르크스가 『자본론』에서 지적했듯이 욕구는 같은 욕구라 해도 날고기를 삼키는 것과 고기를 구워서 나이프와 포크로 먹는 것의 의미가 같을 수는 없다. 다시 말해 우리는 현실적으로 욕구와 그 욕구를 만족시키는 방식을 분리해서 생각할 수 없다는 얘기다. 그런데 인간에게 욕구를 만족시키는 방식은 그 정의상 문화적인 것이지 자연적인 것이 아니다.

두 세계

문화는 인간을 자연의 시공간과는 다른 시공간에 들어가게 한다. 자연의 현실적인 공간을 문화는 장소와 길이라는 상징적 공간으로 대체하고, 거의 움직이지 않는 자연의 시간에 역사의 조급함을 더한다.

앙드레 말로André Malraux는 에스파냐 내전 중에 공군 장교로 복무하면서 자연의 풍광을 바라보며 거의 영원이라고 해도 좋을 불변성에 깊은 인상을 받았다. 그는 『희망』에서 이렇게 썼다. "이따금 에스파냐 상공에서 우리와 마주친 철새들의 대이동은 오래고 오랜 세월에 걸쳐 이루어져 왔을 것이다. 거기에는 뭔가 인간들의 전투와는 너무나 대비되는 것이 있었고, 바로 그렇기 때문에 그 광경은 지금까지 내가 보아온 그 어떤 것보다 가장 인상적인 광경으로 남아 있다." 헤겔이 말했듯이, 자연에는 역사가 없다.

자연에 대한 향수와 문화에 대한 거부

향수鄕愁는 오래 전에 조국을 떠나온 사람을 괴롭게 하는 고통스러운 감정이다. 자연은 인간의 요람이다. 역사는 여행이자 노쇠함이다. 그래서 현대 인간은 그러한 향수를 점점 더 심하게 느끼곤 한다. 문화(도시, 일, 기술)에 진력난 현대인, 다시 말해 자기 자신에게 피곤을 느끼는 현대인은 그에 대한 반향으로 순수와 자유, 힘과 정화를 꿈꾸며 자연에 대한 상상에 그 꿈을 투사한다. 우리가 사는 지상의 환경에 더는 그런 곳이 존재하지 않기 때문에, 바로 그 때문에 우리는 자꾸만 자연에 대해, 자연적인 것에 대해 더 많은 이야기를 하게 되는 것이다.

정신분석학에서 욕망이(혹은 그 반대로 불안이) 부추기는 부정을 '거부'라고 한다. 현대인은 즐거움밖에 제공하지 않는 문화에 싫증을 느끼고 점점 더 자신이 만들어낸 것들의 문화적 성격을 거부하고 있다. '자연적인 것', '천연의 것'은 마침내 '긍정적 가치'와 동의어가 되기에 이르렀다. 마치 사람을 죽일 수 있는 바이러스는 천연의 것이 아닌 양 말이다. 그래서 이제는 천연가스, 자연법, 자연수, 자연음, 자연음식 등 우리가 만들어내고 우리가 우리에게 제공하는 것에도 '자연'이니 '천연'이니 하는 말을 붙이고 있다.

철학은 이러한 환상을 비판할 의무가 있다. 그동안 자연은 신이라는 환상을 대체해왔던 것이다.

▶ **철학의 도구들**

▷▷▷ 혼동하지 마세요
- 자연법과 도덕법 |
자연법은 현상들 간의 객관적인 관계를 표현하는 물리적인 법이다.
도덕법 혹은 판단법은 인간 사회의 틀 안에서 어떤 행위를 허가하거나 금지하는 규정이다.

▷▷▷ 정의
- 자연 | 인간의 노동에 의해 창조되거나 파괴되거나 변화되지 않은 실재의 총체.
- 문화 | (물질적인 것과 비물질적인 것을 포함하여) 인간이 생산한 것의 총체. 인간은 자신의 생산에 힘입어 자연환경을 변화시키고 자기 자신의 동물성을 넘어선다.

▷▷▷ 더 읽어볼 만한 글들
플라톤, 『고르기아스』.
루소, 『인간 불평등 기원론』.

선천적인 것과 후천적인 것

생명체가 태어날 때부터 고유한 특징으로서 존재하는 것은 선천적이다. 반면, 살면서 획득한 것은 후천적이다. 이 두 항은 모두 살아 있는 존재하고만 관련된다.

선천적인 것과 후천적인 것은 상반된다. 다시 말해 그 둘은 대립항이다. 그 대립성은 논리적인 동시에(선천적인 것은 후천적인 것이 아니며, 후천적인 것은 선천적인 것이 아니다) 시간적 순서에 속해 있다(선천적인 것은 후천적인 것보다 우선하며, 후천적인 것은 선천적인 것보다 나중에 온다).

선천적인 것과 후천적인 것을 어떻게 알아보는가?

눈동자 색깔, 지문, 귀의 모양은 선천적 특징이다. 이런 모양새는 생활양식에 따라 달라지지 않는다. 반면, 하얀 피부는 햇볕에 그을릴 수 있고 근육은 운동을 열심히 하면 탄탄해질 수 있다. 이런 것들은 후천적 특징이다. 실제 생활에 따라서 나타날 수 있는 것들이기 때문이다.

일차적으로 분석해보면, 개인은 태어날 때부터 부모의 유전자가 전달하는 몇 가지 선천적인 특징들을 지닌다. 대개 이 유전자들은 변형이 불가능하다. 그러므로 선천적인 것은 항구적인 성격을 띤다. 선천적인 것은 없앨 수도 없고 바꿀 수도 없으며 생명체가 무덤에 갈 때까지 안고 가야 할 측면이다.

반대로 후천적인 것은 생활 속의 행태에서 나온 것이기 때문에 우연적이다(반면에 선천적인 것은 필연적이다). 우리는 햇볕에 살갗을 태울 수도 있고 그렇지 않을 수도 있다. 그러나 태어날 때부터 백인인 사람이 흑인이 될 가능성은 전혀 없다. 그래서 선천적인 것이 폐쇄적인 반면(개인의 염색체는 부모에게 물려받을 수밖에 없다), 후천적인 것은 개인의 습관과 활동에 따라 달라질 수 있으므로 개방되어 있다고 할 수 있다.

난관과 논란

선천성·후천성의 이원론을 자연·문화의 이원론과 관련짓는 것은 기만적이다. 왜냐하면 실제로 인간에게 후천적인 것이 문화와 관련이 있고 선천적인 것은 자연과 관련이 있다고 하더라도, 선천적인 것이 필연적으로 자연적이거나 후천적인 것이 필연적으로 문화적이지는 않기 때문이다. 예를 들어 부모가 후천적으로 얻은 것을 그 자식은 선천적으로 갖고 태어날 수도 있다(아이가 부모의 에이즈 바이러스를 물려받는다든가, 알코올중독 어머니가 기형아를 낳는다든가 하는 경우를 생각해보라). 나아가 어떤 반사기제들은 자발적으로 작동한다(넘어지면서 뒷발로 균형을 잡고 일어선다든가, 팔로 자기 몸을 보호한다든가 하는 식으로). 태어나자마자 그러지는 못한다는 점을 감안한다면 그러한 행동은 선천적 기제에서 나오는 것이 아니다. 그러나 문화적인 습관이라고 할 수도 없다(후천적인 것이 반드시 배움으로 습득한 것은 아니다).

선천적인 것과 후천적인 것에 대한 논란은 물리적 현상이 아닌 기억과 지능 같은 심리적 현상을 다루면서 이데올로기적인 국면을 맞는다. 보수적인 이데올로기는 후천적인 부분을 최소화하고 선천적인 면을 과대평가하는 경향이 있다. 반면, 진보적인 이데올로기는 모든 것을 후천적인 것과 결부시키려 한다. 그래서 구소련의 공식적인 마르크스주의는 모든 것은 후천적이라는 이데올로기를 내세워 유전학적 법칙을 거부하기도 했다.

어느 생물학자가 인간 존재는 선천적인 것도 100퍼센트, 후천적인 것도 100퍼센트라고 말한 바 있다. 사실, 둘 중 어느 한쪽이 없으면 다른 한쪽도 제대로 나타날 수 없다. 그림이 그려진 화폭과 액자가 어느 한쪽만 있어서는 안 되듯이, 후천적인 것 없는 선천적인 것(틀)은 공허하고, 선천적인 것 없는 후천적인 것(내용)은 유지되지 않는다. 선천적인 것과 후천적인 것의 종합은 칸트의 초월 개념으로 접근할 수 있다. 칸트는 모든 앎이 경험과 더불어 시작되더라도 앎이 경험에서 도출되는 것은 아니라고 했다. 왜냐하면 우리가 경험을 갖기 위해서는 그러한 경험을 일깨우기에 적절한 틀이 있어야만 하기 때문이다. 그런데 이 틀, 경험 가능성의 조건인 이 틀은 그 자체도 경험적이지는 않다(그러한 틀은 경험에서 도출되지 않는다).

우리는 이러한 모델에 입각하여 선천적인 것과 경험적인 것의 갈등을 다음과 같은 방식으로 해결할 수 있을 것이다. 후천적인 것을 획득하려면 어떤 조건(물리학적, 신경생리학적)의 전체가 있어야 한다. 그런데 그 조건 자체는 후천적이지 않다. 예컨대 인간은 어떤 언어를 배우지만 말하기를 따로 배우지는 않는다.

▶ **철학의 도구들**

▷▷▷ **혼동하지 마세요**
• 선천적인 것과 자발적인 것 |
생각을 거치지 않은 것은 자발적이다. 그러나 자발적이라고 해도 후천적일 수 있다(친구에게 손을 내밀어 악수하는 행위는 자발적으로 나온 것이지만 분명히 후천적으로 습득한 것이다).
• 자연적인 것과 선천적인 것 |
인간의 노동이 개입되지 않은 실재와 관련된 모든 것은 자연적이다. 선천적인 것은 생명체하고만 관련된다. 본유관념(선천적 관념) 이론에 따르면 인간은 태어날 때부터 관념을 갖고 있다. 그러한 관념들은 신 혹은 '자연'에서 온 것이다. 경험론자들은 인간의 정신도 맨 처음에는 장차 경험으로 채워나가야 할 백지 상태 같다고 생각했다.
• 우연적인 것과 필연적인 것 |
그러지 않을 수 있거나 다르게 될 수도 있는 것은 우연적이다.
그러지 않을 수 없거나 다르게 될 수도 없는 것은 필연적이다.

▷▷▷ **더 읽어볼 만한 글들**
플라톤, 『메논』.
라이프니츠, 『인간 오성에 관한 새로운 시론』.
칸트, 『순수이성비판』.

욕구와 욕망

목이 마르다. 뭔가 마시고 싶은 욕구를 느낀다. 나의 몸은 나에게 이러한 필요를 명한다. 반면, 나는 갈증을 달래기 위해서 오렌지 주스보다는 맥주를 마시고 싶을 수도 있고, 혹은 그 반대일 수도 있다. 그러한 선택은 몸이 나에게 명한 것은 아니다. 왜냐하면 무엇을 마시든지, 그냥 물만 마셔도 갈증은 해결될 것이기 때문이다. 목이 말라서 무언가를 마시는 것은 욕구에 상응하지만 내가 다른 음료보다 선호하는 음료를 마시는 것은 욕망에 해당한다. 욕구와 욕망의 구분은 그것이 필연적인가 우연적인가에 달려 있다.

필연성과 우연성

욕구가 만족되지 않으면 개인의 삶 혹은 생존이 위협받는다. 그러므로 욕구는 필연적으로 만족되어야 한다. 물을 마시지 못하면 죽을 수도 있다. 그러나 맥주를 못 마신다고 해서 죽지는 않는다. 욕망은 반드시 필요한 것은 아니라는 점에서 우연적이다. 그래서 우리는 욕구를 시기나 변덕과는 별개로 구분할 수 있다. 이러한 구분에는 개인의 생존이 객관적인 기준이 된다.

욕구가 충족되지 않는 결핍과, 욕망이 충족되지 않는 불만은 그 의미가 다르다. 그렇기 때문에 고대의 현자들은 인위적인 욕구들을 불행의 요인으로 보고 거부했던 것이다. 에피쿠로스Epicouros는 욕구를 자연적이고 필연적인 욕구, 자연적이지만 필연적이지는 않은 욕구, 자연적이지도 않고 필연적이지도 않은 욕구라는 세 가지 범주로 구분했다. 첫 번째 범주의 욕구가 엄밀하게 자연적으로 반드시 필요한 것이라면(배가 고프면 먹어야 한다든가), 두 번째 범주는 첫 번째 범주에 쾌락이라는 차원을 더한 것이다(단순히 배를 채우는 것이 아니라 맛있는 요리를 먹는다든가). 그리고 세 번째 범주는 에피쿠로스가 모든 지혜와 행복에 절대적으로 거스르는 것이라고 했던 것, 상상의 산물에 지나지 않는 욕구이다. 아마 이 세 번째 범주가 우리가 말하는 욕망에 상응할 것이다(영광, 부, 명예 등).

신체와 정신

욕구와 욕망의 구분은 신체와 정신의 구분, 자연과 문화의 구분과도 겹친다. 욕구에는 신체적인 측면이 우세한 반면, 욕망에는 심리적 측면이 지배적이다.

욕구에는 한도가 있다. 욕구는 충족되면 (적어도 일시적으로는) 그걸로 끝이다. 그런데 욕망은 완전한 충족이 불가능하기 때문에 끝이 없다. 욕구의 차원에서는 "이제 됐어."라는 말이 나올 수 있지만, 욕망의 차원에서는 언제나 "더! 더!"라는 외침이 있을 뿐이다. 자기가 받는 사랑이 충분하다고, 자기가 누리는 부가 충분하다고 생각하는 사람이 어디 있겠는가? 우리는 아무것도 부족할 게 없는 사람들이 매사에 불만을 품는 모습, 객관적으로 '행복의 조건'을 갖추고 있는 이들이 불행해하는 모습을 어렵잖게 볼 수 있다. 바로 그렇기 때문에 불교는 인간의 불행이 욕망에서 비롯된다고 하면서 욕망을 제거함으로써 해탈할 것을 가르치는 것이다.

욕구의 인위성과 욕망의 필연성

그렇지만 이처럼 욕구를 신체와 자연적인 것에, 욕망을 영혼과 인위적인 것에 결부지어 분명한 대립 관계로 파악하는 태도도 논란의 여지가 있다.

욕구는 불변적인 조건을 구성하지 않는다. 마르크스는 욕구가 그 욕구를 충족시키는 양식에 의존함을 우리에게 보여주었다. 나이프와 포크로 먹는다는 것 자체가 동물이 먹을 것을 취하는 방식과는 다르다. 역사는 끊임없는 욕구 창조의 역사이기도 하다(오늘날 많은 사람들에게 자동차를 소유해야 한다는 것은 사실상 욕구에 해당한다).

반대로 욕망도 인간에게 떨어진 우연성의 표시로만 볼 수 없다. 어린아이는 먹을 것에 대한 욕구 못지않게 쓰다듬어주고 말을 걸어주고 웃어주기 바라는 욕구를 갖고 있다. 욕망에는 심리적인 측면만 있는 게 아니다. 타인과의 관계가 그러하듯이 욕망도 사회적인 측면이 있고, 만약 그러한 차원이 없으면 인간이 어떻게 살아갈 수 있을지는 미지수다.

이렇듯 욕구와 욕망의 구분은 간편해 보이지만 어느 한쪽의 특징을 다른 쪽에서도 찾아볼 수 있다는 점을 알아야 한다.

▶ **철학의 도구들**

▷▷▷ 정의
• 쾌락주의·금욕주의 | 쾌락주의는 쾌락을 선한 것으로 보고 고양하고자 하는 반면, 금욕주의는 쾌락을 악한 것으로 보아 거부하고 무슨 수를 써서라도 좌절시키고자 한다.

▷▷▷ 더 읽어볼 만한 글들
플라톤, 『고르기아스』.
에피쿠로스, 『서한집』.
루소, 『인간 불평등 기원론』.

자연을 존중해야만 하는가

과학, 기술, 현대 산업은 자연을 대상으로 다루기 위해 힘을 합쳤다. 과학의 차가운 시선, 기술과 산업의 폭력성은 막스 베버Max Weber의 표현을 차용하자면 세상을 "탈마법화"했다. 고대에 인간은 전능한 자연을 숭배했고, 그러한 숭배에는 경외감이 배어 있었다. 그러나 이제 산업혁명의 승리와 더불어 숭배는 사라졌다. 그리스 인들은 태양에서 신을 보았지만 현대 과학은 태양을 거대한 별로 생각한다. 원주민들은 히말라야 산맥을 여신으로 생각했지만 현대 과학은 지층의 습곡으로 파악할 뿐이다. 땅을 파헤치고, 물길을 돌리고, 숲을 밀어내는 행위는 수천 년간 인간들이 자연에 대해 취했던 마법적이고 종교적인 태도를 포기함을 의미한다. 그러나 이러한 프로메테우스주의가 거꾸로 자기 자신을 위협할 수도 있다. 오늘날 생태학적 감수성은 현실적인 위기를 맞은 현대인의 불안을 드러낸다.

불가능한 존중

존재 혹은 사물에 대한 존중은 그것을 온전하게 유지될 만한 것으로서 바라봄, 다시 말해 그것에 대해 지배나 정복 같은 모든 힘의 관계를 거부하는 것이다. 그런데 인간은 역사적으로 자연을 개발해 왔고, 그러한 개발은 존중이라는 태도에 정면으로 위배된다.

실제로 문화는 인간이 자연을 부정하거나 자신의 일차적 동물성을 넘어설 수 있었던 수단들의 총체라고 해도 과언이 아니다. 사냥, 채집, 목축, 건설 등은 모두 자연을 부정하고 넘어서는 수단들이기도 하다.

힘의 행사보다 존중에 정면으로 위배되는 것은 없다. 그런데 문화는 그러한 힘의 행사에 다름 아니다. 인간은 신이 아니기 때문에―신은 언제나 존재의 가설에 매여 있지만―아무것도 파괴하지 않은 채 무엇을 만들거나 변화시킬 수 없다. 도시를 건설하거나 도로를 닦으려면 필연적으로 자연환경을 망가뜨려야만 한다. 문화(혹은 역사)는 인간이 원래의 환경에 가한 끊임없는 테러의 총체인 셈이다. 인간의 인간다움은 바로 (자연에 대한) 전복에 있다.

'존중하다respectare'라는 라틴 어는 어원적으로 '뒤를 바라보다'라는 의미를 지닌다. 그런데 인간은 앞을 바라보는 존재이다. 개척자들은 황폐해지는 숲을 보기보다는 그 자리에 들어서는 새로운 도시를 보는 법이다.

존중이 가능하다면 분명히 바람직한 일이다

그럼에도 우리는 자연을 고려하지 않거나 돌보지 않고 살 수는 없다. 이것은 분명히 이해관계의 사안이다. 자연은 여전히 보편적이며 반드시 필요한 생활환경이기 때문이다. 그러므로 자연의 파괴는 우리의 생존마저 위협한다.

또한 이것은 우리가 미래의 인류를 위해 지켜야 할 의무의 사안이기도 하다. 인디언의 격언 가운데 이런 말이 있다. "우리는 조상들에게 땅을 물려받은 것이 아니라 자식들에게 땅을 빌려 쓰는 것이다."

물론 우리는 인간의 노동을 완전히 중단하고자 하는 '보호주의자'의 관점을 액면 그대로 따를 수는 없다. 그러한 관점은 현실적이라기보다는 환상에 가까운 근원적 순수를 지키고자 하기 때문이다. '존중'이라는 말은 그런 식으로 함부로 사용되어서는 안 된다.

우리는 존중 개념을 좀더 넓게 보고 존중의 대상 그 자체를 창조할 수도 있다. 그러므로 예술 작품은 인간이 만들어낸 모든 것들 가운데서도 강한 존경심을 불러일으키곤 한다. 그 이유는 그 작품들이 비할 데 없는 인간의 천재성을 드러내 보이는 까닭이다. 우리는 이러한 의미에서 자연을 존중할 수 있다. 자연에 전혀 손을 대서는 안 되기 때문이라기보다는(그런 일은 가능하지도 않을 뿐더러 바람직하지도 않다) 현재와 같은 상황에서 자연은 인간의 정원처럼 우리에게 가까워지고, 작아지고, 연약해졌기 때문이다.

▶ 철학의 도구들

▷▷▷ 혼동하지 마세요

- 자연적인 것과 정상적인 것 |

인간이 노동을 가하지 않은 실재에서 파생된 것은 자연적이다.
인간이 이상적이거나 평균적이라고 생각하는 가치에 부합하는 것은 정상적이다. 그런데 규범은 모두 인간이 만들어낸 것이거나 인간에 대한 것이기 때문에 자연 그 자체는 그러한 규범성을 완전히 무시한다.

- 생태학과 생태주의 |

생태학은 생명체와 환경의 관계를 연구하는 학문이다.
생태주의는 이데올로기이다. 자연보호를 내세우는 일종의 정책이다.

▷▷▷ 정의

- 프로메테우스주의 | 프로메테우스는 그리스 신화에 나오는 인물이다. 그는 제우스가 감춰둔 불을 인간에게 전해준 죄로, 낮이면 독수리에게 간을 쪼이고 밤이면 간이 다시 회복되는 생활이 반복되는 영원한 벌을 받게 되었다. 프로메테우스주의는 인간의 힘에 대한 의지, 다시 말해 자연을 제압하고 신들과 어깨를 겨루려 하는 경향을 뜻한다. 예를 들어 인간의 과학과 기술은 프로메테우스적이라고 할 수 있을 것이다.

▷▷▷ 더 읽어볼 만한 글들

요나스H. Jonas, 『책임의 원칙 – 기술 시대의 생태학적 윤리』.
칸트, 『도덕 형이상학을 위한 기초 놓기』.

꿈과 현실 사이의 자연

자동차를 탄 사람이 숲을 지나갔다. 일요일에는 한 주 동안의 고된 일과를 잊기 위해서 숲으로 산책을 나오는 사람들이 있다. 또 어떤 이는 건강을 관리하기 위해서 숲에서 조깅을 한다. 사냥꾼은 숲에서 사냥을 하고, 임업자는 나무를 돌보기 위해 숲을 찾는다. 이 사람들은 똑같은 숲을 보지만 그들의 시각은 제각기 다르다. 다섯 사람 가운데 누가 가장 정확하고 '참된' 시각으로 숲을 보고 있다고 할 수 있을까? 그런데 이러한 물음이 의미가 있기는 한가?

근원적 꿈으로서의 자연

여기서 '꿈'은 가장 일반적인 의미, 그러니까 상상의 표현이라고 할 수 있겠다. 자연은 사유되고 인식되기 이전에 느끼는 것이다. 인간이 꽃, 산, 자기 자신을 그리기 전에 동물부터 그렸던 이유는 아마도 그 동물들에게서 자신이 숭상하면서도 두려워하는 힘을 보았기 때문일 것이다.

자연 과학이 나타나기 전에 먼저 자연 종교와 자연 예술이 있었다. 인간은 그 자체로 존재하는 자연을 연구하기 이전에 먼저 상징적으로, 신앙과 관념과 말과 형상을 통해서 자신과 자연의 관계를 표현해왔다.

자연의 객관적 실재

실험 과학, 기술, 현대 산업 등은 자연을 인식 대상(과학의 경우), 이용 대상(기술의 경우), 개발 대상(산업의 경우)으로 다루면서 탈마법화했다.

지식에 대한 의지는 힘에 대한 의지의 표현이다(니체). 갈릴레이G. Galilei의 천체 망원경은 행성들을 사물로 간주했다. 그 점은 모든 과학 실험이 마찬가지다. 바로 여기에 학문과 종교가 대립하는 핵심이 있다. '종교religion'와 '연결하다relier'는 어원상 그 뿌리가 같다. 종교는 우리를 자연에 연결해주는 반면, 학문은 우리를 자연으로부터 분리한다. 분석이 없으면 학문도 없기 때문이다.

인간의 기술은 강, 산, 바다를 무엇으로 보는가? 자연은 더는 마법적인 힘도 아니요, 신의 창조물도 아니다. 기술이 바라보는 자연은 제압해야 할 장벽, 도전해야 할 상대일 뿐이다.

인간은 세계의 행인에 불과했지만 이제 산업에 힘입어 자연의 소유주가 되었다. 옛날에는 숲의 정령이 나무들에 산다고 믿었지만 이제 나무는 섬유, 제지 펄프를 만들기 위해 변형시켜야 할 목재일 뿐이다.

가장 오래된 인간 문명은 자연을 우주의 어머니로 기리고 받들었다. 이제 자연은 개발해야 할 자본, 매매해야 하는 상품으로 전락했다. 그러나 과도한 개발과 변형은 그에 걸맞은 반응을 불러온다. 개발과 변형은 파괴를 수반하지 않고는 이루어지지 않기 때문이다.

잃어버린 자연에 대한 향수

향수는 조국을 떠난 여행자나 유배당한 사람이 귀향을 갈구하며 느끼는 비애감이다. 도시와 사람들에게 염증을 느끼는 현대인은 그러한 향수에 젖은 존재다. 현재 인간이 자연에 대해 느끼는 감정은 일종의 반작용이라고 할 수 있다. 교통체증이나 직장에서의 권태에 시달리는 현대인은 하얀 눈밭을, 사막을, 드넓은 바다를, 머나먼 섬을 꿈꾼다. 애완동물이나 관상용 식물도 상징적으로는 점점 더 인위적으로 변해가는 세상에 삽입되어 있는 자연의 한 조각이라는 의미로 이해될 수 있다.

그런데 향수에는 환영이 따라오게 마련이다. 그래서 우리는 자연에 목표를 잃은 욕망을 투사한다. 자유, 아름다움, 청정함, 순수 같은 다가갈 수 없는 이상의 이미지를 자연에서 보고자 하는 것이다. 하지만 자연은 그 자체로는 자유롭지도 않고 아름답지도 않고 청정하지도 않고 순수하지도 않다. 동물들이 뒤엉켜 싸우며 어느 한쪽이 다른 한쪽을 잡아먹는 광경은 혐오감이 일 정도로 끔찍하다. 그러나 우리는 그런 일은 알거나 보려고 하지 않는다. 자연은 그저 실재이기만 한 것이 아니라 우리의 욕망이 투사되는 스크린이기도 하다.

▶ 철학의 도구들

▷▷▷ 혼동하지 마세요
• 학문과 기술 |
학문이 이야기된 것의 총체라면, 기술은 수단의 총체이다.

▷▷▷ 정의
• 실재론 | 실재가 그 자체로, 다시 말해 우리의 표상 작용(사유)과 독립적으로 존재한다고 믿는 철학.
• 관념론 | 우리가 실재에 대해 가질 수 있는 표상 작용 외에는 다른 실재가 없다고 생각하는 철학.
• 객관·주관 | 어떤 표상 작용이 주체의 특질과 상관없이 대상의 실재에 부합한다면 그 표상 작용은 객관적이다. 그러나 어떤 주체의 특질하고만 관련이 있는 표상 작용은 주관적이다. 그러나 표상 작용은 객관적인 동시에 주관적일 수 있다. 일례로, 지각은 지각되는 대상과 지각하는 주체에 동시에 관련된다.

▷▷▷ 더 읽어볼 만한 글들
하이데거, 『현상학의 근본문제들』.
사르트르, 『존재와 무』.

▶ 생각해볼 주제
헤겔과 낭만주의

낭만주의는 문학과 예술을 아우르는 광범위한 사조로서, 1770~1840년에 유럽에서 성행했던 사유와 감성을 나타낸다. 낭만주의는 주체성의 발견과 고양에서 그 특징을 찾을 수 있다. 그 때문에 서정시와 음악이 중요성을 띠게 되었다. 또한 과거에 대한 향수(특히 중세에 대한 향수), 자연에 대한 깊은 사랑도 낭만주의의 특징이다.

그리스 철학자들은 자연이라는 말로 다소간 추상적인 원리를 가리켰지만, 낭만주의자들은 자연을 더 이상 그런 원칙으로 보지 않고 샘과 숲, 하늘과 동물이 이루는 구체적인 총체로 보고자 했다. 공업과 교역으로 점철된 현재 밖에서, 언제나 점점 더 인위적으로 변해만 가는 도시 밖에서, 자연은 낭만주의자들에게 일종의 소실점이었다.

헤겔은 여러 면에서 낭만주의자였다고 할 수 있는 인물이다. "역사에서 위대한 것치고 정념(정열) 없이 이루어진 것은 없다."는 그의 말도 다분히 낭만주의적이다. 헤겔은 예술적 성취가 그림, 음악, 시 등에 따라 실현되는 한 "낭만주의 예술"이라고 부르기도 했다. 그렇지만 헤겔은 자연에서 부정negation을, 절대정신의 소외를 보았다. 그가 생각하는 자연은 사유 없는 단순한 존재이므로 그것을 극복하는 데 의미가 있었다. 헤겔의 시각에서 모든 노동은 "물질적인" 것이든 "정신적인" 것이든 자연의 제거에 상응한다. 그런데 독일의 걸출한 낭만주의 철학자 셸링은 오히려 자연은 가시화된 정신이며, 정신은 눈으로 보이지 않게 된 자연이라고 보았다. 이는 헤겔이 자연을 소외된 정신으로, 정신은 자연의 부정으로 보았던 것과 전혀 다르다. 셸링의 사유 체계가 객관적 관념론이라면 헤겔의 사유 체계는 절대적 관념론이다.

헤겔의 반자연주의(반낭만주의)는 그의 철학 전반에서 나타난다. 다음 글은 그의 예술 철학론에서 발췌한 것이다. 예술은 모방이 아니기 때문에 자연은 예술가에게 미학적 모델이 되지 못한다는 것이 그의 논지다.

일반적으로 예술이 모방에만 한정된다면 자연과 도저히 경합할 수 없다고 해야 할 것이다. 그것은 마치 벌레가 기어가면서 코끼리 흉내를 내는 격이다. 정도의 차이는 있지만 어느 정도 성공적인 모사模寫들을 자연의 모델들과 견주어본다면 인간이 스스로에게 제시할 수 있는 유일한 목표는 자연과 닮은 무엇인가를 창조하는 기쁨뿐이다. 그렇기 때문에 인간은 자신의 노동, 재주에 힘입어 그에게 독립적으로 이미 존재하는 무엇인가를 생산하면서 즐거워할 수 있다. 그러나 그러한 모사가 모델과 닮으면 닮을수록 인간의 기쁨과 경탄은 자칫 권태나 혐오로 바뀌거나 냉담해지곤 한다. 너무나 섬세해서 실물과 꼭 닮은 초상화는 욕지기를 불러일으킨다. 칸트는 우리가 모방에서 얻는 이 기쁨에 대해 또 다른 예를 들어 보인다. 사람이 나이팅게일의 울음소리를 완벽하게 흉내낼 수 있다고 치자. 실제로 가끔 그런 사람들이 있는데, 우리는 그런 흉내에는 금방 싫증을 낸다. 진짜 새 소리가 아니라 사람이 흉내낸 소리라는 것을 알게 되면 노랫소리는 금세 지루해진다. 인위적인 것밖에 보이지 않는 순간, 우리는 그것을 예술 작품으로도, 자연의 자유로운 생산으로도 보지 않는 것이다.

(헤겔, 『헤겔 미학』 중에서)

다음에 보려는 글은 헤겔의 법철학에서 발췌한 것이다. 헤겔은 여기서 자연법 사상에 단호하게 반대되는 관점을 보인다. 법은 자연에서 도출되지 않으며 오히려 자연성을 제거한다.

자연 상태는 거칠고 폭력적이며 불의한 상태이다. 인간은 그 상태에서 벗어나 어떤 사회를—국가라고 할 수도 있는—이루어야 한다. 그렇게 해야만 법적 관계가 실효성을 갖기 때문이다.

(……) 우리는 흔히 자연 상태를 도덕적 선의와 행복에 관한 한 인간의 완전한 상태인 양 기술하곤 한다. 그런데 순수가 악에 대한 무지이고 악의를 낳을 수 있는 모든 욕구의 부재라고 보는 한, 그러한 순수에는 어떤 도덕적 가치도 개입하지 않음을 먼저 짚고 넘어가야 한다. 다른 한편으로, 자연 상태는 되레 폭력과 불의가 지배하는 상태라고 할 수 있는데, 그 이유는 바로 인간들이 그 상태에서는 자연에 대해 단 하나의 관점밖에 고려하지 않기 때문이다. 그런데 그러한 관점에서는 물체의 힘으로 보나 정신의 자질로 보나 양쪽 모두에서 동시에 인간들은 서로 불평등하다. 인간들은 폭력과 계략으로 서로의 차이를 두드러지게 한다. 아마도 이성은 자연 상태에 속하기도 하지만 이성에서 우위를 점하는 것이 자연적 요소라고 해야 할 것이다. 그러므로 인간은 반드시 자연 상

태에서 벗어나 또 다른 상태, 합리적인 의지가 지배적인 상태에 진입해야 한다.

(헤겔, 『법철학 강요』 중에서)

우리는 헤겔을 낭만주의와 대립시키는 이 두 예문을 통해서 자연에 대한 개념이 사유에서 주변적이지 않으며 오히려 철학 체계 전체를 정의할 수도 있다는 것을 확인할 수 있다.

사회적 관계 : 사회 속의 인간

고대 로마 공화국에서 모든 시민은 군인이기도 했다. 당시에 개인은 자기 일에 종사하면서 자신의 욕구를 좇고 자신의 관심사를 실현하는 한편, 시민으로서 국가의 전반적인 사역에 참여하고 공공선으로서의 국가를 보호하며 국가를 이끄는 한편 자신의 수장에게 복종하듯 국가에 복종하기도 했다. 개인으로서 삶과 공인으로서 삶은 나뉘어 있었고, 인간을 둘로 갈라놓았다. 군주를 따라야 할 백성으로서—군주는 개인일 수도 있고 국민 그 자체일 수도 있지만—인간은 자기의 의지를 대리하고 통합하는 일반의지에 복종했다. 인간이 자기 동포와 맺고 있는 세 가지 근본적인 관계 유형이 바로 개인, 주체, 시민이다. 이는 곧 인간이 사회에 편입되는 세 가지 모델이기도 하다. 이 세 가지 중 어느 하나가 다른 것들에 대해 우위를 점할 수 있을까? 인간은 사회적으로 정의되기 때문에 인간이 타자들과 맺는 관계를 사유하는 틀 그 자체가 인간 본성을 정의한다고 보아야 할 것이다.

오직 나: 개인

자기보존

생명체의 근본 법칙은 자기보존이다. 만약 살아 있는 생명체의 본성이 자멸적인 경향에 있다면 그 존재는 오랫동안 지속될 수 없을 것이다. 삶의 법칙은 자기보존보다 자기 계발에 더 무게를 두고 있을지라도 생명의 보존은 생명체 그 자체에 의해, 다시 말해 살아 있는 존재의 고유한 본성에 의해 긍정되며 그 생명체를 정의하는 최소한의 법칙이라는 점을 인정하지 않을 수 없다. 그러므로 개인의 제일 명령은 자기보존이다.

자기보존은 개인의 자기 계발을 불러온다. 만약 인간이 출생 당시의 상태로 머물러 있다면 도저히 살아남을 수 없을 것이다. 계발은 무엇보다도 자기보존의 지속을 연장하고 개선할 수 있어야 한다. 인간이 계발하는 모든 자질과 적성이 그렇듯이, 인간의 지성도 자기보존에 종속되며, 자기보존이 없으면 자기 계발은 터무니없는 일이 될 것이다. 그러므로 자기 계발은 필연적인 법칙이 아니며 다만 개인에게 가능한 것일 뿐이다. 개인의 유일한 명령은 자기보존이다.

자기보존이라는 자연법은 무엇을 의미하는가? 그러한 보존은 개인의 모든 자연적 욕구로 확대해보면 엄밀한 일차적 의미에서 자기 자신에게로 한정된다. 물론 개인은 종을 보존해야 한다는 본능 때문에 자신이 낳은 자식을 보호하기도 한다. 그렇지만 개인의 유일한 법칙으로서 자기보존은 오로지 자기 자신에게만 적용된다. 개인은 그 본성상 타자를 희생하는 한이 있더라도 자기 자신을 보존하려고 하는 존재이다.

타인에 대한 욕구와 필요성

그렇지만 바로 자기보존에 대한 요구 때문에 개인은 다른 개인들과 연합해야만 한다. 생존을 위해 수행해야 할 과업을 함께하려는 목적이나 외부의 적대적 세력에 맞서기 위해 힘을 합쳐야 한다는 목적에서 공동체가 형성된다. 그러한 공동체는 상호적인 유용성에 근거해 있고, 좀더 분석해 들어가면 결국 각 사람이 거기서 얻어낼 수 있는 개인적인 유용성에 근거해 있다. 그러므로 각 구성원들의 욕구에만 근거하여 형성된 공동체는 그 자체가 와해되거나 구성원이 공동체를 떠나는 경우가 발생할 수 있다.

다양한 인간들이 함께 어울려 살다보면 갈등이 일어날 가능성이 있다. 갈등에서 비롯되는 위해危害는 인간의 자기보존을 위협한다. 개인들은 집단을 동요시키는 내적 분쟁을 종결시키려는 목적에서 연합할 수도 있다. 그때부터 인간 사회는 타자들에 대한 적극적인 욕구보다는 타자들로부터 우리 자신의 욕구의 만족을 보호하려는 의지에서 발생하는 셈이다. 이리하여 분쟁을 해결할 책임이 있는 국가가 탄생한다. 토머스 홉스Thomas Hobbes는 이러한 국가를 '리바이어던(성경에 나오는 거대한 바다 괴물)'이라고 불렀다.

욕구의 사회는 인간들 사이에 상호유용성의 조직을 형성한다. 이 관계망 안에서 개인은 타자들을 섬기지는 않지만 전체로서의 타자가 자신에게 도움이 되는 한 자신도 타자들에게 도움을 준다. 그러나 그러한 사회에서 도출되는 유용성의 관계는 인간들을 의식과 의지 있는 존재로서의 인간들을 서로 연결하는 것이 아니다. 나는 나의 이웃을 쟁기를 쓰듯이, 황소를 부리듯이 이용할 뿐이다. 따라서 그러한 사회에서 나는 이웃에 힘입어 살 뿐이지, 이웃과 더불어 사는 것이 아니다.

자아와 타자 : 주체

헤겔이 말하는 주인과 노예의 변증법

　자기의식을 지닌 두 인간이 서로 마주하고 있다. 그렇다고 해서 그들은 자신이 마주하는 상대가 자기의식이 있음을 반드시 의식하라는 법은 없다. 나와 마주한 사람이 자기의식이 있음을 인정한다는 것은 그 사람이 사물이 아니라 한 인격체임을 인정한다는 것이다. 그러한 인정이 사회생활의 첫 번째 행위다. 타인을 인격으로 인정함으로써 타인을 이용하는 관계는 인간 대 인간의 관계로 대체된다.

　그러나 타인이 자기의식이 있음을 어떻게 외적 기호로써 인정할 수 있을까? 헤겔에 따르면 타인에게 인정받기 위해 진정한 대결을 거쳐야만 최초의 사회적 관계가 수립된다. 개인이 자기보존의 명령에 따름으로써 동물과 같아진다면, 그 명령을 뛰어넘을 수 있는 가능성을 통해서는 인간이 되는 것이다. 자기를 의식하는 인간은 죽음을 두려워하지 않음으로써 사회에 진입할 만한 자격을 갖추게 된다.

　사회적인 삶의 원초적 행위인 목숨을 건 대결은 대결을 벌이는 둘 중 하나가 항복하지 않으면 어떤 사회로도 귀결되지 않을 것이다. 그렇지만 항복은 동물성으로 돌아가서 타인을 다시금 내가 사용할 수 있는 대상으로 여기는 것이다. 주인은 자신이 자연적 개인성을 넘어서 있음을 증명해 보인다. 그러나 노예는 그러한 자연적 개인성에서 해방될 수 없었다. 이것이 바로 헤겔이 말하는 주인과 노예의 변증법이다. 그러므로 최초의 사회적 관계는 위계적이다. 그 관계는 사회를 두 개의 계급으로, 명령하는 편과 복종하는 편으로 나눈다.

왕과 백성

복종하는 인간은 명령하는 이에게 예속된다는 의미에서 백성이다. 대부분의 군주제 이론가들은 원래 왕과 백성의 위계 관계가 가정에서 그 자연적 모델을 찾은 것이라고 본다. 아버지는 자식들이 잘되기를 바라고 자식들은 아버지를 존경해야 하듯이, 왕은 백성의 안위를 살피고 백성은 왕에게 복종해야 한다. 그러므로 왕의 권위는 자연적인 것이었고, 그러한 권위가 백성들에게 없어서는 안 되는 동안에는 지속될 수 있었다.

왕은 자신이 우월하기 때문에 우선권을 누린다고 생각하는 반면, 욕구의 사회라는 틀에 머물러 있는 백성들은 왕이 자기들에게 유용할 때에만 없어서는 안 될 존재라고 생각한다. 왕은 공권력의 담지자로서 그 권력을 백성들의 선을 위하여 사용해야 한다. 또한 백성들의 분쟁에서 중재자 역할을 하며 다양성의 통일자, 방향을 인도하는 길잡이가 되어야 한다. 백성들이 스스로를 왕에게 복종하는 백성이라는 위치에서 해방시키지 않는 한에서, 왕은 계속 있어야만 하는 존재다.

그러나 '반대로' 백성들이 그 단계를 뛰어넘어 그들 자신이 자기 보존의 사회와 맺고 있는 관계를 장악한다면 왕은 쓸모가 없어진다. 그러면 왕의 권위는 무너질 것이고 백성들은 들고일어날 것이다. 인간이 개인적 본능의 전제주의에서 해방되어 자신의 동물적 존재보다 생각하는 존재를 우위에 놓을 때 백성, 곧 주체로부터 시민이 부상한다. 그때 인간은 더는 개인적 욕구의 틀 안에서만 추론하지 않고 집단의 선을 책임질 수 있게 된다.

우리 : 시민

사회계약의 시민

　개인은 보편적인 것으로 넘어가면서 시민이 된다. 이제 시민은 자기 욕구의 특수성에만 한하여 비사교적으로 몸을 사리는 인간이 아니다. 시민은 자기 자신의 유익보다 공동체의 선을 우선시할 수 있으며, 자신을 희생할 수도 있는 인간인 것이다. 시민은 그를 개인으로 정의하게 했던 자기 욕구의 특수성을 포기하는 한에서 보편적이다. 그러한 보편적 시민은 어떤 타자와도 구별되지 않는다.

　이제 개인들이 선을 추구하며 욕구의 관계망을 형성하는 특수한 의지들의 집결이 아니라 일반의지의 출현이 인간들 사이에 새로운 관계를 정립한다. 루소가 제안한 사회계약의 형태는 일종의 약속이다. 각 사람은 자신의 의지와 이익을 모두에게 양도하되, 다른 사람들도 각기 자신과 똑같이 양도할 것이라 받아들인다. 사회는 이러한 자유로운 의지들의 출현에 근거하여 형성되며, 그 자체가 자유로운 의지들의 연합이다.

　그렇지만 시민은 공적인 것에 관해서만 자신의 개인성을 포기하는 것이다. 그는 개인으로서는 여전히 자신의 관심사에 매달리며 자신의 욕구를 좇을 수 있다. 다만 시민으로서는 공공선이 다른 무엇보다 그에게 우선시되어야 한다. 인간은 이렇게 두 가지 역할을 감당하며 두 가지 공동체에 속해 있다. 그렇다면 시민 사회와 정치 단체는 어떻게 다른가?

헤겔이 말하는 공포정치

시민들의 관계는 인간 사회의 토대를 새롭게 정초한다. 시민이라는 개념의 보편성은 결국 사회 구성원들의 절대적인 평등을 의미하는 것이다. 인간은 오로지 시민으로서만 서로 평등할 수 있다. 개인으로서의 인간은 분명히 불평등하다. 그렇지만 개인이 아니라 시민이 사회적 관계의 근간이라면 평등이 전면적으로 우세하게 된다.

헤겔은 절대적 평등의 역사적인 실현이 프랑스 대혁명 당시의 공포정치 체제 하에서 나타났다고 말한다. "평등이 아니면 죽음을"이라는 구호는 당시의 사태를 잘 보여준다. 권력은 개인에게서 시민 개념을 벗어나는 모든 것을 제거하는 데 골몰했다. 그래서 모든 행위는 그 본성상 개인주의의 혐의에 시달려야 했다. 절대적 평등이 지배적인 사회는 마비되고 공포정치가 자리 잡을 뿐이다.

그런데도 시민 사회를 고취해야 하는가? 오직 욕구들로 형성되는 인간들 사이의 관계에 만족한다면 아마 확실하고 영속적인 사회적 관계로 돌아가게 될 것이다. 그렇지만 그러한 회귀는 인간의 사회성이 지닌 단 하나의 진정한 형태를 포기하는 셈이 아닌가? 사회적 관계의 근본적인 문제는 공동체를 파괴하는 개인주의와 개인을 파괴하는 평등주의의 교차점에 있다. 개인주의는 결코 완전히 사라지지 않으며, 평등주의는 우리가 결코 포기할 수 없는 것이기 때문이다.

▶ 철학의 도구들

▷▷▷ 혼동하지 마세요
• 집단과 사회 |
여기서 집단은 사회와 대립되는 개념으로, 어떤 조직의 규칙 없이 다수의 개인들을 한데 묶어놓은 데 불과하다. 집단 속의 개인들은 가까이 있지만 반드시 서로 상호작용을 하란 법은 없다.
반대로 사회는 조직되고 구조화된 것이다. 사회는 암묵적인 것이든 명시적인 것이든 간에 구성원들을 조직하는 어떤 형태에 근거해 있으며 구성원들은 사회가 규제하는 특정한 관계를 서로 유지해나간다.

▷▷▷ 정의
• 권위 | 물리적인 것이라기보다는 정신적인 것으로서, 복종하는 이들을 위하여 명령하는 능력에 기대는 카리스마적인 힘이다. 이런 의미에서 본다면 프랑스 대혁명으로 왕위에서 쫓겨나 단두대에서 처형당한 루이 16세는 너무 권위적인 왕이었다기보다는 충분한 권위가 없었기 때문에 비극적인 최후를 맞았다고 할 수 있을 것이다.
• 평등 | 여기서는 자연적 평등과 시민적·법적 평등의 구분은 차치하고 절대적 평등과 상대적 평등의 구분만을 고려하고 있다. 절대적 평등은 모든 차이를 아예 배제하지만, 상대적 평등은 부분적으로 사람들 사이에 평등한 것은 평등한 것으로, 평등하지 않은 것은 평등하지 않은 것으로 인정한다.

▷▷▷ 더 읽어볼 만한 글들
루소, 『사회계약론』, 1장, 5장.
모라스 C. Maurus, 『자연정치에서 통합적 국가주의로』.
헤겔, 『정신현상학』.

사회적 삶의 기원에 대해 생각할 수 있는가

고대 신화들은 한 도시를 건립한 영웅이 다른 도시에서 태어나 이주한 사람이라고 설명하곤 한다. 그렇지만 최초의 도시는 무엇이었을까? 신화에 따르면 데우칼리온Deucalion과 피라Pyrrha는 온 세상을 휩쓸고 간 대홍수에서 살아남은 인간들이었다. 그들이 "어머니의 뼈를 등 뒤로 버려라."라는 신의 말씀을 듣고서, 돌을 어머니 대지의 뼈라고 생각하여 등 뒤로 던지니 데우칼리온이 던진 돌에서는 남자가, 피라가 던진 돌에서는 여자가 태어났다고 한다. 그렇다면 인간은 함께 태어났지만 한데 모이지는 않으며, 한 조상을 지녔지만 한 가족은 아닌 셈이다. 인간은 이 신화를 통해서 사회의 기원에 대한 물음을 스스로 제기한다.

사회의 발생을 기술할 수 있는가?

가족

인간은 동물의 한 종이다. 그래서 종을 보존하기 위해 짝을 짓는다. 인간은 생존하기 위해 이성들의 만남을 요구한다. 인간의 삶은 종의 재생산이라는 분명한 한계 안에서 사회적일 수밖에 없다.

남녀의 결합에서 아이가 태어난다. 아이는 연약하고 스스로 자기 욕구를 충족시킬 수 없기 때문에 가족 내에서만 살아남을 수 있다. 그러므로 사회의 기원에는 가족이 있다. 사회는 나아가 인류의 존속 그 자체를 보존하기 위해 반드시 필요하다.

아이는 부모의 보호를 받기 때문에 부모에게 복종해야 할 의무가 있으며, 복종하는 것이 아이 자신에게 이롭다. 그렇지만 부모의 후원은 아이에게 필요한 동안에만 이루어진다. 아이가 자라면 부모를 벗어나야 하고, 그러지 않으면 종의 영속성이 보증될 수 없다. 자식은 성년이 되면 자연적 필요 때문에 부모와 지내는 것이 아니라 관습에 따라 지낼 뿐이다.

욕구의 사회

자연적 사회에 뒤이어 관습적 사회가 나타난다. 관습적 사회는 유용성이라는 최소한의 원칙에 근거해 있다. 인간들은 사회가 유용하기 때문에 서로 연합한다. 그들은 단순한 대중 이상으로서, 각 사람의 생존에 꼭 필요한 과업을 서로 분담한다. 상호적인 의존성과 유용성이 사회적 관계를 정초하는 것이다.

그러나 인간의 다양성 때문에 종의 보존에 위협이 되는 분쟁을 피할 수 없다. 인간은 인간 자신의 포식자가 되었다. 또 인간은 분쟁을 해결하기 위해 상호협력하게 되었다. 타인의 공격이 자신에게 위해가 될 수도 있는 이상, 상호협력은 반드시 필요하다.

루소는 인간이 원래 악한 본성을 지녔다고 생각한다면 그것은 사회 속의 인간을 사회가 있기 전의 인간처럼 생각하기 때문이라고 말한다. 인간의 본성을 이미 사회적이라고 가정한다면 그것은 이미 관습적인 것 아닌가? 인간은 늑대처럼 계약을 맺고 서로 연합하는가? 우리는 인간을 사회 안의 존재로밖에 알지 못하기 때문에 인간 사회의 기원이 문제시되는 것이다.

사회적 관계의 원칙

'사회계약'이란 무엇인가?

사회가 발생했다고 보는 시각은 이미 사회의 선사 시대를 가정한다. 그러나 역사적으로 인간이 사회를 이루지 않았던 시대는 없다. 그러므로 시간적으로 앞선 사회의 '여명'을 찾기보다는 사회가 존재하는 동안 지속적으로 나타났던 '기원'을 찾는 것이 낫다.

루소가 『사회계약론』에서 찾고자 했던 것도 인간 사회의 발생이 아니라 바로 이러한 원칙이었다고 볼 수 있다. 역사적 발생은 오직 어떤 관습만이 사회의 기원에 있을 수 있음을 보여주었다. 그 이유는 그러한 관습이 사회의 항구적인 원칙이기 때문이다. 우리는 함께 살기를 원하기 때문에 함께 산다. 집단적 삶에 대한 의지가 사회의 토대인 것이다.

상호유용성의 계약 역시 사회적 삶의 기원에 있다. 그러한 계약이 반드시 명백하게 말로 표현되는 것은 아니다. 아리스토텔레스는 인간만이 괴물이자 신이라고 했다. 우리는 타자들과 살아가기를 선택한 것이 아니다. 이미 언제나 타자들과 함께 살아가고 있을 뿐이다.

원래의 관계

그러므로 사회적 관계의 기원을 찾기보다는 사회적 관계 그 자체의 원래 성격을 파악하는 쪽이 낫다. 사회적 삶의 기원을 인간 본성에서 찾을 것이 아니라 도리어 인간 본성의 기원을 사회적 삶에서 찾아야 할 것이다. 인간은 동족들과 따로 떨어져 스스로 생각할 수 없다. 그렇게 고립된 인간은 더는 인간이 아니기 때문이다.

그러므로 인간 사회의 발생은 곧 인간 본성의 발생과 다르지 않다. 인간다워지기 이전의 인간은 어떤 존재였을까? 이 물음에 대해서는 종교적 계시, 신화, 인간의 상상력만이 대답을 줄 수 있을 것이다. 사회적 관계의 발생에 대한 사유는 인간이 동물에서 사유하는 존재로 넘어가는 과정에 대한 사유이기도 하다. 그러한 사유는 인간과 사회의 시작에 대한 우리의 상상일 수밖에 없다.

사회적 관계는 인간이 인간다워질 수 있는 원칙이자 목표라고 할 수 있다. 사회적 삶이 인간을 만드는 거라면 그 반대로 인간이 사회적 삶을 만든다고 말할 수도 있다. 인간은 이미 사회적 존재이면서 그렇게 되고자 하는 존재의 패러독스를 보여준다. 그렇게 인간은 사회적 존재로서의 실존을 성취하면서 자신의 인간다움 또한 성취하는 것이다.

▶ 철학의 도구들

▷▷▷ 혼동하지 마세요
• 기원과 시작 |
기원은 엄밀한 의미에서 그것이 조건화하는 것을 시간적으로 앞서는 원칙이 아니라 존재와 더불어 있는 원칙이기 때문에 필연적으로 병존한다. 기원이 사라지면 존재도 사라진다. 그러나 존재가 사라진다고 해서 꼭 기원이 사라지지는 않는다. 기원은 넓은 의미에서 시작 혹은 발생을 뜻하기도 한다.
시작은 처음 순간을 말한다. 따라서 시간적으로 다음에 오는 것들보다 앞서 있다.

▷▷▷ 정의
• 관습 | 개인의 의지들이 모여서 합의를 이루었기 때문에 각 사람이 존중해야만 하는 것. 자연적인 삶에서 사회적인 삶으로의 이행을 나타내는 사회 계약 역시 관습이다.

▷▷▷ 더 읽어볼 만한 글들
아리스토텔레스, 『정치학』.
루소, 『사회계약론』, 2장, 5장, 6장.

사회 체제란 무엇인가

로마의 가난한 민중은 그들의 노동을 착취하는 부자들과 절연하기로 마음먹었다. 마르쿠스 아그리파Marcus Agrippa는 그들을 찾아가서 의미심장한 이야기를 들려준다. 사람의 몸이 저마다 조화를 이루지 못하고 제멋대로이던 시절에 열심히 일하던 신체 부위들은 아무 일도 안 하고 음식만 받아들이는 위장에 불만을 품고 더는 일을 하지 않기로 했다. 그러나 힘이 빠져 죽어가기 일보 직전이 되자 몸의 각 부분들은 위장이 그들에게 생명을 주어왔다는 사실을 깨닫게 되었다. 그런데 이러한 비유가 정말로 사회집단에 대해서도 유효할까?

사회는 신체와 같은 유기체인가?

사회의 몸과 영혼

영혼은 신체에 명령을 내린다. 이것은 정부와 사회의 관계와 같다. 영혼이 없는 신체는 생명이 없다. 정부 없는 국가는 존재할 수 없다. 권력의 조직적인 형태가 없는 사회는 분쟁에 휘말린 개인들의 아수라장 속에서 와해되고 말 것이다.

그러나 루소에 따르면 민중이 지도자를 정하는 행위보다 더 근원적인 것은 민중이 하나가 되는 행위이다. 이러한 자발적인 연합의 행위, 국가라는 "일상적인 국민투표"(르낭 J. E. Renan의 표현)야말로 한 나라 국민들의 영혼, 사회집단의 단일성이라고 할 수 있다.

그러므로 사령관과 일개 군사가 구분되듯이 정부는 사회집단과 구분된다. 정부는 일단 집단의 단일성이 결정된 후에 그 집단의 일부가 격상된 것일 수밖에 없다. 그러므로 사회 체제는 개인들 전체가 한 사람(군주정) 혹은 일부(귀족정)에, 아니면 그들 중 다수의 의견(민주정)에 복종하기로 하는 형태로 나타난다.

사회 구성원의 독립성

개인들이 입 안의 혀처럼 말을 잘 듣기만 하는 것은 아니다. 각 사람이 전부 다 자기 마음대로 지배하고 싶어할 수도 있다. 사회는 각각의 신체 기관이 머리가 내리는 명령을 따르는 하나의 유기체가 아니라, 독립적인 유기체들의 전체라고 보아야 한다.

인간은 대개 사회 체제의 보존을 자기 자신의 신체를 보존하는 일보다 우선시하지 않는다. 체제를 위해 자신이 희생하기보다는 자신을 위해 체제를 희생시키는 편이다. 구성원들이 다른 구성원들 없이도 살아갈 수 있는 단체란 무엇일까? 아그리파의 말처럼, 정말로 로마의 평민들은 세습귀족들이 없으면 살아갈 수 없었을까?

유기적 사회

개인과 사회 체제

사회에서 인간들의 이해관계는 서로 부응하면서 조화를 이루고 있는 듯 보인다. 그러나 이 특수한 상황을 벗어나면 사회적 단합도 없고 사회 체제도 없다. 개인의 원칙이 사회 체제의 원칙과 대립하는 것이다.

그렇지만 한 사회에 속한 각 구성원들의 이기심은 사회적 관계들 가운데 가장 확실한 것이 아닌가? 실제로 네덜란드의 시인이자 의사였던 버나드 맨더빌Bernard Mandeville은 '꿀벌의 우화'를 통해서 개인의 이기심이 국가의 경제적 풍요의 원동력임을 시사하기도 했다. 여왕벌과 귀족 벌들은 사치를 일삼고 빚까지 내서 흥청망청 살았다. 어느 날 대단한 고승 꿀벌이 나타나 왕국의 타락을 준엄하게 꾸짖었다. 모든 꿀벌들은 잘못을 회개하고 바르게 살겠다고 맹세했다. 여왕과 귀족 꿀벌은 당장 호화로운 사치품을 모두 팔아 빚을 갚고 소박하게 살기 시작했다. 그러나 검소한 왕이 다스리게 되자 꿀벌 왕국에는 오히려 불경기가 닥치면서 실업 꿀벌이 늘고 생활이 더 비참해졌다.

이제 사회 체제의 두 가지 의미를 구분할 필요가 있어 보인다. 경제적 사회 체제와 국가라는 정치적 체제를 구분해야 하는 것이다. 전자는 욕구들의 사회로서 취향의 자유와 유용성의 필요성을 통해 구성된 것이다. 반면, 후자는 각 구성원이 전체의 안위를 위하여 자신을 희생해야 할 의무가 있는 체제다. 그렇지만 욕구들의 사회와 국가가 맺는 관계는 또 어떤 것일까?

전체 국가와 경찰 국가

구성원 한 사람 한 사람은 전체와 체제의 통일성을 위해 일하며, 심지어 자신을 희생하기도 한다. 욕구들의 사회가 정치 체제에 종속되며 그러한 정체政體의 존속 도구에 지나지 않는다는 주장이 바로 전체주의의 토대라고 할 수 있다.

전체주의와는 반대로, 정치적 단일성을 욕구들로 구성된 시민 사회의 존속 수단으로 삼아야 한다는 주장도 있다. 이 경우에 국가는 개인들을 보호하는 데만 의미를 두는 방향으로 축소되며, 절대로 사회 체제의 목표가 되고자 하지 않는다. 이것이 경찰 국가이다.

그러므로 우리는 사회를 어떤 한 몸으로 바라보는 메타포를 포기할 수는 없다. 사회 체제가 욕구들의 사회로 축소되어버리면 그 사회는 개인의 이기심을 토대로 삼게 되고, 그 구성원들은 경제 계급들로 환원될 것이다. 반대로 사회 체제가 국가에 종속되어 정치적 단일성을 보존하는 데 일차적인 목표를 둔다면 부르주아도 시민군의 군복을 입고 공화국을 수호하기 위해 나서야 할 것이다.

▶ 철학의 도구들

▷▷▷ **혼동하지 마세요**
- 민주정과 공화국 |
민주정은 에이브러햄 링컨Abraham Lincoln의 정의에 따르면 "국민의, 국민에 의한, 국민을 위한 정부"를 나타낸다. 민주정은 모든 국민이 (직접적으로든, 대표자를 통해서 간접적으로든) 나라를 다스리는 정치 체제다.
한편, 공화국republic은 어원적으로 '공공의 것'이라는 뜻을 담고 있다. 공화국이라는 체제 내에서는 공공재 전체가 지도자들의 개별적인 재산과 독립적으로 구분되며 공동체의 단일성에서 비롯된다. 이런 의미에서 살펴본다면 군주정도 공화국이 될 수는 있다.

▷▷▷ **정의**
- 국가 | 넓은 의미에서 국가는 시민들의 전체다. 좁은 의미에서 국가는 공권력의 담지자인 정부를 뜻하는 의미로 쓰이기도 한다.
- 정부 | 국가의 이름으로 공공선을 위하여 권력을 행사하는 어느 한 개인 혹은 개인들의 전체이다. 정부는 현대 민주주의 체제에서 임명 혹은 선출된 사람들이 이루는 일종의 팀과 같은 형태를 취한다.

▷▷▷ **더 읽어볼 만한 글들**
루소, 『사회계약론』, 2장, 3장, 4장, 11장.
헤겔, 『법철학 강요』.
르낭, 『민족이란 무엇인가』.
맨더빌, 『꿀벌의 우화』.

유용성은 유일한 사회적 관계인가

사회를 이루며 살아가는 개인들의 공동체는 다시 다양한 하위 공동체로 구성되어 있다. 가족, 친구, 직업 등과 관련된 공동체는 항구적일 수도 있고 일시적일 수도 있는데, 어떤 필요와 선택이 원동력이 되어 구성된 것이라 할 수 있다. 그렇다면 그 공동체에는 어떤 '목적'이 있고, 그 목적을 위해 공동체가 만들어졌다고 해야 할 것이다. 하지만 시민들을 연결해주는 것은 무엇인가? 그 관계의 특수성을 안다는 것은 곧 그 관계가 어디에 소용되는지 아는 것이리라. 사회적 관계를 만드는 것은 그저 이해관계, 계산속일 뿐인가?

유용성은 사회적인 것의 토대

사회적 삶의 필요성

인간 공동체는 자연적인 것과 직결되어 있는가 하면(생존과 자손의 생산을 위해서 인간은 가정을 꾸린다) 어떤 선택의 결과이기도 하다(친구 관계가 그 예가 될 수 있겠다). 이른바 문명인으로서의 삶이 항구적인 이유는 각 가정이 완전히 자급자족하여 살아갈 수 없기 때문으로 설명된다. 상호의존성이 여러 가지 활동 조직함으로써 자급자족하지 못하는 부족분을 서로 메우는 것이다.

그렇다면 오로지 필요 혹은 계산속 때문에 공동체가 유지되는 것일까? 인간이 선험적으로 이타주의적인 감정을 갖기 때문에 함께 사는 것이 아님은 분명하다. 그러나 일단 사회가 조직되면 구성원들의 삶은 특정한 면을 얻게 된다. 그들의 삶은 단순한 생존 그 이상을 살아가는 것이 가능해야만 하기 때문이다. 가족들과 사는 것만으로도 생존에는 충분할 수 있다. 그러나 사회적 삶은 또 다른 관계들을 동반하며, 그 속에서 구성원들은 인간성의 새로운 차원을 실현한다.

예의범절 : 수단인가, 목적인가?

실제로 일단 실현된 사회는 단순한 개인들의 집합체가 아니다. 사회는 개인들을 직접적인 생존뿐만 아니라 교환, 활동의 네트워크라는 새로운 관점으로 인도한다. 개인은 그 존재가 그가 하는 일로써 결정되는 사회적 의미를 띠게 된다. 이렇게 사회적 영역 안에서 행위들의 도덕성이 나타날 수 있고, 정의의 문제가 대두되는 것이다.

그러므로 사회적 관계는 단순히 개인들의 관계망과 어떤 정체政體, 권력 체제가 결정하는 의존성만을 의미하지 않는다. 각 사람의 정체성은 사회 속에서 구성된다. 사회적 관계가 일반의 이해관계라면 공동체는 그 자체가 목적이 될 수 있다. 모두가 다른 모두를 필요로 한다면 그 모두는 공동체적인 삶의 유지를 목표로 삼을 수 있기 때문이다. 아리스토텔레스는 시민들 간의 관계가 우애와 비슷한 것이 될 수 있어야 한다고 말하기도 했다.

사회적 관계의 본성

개인의 완성

개인이라는 사회적 존재는 그 본성을 투입한다. 개인이 사회적 삶에 고유한 정의와 불의의 문제를 지각한다면 그것은 사회적 존재란 곧 내가 타인을 결정하는 만큼 나 역시 타인에 의해 결정되는 존재이기 때문이다. 애덤 스미스Adam Smith는 바로 이러한 공감의 원칙을 통해서 사회성이 가능해진다고 했다. 개인의 역량을 완전히 실현하는 것을 이상으로 삼았던 18세기의 노동과 교역 분리 이론은 이러한 상호 결정성을 잘 보여준다.

그러므로 개인은 사회의 산물이다. 그러나 경제적 힘의 관계 속에서 단순히 노동력으로 이용되기만 하는 개인은 소외되고, 자신의 인간다움에 대해 낯선 존재가 되고 만다. 그러한 개인은 현실적으로 살아남기 위해서는 (상품처럼) 이용당하는 것 외에 다른 선택의 여지가 없다. 마르크스는 바로 이러한 패러독스를 비판했던 것이다.

상징적 관계, 현실적 관계

사회적 관계는 단순한 유용성으로 축소되지 않으며, 그렇다고 해서 완전한 공생처럼 이해할 수도 없다. 그 관계는 권력 관계, 욕망의 작용과 그 관건들, 사회에 대한 사회 자신의 생각 등 현실적이고 물질적인 관계들 못지않게 상징적이고 가상적인 관계들로도 구성되어 있다.

인간의 본질과 사회의 본질이 상응하여 발전한다면, 인간이 사회와 더불어 변화하거나 사회를 변화시킨다면, 그러한 상응은 역사의 산물이다. 그러므로 역사는 항상 우리가 만들어나가야 할 것으로 남는다.

▶ **철학의 도구들**

▷▷▷ **혼동하지 마세요**
• 유용성과 공리주의 |
예를 들어 사회적 관계는 인간의 다양한 활동을 보증하기 때문에 유용성이 있다.
공리주의는 사회적 관계의 본성이 유용성 혹은 실리로 환원된다고 보는 이데올로기 혹은 사상이다. 공리주의는 전반적인 인간 관계들이 실제로 유용성이라는 규준에 근거해 있다고 주장한다.

▷▷▷ **정의**
• 공감 | 문자 그대로 해석하면 서로 다른 사람이 동시에 혹은 같은 것을 '함께 느낌'을 뜻한다. 이 글에서는 서로 감정을 공유할 수 있는 능력을 가리킨다.

▷▷▷ **더 읽어볼 만한 글들**
아리스토텔레스, 『정치학』, 1252a25~1253a40.
마르크스, 『1844년의 경제학 철학 초고』.

국가 없는 사회들

우리는 서구 사회 밖의 사회들, 특히 '국가가 없다는' 특수성을 띤 사회들을 흔히 '원시 사회'라고 부른다. 그러한 사회들은 사회집단으로서 단일성은 이루고 있지만 따로 분리되어 있는 권력 기관이 없다. 이렇게 왕도 없고 법도 없는 사회는 **사회 발전의 미완성, 사유 혹은 구조의 무정부 상태를 나타내는** '결여'를 드러내는 것처럼 보이기 십상이다. 무엇보다도 현대인은 그런 사회를 자민족 중심주의를 넘어서 생각하는 것 자체가 어렵다. 그러한 사회들이 지배자와 피지배자 사이의 구분에 따라 조직되지 않았다면 지도자는 있으되 권위는 없고, 권력은 있으되 그 권력은 무력하며, 제도에 실체가 없다는 이 독특한 논리를 어떻게 이해할 수 있을까? 사회 조직은 필연적으로 위계질서와 지배를 상정하는 걸까?

국가 없는 사회란 무엇인가?

권위 없는 지도자의 패러독스

남아메리카의 토착민 사회는 독특한 권력 조직의 예를 잘 보여준다. 그들의 공동체에는 추장이 분명히 있으나 추장이 곧 국가원수는 아니다. 추장은 외교적·전사적 책무를 맡아 공동체를 대표하고 공동체의 자율성을 책임지지만 다른 집단 구성원들을 좌우지하는 결정은 내리지 않는다. 추장은 다만 집단에 봉사할 뿐이다.

그러므로 '추장'은 역설적인 지위다. 그는 외무부장관 같은 존재가 아니다. 사실 추장은 다만 부족의 명시적인 의지를 집행할 뿐이며 '대장노릇을 하려 들면' 즉시 그 자리에서 쫓겨날 위험이 있다. 추장은 우발적으로 일어날 수 있는 분쟁을 해소하는 데만 자신의 특권을 이용하고 개인들을 설득할 때에만 자기 말에 무게를 싣는 법이다. 추장은 중재하되 심판하지 않기 때문에 그의 특권이 권력을 의미하지는 않는다. 그는 설득하려 애쓰지만 그의 말이 곧 법과 같은 힘을 갖는 것은 아니다.

실체는 없지만 정치와 무관하지는 않은 제도

추장은 우리 사회가 정치성의 기호로 인정하는 본질적인 속성, 말하자면 공동체에 권력을 행사할 수 있는 가능성을 소유하지 못한다. 명령권 없는 추장은 대변인 같은 상징적 역할을 감당하는 것이다. 제도화된 법은 그 자신의 적용 대상에서 분리되어 있지만, 추장은 그와는 달리 집단 그 자체에서 분리되어 있지 않다.

이런 사회들은 분할되어 있지 않으며 계급도 없으나, 권력 문제가 전혀 제기되지 않는 것은 아니다. 진화론적 사유와는 반대로, 이러한 역설적 구조를 정치적 미성숙 혹은 발전의 지체를 나타내는 것으로 볼 필요는 없다. 오히려 그 자체로 완성된 정치적 양상이 단지 국가라는 체제를, 또한 국가에 수반되는 분리를 거부하는 것으로 보아야 한다.

국가에 대항하는 사회

원시 사회의 본질

원시 사회는 사회에 속한 어떤 것의 자율성을 금지함으로써 사회를 구성하는 모든 것에 절대적이고 완전한 권력을 행사한다. 원시 사회는 추장조차도 감시 하에 둠으로써 분리라는 유령을 몰아내려고 했다. 분리는 '권리의 획책'이 빚어지는 장이며, 그러한 획책으로 개인적인 정치 권력이 출현하여 주인과 백성 간의 불평등이 야기된다.

지도자는 "사회적 삶(결혼, 출산, 분쟁, 의례)을 사회가 원하는 방향과 한계 내에서 고양하는 모든 의식적이고 무의식적인 움직임들을 유지하는"(피에르 클라스트르Pierre Clastres의 표현) 기능을 한다. 부족이 원하는 한에서 사회 질서를 보전하는 것이 바로 정치다. 그러므로 어떤 문화권에서 국가가 출현한 데는 아무런 역사적 필연성도 없다.

정치의 본질?

국가 없는 사회들의 모델은 상대적 외재성(추장)의 패러독스를 잘 보여준다. 그 이유는 추장이라는 존재가 권력의 집중을 피하기 위해서 권력을 무력으로 축소하는 형태로만 제도화되었기 때문이다. 추장은 우두머리지만 폭군은 될 수 없다. 자신의 역할을 통해 외재화된 추장은 사회가 배척하는 바로 그것을 나타내되 여전히 부족에 속해 있다. 추장은 사회가 스스로를 식별하는 장인 것이다.

여기에 일종의 인류학적 법칙이 있다. 모든 사회는 이런 식으로 자신을 비추는 거울이 될 수 있는 어떤 장을 형성해야 한다. 이러한 통일된 이미지가 없다면 사회는 결코 통일되지 못한다. 정치는 어떤 사회(문화)가 자기 자신에 대해서 '독보적'으로 나타나지 않고 그저 '일반적'으로 나타나는 이 맹점과도 같다. 우리의 자민족 중심주의가 그 증거이다. 모든 문화는 자신이 태양을 가장 잘 바라볼 수 있는 위치에 있는 양 생각하는 경향이 있다.

▶ **철학의 도구들**

▷▷▷ **혼동하지 마세요**
• 법과 제도 |
제도는 우리가 적극적인 존재를 부여하는 정치의 기능을 가리킨다. 그러므로 추장이라는 사람은 어떤 정치적 역할을 제도화한 데 해당한다.
법은 권력과 그 실행의 도구인 규칙의 자리매김이다. 그 이유는 법이 어떤 정치 행위, 권력의 집행을 정당화하는 데 쓰일 수 있기 때문이다.

▷▷▷ **정의**
• 국가 | 정치의 기능이 사회 체제 내에서 자율화되고 집행을 위해 제도화된 기관을 활용하게 되면 국가가 존재하게 되었다고 볼 수 있다. 때로는 개별화되고 특수화되어 국가에서 특수한 한 영역을 책임지는 정치 기관들(경찰, 군대, 형법, 교육, 보건 등)의 총체로서 행정 조직을 가리키는 좁은 의미로 쓰이기도 한다.

▷▷▷ **더 읽어볼 만한 글들**
마르크스 · 엥겔스, 『독일 이데올로기』.
엥겔스, 『반反뒤링론』.
클라스트르, 『국가에 대항하는 사회』.
클라스트르, 『정치문화인류학적 연구』.
르포르C. Lefort, 『민주주의의 발명』.

▶생각해볼 주제
루소가 말하는 자연적 평화 상태

　여기서는 루소의 『인간 불평등 기원론』의 '개요'에 대한 논박의 여지를 보이고자 한다. 전쟁 상태의 기원에 대한 루소의 관점은 그가 생각하는 자연 상태의 인간 개념과 결부되어 있는 정치 철학의 몇 가지 본질적인 측면들을 규명할 수 있게 한다.

　루소는 인간에게 자연 상태가 필연적으로 평화 상태라고 주장함으로써 인간 관계의 화해를 위해 시민 상태로 이행할 수밖에 없었다는 시각과는 다른 시각을 보여주었다. 그러니까 루소에 따르면 오히려 인간의 사회적 상태가 전쟁을 일으킨다는 얘기다. 그러므로 자연의 인간에게 사회적 인간의 속성(의존성, 지배의지 등)을 투사해서는 안 된다.

　루소를 이해하기 위해서는 근본적으로 답하기 어려운 다음 물음에 대답할 수 있어야 한다. 자연적인 자유가 어떤 법에도 제한받지 않고 행사되면서도 인간들 사이가 평화로운 상태를 어떻게 생각할 수 있을까?

전쟁은 자연 상태에서 비롯되지 않았다

전쟁 상태의 정의

전쟁 상태는 실제로 전투가 벌어지는 상태로 국한되지 않으며, 시간을 두고 지속되는 대결 의지까지도 포함하는 개념이다. 그러니까 잠재적인 공격 상태도 얼마든지 전쟁 상태라고 말할 수 있다. 그러므로 전쟁 상태는 세 가지 조건을 전제한다.

- 인간들 사이에 어떤 형태의 관계가 있어야 한다. 전쟁 역시 일종의 관계이기 때문이다.
- 반드시 갈등 관계여야 한다.
- 인간들 사이에 어떤 형태의 평등성이 있어야 한다.

사실 힘의 관계가 너무 불균형적이어서는 안 된다. 그래서는 싸움의 상대가 되지 않기 때문에 전쟁 상태가 스스로 소멸되고 즉시 지배적인 질서가 수립될 것이다.

자연 상태는 전쟁 상태일 수 없다

루소에게 자연 상태의 인간을 논한다는 것은 사회적 삶을 사느라 인간에게 덧붙여진 것들을 전부 배제한 채 인간 본성을 파악하려 한다는 것이다. 루소의 관점에서는 사회적 삶이 자연스러운 것이 아니요, 자연 상태의 인간은 고독한 존재로서 기술된다. 따라서 인간들 사이의 어떤 근본적인 관계는 없다. 인간들 사이의 평화는 자연적인 공격성이 없기 때문에 이루어지는 것이라기보다는 타자와의 관계 자체에 대한 필요성이 부재하기 때문에 이루어지는 것이다. 그래서 인간들 사이에는 자연적인 자유, 평등, 평화가 동시에 존재한다.

자연 상태의 인간 : 관계를 맺지 않는 존재

자연 상태의 자기 충족성

흔히 자연 상태의 인간은 짐승 같은 털가죽도 없고 자연적인 방어 기제도 없는 헐벗은 존재로 이야기되곤 한다. 그런데 루소는 그러한 통념과는 정반대로 자연 상태의 인간이 다른 동물들의 위협에 대항해서나 내적 조성에서나 생존 가능성이 있음을 강조했다. 그러므로 기술적인 대상(집, 의복, 도구 등)을 고안하고 그러한 작업이 함축하는 노동의 사회적 분업을 이루게 된 것은 필연이 아니다. 자연은 고립된 인간에게 자기보존에 필요한 욕구와 자기 혼자서도 그 욕구를 채울 수 있는 수단을 모두 주었다.

분산된 공간 속에서 자기 자신에 대해 닫힌 존재

루소가 각 사람의 권력 실행에 대해 한계를 정하는 외재적인 법이 없기 때문에 자연적인 평화 상태가 이루어진다고 설명한 것은 인간의 욕망 그 자체가 제한되어 있다는 사태에 근거한 것이다. 그의 시각에서 자기보존에 대한 추구는 타인에 대한 지배의 추구가 아닌데, 그 이유는 욕구의 즉각적인 만족은 모든 욕망을 제어하기 때문이다. 욕망의 영역에서 이러한 제한이 가능한 것은 표상의 영역에 제한이 있기 때문이다. 표상은 즉각적으로 이용할 수 있는 대상들에 대한 고려를 넘어서지 않는다. 자연적인 인간은 시간에 대한 의식이 없기 때문에 자원을 확충하고 보존하는 수단들에 대해 생각하지 않는다. 그들은 미래를 근심하지 않으므로 그의 욕구들도 타인에 대한 지배의 욕망으로 변질되지 않는 것이다. 자연 상태의 공간은 언제나 타인과 우연히 만나면 "다른 곳으로 넘어갈 수 있는" 가능성을 남겨둔다. 그러한 공간은 분산의 공간이요, 의존의 공간이 아니다.

루소는 여기서 사회적 인간의 존재 양식과 근본적으로 상반되는 존재 양식을 표현하고 있다. 다음에 인용한 『인간 불평등 기원론』의 마지막 문장에서 알 수 있듯이, 그러한 차이는 루소 철학의 모든 타자들을 구성한다.

그것이 실제로 이 모든 차이의 진정한 원인이다. 야생의 인간은 그 자신으로서 산다. 사회적 인간은 항상 자기 밖에 있으며 타자들의 견해들을 통해서 사는 법밖에 모른다. 말하자면 스스로 존재한다는 느낌을 타자들의 판단에서 이끌어내는 것이다.

(루소, 『인간 불평등 기원론』 중에서)

의무는 자유와 대립되는가

　공화정을 창안한 그리스 인들은 페르시아 제국의 침입에 대항하여 자신들의 도시 국가를 수호해야만 했다. 페르시아 전쟁에서 특히 테르모필라이 전투는 지금까지도 유명한데, 당시에 고작 300명의 스파르타 정예병들은 이틀간 수만 명의 페르시아 군사들을 상대로 장렬하게 싸우다 전사했다. 그들이 죽은 자리에 세워진 비석에는 다음과 같은 글귀가 새겨져 있다. "행인이여, 스파르타에 가서 전해주오, 우리는 스파르타의 법을 따르기 위해 죽었노라고." 그들은 의무가 살고자 하는 의지보다 더 강할 수 있음을 보여준 셈이다. 우리는 그들의 영예와 자유에 대한 사랑을 기릴 수도 있으나 이른바 의무 때문에 그들이 죽음이 확실한 길을 걸을 수밖에 없었음을 애통해할 수도 있다. 만약 선택의 여지가 있었다면 그들은 살아남는 쪽을 택했을지도 모른다고 생각해볼 만하다. 그러나 의무는 그들의 상식과 자유로운 선택까지도 뛰어넘었다. 그렇다면 의무의 제약은 항상 자유와 대립될 수밖에 없는가?

성향

의무와 성향

우리가 수행할 수 있는 행위들 가운데 어떤 것들은 의무에 따른 것이고, 어떤 것들은 의무에 의해 금지된 것이며, 그 나머지는 의무와 무관한 것이다. 첫 번째 경우가 도덕이라면 두 번째 경우는 부도덕이고 세 번째 경우는 무도덕(도덕과 무관함)이다. 도덕과 무관한 행위는 의무와 상반되지 않는다. 문제는 도덕과 부도덕 사이의 갈등이다. 도덕적 행위는 의무감이 그 동기가 된다. 그렇다면 부도덕한 행위의 동기는 무엇일까?

부도덕한 행위를 부추기는 것이 없다면 우리는 언제나 의무에 따라 살 것이다. 그러니까 부도덕한 행위에 동기가 없는 것은 아니다. 우리가 의무와 상반되는 행위를 하게 되는 유일한 원칙은 개인의 행복에 대한 추구이다. 그러한 행복 추구는 모든 인간이 자신의 삶을 이끄는 가장 근본적인 규칙으로 삼는 원칙이기도 하다. 행복은 대개 도덕과 무관하며 종종 의무와 대립을 빚곤 한다. 의무에 대립되는 행위의 기원에는 성향性向이 있다.

성향은 쾌락과 전반적인 안위의 추구에서 비롯되는 특수한 욕망의 유형이다. 성향도 의무처럼 의지를 좌우할 수 있다. 인간의 자유의지는 의무와 행복 사이에서 선택을 내릴 수 있는 가능성이다. 특정 상황에서는 의무와 행복은 서로 상반되는 방향으로 의지를 부추기는 경향이 있으며, 갈등까지 빚을 수 있기 때문이다. 가장 자유롭기 위해서 우리는 어느 쪽을 선택해야 할까?

무제한의 자유와 의무의 제약

우리는 의무의 명령보다는 행복의 추구에 좀더 기꺼이 동화된다. 나의 성향은 자신을 가장 정확하게 드러내는 것처럼 보이는 반면, 의무는 외부에서 주어졌지만 우리가 내면화한 어떤 제약처럼 보이기 때문이다. 자신의 성향을 좇는다는 것은 자기 자신의 본성을 좇는다는 것이고, 자기가 분명히 원하는 대로 한다는 것이다. 우리의 성향은 우리 자신에게서 나온 것이기 때문이다.

성향을 좇는 데 대립되는 것이 도덕 법칙의 제약이다. 의무와 행복이 대립되는 특정 상황에서 도덕 법칙은 우리가 하고 싶은 대로 하는 것을 방해하기 때문에 자유를 제한한다. 성향과 욕망의 혼란을 좇기 위해 모든 법의 압박을 뛰어넘는 것이 진정한 행복이요, 그러한 행복은 진정한 자유와도 일치한다.

자유로운 인간은 도덕과 무관하기를 원한다. 의무의 제약에 복종하지 않으며 자기 자신에게서 도덕 법칙의 기원을 보고자 하지도 않는다. 그는 스스로에게 적용할 법칙으로서 최대한의 행복이라는 법칙만을 인정할 뿐이다. 그는 가장 큰 자유가 결국 다른 모든 것과 대립하면서까지 자신의 모든 정념을 충족시키는 제멋대로인 압제자의 자유라고 생각한다. 플라톤은 정의와 도덕의 시선 앞에서 모습을 감출 수 있게 해주는, 다시 말해 어떤 벌도 면할 수 있게 해주는 '기게스의 반지'*라는 예를 들어 이 문제를 논하기도 했다.

---

*리디아의 왕 칸다올레스에게 그의 친구 기게스가 선물한 신비의 반지. 이 반지를 낀 사람의 모습이 보이지 않는다고 한다.

자유의지

성향의 역학

　성향이 의지를 지배하는 혼란 상태에서 인간은 보기보다 자유롭지 못하다. 성향은 절박한 정념이 되어 다른 모든 성향을 차치하면서까지 인간의 모든 행위를 옥죈다. 정념의 논리는 언제나 더 많은 것을 원하게 마련이고, 결국 인간은 자신의 독점적인 욕망의 노예가 된다. 마치 살인에 대한 강박관념에 시달리며 실제로 살인을 저지르지 않아도 지옥에서 사는 것과 마찬가지요, 살인을 저지르고 난 후에도 그 지옥을 벗어나지 못하는 경우와 같다.

　요컨대 성향의 법칙은 성향들 간의 끝없는 싸움이다. 산해진미를 좇으면 건강을 해칠 것이고, 무병장수를 바라자니 맛있는 음식들이 아쉽다. 하나를 좇으면 다른 하나가 무산되니 어떤 쾌락이 주어질 것인가를 계산할 수밖에 없으며 그러다보면 성향의 자유를 제약할 수밖에 없다. 성향들 사이의 갈등은 그러한 자유에 필연적으로 따르는 결과이며, 무제한성은 스스로 제한되지 않을 수 없다.

　성향은 우리 자신의 가장 심원한 데서 나오는 것이 아니라 우리가 그만큼 본성에 사로잡혀 있음을 나타낸다. 나의 모든 욕망은 자연 법칙들이다. 욕망은 내 안에서 우러난 것이라기보다는 나에게 부과된 것으로 보아야 한다. 그러므로 욕망의 즉각적인 충족은 나의 자유로운 선택을 나타내기는커녕, 짐승의 차원에서 벗어날 수 있는 자유를 포기하는 것이므로 우리를 짐승보다 더 저열한 수준으로 떨어뜨리고 만다.

의지와 결정성과 비결정성

물론 의무와 성향은 서로 대립된다. 그러나 그 둘이 모두 의지를 좌우하려 한다는 점에서는 마찬가지임을 인정해야 한다. 의무와 성향 사이에서 의지의 결정은 항상 나 자신을 통해서가 아니라 외부로부터 이루어진다. 진정한 자유는 의무에만 대립되는 것이 아니라 성향에도 대립된다.

욕망을 좇아 사는 나는 욕망의 포로이다. 의무에 따라 사는 나는 의무의 노예다. 자유롭다는 것은 양쪽 모두에 대해 물러나 절대적인 비결정성에 거하는 것이다. 헤겔의 표현에 따르면 **아름다운 영혼의 자유**, 낭만주의자의 자유는 그러한 부정의 절대적인 힘을 연습하는 데 있다. 그러한 자유는 자기 자신이 아닌 다른 것에 의해 결정되기를 거부하고, 궁극적으로 외부 세계에 개의치 않고 자신의 내면으로 물러나기를 결정하는 것이다.

자기 자신으로의 물러남은 우리의 모든 행동, 모든 잘못된 행동을 만류한다는 점에서 도덕성을 가능하게 한다. 하지만 여전히 모든 욕망은 근본적으로 만족되지 않은 상태로 남는다. 그러나 모든 행동을 삼간다면 선한 행동조차도 삼가게 될 것이며, 선한 행동을 하지 않음으로 인해 부도덕해질 수도 있다. 그러한 무력 상태는 절대자유가 아니라 오히려 절대적인 예속이다. 순수한 선택 가능성에 머무르기만 해서는 영원히 실제로 선택을 내릴 수 없다.

자유

자유의 의무

 행동한다는 것은 어떤 법칙에 따라―도덕 법칙이든 자연 법칙이든 간에―행동한다는 것이다. 우리는 행동해야만 한다. 그렇기 때문에 자유는 결국 우리가 스스로에게 부여한 법칙에 따르는 행동에만 있을 수 있다. 이 법칙을 스스로에게 부여하는 것이 타율성과 대립되는 자율성이다. 자율성은 다른 것에 의해 결정되는 것을 단순히 부정하기만 하는 독립성 그 이상으로서, 자기 결정성까지 갖추어야 한다.

 아무것도 나를 어떤 행동으로 이끌지 않으려면 나의 의지의 대상 자체가 결정적이어서는 안 되며, 내가 그 대상을 바라는 방식만이 결정적이어야 한다. **자율성의 유일한 법칙은**, 대상의 존재에 대한 욕망에 끌려서가 아니라 단지 그 **법칙의 적법성을** 존중하기 때문에 내 행동이 결정된다는 데 있다. 어떤 대상의 존재에 따른 결정은 언제나 성향과 결과이기 때문에 도덕 법칙과는 상반된다. 어떤 법칙이 제시하는 대상에 내가 끌리지 않고, 오직 법칙의 적법성만이 나의 행동을 결정할 때 그것만이 유일한 자율성의 법칙, 나아가 유일한 자유이다.

 루소는 "유일한 갈망의 충동이 노예살이라면 스스로 정한 법에 따르는 것은 자유다."라고 했다. 마찬가지의 추론에 따라 도덕 법칙에 **복종하는 것도** 결국은 자기 자신에게 복종하는 것일 뿐이요, **시민법에 따르는 것도** 자유에 다름 아니다. 실제로 정치적 자유는 뭐든지 자기가 원하는 대로 하는 것이 아니다. 자유를 그런 식으로 생각한다면 고대 그리스에서 자유로운 사람은 페르시아 왕밖에 없었다. 자유는 공화국의 시민으로 사는 것, 다시 말해 법을 제정할 권리와 그 법에 따라야 할 의무를 동시에 누리는 것이었다.

자유롭고 선하고 안녕한 삶

그렇지만 도덕 법칙을 좇는다고 해서 반드시 성향의 만족을 포기하는 것은 아니다. 도덕과 무관한 상황을 제외하면 즉각적인 안위를 희생하면서까지 선한 행동을 택한다 하더라도 그것은 다만 욕망의 만족을 지연시킨 데 지나지 않는다. 즉각적으로 욕망을 실행에 옮기지 않는다고 해서 그 실행을 포기하는 것은 아니다. 도덕적 의지도 쾌락에 대한 계산이 좀더 치밀한 경우로 볼 수 있다(그런 경우로 모두 축소되지는 않더라도). 마찬가지로 어떤 행위가 성향에 의해 실현된 것이 아니더라도 성향에 대해 반드시 대립하란 법은 없다.

그러므로 의무의 자유는 금욕주의자의 자유가 아니다. 자아를 통한 자유의지의 발현과 성향의 갈등을 발견하고 의지를 수련하는 사람은 도덕적 행동으로 나아가게 된다. 의무에 가장 걸맞게 행동한다는 것은 가능한 최대치의 쾌락과 가장 큰 안위를 확보한다는 것이다.

그러므로 자유는 앞에서 정의했던 즉각적인 행복에 상응하는 것이 아니라 반성적이고, 계산되었으며, 미래를 염두에 두는 행복에 상응한다. 그렇게 얻어지는 정신적 행복이 진정한 자유인 것이다. 그러한 자유는 자연의 질서에서 문화의 질서로의 이행이라는 개인의 해방에 대한 기획과, 모두가 한 사람에게 복종하는 사회에서 "각 사람이 모두와 결합하여 자기 자신에게만 복종하는 사회"(루소의 표현)로의 이행이라는 정치적 해방의 기획을 모두 포함한다. 고대 스파르타 인들의 경우가 바로 루소의 표현에 해당할 것이다.

▶ 철학의 도구들

▷▷▷ 혼동하지 마세요
• 부도덕과 무도덕 |
정신적이지 않지만 도덕에 반하지도 않는 행위는 무도덕적이다. 예를 들어 자연스러운 욕망은 도덕과 무관하다. 그러나 의무에 반하여 그러한 행동을 선호한다면 그것은 부도덕하다고 할 수 있다.
도덕에 반하는 행위는 부도덕하며 의무가 무엇을 명하는 특정 상황에서 그러한 명령에 대립되는 방향으로 수행된다.

▷▷▷ 정의
• 타율 | 의지에 적용되는 법칙이 그 법칙 아닌 다른 것에서 부과된 것이라면 타율적이다. 의지가 성향의 법칙을 따르거나 설령 도덕 법칙이라 해도 권위를 지닌 법칙에 종속된다면 그 의지는 타율적이라고 할 수 있다.
• 자율 | 의지에 적용되고 행위를 이끄는 법칙이 그 자신에게서 주어진 것이라면 자율적이다. 칸트는 이러한 자율과 타율의 대립을 개진했다.

▷▷▷ 더 읽어볼 만한 글들
플라톤, 『국가』, 제2권, 359d.
루소, 『사회계약론』, 1권 8장.
칸트, 『실천이성 비판』, § 4.
헤겔, 『법철학 강요』.

선이 무엇인지 알아야만 선하게 행동할 수 있는가

한 국가의 정부 요원은 국가의 법을 적용해야 할 의무가 있다. 그런데 그들은 이따금 마땅히 존중해야 할 인권이 국가의 법과 상충되는 상황에 놓이기도 한다. 선은 어디에 있는가? 국가에 무조건 따르기만 한다면 차라리 편할 것이다. 그러나 도덕성은 때때로 법을 위반할 것을 명한다. 실용적 선은 때때로 도덕적 선과 구분되곤 한다. 그러나 언제나 선에 대한 앎이 행위를 이끌어야 할 것으로 여겨진다.

선의 힘

선에 대한 이끌림

선을 안다는 것은 그 자체로서의 선이라는 유일무이한 대상을 안다는 것이다. 그러니까 이런 상황에서는 이렇고 저런 상황에서는 저런 것을 아는 것이 아니요, 모든 상황에서의 선을 알아야 한다. 가능한 상황은 무한하기 때문에 그렇지 않으면 우리는 항상 우리의 지식에서 벗어나는 상황을 맞닥뜨릴 가능성이 있다.

합당한 행위를 하기 위해서는 선을 아는 것으로 족하다. 선은 인식됨과 동시에 우리에게 거부할 수 없는 힘을 행사한다. 내가 악한 행동을 한다면 그 이유는 내가 선을 모르기 때문이다. 선을 아는 것만으로도 선한 행동을 하기에는 충분하기 때문이다. 철인哲人이 왕이 되어야 할 필요가 여기서 나온다. 철학자는 선을 알기 때문에 인간을 그들이 알지 못하는 선으로 이끌어야만 한다.

무지하면서도 선을 행함

선에 대한 이끌림에는 결코 저항할 수 없다. 실용적 선이 도덕적 선과 모순을 일으킨다면 우리는 그 어느 쪽을 선택하든지 선을 좇는 셈이 될 것이다. 각각의 선은 그 고유의 끌림을 행사하고, 선택을 내리는 것은 우리의 자유다.

현명함을 통해서 나는 나에게 유용한 것을 안다. 그러나 무엇이 도덕적인가를 아는 것은 양심을 통해서이다. 실용적 선의 매력은 자신의 생명을 보존하고 더욱 유쾌한 삶을 누리고자 하는 의지에 토대를 두고 있다. 반면, 도덕적 선의 매력은 내 안의 어떤 목소리가 부과하는 제약에 근거해 있다.

이렇듯 실용적 선에 대한 앎은 자기실현에 반드시 필요하지만 도덕적 선에 대한 앎은 내 안의 본능과도 같다. 아주 초라한 넝마주이조차도 도덕적이기 위해 무엇을 해야만 하는지는 분명히 안다. 양심이 선한 행동을 하는 데는 학문이 필요치 않기 때문이다.

악의 힘

선이 무엇인지, 무엇이 선인지, 선한지 그렇지 않은지에 대한 앎

개별 상황에서의 선에 대한 앎은 모든 상황에서의 선 혹은 선 그 자체에 대한 앎과 대립된다. 그런데 개별 상황에서 도덕적 의지를 이끄는 것은 바로 그 선 그 자체에 대한 앎이다. 선에 대한 지식이 있으면 우리는 어떤 행동이 선한지 그렇지 않은지 알 수 있다.

그렇지만 각 사람이 저마다 도덕적 본능을 지니고 있다면 선에 대한 앎은 선천적이라고 해야 할 것이며, 배워서 터득할 수 있는 것이 아니라고 보아야 할 것이다. 본능 혹은 도덕 의식은 그것이 절대적이라는 사태 자체로 미루어보건대, 선에 대한 앎이라기보다는 선한 것에 이끌리는 경향이다.

그러므로 도덕적 의지는 선에 대한 앎에 선재先在한다. 선한 의지에 이끌리기 때문에 그 의지에 따르는 행위가 선한 것이지, 행위가 선하기 때문에 그러한 행위를 부추기는 의지가 선하다고 볼 수는 없다. 양심은 아무리 직접적일지라도 단순한 선천적 욕망이 아니며, 오히려 이성의 목소리 그 자체라고 보아야 한다.

선을 알면서 악을 행한다면

도덕적 선이 우리에게 제약처럼 작용한다는 바로 그 점 때문에 우리는 선을 알면서도 반드시 따르지 않기도 한다. 인간의 의지는 신성하지 않으며 연약하기 그지없다. 때에 따라서는 알면서도 과오를 범하기도 하고, 도덕성보다 유용성을 선호하기 때문에 그러한 과오를 스스로 원하기도 한다.

알프레드 뮈세Alfred Musset의 희곡 『로렌작시오』에서 주인공은 일단 권력을 잡고 그다음에 선을 수립하기 위해 악한 척 연기를 한다. 정의를 실현하기 위해서 역설적으로 혐오스러운 최악의 범죄를 저지르는 것이다. 이때 주인공 로렌작시오의 행위는 보는 이의 관점에 따라서 선할 수도 있고 악할 수도 있다.

언제나 마땅히 해야 할 일에 정면으로 위배되는 것을 선택하는 의지는 '악마적인 의지'라고 할 수 있다. 그런데 악마적인 의지가 가능하기는 한가? 인간은 실용적 선과 갈등을 빚을 때에 도덕적으로 악한 일을 저지를 수 있다. 그러나 오로지 부도덕한 인간이 되기 위해서 자기 이익과 상반되는 행동을 할 수도 있을까?

▶ **철학의 도구들**

▷▷▷ **혼동하지 마세요**
• 실용적 선과 도덕적 선 |
실용적 선은 즐거움이나 쾌락을 안겨준다. 실용적 선의 획득은 현명함의 소관이며 반드시 도덕적으로 선하란 법은 없다.
도덕적 선은 도덕 의식의 소관이며 때로는 어떤 유용성도 없거나 우리의 안위에 상반되기도 한다.

▷▷▷ **정의**
• 신성한 의지 | 칸트의 설명에 따르면, 도덕적으로 완전히 선한 의지는 인간의 의지가 아니다. 그러한 의지는 자신의 의무를 행하기 위해서 여러 성향에 대항하여 싸울 필요가 없다. 이러한 의미에서 신성한 의지는 이성에 절대적으로 복종하는 의지, 이성에서 벗어날 가능성 자체가 전혀 없는 의지이다.
• 악마적인 의지 | 역시 칸트에게서 나온 개념으로서, 어떤 상황에서든지 의무와 정면으로 위배되는 것을 선택하려는 의지이다. 심지어 유용성에 위배되더라도 악한 것을 선택하려는 이러한 의지 또한 유용하고 유쾌한 것을 지향하는 우리의 성향에서 벗어나 있기 때문에 인간의 의지가 아니다.

▷▷▷ **더 읽어볼 만한 글들**
루소, 『에밀』, 4장.
칸트, 『순수이성비판』, 2장.
플라톤, 『고르기아스』.
플라톤, 『국가』, 제5권, 473c.

자기 마음대로 하는 것이 자유인가

술탄은 자기 나라에서 가장 자유로운 인간처럼 보인다. 그는 부유하고 강성하기에 누구도 그에게 대항할 수 없다. 자기 마음대로 사람 목숨을 쥐락펴락하는가 하면, 자기가 원하는 여자를 마음껏 취하고, 원하는 것은 뭐든지 살 수 있다. 그의 욕망이 곧 명령이요, 그의 쾌락이 곧 법이다. 어떤 제약도 없으며 마음이 가는 대로 뭐든지 할 수 있는 술탄은 전능하고 자유로운 듯 보인다. 하지만 과연 그가 정말로 인간들 가운데 가장 자유로운 자라고 할 수 있을까?

전제적 자유

자기 본성에 대한 긍정

모든 인간은 자신의 인생에서 행복을 추구한다. 마음에 맞는 것을 할 수 있는 자유는 모든 것에 대하여, 모두에 대하여 자신의 행복을 실현할 수 있는 힘이다. 모든 장애물을 쓰러뜨린 자는 그 자신이 스스로 부여한 법밖에 따르지 않기 때문이다.

그것은 또한 쾌락을 좇는 힘이다. 플라톤은 『고르기아스』에서 욕망은 구멍 뚫린 통과 같아서 결코 만족되는 법이 없다고 했다. 그

통을 가득 채우려 드는 것은 가장 견디기 힘든 과업이 될 것이다. 자유로움은 우리 자신의 본성이 제기하는 요구를 좇을 수 있음을 뜻한다.

요컨대 자유로울 수 있음은 자기 자신으로서 존재할 수 있음이다. 언제나 자신이 원하는 것과 자신이 실제로 가진 것 사이의 간극을 좁히려 애쓰고 우리 존재에 가장 내밀하게 다가오는 것을 실현하고자 노력하면서 우리는 우리 존재를 실현한다. 자유는 자기 자신에 대한 긍정이다.

장애물을 넘어서

인간 사회에서 제약은 우리를 억누른다. 우리의 자유는 다른 사람들의 자유가 시작되는 바로 그 지점에서 멈춘다는 말도 있다. 우리가 전적인 자유를 원한다면 폭군이 되어야 할 것이다. 자신의 자유를 완전히 펼치려면 다른 사람들의 자유를 부정해야만 한다. 전제적인 자유는 그 자체에 한 사람의 변덕이 다른 모든 사람에게 법이 되는 폭정暴政의 밑그림을 담고 있다.

전제 군주는 자기 마음대로 사람을 죽일 수도 있다. 그러나 하늘에 돌멩이를 던져봤자 자기 머리만 다치듯이, 그런 짓은 그의 의지에 반하여 되돌아올 것이다. 자유롭다는 것은 원하는 것을 무엇이든지 할 수 있다는 것이지만 인간의 자유는 필연적으로 한계가 있다.

자기 본성을 긍정한다는 것은 그에 상반되는 것을 부정한다는 것이기도 하다. 그러나 자기 본성에 상반되는 것을 모두 부정할 수는 없다. 전제적 자유는 그 본성상 제한되지 않은 것이지만 현실에서는 그렇지 않다. 넘을 수 없는 장애물이 하나 주어지기만 하면 그의 자유는 단박에 제한되고 만다. 자유로운 인간은 다른 인간에, 나아라는 벽에, 죽음이라는 필연에 복종해야만 한다.

쾌락에 대항하는 자유

플라톤의 구멍 뚫린 통에서 뷔리당의 당나귀 비유로

플라톤의 비유는 스스로 자유롭다고 하며 절제를 모르는 인간은 구멍 뚫린 통에 물을 채우려는 사람과 마찬가지로 예속 상태에 있음을 보여준다. 자기 욕망의 노예가 된 인간은 다른 모든 것에 반하여, 현명함을 무시하거나 때로는 자기 자신의 삶조차 개의치 않은 채 그 욕망을 채우려들 수밖에 없다.

성향이 주체가 된 결정은 의지의 자발성을 대체하고 인간의 삶을 욕망 기계로 바꾸어놓는다. 더 이상 인간이 자신이 바라는 대상을 향해 나아가는 것이 아니요, 오히려 자석이 쇳조각을 끌어당기고 당근이 노새를 꾀듯이 대상이 인간을 끌어당기는 것이다.

인간의 전제적 자유가 지닌 전능함은 상호모순되는 욕망들이 등가성을 이루면서 무화될 수 있다. 철학자 장 뷔리당Jean Buridan은 배고픔과 갈증을 동시에 같은 정도로 느끼는 당나귀가 물을 먼저 마실까 먹이를 먼저 먹을까 고민하다가 그 자리에서 죽어버렸다는 이야기를 들려준다. 그의 비유는 동일한 욕망이 서로 갈등을 빚기 때문에 결정을 내릴 수 없는 인간은 무력하기 그지없음을 잘 보여준다.

자유의지와 자유

자유는 우리의 본성에 대한 즉각적인 긍정이 아니며 처음에는 오히려 본성에 대한 부정처럼 나타난다. 진정한 자유는 우리 욕망의 작용에서 일단 한 발짝 물러설 것을 전제한다. 그러나 그렇게 물러남은 비결정 상태에 계속 머물기 위해서가 아니라 그다음에 스스로 결정을 내리기 위해서이다.

즉각적 쾌락을 부정하고 차후에 스스로 결정하는 훈련을 하는 것은 자신의 자유의지에 대한 훈련이다. 자유의지는 절대적으로 결정되지 않은 채, 오직 우리에게 주어지는 욕망에 부합하거나 대항하는 성찰을 거친 후에만 스스로를 결정한다.

그렇지만 욕망에 부합하여 스스로를 결정하든지, 그러한 욕망에 의해 결정되든지, 둘 다 결과적으로는 동일할 수 있다. 왜냐하면 우리가 스스로 결정하도록 부추긴 것도 결국은 그 욕망이기 때문이다. 그러므로 내가 어떤 것을 하게끔 결정되어 있더라도 나는 자유로울 수 있으나, 그 어떤 것이 결정의 주체가 된다면 나는 자유롭다고 할 수 없다. 유일한 방법은 스스로 부과한 규칙에 따라서 결정되는 것뿐이다. 그렇게 스스로에게 법을 부과할 수 있는 능력이 바로 자유이다.

▶ **철학의 도구들**

▷▷▷ **혼동하지 마세요**
• 자유의지와 자유 |
자유의지는 규칙에 따라서가 아니라 전적인 우발성에 따라 스스로에 대해 결정할 수 있는 절대적 능력이다.
자유는 자기 자신이 부여한 규칙에 따라서 스스로 결정될 수 있는 능력이다. 이때의 규칙은 대개 의무의 법칙이다. 자유의 행사는 자유의지의 행사를 요구한다.

▷▷▷ **정의**
• 자발성 | 자기에 의한 자기의 절대적인 결정으로서, 스스로 결정하는 자기보다 앞서서 존재하는 모든 원인을 배제하는 개념이다.
• 결정 | 어떤 것의 존재 혹은 행위가 필연적으로 다른 것의 존재 혹은 행위에서 말미암았을 때에 그것은 그렇게 존재하도록 혹은 그런 행위를 하도록 '결정된' 것이라고 할 수 있다.

▷▷▷ **더 읽어볼 만한 글들**
플라톤, 『고르기아스』.
루소, 『사회계약론』, 1장, 8장.
칸트, 『순수이성비판』.

자유와 필연의 대립, 자유와 필연의 공존

에밀 졸라Émile Zola의 소설 『루공 마카르 가의 사람들』에서는 단 한 사람도 유전의 법칙을 피하지 못한다. 그 유전 법칙은 이 연작소설의 마지막 작품인 『의사 파스칼』에서야 드러난다. 모두들 운명을 벗어나려고 애쓰지만 무릎을 꿇고 말거나 더욱더 비참한 운명에 휘둘리고 말 뿐이다. 인간의 자유는 자연의 필연성이라는 법칙과 상충되는 듯 보인다. 자유와 필연은 필연적으로 대립하는 것일까.

자유와 인과성

원인의 두 가지 유형

어떤 사람이 세찬 바람에 떨어진 기왓장에 머리를 정통으로 맞고 죽었다. 그의 죽음의 원인은 기왓장이 떨어진 데 있다. 기왓장이 떨어진 원인은 바람에 있다. 그러나 바람이 분 것은 또 다른 어떤 원인으로 소급될 수 있고, 그 원인은 다시 다른 원인으로 소급되며, 이런 식으로 무한히 소급된다. 어떤 원인은 원인인 동시에 다른 원인의 결과이다. 이러한 원인은 결정된 것이다.

반대로 내가 갑자기 팔을 들기로 결심했고 내가 팔을 들면서 공기를 가르는 바람에 다른 결과가 나타났다고 치자. 이때 나는 내가 그런 결정을 내린 원인을 의식하지 못한다. 나의 결정 역시 한 원인의 결과일 것이다. 그 결과는 비결정된 원인, 자유롭거나 자발적인 원인에서 비롯된 것이라고 할 수 있을 것이다.

결정된 존재와 상황은 필연에 매여 있다. 그러한 존재와 상황의 실존은 다른 것에 의존하며, 그 다른 것의 결과이다. 그것, 곧 원인이 없으면 존재와 상황은 발생하지 않았을 것이다. 반면, 그런데 나의 자유로운 결정에는 원인이 없다. 자유로운 결정은 새로운 일련의 원인과 결과의 제일원인이므로 원인 없는 원인, 자발적 원인으로서 존재한다.

자유와 필연의 갈등

우리는 항상 어떤 원인을 찾는다. 자유로운 것처럼 보이는 행동에 대해서도 무의식적인 원인이나마 찾고자 한다. 이유도 없이 자살한 인간은 자신의 자유를 입증할 수 없다. 그러한 입증은 곧 자살의 이유에 다름 아니기 때문이다. 자연의 필연에 근거하고 있는 과학은 모든 결과에는 원인이 있으며 자유는 필연의 지배 속에 나타나는 우연성일 뿐이라고 주장한다.

내가 내리는 결정의 자유조차도 자유 원인에 대한 착각에 지나지 않는다면 그러한 자유에도 사실은 원인이 있을 것이다. 자유로운 결정조차도 사실은 어떤 원인의 결과라는 말이다. 그러나 원인과 결과가 잇달아 발생하려면 제일원인이 있어야만 한다. 최초의 원인이 없으면 그 뒤를 잇는 원인과 결과도 나타날 수 없기 때문이다.

이 원인은 첫 번째이기 때문에 그보다 우선하는 다른 원인이 있을 수 없다. 그러므로 모든 결과에는 원인이 있다는 과학의 주장과 모순을 일으킬 수밖에 없다. 과학은 우연성을 처음부터 거부하지만, 인과론적 연쇄의 필연은 최초의 우연성에 근거해야만 하는 것이다. 그러므로 자유와 필연을 대립시키는 순환의 문제는 피할 수도 없고 해결할 수도 없다.

운명의 문제

자유 대 운명

내가 완전히 나 아닌 다른 것에 의해 결정된다면 내 인생에서 연쇄적으로 일어나는 사건에 대해서도 아무런 영향을 끼칠 수 없을 것이다. 그렇다면 나는 맞물려 돌아가는 톱니바퀴 중 하나처럼 내가 선택하지 않은 운동을 전달하기만 할 뿐이다. 나는 전체의 한 부분이요, 내 운명은 바람이나 돌멩이의 그것보다 나을 것이 없다.

그러나 내가 **자유롭다면** 나는 내 인생의 주인이다. 나는 인생에 대한 선택을 통해 어떤 목표를 추구하게 된다. 그리고 나의 선택이 나에게 닥치는 사건들의 주된 원인이 될 것이다. 그러나 나는 내 마음대로 바람을 멈추게 하거나 비를 오게 할 수는 없다. 그러므로 나에게 닥치는 일 가운데 일부는 나에게 달린 문제가 아니다.

그러므로 자유가 있을 때에만 운명도 있을 수 있다. 그런데 그 자유가 절대자유라면 운명은 있을 수 없다. 인간의 자유가 운명과 싸우는 이유는 그나마 싸울 여지가 있고 그렇게 싸워야만 하기 때문이다. 한 인간의 운명이란 그에게 닥친 일이지만 닥치지 않을 수도 있었을 일이기도 하다. 그것은 어떤 선택의 선택치 않았던 결과이다.

운명에 대한 사랑? 운명에 대한 반항?

전제적인 폭군은 권력을 장악하기로 선택한다. 하지만 그는 권력이 자신을 위협할 수도 있다는 결과까지 선택한 것은 아니다. 선택과 필연은 모두 운명의 일부다. 운명에 맞서 싸운다는 것은 자신의 선택이 낳은 결과의 필연을 거부한다는 것이다. 그러므로 자신의 선택으로 돌아가거나 결과에 순응하는 것이야말로 진정한 자유일 수 있다.

선택으로 돌아가는 것이 가능하기에 그렇게 한다면 그것은 선택이 낳은 결과들의 필연을 일단 받아들이되 그다음에는 그 결과들을 피하는 셈이다. 자유는 필연과 결합하고 운명을 벗어난다. 그러나 선택으로 돌아가는 일이 늘 가능하지만은 않다.

운명을 피할 수 없다면 그만큼 운명과 싸우는 것도, 운명에 동의하는 것도 불가능하다. 진정한 자유는 운명의 필연적인 부분과 단절되려 하지 않으며 오히려 필연에 합류하여 그 움직임을 예측하고자 하기 때문이다. 세네카Seneca는 이렇게 말했다. "운명은 그것을 거부하는 자들을 억지로 끌고 다니며 그것을 받아들이는 자들을 인도한다." 이것이 바로 운명에 대한 사랑amor fati이다.

▶ **철학의 도구들**

▷▷▷ 혼동하지 마세요
• 우연성, 필연(성), 운명 |
필연적이지 않은 것, 다시 말해 존재하되 그렇지 않을 수도 있는 것은 우연적이라고 한다. 원인을 모르는 것은 존재에 명백한 이유가 없어 보이므로 우연적으로 보일 수 있다.
절대로 발생하지 않을 수가 없는 것은 필연적이다. 던진 돌이 떨어지는 것은 필연적이다. 또한 내가 언젠가는 죽는다는 사실도 필연적이다. 필연은 모든 것에 대해 동일하다.
어떤 사람이 선택한 일에 대하여 필연적으로 발생했지만 발생하지 않을 수도 있었을 법한 것은 운명이다. 운명은 자유를 지닌 존재들에게만 관련되어 있다.

▷▷▷ 정의
• 운명론 | 모든 인간에게는 피할 수 없는 운명이 있으며 자유는 착각에 지나지 않는다는 주장이다. 키케로Cicero는 이러한 운명론은 태만한 논증으로서 운명을 피하기 위해 노력할 필요가 없다고 보기 때문에 완전한 수동성만을 가르친다고 보았다.
• 결정론 | 과학에 근거한 주장으로서, 모든 자연 사건은 이미 결정된 것이므로 어느 주어진 시점에서 그 사건들을 모두 알 수만 있다면 그다음에 일어날 일을 예측할 수도 있다고 본다.

▷▷▷ 더 읽어볼 만한 글들
에픽테토스, 『신의 친구 에픽테토스와의 대화』.
데카르트, 『정념론』.
칸트, 『순수이성비판』.

왜 의무를 다해야 하는가

 길에서 지폐가 잔뜩 들어 있는 지갑을 주웠다. 나는 그 지갑을 가질 수도 있지만 주인에게 돌려주어야만 한다. 사실 어떤 제약이 주어진 것도 아닌데 어떤 기분 나쁜 느낌 때문에 그래야만 할 것처럼 생각하는 것이다. 의무감은 어떤 추론의 불분명한 얼개 같아서 왜 그러한 의무감이 생기는지 이유를 알려면 그 추론을 좀더 발전시켜야만 한다. 우리에게 이익이 되어 보이는 상황에 상반되는 행동까지 하게 하는 의무감을 규명해볼 필요가 있다.

타자들에 대한 의무

의무와 정념

 우리는 처벌을 받을지도 모른다는 두려움 때문에 의무를 실천하게 되는 경우가 많은 듯하다. 이때의 의무는 내면화된 처벌이며, 그 의무를 따르지 않았을 때는 죄책감으로 나타난다. 그러나 벌을 받지 않을 거라고 확신할 수 있는 상황에서도 왜 우리는 의무를 따르거나 죄의식을 느끼는 걸까?

 잘못을 저지른 자들은 대개 자신의 잘못을 감춘다. 한편 의무를 다한 자들은 남들이 그 사실을 알아주기를 바란다. 좋은 평판을 얻고 싶어서 의무를 실천하고, 수치를 두려워하기에 과오를 감추는 것일까? 만약 그렇다면 알아줄 사람이 아무도 없을 때에는 의무를 다할 이유도 없을 것이다.

어떤 상황에서든지 의무를 다해야 한다는 생각을 정당화해줄 수 있는 유일한 정념은 사랑뿐이다. 아무도 알아주지 않아도 타인을 살가워하는 마음 때문에 타인에게 좋은 일을 도모한다. 그러나 나에 대한 호평으로 얻는 기쁨 때문에 좋은 일을 하는 것은 아닐까?

의무의 무용성

잘못을 저지르려 하는 순간 우리를 다잡고 의무를 다하게 하는 감정은 일반적으로 우리가 그러한 의무에서 얻을 수 있는 유용성 때문에 생겨나는 것처럼 보인다. 타자들에게 좋은 일을 도모한다면 나는 양심의 평온을 얻고 스스로를 자랑스럽게 여길 수 있을 뿐 아니라 처벌을 받을 이유가 없기 때문에 결국 나 자신에게도 좋은 일이 될 것이기 때문이다.

인간 사회에서의 삶은 상호유용성이라는 암묵적 계약을 함축한다. 내가 너에게 정직하면 너 역시 나에게 정직할 것이라는 암묵적 약속이 깔려 있는 것이다. 모두가 자신의 의무를 다한다면 아무도 피해를 입지 않는다. 그러나 의무를 다하지 않는 자는 다른 사람들에게 피해를 준다. 그 사람은 다른 사람들이 누리지 못하는 것을 사취詐取하는 셈이기 때문이다.

그러나 언제나 타자들에 대한 생각에서 의무를 다한다면 다시금 처벌 여부를 고려하게 된다. 우리가 어떤 면에서는 우리 자신에 대해 의무를 다하는 것이 아니라면 어떤 동기나 이유도 의무를 절대적인 명령으로 만들지 못한다.

자기 자신에 대한 의무

의무에 의한 의무

우리가 타자들의 관점에서 행동한다면 우리는 뭔가 유용한 것을 행할 것이다. 그러나 우리가 의무로써 하는 일은 우리 자신에 대해 하는 일이다. 의무의 명령은 가언假言적이지 않고 정언定言적이다. 우리는 기꺼이 의무를 행할 수 있지만, 기꺼이 여기기 때문에 의무를 행해서는 안 된다.

실제로 어떤 행위는 의무에 의한 것이 아닐지라도 의무에 부합할 수 있다. 칸트는 이익을 생각해서 정직하게 상행위를 하는 상인도 의무에 부합할 수는 있으나 그가 의무에 따라 행동한 것이라고 볼 수는 없다고 했다.

의무를 다하는 데는 어떤 이유도 없다. 오히려 의무가 이유 그 자체이다. 그러므로 "내가 왜 ~을 해야 할까?"라는 의문에 대해서는 "그렇게 해야 하기 때문"이라는 답 외에는 다른 답이 있을 수 없다. 의무를 다하는 데 이유를 찾는다는 것 자체가 더는 의무에 의한 의무가 아닌 것이다.

의무의 보편성

의무는 법만큼이나 절대적이면서도 보편적으로 우리에게 부과된다. 우리는 이성적 존재이기 때문에 우리 행위의 보편성의 결과를 가늠할 수 있다. 이렇게 우리의 의지는 항상 스스로에게 어떤 격률格率을 제시하고, 우리의 의무는 도덕 법칙을 제시한다.

그러므로 이성적 존재는 도덕성의 법칙이 지배하는 공동체를 구성한다. 그들은 그들이 갖고 있는 격률의 보편성의 결과를 상상하고 알아본다. 범죄 행위를 감싸기 위해 거짓말을 하는 것이 법이라면 아무도 그러한 기만을 믿지 않을 것이다. 부도덕한 행동이라는 격률은 그 자체가 모순이며, 이성 없는 존재만이 그 격률을 따를 것이다.

의무에 대한 존중이 지닌 힘은 우리 안에 현존하는 이성에 대한 존중의 힘이기도 하다. 우리를 행동으로 인도하는 혼란스러운 감정은 이성이 우리의 자유의지에 행사하는 압박감인 것이다. 이성은 우리에게 절대적 명령을 내리고 우리는 그에 따라야 함을 느낀다.

▶ **철학의 도구들**

▷▷▷ **혼동하지 마세요**
• 동기와 이유 |
동기는 감성에 의해 의지에 주어지는 충동으로서, 즉각적으로 충족되어야 하는 욕망의 형태로 나타난다.
이유는 이성에 의해 의지에 주어지는 충동으로서, 반성적 논증의 형태로 나타난다.

▷▷▷ **정의**
• 격률 | 우리의 행동에 대한 의지의 주관적인 규칙. 우리는 스스로 격률을 제시하지만 격률이 반드시 도덕적이란 법은 없다. 예를 들어 어떤 사람은 공격을 받으면 반드시 되갚아준다는 격률을 품고 있을 수도 있다.
• 도덕 법칙 | 우리의 이성이 의지에 부과한 것이기 때문에 우리의 행동이 항상 따라야 하는 의지의 객관적인 규칙으로 "거짓말을 해서는 안 된다."라는 식의 의무를 규정한다.

▷▷▷ **더 읽어볼 만한 글들**
루소, 『에밀』, 4장.
칸트, 『실천이성비판』.
칸트, 『도덕 형이상학을 위한 기초 놓기』.
베르그송, 『도덕과 종교의 두 원천』.

책임감과 죄의식

나에게 속한 어떤 대상이 내가 없는 사이에 사람을 죽게 했다면 나는 그 대상에게 책임을 전가해야 할까? 물론 나는 나에게 속해 있는 모든 것들에 전반적으로 책임이 있다고 할 수 있다. 그러나 내가 원하지도 않았고, 행하지도 않았으며, 예상하지도 못했던 일에 대해 나의 과오가 있다고 볼 수도 없다. 나는 어떤 면에서 그 사람의 죽음의 원인이지만 다른 면에서는 그렇지 않다. 우리에게 죄의식을 낳는 것은 무엇일까?

죄의식과 책임감의 차이

의지의 자유와 책임의 전가

떨어지는 돌이 원인이 되어 사람이 죽을 수 있다. 그러나 이 경우 돌에 책임을 물을 수는 없다. 로마 인들은 암소에게 살인죄를 물어 사형을 내린 적도 있었다고는 하나 자유로운 존재, 다시 말해 어떤 의지를 가졌다고 생각되는 존재에게만 책임을 전가할 수 있다.

책임을 질 수 있는 자유로운 존재는 사람이다. 사람은 의지가 있기에 사물과 구분된다. 충동과 욕구에 따라 필연적으로 결정되지만은 않는 선택의 자유를 가진 인간은 동물과 다르다.

 자유로운 존재의 행위는 그가 예상하지도 못했고 추구하지도 않았던 수많은 결과를 낳는다. 그 결과는 그의 행위에서 나왔지만 그 행위에 전가될 수 없다. 왜냐하면 결과 자체는 그가 하고자 했던 바로 그것이 아니며, 그는 그렇게 될 줄 알고서 한 일도 아니기 때문이다.

책임감 대 죄의식

 한 사건에 대하여 다양한 존재들이 책임이 있다. 누군가의 머리에 돌이 떨어졌다면 그 장소에서 만나자고 했던 사람, 돌이 떨어진 집에 사는 사람, 집을 진즉에 수리했어야 하는 사람 등 여러 명에게 책임을 물을 수 있을 것이다. 책임자는 그 사태에 대응해야 하는 사람, 일반적으로 책임을 추궁당할 만한 사람이다. 책임자가 반드시 그 자리에서 과오를 범한 당사자란 법은 없다.

 죄인도 책임을 져야 한다. 그러나 그에게 물어야 할 책임은 어떤 과오다. 그러므로 위에서 예로 든 사고의 경우에는 돌이 떨어진 집의 소유주, 마땅히 보수를 했어야 할 사람에게 그의 태만을 물어 책임을 전가할 수 있다. 여기서 과오를 범한 사람은 마땅히 해야 할 일을 하지 않았거나 해서는 안 될 일을 저지른 책임자이다.

 그러므로 죄인은 분명히 책임을 져야 하는 사람이지만 모든 책임자가 죄인인 것은 아니다. 모든 죄인은 서로 결합하여 불행한 사건을 유발한 원인의 집합에 속해 있으면서 과오에 참여해 있다. 그러나 내가 어떤 사건에 책임이 있다고 해서 내가 꼭 그 사건의 범인(죄인)인 것은 아니다.

과오를 범한다는 것은 어떤 것인가?

의지의 권리와 앎의 권리

사람은 이후에 일어날 결과를 알고서 저지른 행동에 대해서만 죄의식을 전가당할 권리가 있다. 자기가 모르는 일에 대해서는 죄의식을 가질 수 없다. 그것이 앎의 권리이다.

마찬가지로, 의지의 권리는 원하지 않았던 것에 대해서는 죄의식을 갖지 않는다는 의미를 지닌다. 알고 원했다면 사태는 그 사람의 행위 혹은 행동으로 달라진다. 내가 제시한 행동 가운데 내가 그 결과를 알고 있었고 원했던 것만이 나의 의도에 속한다.

내가 어떤 것에 대해 과오를 범하려면 일단 내가 과오가 될 줄 알고 바라면서 행동했어야 한다. 그러나 내가 어떤 사건의 원인이라는 말은 차례로 나의 의도를 구성할 수 있는 다양한 가능적 의미들을 담고 있다. 나는 죄의식을 가능한 한 적게 느끼기 위해서 어떤 의도에 대해서만 스스로에게 책임을 전가하고 나의 행동에 어떤 의미를 부여할 수도 있다.

어떤 책임감이 죄의식인가?

외부의 관점에서 인간의 의지를 꿰뚫어보기란 불가능하다. 우리는 그가 원했다고 스스로 말하는 것에 한해서만 그런가보다 생각할 수밖에 없다. 어떤 행동도 외적으로 확인 가능한 일방적 의도에서 나타나지 않는다. 우리는 범죄자들의 끔찍한 악의를 입증해 보일 수 없다.

그러므로 죄의식이 가능하려면 의도에만 천착해서는 안 된다. 의

도만 문제시한다면 죄인에게 스스로를 고발하라고 요구하는 셈밖에 안 되기 때문이다. 그렇지만 행위의 외재성에 천착한다면 책임성과 죄의식을 혼동하는 셈이 될 것이고, 모든 책임자를 죄인으로 몰아세우는 꼴이 될 것이다. 예를 들어 끔찍한 죄를 저지른 미치광이의 어머니는 아들을 그렇게 키운 데 대해서, 혹은 그저 그런 아들을 낳았다는 이유만으로 죄의식을 느껴야 마땅할 것이다.

따라서 의도만 가지고 판단하면 모든 죄의식을 해체시킬 위험이 있고, 행위만 가지고 판단하면 모든 무고함을 해체시킬 위험이 있다. 그래서 죄의식의 절대적인 증거를 수집한다는 것은 불가능하며 다만 명백한 증거를 수집할 수 있을 뿐이다. 죄의식에는 확실성이 없으며 다소 강력한 개연성만이 있다.

▶ **철학의 도구들**

▷▷▷ **혼동하지 마세요**
• 행동과 사태 |
헤겔에 따르면 행동은 내가 직접적으로 알고 의지하면서 유발한 모든 사건과 그에 따른 결과이다.
반면, 헤겔은 내가 원인이 되는 모든 사건을 사태라고 했다. 이때 내가 그 사건을 아느냐 마느냐, 원하는가 그렇지 않은가는 아무 상관이 없다.
• 의도 |
헤겔이 말하는 의도는 내 행위의 본질적인 면, 알려지지 않은 모든 결과와는 독립적으로 도래하기를 바라고 도래할 것으로 알고 있었던 것을 뜻한다. 그러므로 의도는 행동의 의지이지, 사태와 관련된 것이 아니다.

▷▷▷ **정의**
• 전가 | 어떤 행위의 원인을—책임이든 죄의식이든 간에—자유로운 존재에게 묻는 것.

▷▷▷ **더 읽어볼 만한 글들**
칸트, 『법론』.
헤겔, 『법철학 강요』, §§ 115~118.

▶생각해볼 주제
자유의지의 문제

자유의지에 대한 데카르트의 정의

자유에 대한 데카르트의 정의라고 할 수 있는 이 대목은 지금까지도 매우 유명하다. 첫 번째 문장에서 데카르트는 자유를 정의하면서 "무관심"에 주안점을 두었다가 이를 살짝 수정하며 주체가 인식하는 어떤 제약도 없는 상태로서 자유를 정의한다. 그는 자유에 대한 부정적인 정의에서 이내 적극적인 정의로 나아간다. 첫 문장에 이어지는 자유의 정의는 소위 "규명된" 자유, 어떤 선택을 포용하게 하는 이유들을 분명하게 알기에 더욱더 큰 자유이다. 무관심의 자유 혹은 자유의지는 절대적인 선택권으로서 "자유의 가장 낮은 수준"이지만 그러한 저열한 자유는 물러나고 언제나 어떤 식으로 행동할 이유를 아는 자의 지고한 자유가 나타난다.

(의지는) 우리가 어떤 것을 할 수 있거나 할 수 없는 데에만 있다(다시 말해 긍정하거나 부정하는 데에, 추구하거나 회피하는 데에 있다). 혹은 오히려 오성이 우리에게 제시하는 것을 긍정하거나 부정할 때에, 즉 추구하거나 기피할 때에, 우리가 어떤 외적 힘에 의해 결정되지 않는다고 느끼면서 그렇게 하는 데에 있다. 왜냐하면 내가 자유롭기 위해서 반

드시 내가 상반되는 두 가지 중 어느 쪽을 선택해도 괜찮아야만 하는 것은 아니기 때문이다. 오히려 그와 반대로 내가 한쪽에 기울어지면 기울어질수록—내가 참된 것과 선한 것이 그쪽에 있음을 명증하게 이해하기 때문이든, 하느님이 나의 내면을 그쪽으로 향하게 하기 때문이든 간에—그만큼 더욱더 자유롭게 나는 그쪽을 선택한다. 확실히 신의 은총이나 자연스러운 인식이나 어느 것도 결코 자유를 축소시키지는 않으며, 되레 자유를 증대하고 강화한다. 따라서 나를 어느 한쪽으로 몰아가는 이유가 전혀 없다면(내가 양쪽 모두에 대해 완전히 무관심하다면) 내가 경험하는 비결정非決定은 결코 의지의 완전성을 나타내는 것이 아니며 오히려 가장 낮은 단계의 자유, 인식의 결함을 나타낸다. 내가 무엇이 참이고 무엇이 선한지 항상 분명히 안다면 결코 어떤 판단을 내려야 하며 무엇을 선택해야 하는지 망설이지 않을 것이기 때문이다. 이렇듯이 나는 아무리 자유롭다 해도 결코 비결정(무관심)의 상태에 있을 수는 없을 것이다.

(데카르트, 『성찰』, '네 번째 성찰' 중에서)

스피노자의 자유의지 부정

데카르트가 자유의 증거로 알아보았던 부정적 표식은—"우리가 어떤 외적 힘에 의해 결정되지 않는다고 느끼면서 그렇게 행하는"—다음 인용문에 따르면 착각일 뿐이다. 우리는 우리 행동의 원인을 모르기 때문에, 그래서 원인이 없는 것처럼 여기기 때문에 우리가 자유롭다고 믿는다. 그러나 사실 우리는 신체적 충동에 놀아나는 장난감에 지나지 않으며, 신체는 신체대로 우리를 둘러싼 다른 신체 혹은 물체에 의해 결정된다. 그러므로 실제로는 "영혼의 자유로운 명命"도 정념의 역학일 뿐이다. 데카르트의 규명된 자유, 행동의 원인을 앎으로써 결정된 자유는 스피노자가 말하는 자유에 대한 착각에 부합한다. 스피노자는 그러한 착각이 행동의 진정한 원인들을 알지 못하기 때문에 결정된 것이라고 본다. 다음 인용문의 마지막 두 문장은 무관심의 자유에 대한 명실상부한 비판이다.

어린아이는 자유롭게 젖을 탐한다고 생각하고, 화가 난 소년은 스스로 자유로이 복수를 원한다고 생각하며, 겁쟁이는 자신의 자유로 도망치고 싶어한다고 생각한다. 만취 상태의 인간도 영혼의 자유로운 명에 따라서 말을 한다고 생각하지만 술이 깨고 나서는 자신이 취중에 그런 말을 하지 않았더라면 좋았을 것이라 여긴다. 마찬가지로 정신착란자, 수다쟁이, 어린아이, 그리고 그와 마찬가지인 수많은 사람들이 스스로 자유롭게 말을 한다고 여기겠지만 사실 그들은 말하고 싶은 충동을 억누르지 못했을 뿐이다. 그러므로 경험에서 알 수 있듯이, 인간은 자신의 행동을 의식하고 있다는 단 한 가지 이유에서 스스로 자유롭다고 여기지만 그들을 그렇게 결정짓는 원인들에 대해서는 모르고 있다는 점은 이성만큼이나 명백하다. 나아가 영혼의 명령이라는 것도 욕구들 그 자체와 다름없으며, 그렇기에 신체들의 다양한 기질에 따라서 달라질 수 있는 것이다.

(스피노자, 『에티카』, III 중에서)

자연법과 실정법

　　두 형제가 서로를 죽이는 비극이 일어났다. 한 형제는 테베를 공격하려 했고, 다른 형제는 테베를 지키려 했기 때문이다. 형제의 삼촌이자 테베의 왕 크레온은 테베를 지키려 했던 형제만 격식을 차려 장사를 지내주고 다른 형제는 장례식조차 치르지 못하게 했다. 그러나 크레온의 조카딸이자 죽은 형제의 누이동생인 안티고네는 오빠의 시신이 장례도 치르지 못한 채 썩어가기를 바라지 않았다. 소포클레스Sophocles의 작품 『안티고네』는 이러한 삼촌과 조카 사이의 비극적인 갈등을 다루고 있다. 안티고네는 혈연과 심정의 법을 옹호하고, 크레온은 도시의 법을 옹호한다. 두 사람 모두 자신의 의무에 매여 있으며, 둘 중 그 누구도 잘못하지는 않았다. 그들 모두 정의를 대변하되, 그 정의들이 서로 상충될 뿐이다. 안티고네가 옹호하는 권리가 혈연에 대한 신의와 가족법, 다시 말해 자연법적인 것이라면, 크레온이 옹호하는 권리는 실정법, 다시 말해 입법자들이 제시한 도시와 시민의 법이다.

자연법과 실정법은 어떻게 구분되는가?

도덕법과 재판법

자연법과 실정법은 필연적이지 않으며 그저 명령을 내릴 뿐이다. 우리는 그 명령에 따르기로 할 수도 있고 그렇지 않을 수도 있다. 반면, 우리는 물리학의 필연적인 법칙에는 반드시 따라야 한다. 그렇지만 자연법과 실정법은 자연법은 내적 속박(도덕적 양심)에 근거해 있고 실정법은 외적 속박(국가 권력)에 근거해 있다는 점으로 구분된다고 하겠다.

예를 들어 자연법은 잔혹한 행위를 금한다. 한편, 실정법은 만 19세 이하의 개인에게 투표권 행사를 금한다. 자연법은 도덕적이고, 실정법은 법률적이다. 그렇지만 어떤 자연법은 실정법이기도 하다(예를 들어 살인 금지는 자연법이자 실정법이다). 한편, 실정법이 아닌 자연법도 있고(거지를 보면 불쌍히 여겨야 한다는 민법 조항은 어디서도 찾아볼 수 없다), 자연법이 아닌 실정법도 있다(예를 들어 새 신부가 영주와 결혼 첫날밤을 함께해야 한다는 이른바 '초야권初夜權'은 당시에 법적인 효력을 지니기는 했으나 자연법적인 것은 아니다).

자연법과 실정법의 토대에 이성이 있다

이성이 자연의 목소리이며 어떤 정당화나 이유의 규명 없이도 자연의 직접적인 명령을 내린다는 이유만으로도 모든 사람은 자연법을 존중한다. 도덕적이 되기 위해서 현명한 학자나 날카로운 추론가가 될 필요는 전혀 없다. 마찬가지로 특정 범죄에 대해 무거운 벌을 내리기 위해서 범죄 소탕이니, 더 나은 사회의 건설이니 하는 이유를 갖다 붙일 필요도 없다. 그러한 처벌은 무조건 필요한 것으로 보이기 때문이다. 어떤 행위들은 벌을 받아야 하고, 그게 다다. 그렇지 않으면 자연스러운 정의감을 위반하게 되기 때문이다.

실정법 역시 이성에 근거해 있다. 그러나 실정법을 명하는 것은 직접적이고 완강한 본능이 아니다. 오히려 실정법은 그것을 정당화하는 객관적인 추론들 때문에 따라야 한다. 예를 들어 도로교통법은 안전을 보장하고자 하기 때문에 정당화되며 그러므로 마땅히 따라야 하는 것이다.

그러므로 자연법은 이성의 무조건적인 명령으로서 나타나며 어떤 것을 그 자체를 위해 하라고 지시하지만, 실정법은 조건적인 명령으로서 '무엇을 얻고 싶다면 무엇을 하라'는 식으로 명령한다. 안티고네는 분별이 있었다. 오빠에 대한 연민의 감정은 그의 이성에서 직접적으로 나왔다. 한편, 크레온도 이치를 따져서 행동했다. 만약 모든 시민이 도시의 원수를 영예로이 장사 지낸다면 어떻게 적들과 맞서 자기 도시를 지킬 수 있겠는가? 그러므로 자연법과 실정법의 갈등, 적법성과 법정성의 갈등은 이성의 이름으로 탄생한 것이다. 법이 명하는 모든 것이 정당하지는 않지만 그래도 법에 복종하는 것이 마땅하다. 이런 점에서 보자면 크레온도 안티고네 못지않게 정의롭게 행동했다. 문제는 정의 그 자체가 모순적이라는 것이다.

자연권은 있는가?

일반적인 자연법의 의심스러운 성격

자연법은 자연에서 유래했기 때문에 각 사람이 직접적으로 알 수 있거나 모두에게 동일한 것이어야 한다. 그러나 대개 문자로 기록되어 있고 누구나 쉽게 알아볼 수 있는 실정법과는 달리, 자연법은 혼란을 줄 수 있다. 양심의 목소리가 언제나 분명하게 들리는 것은 아니며, 언제나 보편적으로 인식되라는 법도 없기 때문이다. 자연법은 정말로 정당한가? 역사적으로, 소위 민중적 정의라는 감정 때문에 다소 불안정하고 수상쩍은 여자들이 아무 죄도 없으면서 마녀라는 누명을 쓰고 화형을 당하는 일도 있었다. 또한 민중이 지나치게 방임적인 정의를 대신하겠다면서 직접 무고한 사람들을 처형하기도 했다.

자연법의 다른 근거들을 재고함

자연법이 도덕적 양심에 근거해 있다면 자연법의 명령을 파악하기가 어려울 수 있다. 또한 법이 지니는 보편성이 개인들의 주체성과 감성 때문에 와해되고 말 것이다. 나는 분명히 선의에 입각한 정의라고 생각하는 것을, 나의 이웃의 영혼과 양심은 거부할지도 모른다. 그래서 어떤 사람들은 낙태가 선택의 자유라는 면에서 어머니의 마땅한 권리라고 생각하는 반면, 어떤 이들은 배아 상태의 생명체도 아이로서의 인권을 지니는 존재라고 주장하는 것이다.

자연법이 만약 관습에 근거한 것이라면 나와 같은 민족 혹은 내 가족들이 인정하는 것이 다른 민족이나 가정에서는 인정받지 못할 것이다. 예를 들어 인신공양人身供養은 많은 민족들에게 야만적인 행위로 여겨지지만 일부 민족들은 그것을 성스러운 행위로 간주한다. 그래서 파스칼은 "한 줄기 강이 가로막는 가소로운 정의여! 피레네 산맥 이쪽에서 진리인 것이 저쪽으로 가면 진리가 아니다."라고 말하기도 했던 것이다.

자연법이 신에게 근거한 것이라면 여러 가지 문제들을 제기한다. 무신론자는 자연법을 인식할 수 있을까? 양심의 자유 역시 일종의 자연법이다. 그런데 그 법은 어떤 신이 선포한 것일까? 이슬람교도에게는 일부다처제도 정당한 법이다. 하지만 그리스도교도는 일부일처제를 지켜야 한다. 신의 명령을 전달하는 사람은 누구인가? 저마다 신을 믿을 수는 있지만 신의 이름을 내세우는 사람들의 모든 말을 믿는 것은 아니다.

요컨대 상이한 민족과 문명이 보여주듯이 자연권은 명확한 법도 정초하지 않으며 보편적 승인도 내리지 않는다. 오직 실정권만이 우리가 따라야 할 명확하고 보편적인 질서를 정초할 수 있는 듯 보인다.

실정권의 토대에는 무엇이 있는가?

실정권은 스스로 정초될 수 없다

우리는 왜 실정법에 따라야 하는가? 그 이유는 실정법에 따르지 않으면 그에 응당하는 대가를 치러야 하기 때문이기도 하지만 실정법이 존중할 만한 가치를 지니기 때문이기도 하다. 그러나 각 사람은 적어도 마음속으로는 적법하지 않다고 생각되는 법에는 반감을 품을 수 있다. 그러므로 실정법은 스스로 그 적법성을 정초하지 못한다.

실정법이 정당해 보인다면 그것은 실정법이 자연적인 듯 보이기 때문은 아닐까? 사람을 죽인 사람은 벌을 받아야 하고 부모는 자식을 키울 의무가 있다고 말하는 법은 사물의 질서라는 차원에 속해 있는 듯하다. 물론 우리가 양심과 영혼으로 인정하는 법에 대해서는 아무 반박 없이 복종할 수 있을 것이다. 그러나 자연법도 불확실한 경우가 많으며, 따라서 자연법이 실정법을 반박할 수 없도록 정초하지 못한다는 점이 인정된다.

자연법은 실정법을 정초하거나 반박한다

그렇지만 특정 시대의 특정 민족이 어느 법의 적법성을 인정함으로써 그 법이 자연스럽게 실정법이 되기도 한다. 이러한 사실은 시대의식에 따라서 입법이 변화해온 이유를 설명해준다. 기원전 5세기에 살았던 로마 인들은 가장이 자녀의 생사를 좌우할 수 있다고 하는 법이 정당하다고 생각했지만, 그후 몇 세기가 흐르자 사람들은 그 법을 아주 야만적이고 부당한 것으로 여기게 되었다. 그렇지만 어느 주어진 시대의 주어진 사회에 제정되는 법이 전 인류의 시각에서 보아서, 시대를 초월하여 정당해야 할 필요는 없다. 그 법은 그 사회에서만, 혹은 그 사회 구성원들의 대다수에 대해서만 정당하면 그것으로 충분한 것이다.

그러나 사회의 다수가 반박하는 법이 부과될 가능성이 아주 없지는 않다. 예를 들어 프랑스에서는 1981년에 사형제도가 폐지되었는데 현재는 사형에 찬성하는 사람이 반대하는 사람보다 더 많다. 이 경우에 사형을 금지하는 법에는 어떤 적법성이 있다고 할 수 있을까? 마찬가지로 어떤 법은 자연스러운 정의감과 무관하며 다만 실용적인 명령이나 실제로 존속되는 습속에 따르기 위해 제정되기도 한다. 새로 채택된 법안의 공포 시기와 실제로 효력이 발생하는 시기에 격차를 두는 것은 정의를 고려해서라기보다는 실효성을 도모하기 위해서다. 또한 일요일을 휴일로 정하는 법은 전통에 근거해 있을 뿐이다.

　주기적으로 자연권에 의해 정당화되지 않는 법들이 채택되곤 한다. 그 법들이 정당화에 모순될 때에만 그 법에 따라야 하는 사람들의 저항에 부딪친다. 이때 사회는 국가의 권위에 도전하게 된다. 안티고네가 크레온의 권위에 다음의 말로 도전했던 것처럼 말이다. "나는 당신의 법이 언젠가 죽게 마련인 한낱 인간이 신들의 확고부동한 불문율不文律을 무시할 수 있을 만큼 강력하다고는 생각지 않았습니다. 그 불문율은 어제 오늘에 생긴 것이 아니라 영원히 살아 있고, 어디서 왔는지 아무도 모르기 때문이지요."(소포클레스, 『안티고네』 중에서)

▶ 철학의 도구들

▷▷▷ 혼동하지 마세요
• 법정성과 적법성 |
실정법에 부합하는 모든 것은 법정성이 있다. 그렇지만 실정법의 영역에 속하는 어떤 법들은 적법하지 않다.
반면, 자연법 혹은 정의의 자연스러운 의미에 부합하는 모든 것에 대해서는 적법성을 논할 수 있다. 그러므로 정당방위로 어쩔 수 없이 사람을 죽인 사람에게 벌을 내리는 것은 법정적이지만 반드시 적법하지는 않다.

▷▷▷ 정의
• 자연권 | 정의의 자연스러운 감정이 지시하는 자연법들의 총체. 17세기를 풍미했던 자연권 학파(근세 자연법론)는 실정법이 오로지 자연법에 의해 정초되어야 한다고 주장했다.
• 실정권 | 실정법, 다시 말해 입법자들이 제시하는 법들의 총체. 이러한 법에 복종하지 않는 사람은 국가가 부여하는 응분의 대가를 치르게 된다. 실정권 학파(법 실증주의)는 19세기에 일어나 지금까지 우세를 점하고 있으며 실정법의 근간에는 소위 어떤 자연법도 없다고 주장한다.

▷▷▷ 더 읽어볼 만한 글들
소포클레스, 『안티고네』.
키케로, 『법에 대하여』.
홉스, 『시민론』, '자유'.
켈젠H. Kelsen, 『순수법학』.

정의 그 자체가 존재하는가

우리에게 노예제도는 불의의 극치처럼 보인다. 그러나 18세기 유럽 식민지에서 노예제도는 완벽하게 적법한 제도였다. 역사의 한 시대에 정당했던 것이 다른 시대에는 그러지 못할 수도 있다고 해야 할까? 오히려 정의 개념은 어떤 상황에서든지 불의와 정의로운 행동을 구분하게 해주는 불변의 규범이 아닌가?

저마다의 정의

"한 줄기 강이 가로막는 가소로운 정의"(파스칼)

정의 개념을 살펴보면 그 개념이 극단적으로 변하기 쉽다는 점에 놀라게 된다. 정의로운 것을 정의하는 법과 그 법을 적용하는 판사들은 비단 역사적 흐름에 따라서만 변하는 것이 아니라 문화나 지리적 범위에 따라서도 변한다. 우리가 국경을 넘는 순간부터 서구 유럽에서 정당하게 여겨지는 일이 아주 먼 곳에 가서는 범죄가 되기도 한다.

정의의 보편적 기준을 찾기란 매우 어렵다. 우리가 비난하는 인간이 되레 우리에게 "사람마다 정의에 대한 생각은 다른 법"이라고 대꾸한다면 우리는 어떤 행동을 "불의하다."고 판단할 수 없게 될 것이다. 그렇지만 이것은 법이 허락하는 것과 정의를 혼동하는 것은 아닐까?

정의의 의미

그렇지만 우리가 자라고 성장한 사회 안에서조차도 어떤 행위 혹은 판결이 부당하게 보일 때가 있다. 우리에게 정의는 시행 중인 법률의 총체를 의미하는 것도 아니요, 사법 체계를 의미하는 것도 아니다. 우리는 물론 정의를 정의할 수는 없지만 대개의 경우에 정의를 구별할 수 있다고 스스로 느낀다. 여기서 판단의 기준은 우리가 생각할 때에 모든 사람이 갖고 있다고 여겨지는 정의에 대한 선천적인 감각이다. 그러한 감각은 차이를 넘어서서 보편적 규준에 준거한다.

그럼에도 정의에 대한 개념화는 상대주의에서 벗어난다. 정의의 의미는 모든 감정이 그렇듯이 개인적이고, 그렇기 때문에 사람에 따라서 달라질 수 있다. 모든 사람에게 정의의 의미가 동일하다고 믿는다면 교육이 우리에게 제공하는 심리적 습관의 힘을 무시하는 셈이 될 것이다. 그렇다고 해서 우리가 보편적 정의의 관념을 포기해야만 할 것인가?

정의와 인간 본성

상대주의의 비밀스러운 이유들

정의의 상대성이라는 원칙에 환멸을 느낀 파스칼은 이렇게 말했다. "피레네 산맥 이쪽에서 진리인 것이 저쪽으로 가면 진리가 아니다." 어쩌면 정의의 상대성에는 폭군의 계산속이 숨어 있는지도 모른다. 반란을 막을 수 있는 최선의 방법은 백성들에게 그의 변덕을 심판하고 비난할 수 있는 정의 자체가 없다고 믿게 하는 것 아닌가? 보편적 규범의 가능성을 부정하는 것은 무엇보다도 기득권을 쥔 자들에게 아주 요긴한 거짓말일 것이다.

상대주의자들에게 기만적인 의도가 있는가를 찾아볼 필요도 없다. 그들이 사태와 권리를 혼동하는 오류를 범하고 있음을 지적하는 것만으로도 충분하기 때문이다. 실제로 상대주의자는 (이미) 존재하는 것을 존재해야 할 것으로 착각하고 있다. 정의 그 자체에 대한 관념을 거부한다는 것은 정의는 (이미) 이루어진 것, 존재하는 것, 요컨대 현실에 다름 아니라고 주장하는 셈이 된다. 그처럼 '현실'이라는 기술적 개념으로 충분하다면 우리가 어째서 '정의'의 규범적인 개념을 보전해야 하는가에 대해서도 알 수 없게 된다.

정의의 요구

정의 그 자체의 개념은 우리가 영원히 찾을 수 없는 유토피아가 아니다. 사람들 사이에 지속가능한 관계가 수립되기 위해서, 또한 사회가 이해관계로 뭉친 일시적인 조합이나 군주의 손에 놀아나는 장난감이 되지 않기 위해서, 사실상 어떤 부분도 피해를 입지 않도록 타인과의 관계를 규제하는 규범을 수립할 필요는 분명히 있다.

이러한 규범은 인간에 대한 생각을 바탕으로 정초할 수 있다. 인간은 그 본성상 이성을 지닌 자유로운 존재로 여겨진다. 그러므로 자유와 이성이라는 근본적인 두 가지 면을 존중하는 모든 행위와 입법은 정의롭다고 할 수 있을 것이다. 우리는 보편적 인간 본성에 대한 정의를 담보삼아, 정의를 타인과의 관계에서 각 사람에게 주어지는 요구로서 생각할 수 있겠다.

▶ **철학의 도구들**

▷▷▷ **혼동하지 마세요**
- 정의와 사법 체계 | 우리는 보편적 규범과 한 나라의 법을 적용할 책임이 있는 제도를 존중하는 정의로운 인간의 덕을 '정의'라고 한다. 그러나 보편적 규범과 법적 제도를 정의와 구분하기 위해서 '사법 체계'라고 따로 부르는 것이 합당하다.

▷▷▷ **정의**
- 규범적 | 어떤 말 혹은 사태를 인정하거나 평가하거나 비판하기 위한 규칙 혹은 규범을 발화하는 모든 판단은 규범적이다.
- 상대주의 | 모든 생각이(이 경우에는 정의의 개념화가) 그것을 채택하는 집단에 따라서 상대적이며 그 집단 내에서만 유효하다고 주장하는 견해.

▷▷▷ **더 읽어볼 만한 글들**
파스칼, 『팡세』.
루소, 『에밀』.
칸트, 『순수이성비판』.
니체, 『도덕의 계보』.

가끔은 법을 어겨도 될까?

프랑스 대혁명의 대표 문서인 「인간과 시민의 권리선언Déclaration des droits de l'homme et du citoyen」의 제2조는 "압제에 저항할 권리"라는 불가침적인 자연권을 선포한다. 그런데 이 조항은 제7조 "법에 의해 소환되거나 체포된 모든 시민은 모두 즉각 순응해야 한다. 이에 저항하는 자는 범죄자가 된다."와 짝을 이룬다. 압제에 대한 저항은 권리로 인정되는 반면, 법에 대한 저항은 범죄라는 말이다. 그렇지만 법은 제약이기도 하다. 그러므로 법이 압제가 될 수도 있지 않은가? 그럴 때는 우리가 법에 따르지 않아도 될까?

법으로서의 불복종

억압과 자유

억압은 법정성의 가면을 쓰고 있다고 해도 제약 외에는 다른 법을 가질 수 없다. 법은 만인에게 평등한 것이므로 그 자체가 평등을 전제한다. 억압은 억압을 가하는 사람만 제외하고 모두를 대상으로 한다. 법의 제약은 일반의 이익이라는 관점에서 실행되지만 억압의 제약은 개별적 이익이라는 관점에서 실행된다.

억압에 대한 저항권은 시민의 자유이지 단순한 변덕이 아니다. 모든 형벌 법규가 압제적인 법은 아니다. 형벌 법규는 어떤 법이 공공의 자유를 보증하는가 아니면 압제를 보증하는가에 대한 판단을 각 사람의 임의적 판단에 맡기지 않는다.

법이 압제적이라는 구실을 내세워 개인이 임의로 법에 불복한다면 그러한 불복이 오히려 압제의 지배에 이용될 수도 있다. 실제로 전제 정치는 선한 의지에서 나왔을지라도 사회에 혼란을 일으키고 법에 대한 일반적인 복종이 보장하고 보호하는 자유를 제한한다.

자연권 가설

그러나 각 사람은 개별적 이익을 떠나서 우리가 복종해서는 안 되는 법들이 무엇인지 결정할 수 있어야 한다. 개인은 영혼과 양심에 호소하여 그러한 법들이 일반의 이익에 부합하는지, 그 자신의 자유는 물론이요, 다른 모든 개인의 자유와 상충되지는 않는지 살펴야 한다.

따라서 각 사람은 각기 정의에 대한 선천적 감각을 기준으로 삼아 일반의 이익을 결정한다. 압제는 「인간과 시민의 권리선언」이 전제하는 자연스러운 감각으로 확인할 수 있는 것이므로 압제에 대한 저항은 자연권이다.

법은 어떤 식으로든 자연권이라는 원시 법제를 존중해야만 한다. 자연법에 어긋나는 법은 적법한 불복종에 노출되게 되는 셈이다. 그러나 실정법밖에 존재하지 않는다면 저항권은 어떻게 되는 걸까?

복종이 법을 만드는가?

모든 법은 복종을 내포한다

법에 대한 복종은 법의 존재 그 자체이다. 사람들이 따르는 법은 실제로 적용된 법이요, 사람들이 따르지 않는 법은 법이 아니다. 사람들이 복종하지 않는 이상, 그러한 법은 이상으로 남을 뿐이다. 법의 실효성은 복종에서 비롯된다.

단 한 사람이 법에 불복하고도 벌을 받지 않았다면 그로 인해 법은 완전히 뒤바뀌고 만다. 한 병원 앞에 주차가 금지되어 있다고 하자. 그렇게 병원 환자들의 건강을 보호해왔던 법이 어느 한 사람에게만 병원 앞에 주차를 하고도 벌을 받지 않는 특권을 보호해줄 수도 있을 것이다. 이때 법은 그 사람의 이익을 위한 것으로 변질되고 오직 그 한 사람이 벌을 받지 않음으로 인해서 그는 압제적인 체제의 우두머리가 되어버린다.

그러므로 법은 모두가 복종해야 한다. 법의 보편성이 법의 힘과 적법성을 구성한다. 반대로 압제적인 법은 어느 한 사람을 봐준다는 바로 그 점 때문에 압제자 그 자체가 된다.

압제적인 법에 따라야 할 의무도 있는가?

이렇듯 압제적인 법의 지배를 받는 어떤 개별자가 그 법을 뛰어넘고자 함으로써 그 법에 복종하지 않는 자들의 편에서 벗어나 스스로 압제자가 될 수도 있는 것으로 보인다. 하지만 어느 한 사람만 압제를 뛰어넘는 것은 적법하지 않다.

법에 불복하는 사람은 벌을 받아야 한다. 그렇게 해야만 시민들 사이의 평등에서 자신을 예외로 두지 않을 수 있기 때문이다(자신을 예외로 두면 그 자신이 압제자가 되어버린다). 『크리톤』에 나타난 소크라테스의 예가 바로 이런 경우였다. 그는 자신이 인정하지 않는 법이 내리는 형벌도 회피하려 하지 않았다.

그렇지 않으면 모든 시민이 그 법에 불복해야만 한다. 달리 말해서 그 법은 폐지되어야 한다. 혹은 그러한 법을 옹호하는 체제 자체를 전복시켜야 한다. 혁명은 압제에 대한 저항이 가장 심원하게 드러나는 형태이다. 왜냐하면 혁명은 부당한 법을 공격할 뿐만 아니라 그 법을 만들어낸 사람도 공격하기 때문이다.

▶철학의 도구들

▷▷▷ 혼동하지 마세요
• 압제적인 법과 형벌 법규 |
압제적인 법은 법의 근본적인 원칙(보편성, 일반의 이익에 대한 도모)에 어긋나면 자연권이 시민의 저항을 허락하는 억압을 수립한다.
형벌 법규는 시민의 권리가 아니라 의무를 수립하므로 제약적이기는 하지만 합법성을 존중한다. 억제가 곧 압제는 아니다. 압제는 모든 사람의 자유에 위배되지만 형벌 법규의 억제는 오히려 각 사람의 자유를 보호한다.

▷▷▷ 더 읽어볼 만한 글들
플라톤, 『크리톤』.
파스칼, 『팡세』, 326~327.
칸트, 『법론』, § 49.
홉스, 『시민론』, XIV, XX.

폭력이 정당화될 수 있는가

아이들을 유괴한 범인이 붙잡혀 감옥에 들어갔다. 시민의 자유를 빼앗는 일은 불법이지만, 다른 시민의 자유를 빼앗은 시민의 자유를 박탈하는 것은 합법이다. 법은 모든 형태의 폭력을 금지하지만 때로는 시민의 복종을 요구하기 위해서 스스로 폭력에 의지한다. 그렇지만 오직 국가만이 그처럼 폭력에 의지할 권리를 갖는다. 베버의 표현에 따르면, 국가는 "적법한 폭력을 독점"한다. 하지만 국가는 무슨 권리로 그렇게 할 수 있단 말인가?

법의 토대에 있는 폭력성

힘이 없으면 법도 없다

법 그 자체는 힘의 표현이다. 법은 사회에 도입되면서 사회가 스스로 교정되도록 제약을 가한다. 사실, 사회가 그 상태로서 유지되도록 하기 위해 법에 호소해야 할 필요가 무엇이 있을까? 그 이유는 단 하나, 사람들이 (힘을 수반하지 않는) 법을 따르지 않기 때문에 복종하게 하기 위해서다.

더욱이 힘이 없는 법은 아무것도 아니다. 모두가 법을 위반해도 벌을 면할 수 있다면 그런 법이 무슨 쓸모가 있겠는가? 법을 따르지 않으면 반드시 벌을 받아야 한다. 그렇지 않으면 아무도 법에 복종하지 않을 것이다. 법을 위반한 자에게 가해지는 폭력은 법에 대한 복종의 진정한 이유다. 법을 따르지 않는 사람들은 항상 그러한 처벌의 폭력을 면할 수 있기를 바란다.

이러한 조건에서 각 사람은 복종의 필요성을 인정할 뿐 아니라 악한 의지에 대항하기 위해서 폭력에 호소하는 것은 적법하다고 인정한다.

폭력에 종지부를 찍는 최고의 폭력

힘은 법의 조건이다. 오직 강성한 힘만이 법을 법답게 만들 수 있다. 그러나 법을 이루는 요소가 힘 하나뿐이라면 법은 임의적인 것이 될 수도 있다. 그래도 법은 법이다. 그러므로 법이 지배하는 사회는 힘이 지배하는 사회이며, 권력의 정체성을 드러내는 것이 법의 본성이다.

그렇기에 폭력은 모든 적법성의 근원처럼 나타난다. 법을 존중하게 하는 것, 그것은 우리가 법에 복종하지 않을 수 없도록 제약하는 것이다. 한 사람이 지배하는 곳에서 법은 사람들이 할 바를 정한다. 그러므로 질서가 수립되려면 강한 권력이 필요하다.

법이 지배하지 않는 사회에서는 오히려 폭력이 난무한다. 각 사람은 이웃을 생각하지 않고 제멋대로 행동할 것이고, 오늘 내가 저지른 소행에 대해서는 내일 그 대가가 돌아올 것이다. 그러므로 평화와 질서가 수립되려면 하나의 폭력이 기선을 잡아야 한다. 헤게모니적인 하나의 힘이 있어야 한다는 말이다. 최고의 폭력이야말로 다른 모든 폭력을 그치게 할 수 있다. 그렇기 때문에 법이 탄생한 것이다.

법에 봉사하는 폭력

법 위에 있는 폭력

어떤 법도 사회에서 폭력을 완전히 제거할 수는 없다. 법이 복종을 얻기 위해 폭력을 도입하기 때문이다. 그렇다고 해서 폭력이 법의 권위를 정초한다는 뜻은 아니다. 오히려 법의 권위가 폭력을 적법화한다고 보아야 할 것이다.

나에게 폭력이 가해질 때 내가 그 폭력의 권리를 인정하지 못한다면 설령 그 폭력이 합법적일지라도 나에게는 적법하지 않은 것으로 여겨진다. 물론 나는 어쩔 수 없이 힘에 굴복하기는 하겠지만 나의 존중은 우러나지 않을 것이다. 내가 법을 전복시키고자 하는 일이 없기 위해서도 힘이 필요하지만, 내가 힘을 전복시키고자 하는 일이 없기 위해서 법이 필요하기도 하다.

따라서 적법성은 힘에 대해 독립적이다. 모든 폭력이 적법하지는 않다. 힘이 모두에게 인정받기 위해서는, 힘의 전복을 꾀하는 사태를 방지하기 위해서는, 힘은 법의 질서에 입각하여 사용되어야만 한다. 유일하게 적법한 폭력은 법이 부과하는 폭력뿐이다.

국가 이성의 애매성

국가는 일반 이익이라는 명목으로 개별 이익에 대해 폭력을 행사할 수 있다. 이것이 힘에 대한 호소를 적법화하는 법의 일반적인 공식이다. 그러나 개별적인 이익이 일반의 이익에 폭력을 가한다면,

개별적인 이익에 폭력을 행사할 권리가 있는 일반의 이익은 어디 있는가?

실제로 어느 한 개별적 이익을 도모하는 국가 이성의 압수 행위는 전제적 폭정에서 전형적으로 나타나는 모습이다. 그러한 체제는 그 본성상 폭력적이며, 적법성 따위는 고려하지 않는(그러나 적법성의 가면을 쓰고 있는) 권력의 임의성에 모든 사람이 굴복해야만 한다. 이는 일반 이익을 가장한 개별적 이익을 위하여 다른 개별적 이익에 폭력을 가하는 경우라고 보아야 할 것이다.

결론적으로, 유일하게 적법한 폭력은 진정한 국가 이성의 이름으로 개별적 이익에 대항하여 행사되는 폭력이다. 그러나 여기에는 논란의 소지가 있다. 사실 국가의 어떤 결정이 전제적인지, 아니면 루소의 표현대로 "우리에게 자유를 강제하는지" 어떻게 알 수 있단 말인가?

▶ **철학의 도구들**

▷▷▷ **혼동하지 마세요**
• 폭력과 제약 |
폭력은 개인에 대한 힘의 행사로서 개인이 그의 뜻대로 할 수 없게 한다. 폭력은 힘 그 자체와는 구분되며, 힘의 일종이다. 그러나 힘은 무생물에도 행사될 수 있다.
제약은 누군가의 일반적인 안위와 선을 위하여 그에게 대항하는 힘의 행사다. 제약을 당하는 당사자가 그러한 힘의 행사를 바라기도 한다(예를 들어 안전벨트 착용법은 일종의 제약이지만 사람들이 필요를 느끼고 바라는 바이기도 하다).

▷▷▷ **정의**
• 일반 이익 | 공동체의 집단적 선. 그러나 그에 대한 생각은 사람마다 다를 수 있다.
• 개별 이익 | 개인의 선으로서 일반의 이익에 상반될 수도 있다.
• 국가 이성 | 정치적 권위를 지니는 논증으로서 (예외적인 상황에서) 개별 이익보다 일반 이익이 우위에 있다는 이유에서 개인에게 피해를 입히고 부당해 보이는 조처를 취할 수 있음을 뜻한다.

▷▷▷ **더 읽어볼 만한 글들**
플라톤, 『고르기아스』.
파스칼, 『팡세』, 312, 385.
베버, 『막스 베버 선집』.
한나 아렌트, 『혁명론』.

정의와 복수

프랑스에서 그레고리 빌맹이라는 어린아이가 시체로 발견되었다. 이 사건은 빌맹 사건으로 불리면서 전국을 한창 떠들썩하게 했다. 처음에는 소년의 어머니가 범인으로 지목되었으나 증거불충분으로 풀려났다. 그런데 소년의 아버지는 매형인 베르나르 라로슈가 자기 아들을 죽인 범인이라고 확신하고 있었다. 베르나르 라로슈의 혐의가 인정되지 않자, 아버지는 자신이 직접 정의를 실현하겠다고 결심했다. 그는 라로슈를 총으로 쏘아 죽이고 말았다. 이 경우에 복수는 처벌을 대신했다. 피해자가 판사와 형리 역할을 다한 셈이다. 그렇지만 이 사건에서 정의는 최선을 보여주었는가? 만약 정말로 베르나르 라로슈가 범인이었다면 이런 식의 복수극이 더 정당하지 않을까? 국가는 가족사에 대해서 무엇을 해야 할까?

복수는 최선의 정의

대개의 경우, 피해를 입은 당사자는 제삼자를 통한 처벌보다 직접적인 복수에서 만족을 얻는다. 복수를 하는 사람의 개인적인 관점에서 보자면 받은 만큼 즉시 상대에게 되돌려주는 것이 항상 정당한 듯 여겨진다. 왜냐하면 피해를 입은 사람은 다름 아닌 그 자신이기 때문이다. 오늘날에도 일부 국가에서는 이런 식으로 정의가 실현되고 있기도 하다.

이렇듯 정의는 보상의 논리에 따라서 기능한다. 복수는 "차갑게 먹는 음식", 자기가 겪은 고통을 되돌려주면서 느끼는 기쁨으로서 불의한 상태에 다시 균형을 이루고자 한다. 그러므로 피해자들은 범인이 정의에 의해 벌을 받고 난 다음에 오히려 자기 손으로 직접 복수를 할 수 없게 되었다는 좌절감을 느끼기도 한다.

그렇지만 다른 한편으로 복수가 정의로운 것으로 인정되려면 피해자가 입은 피해의 정도에서 조금도 더 벗어나서는 안 된다. 이처럼 받은 만큼만 되갚아주어야 한다고 규정하는 법이 "눈에는 눈, 이에는 이"라는 말로 유명한 탈리온 법(동태복수법)이다. 만약 복수가 한도를 넘어서면 불의가 될 것이고, 그로 인해 또 다른 복수를 부르게 된다. 복수가 한도를 지키는 한에서만 정의는 존중된다. 프란츠 카프카Franz Kafka는 『유형지에서』에서 죄인의 등에 그가 어긴 법을 문자로 새겨넣는 정의의 집행 도구를 상상한다. 기계가 돌아가면 아무도 자신의 과도한 행위에 대해 책임을 질 필요가 없다. 반면, 스스로 복수하는 자는 그 책임을 지나치게 남용하여 다시 복수를 부르게 될 것이다.

복수는 불의 중에서도 최악의 불의다

그렇지만 복수에 알맞은 정도, 복수의 필요성은 오로지 피해자만이 가늠할 뿐이다. 피해자는 스스로 원고 역할과 판사 역할을 다 하는 셈이다. 그러나 그에게 피해를 입힌 사람, 다시 말해 복수를 당하는 사람의 관점에서 볼 때는 그가 가했던 피해가 아주 정당한 것은 아닐까? 사람에 따라 사정은 다르다. 피해를 입은 사람은 정의를 내세워 복수를 하겠지만 피해를 입힌 사람은 그렇게 생각하지 않을 것이다. 복수하는 사람은 그 사람대로 복수를 당하는 사람에게 불의하게 여겨질 것이고, 그래서 다시 정의를 수립하기 위해 필연적으로 새로운 복수를 부르게 될 것이다.

그러므로 개별자들의 정의는 관점의 정의 혹은 주관적 정의다. 그러한 정의는 무한히 이어지는 복수를 불러올 것이고, 결코 객관적 정의는 실현될 수 없을 것이다. 나는 네가 스스로 그럴 만한 권리가 있다고 생각하지만 나에게 한 짓 때문에 너에게 복수한다. 네가 그럴 권리가 있다고 생각했듯이, 나의 복수도 나에게는 정당해 보인다. 그러나 너는 그렇게 보지 않을 것이고 이 복수가 불의하다고 생각하기에, 네 나름대로 다시 복수하려들 것이다. 그러면 나 또한 가만히 있지 않을 것이고, 이런 식으로 복수는 끝없이 이어진다. 이처럼 사람은 저마다 자기가 정의의 편이라고 생각할 수 있다.

복수는 정의로 대체되어야 한다

우리는 직접적인 복수의 고리를 끊기 위해서 판사와 형리를 중재인으로 두어야 한다. 판사와 형리는 무사공평한 제삼자들로서 객관적 정의, 다시 말해 모든 주관적 관점과 동기에서 벗어난 정의를 범죄의 무한한 연쇄에서 끌어내고 실현한다.

이러한 중재에서 비롯된 처벌은 정의를 실현하는 최선의 방식이다. 반면, 복수는 불의 중에서도 최악의 불의라고 해야 할 것이다.

▶ 철학의 도구들

▷▷▷ 혼동하지 마세요
• 주관적 정의와 객관적 정의 |
주관적 정의는 서로 분쟁을 일으키는 두 편에서의 개인적 관점에서 나온 정의로서, 자신이 옳다고 느끼는 감정이다. 주관적 정의는 객관적으로 보아 정당할 수도 있고 부당할 수도 있다.
객관적 정의는 모든 개별적 관점에서 독립된 정의로서, 절대적이며 정의 그 자체에 해당한다. 판사는 이러한 객관적 정의에 다가가려고 애쓴다. 객관적 정의도 주관적으로는(사람에 따라서는) 정당하게 여겨질 수도 있고 부당하게 여겨질 수도 있다.

▷▷▷ 정의
• 처벌 | 죄인에게 피해자와 독립된 심급에서(이를테면 소송을 통하여) 간접적으로 가하는 벌.
• 복수 | 피해자가 죄인에게 직접적으로 가하는 벌. 복수를 통하여 죄인은 피해자로 처지가 변화한다.
• 탈리온 법 | 구약성서에서 정의를 실현하기 위해 제시된 법. 죄인은 피해자 당사자에게나 독립적으로 책임을 지는 사람에게 정확하게 피해를 입힌 만큼 갚아주어야 한다고 밝히고 있다.

▷▷▷ 더 읽어볼 만한 글들
칸트, 『법론』, § 49.
헤겔, 『법철학 강요』.
카프카, 『유형지에서』.
니체, 『도덕의 계보』.

▶ 생각해볼 주제

힘과 정의

힘이 권리를 낳지는 않는다

 루소는 다음의 인용 글에서 가장 강한 자의 권리라는 것은 없다고 말한다. 우리는 우선 루소가 '강제하다'와 '의무를 지우다'를 구분하고 있음을 주목할 수 있겠다. 나는 노상강도를 만나서 그가 들고 있는 권총 때문에 지갑을 넘겨주도록 '강제'당한다. 하지만 내가 그래야 할 의무는 정신적으로 전혀 없다. 그런데 힘은 강제하는 반면, 의무는 말 그대로 의무를 지운다. 의무는 도덕적 위력으로서 내면적이다. 그러나 힘은 '물리적 위력'이며 외부적이다. 이 구분에 따라 살펴보면, 루소의 글은 귀류법을 통하여 힘 혹은 외적 제약이 어떤 의무 혹은 내적 제약도 낳을 수 없음을 증명한다.

 가장 강한 자의 권리를 수립한다는 것은 곧 그자의 약함을 고백하는 꼴밖에 되지 않는다. 힘이 정말로 진정한 힘이라면 스스로 수립되는 데 어떤 권리도 필요치 않을 것이다. 그러므로 가장 강한 자의 권리는 사실 가장 약한 자의 권리다. 가장 강한 자는 자신이 계속 가장 강한 자로 남기를 원하지만 어느 한순간에 그렇게 될 수 없음을 두려워한다. 그래서 그는 힘을 통하여 권리를 도입하면서 순수한 힘의 지배를 부정한다. 그는 가장 강한 자에게 권리가 돌아와야 한다는 사실을 부정하면서 주장하고 있는 셈이다. 가장 강한 자의 권리라는 원칙에는 이러한 모순이 뿌리내리고 있다. 더욱이 권리는 불변적이어야 하지 않은가? 그런데 가장 강한 자의 권리를 인정하면 루소의 말마따나 "결과가 원인과 바뀌어버리고"만다. 다시 말하면 권리(결과)가 힘을 가진 것(권리의 원인)과 바뀐다는 뜻이다. 그래서 루소는 저 유명한 결론, "힘이 권리를 낳지는 않는다."에 이르게 된다.

가장 강한 자라도 자기의 힘을 권리로, 남의 복종을 의무로 바꾸지 않는 한 언제까지나 주인일 수 있을 만큼 강한 것은 결코 아니다. 여기서 가장 강한 자의 권리라는 것이 나온다. (……) 그러나 이 말은 언제까지나 우리에게 설명되지 않는 것일까? 폭력은 하나의 물리적인 힘이다. 그것이 작용한 결과에서 어떤 도덕성이 나올 수 있는지 나는 전혀 모르겠다. 힘에 굴복한다는 것은 부득이한 행위이지 자기 의지에 의한 행위가 아니다. 그것은 기껏해야 신중을 기한 행위일 뿐이다. 어떤 의미에서 그것이 의무일 수 있을까?

잠시 이 소위 권리라고 하는 것이 존재한다고 가정해두자. 나는 거기서 나오는 결과가 그저 뭐가 뭔지 모를 잠꼬대에 지나지 않는다고 말하고 싶다. 왜냐하면 권리를 낳는 것이 힘이라면 결과가 원인과 바뀌어버리기 때문이다. 말하자면 최초의 힘을 이긴 힘은 모두 전자의 권리를 물려받는 것이다. 복종하지 않아도 처벌받지 않는다면 사람은 복종하지 않아도 합법적일 수 있다. 그리고 가장 강한 자가 언제나 올바른 이상, 문제는 자기가 가장 강한 자가 되도록 하는 것뿐이다. 그런데 힘이 없어지면 사라져버리는 권리란 대체 어떤 것일까? 만일 힘 때문에 복종하지 않으면 안 된다고 한다면 의무 때문에 복종할 필요는 없다. 또한 사람이 복종을 강제당하지 않게 되면 이제 복종해야 할 의무는 없어진다. 그래서 이 권리라는 말은 힘에 아무것도 덧붙이지 않음을 알 수 있다. 권리라는 말은 여기서 아무 의미도 없는 것이다.

(루소, 『사회계약론』 중에서)

정의를 힘 있게? 아니면 힘을 정당하게?

파스칼도 아래의 글에서 힘과 정의를 구분하지만 루소와는 달리 가장 강한 자의 권리를 정당화할 수 있는 이유를 발견한다. 파스칼에 따르면 힘과 정의의 대립은 상호반박하는 중에 보통사람들의 평화를 어지럽힌다. 그러므로 힘과 정의는 반드시 결합해야 한다. 그러나 사람들이 무엇이 정의로운지는 잘 모르는 반면, 힘은 인정하게 마련이다. 루소가 가장 강한 자의 권리가 모든 혼란의 화근이라고 은연중에 암시하는 것과는 달리, 파스칼은 가장 강한 자의 권리를 시민 평화의 근원으로 보았다. 그렇지만 루소와 파스칼은, 한 사람은 무엇이 정의로운지를 우리가 안다고 생각하고, 다른 한 사람은 모른다고 생각한다는 점에서 진정으로 대립한다. 파스칼에 따르면 이것이야말로 인간의 위대함과 비참함의 패러독스다. 인간의 위대함은 정의가 있음을 아는 데 있지만, 그의 비참함은 정의가 무엇인지를 모르는 데 있다. 우리는 지상에 정의를 수립할 수 없기에 언제나 평화를 수립할 수 있는 것이다.

정의로운 것을 따르는 것이 정의라면, 가장 강한 것을 따르는 것은 필연이다. 힘없는 정의는 무력하고, 정의 없는 힘은 압제적이다. 세상에는 항상 못된 사람들이 있게 마련이므로, 힘이 없는 정의는 반항에 시달리게 된다. 정의가 없는 힘은 고발당한다. 그러므로 정의와 힘은 함께해야 한다. 그러자면 정의로운 것은 강해야 하고, 강한 것은 정의로워야 한다.

정의는 논의의 대상이 되곤 하나 힘은 아주 알아보기 쉬우면서도 논의되지는 않는다. 그래서 우리는 정의에 힘을 부여할 수 없었다. 힘이 정의에 항변하여 자신이 옳고 정의는 불의하다고 우겼기 때문이다. 그런고로 우리는 정의로운 것을 힘 있게 하지 못한 채 힘 있는 것을 정의로운 것으로 간주했다. (……)

분명히 재화의 평등은 옳다. 그러나 인간은 힘을 정의에 복종시키지 못하고 정의를 힘에 복종하게 했다. 정의를 힘 있게 할 수 없었기에 힘을 정당화했다. 그리하여 정의와 힘이 공존하고 지고선인 평화가 이루어지게 하고자 했다.

(파스칼, 『팡세』 중에서)

지식과 노하우

(추상적) 이론과 (구체적) 실천의 구분과 대립은 아주 통상적인 것에 속한다. 플라톤이 전하는 설화에 따르면 역사에 이름을 남긴 최초의 철학자 겸 수학자 탈레스Thales는 고개를 쳐들고 하늘을 보면서 걷다가 웅덩이를 보지 못하고 빠지는 바람에 하녀의 웃음거리가 되었다고 한다. 일상의 가장 소박한 일도 제대로 해내지 못한다면 먼 곳에 대한 까다롭고 난해한 지식이 무슨 소용이 있겠는가? 세상 사람들의 생각, 억견臆見, doxa은 그리 생각하겠지만 플라톤은 억견을 진정한 앎과 대비시키고 무지에 가까운 것으로 보았다.

지식과 노하우의 대립

관념은 사물이 아니다

사유와 실재를 혼동해서는 안 된다. '지식(앎)'은 정신이 어떤 기호들을 소유함을 뜻한다. 그런데 실재 그 자체는 알 수 없다. 다만 우리는 실재에 대한 어떤 것을 알 수 있을 뿐이다. 이 말은 실재 그 자체는 우리와 간극을 두고 있으며 앎에서 벗어나 있다는 뜻이다. 나는 지구가 태양 주위를 돈다는 것을 알지만 지구는 내가 그 사실을 안다는 것을 알지 못한다. 지구의 공전에 대한 나의 지식은 공전의 속도나 위치에 대해 아무 영향도 미칠 수 없다. 앎은 사물에 영향을 끼치지 못한 채 미끄러질 뿐이다.

"지구는 태양 주위를 돈다."라는 나의 앎은 '지구', '태양' 따위의 객관적 현실을 가리키는 기호들(단어들)이 없으면 존재할 수 없다. 그것들은 기호인 이상, 세계의 사물을 지시하기만 할 뿐이고 세계(실재) 자체에 속하지는 않는다. 기호는 실재하는 세계를 초월하는 또 다른 세계, 즉 상징적 세계를 이룬다. 한편, 그 어떤 동물도 지구가 태양 주위를 돈다는 사실은 알지 못한다.

실재와의 관계
반면에 노하우는 그것이 변화시키는 사물에 대한 직접적인 행동을 가리킨다. 나의 앎은 실재를 그 상태 그대로 내버려두는 반면, 노하우는 실재를 나의 욕망과 계획에 맞게 변화시킨다. 앎은 신체와 물체를 괄호 치고 유예시킨 채 정신을 일깨울 뿐이지만 노하우는 신체와 물체를 세계와 대결시킨다. 그러한 대결 혹은 교류가 끝나고 난 후에는 신체와 물체는 물론, 세계도 그 이전 상태로 돌아가지 못한다.

구체적 노하우와 추상적 앎
더욱이 노하우가 실현되는 데는 앎이 필요치도 않다. 그리스 인들은 거대한 피라미드의 부피를 계산하는 법을 알았지만 피라미드를 건설하지는 않았다. 반면, 이집트 인들은 피라미드를 건설한 장본인이지만 기하학적 계산법은 알지 못했다. 배우는 평론가도 아니고 역사가도 아니며 문학 전공자도 아니다. 그러나 그는 자기가 맡은 인물에 대해 아는 바가 없어도—대학에서 강의하는 내용과 같은 지적인 앎은 없을지언정—그 인물을 연기할 수 있다. 그뿐 아니라 오히려 그 인물에 대해 너무 잘 알게 되면 배우가 역할을 소화하는 데 필요한 인물과의 동일시가 더 어려워질 수도 있다. 미술사학자는 들라크루아F. V. E. Delacroix가 그 자신을 아는 것 이상으로 그에 대해 더 잘 알 수 있다. 그러나 그 학자는 들라크루아가 아니기 때문에 그림은 그리지 못한다. 그래서 위대한 예술가들이 자기 작품을 설명하는 말을 들으면 실망스러울 때가 있다. 그들은 자기가 무엇을 했는지 실제로는 의식하지도 못한 채 작품을 만들어낸 것 같기 때문이다. 마치 예수를 처형한 사람들이 그들 자신이 무슨 짓을 하는지 알지 못했던 것처럼 말이다.

앎은 적용되지 않을 수도 있다

반면, 얼마나 많은 석학들이 그들의 앎을 현실화하는 데 실패했던가! "이론에서 참인 것이 실천에서는 참되지 않다."는 말도 있다. 사물과 맞닿아 있지 않은 순수 사유는 항상 다소 무책임하고 얼빠진 듯 보인다. 레오나르도 다빈치Leonardo da Vinci는 놀라운 기계들을 설계했다. 그의 설계의 유일한 문제점은 실제로 그 기계들을 만들 수 없다는 사실이었다. 하늘을 날기에 이상적인 형태들을 그려내기는 했지만 그것들은 결코 실제로 날지 않았던 것이다. 그렇지만 이러한 상식적 대립이 비판을 면하는 것은 아니다.

지식과 노하우의 상호함축성

이론과 실천으로서의 지혜

고대인들은 지금의 우리처럼 이론과 실천을 구분하지 않았다. 현자sophos에 대한 그리스 인들의 이상에는 위대한 앎과 선한 행동이 공존했다. 우리는 현자를 실천적인 차원으로만 생각하는 경향이 있지만 고대에 현자는 곧 학자이기도 했다.

더욱이 어떻게 행동하는 것이 합당한가를 알지 못하는 사람이 어떻게 선을 행할 수 있단 말인가? 플라톤은 올바른 행동이 일차적으로는 인식의 문제라고 말한다. 오늘날에도 도덕성과 상관없는 작업일지라도 어떤 작업을 실제로 잘 수행했을 때는 "올바르게 되었다."는 표현을 쓰지 않는가? 소크라테스도 이런 의미에서 고의로 못되게 구는 사람은 없다고 하였다. 선을 행한다는 것은 선을 안다는 것이요, 악을 행한다는 것은 선을 모른다는 것이다.

앎 없는 노하우는 없다

우리는 현재 노하우를 기술적 앎이라는 특수화된 의미로 사용하고 있지만 과연 노하우가 앎 없이도 가능하다고 상상할 수 있을까? 노하우에도 앎이 있고, 부싯돌을 깎거나 함정을 설치하는 등의 가장 원시적인 노하우를 통해서 귀중한 앎이 생겨날 수 있었다. 이러한 앎이 실용적이라는 이유로 멸시해야 할까? 오히려 그 반대다! 노하우는 앎을 (나아가 앎의 총체를) 현실화하고, 표현하고, 구체화한다.

과학 없는 현대 기술은 생각할 수 없다

가장 원시적인 기술이 놀라운 앎의 총체를 포함하고 있다면 현대 기술은 앎과 떼어놓고 생각할 수 없다. 여기서 '기술'이라는 말은 도구적이고 물질적인 의미이거나 스타일과 공정을 가리키는 비물질적인 의미이다. 실제로 노하우 없는 앎은 점점 더 설 자리를 잃고 있으며, 앎 없는 노하우 역시 사정은 마찬가지다.

실재는 앎을 시험한다. 실재는 앎이 측정되고, 평가되고, 유효성을 얻거나 잃게끔 한다. 로켓과 다리의 설계도를 그리려면 그 설계가 단순히 심미적이거나 유희적인 계획에 그치는 것이 아닌 한, 그것을 실제로 만들 수 있는가를 고려해야 한다.

옛날에는 상당수의 노하우가 경험적인 것(점진적인 모색, 시도, 시행착오를 거쳐서 습득되는)이었지만 오늘날에는 그렇지 않다. 과거에 운동이나 요리 기술은 습관과 경험에서 비롯되었지만 지금은 이론적인 지식의 총체를 통하여 설명되고 정당화되고 있다. 인간은 가능한 한 여러 가지 우연을 자신의 의지가 결정하는 바로 대체하려고 노력해왔다. 예컨대 최초의 염료는 우연히 발견되었지만 새로운 염료는 화학적 기술을 통해 만들어지는 발명 대상이 되었다.

이론을 간과하면서까지 실천을 찬양하는 것은 모순이다

칸트는 『이론적으로는 정당하지만 실천적으로는 아무 가치도 없을 수 있다는 진부한 통념에 대하여』라는 소책자를 통하여 이론과 실천이 인위적으로 대립되고 있음을 잘 보여주었다. 사실, 실천을 논한다는 것 자체가 그것을 이론화하는 것이다. 왜냐하면 우리가 만들어내는 것은 명백하게 드러나는 실천이 아니라 관념이기 때문이다. 따라서 우리는 회의주의자들에게 그들이 제기하는 비판을 고스란히 되돌려보낼 수 있다. "이론으로는 참이지만 실제로는 그렇지 않아!"라고 말할 수 있다. 하지만 그런 말이야말로 이론상으로는 참이지만 실천적으로는 거짓이다! 회의주의자(혹은 실용주의자)가 내세우는 것은 사실 이론에 대한 실천의 우위성, 우선권이다. 그렇지만 그러한 관점은 분명히 그 자체로 이론의 차원에 속한다. 우리는 이론에 힘입어서만 실천을 할 수 있기 때문에 실천을 내세워 이론을 깎아내릴 수 없는 것이다!

여기서 지식과 노하우의 관계라는 문제로 옮겨가 보자. 우리는 유비적인 결론에 도달하게 될 것이다. 노하우를 앞세워 지식을 간과하는 사람들은 그들이 노하우에 대한 지식에서 출발할 때에만 그러한 노하우를 확장할 수 있었음을 잊고 있는 셈이다(혹은, 잊어버린 체하는지도 모른다).

앎을 적용함으로써 이론은 확증된다

마지막으로, 노하우를 지식의 특수화(개별적 적용)로서 고려한다면 지식과 노하우를 대립적으로 파악할 필요가 전혀 없다. 어떤 지식의 보편성은 선별 가능한 영역의 특수성 때문에 부정되는 것이 아니며 오히려 그러한 영역을 통해서 실현된다. 어떤 노하우가 유효하기 때문에 그것의 개념이 이론의 보편성으로까지 확장될 수 있는 것이다. 가장 큰 일을 할 수 있는 사람은 가장 작은 일도 할 수 있다. 과학과 기술은 가장 작은 일을 하는 것이 가장 큰 일도 할 수 있다는 정반대의 원리를 덧붙인다. 우리가 곤충의 클론을 복제할 수 있다면 거기서 나아가 포유류도 복제하게 될 것이다. 또한 소립자들에 대한 실험은 우주론에서 제기되는 몇 가지 문제들을 푸는 데 크나큰 도움을 주게 될 것이다.

이렇듯 지식과 노하우는 서로 대립되는 것처럼 보일 수도 있지만 사실은 상호보완적이고 인간 노동의 두 가지 차원으로서 상호함축적이기도 하다(지식과 노하우는 전체 속의 분화된 두 부분이 아닌 것이다). 과학과 기술의 상호의존성은 오늘날 가장 두드러진 특징으로 손꼽을 수 있으며 지식과 노하우의 전통적인 대립은 얼마든지 초월할 수 있음을 잘 보여준다. 사실, 그러한 전통적 대립에서 지적 노동과 육체적 노동의 대립도 파생되었다. 오늘날 전반적인 철학의 도구에 기대지 않는 과학의 영역은 단 하나도 없다(심지어 수학조차도 점점 더 컴퓨터에 의존하고 있는 실정이다). 그런데 그 도구들은 언제나 점점 더 많은 노하우의 총체를 요구한다. 반대로, 모든 실천적 노하우와 기술이 다각화된 지식에 근거하고 있다는 것도 사실이다.

더욱이 오늘날 과학과 기술이 비약적으로 발전하는 이유는 바로 상호의존성 덕분이라고 할 수 있다. 과학과 기술의 상호의존성은 추상적이기만 한 순수 지식을 줄이는 한편 오로지 경험적이기만 한 노하우도 줄여나가는 경향이 있다.

▶ **철학의 도구들**

▷▷▷ **정의**
• 회의주의 | 진리가 존재하지 않는다고 믿거나, 설령 진리가 존재한다고 하더라도 인식할 수는 없다고 생각하는 철학 유파.
• 실용주의 | 실천적 성패가 진리의 탁월성을 판단하는 규준이 된다고 보는 철학 유파. 기계가 실제로 작동 가능하거나 어떤 행동이 성공을 이끌어낸다면 실용주의자는 그 기계를 만드는 데 필요한 관념, 행동을 성취하는 데 필요한 관념이 정당한 것으로서 회고적으로 입증된다고 볼 것이다.

▷▷▷ **더 읽어볼 만한 글들**
플라톤, 『국가』.
칸트, 『이론과 실천』.
헤겔, 『법철학 강요』.

인식과 지식

철학의 고유한 임무 중 하나가 바로 습관에 의해 혼란스러워진 개념을 정확하게 구분하는 데 있다. 실제로는 거의 동의어처럼 쓰이는 두 용어를 철학자는 엄격하게 구분하여 사용한다. 서로 다른 두 용어는 완전히 같은 뜻은 아니기 때문이다.

인식과 지식도 실제 사용에서는 혼동되고 있다. 여기에는 이유가 있는 듯하다. 오스트레일리아의 수도가 캔버라라는 사실을 아는 것은 지식이다. 나는 지리학적인 것들에 대한 인식이 있다. 그렇지만 여기에는 다양한 구분이 가능하며, 그 구분은 중대한 철학적 문제들을 끌어들인다.

일반성과 특수성

위에서 언급한 예에서 이끌어낼 수 있는 첫 번째 구분은 우리가 어떤 영역을 아는 것은 인식이고, 어떤 것을 아는 것은 지식이라는 것이다. 물론 우리는 둘 다 '안다'는 표현을 쓰지만 엄밀히 따지자면 이러한 구분이 가능하다.

지식을 하나의 점에 비유하자면, 인식은 통합성을 내포한다. 그러나 아주 특수화된 인식도 가능하기 때문에 이 같은 비유에는 예외가 있다.

이론과 실천

폴리네시아 사람들은 물리학도 모르고 기상학도 모르지만 작은 배들을 만들어낼 수 있다. 모두가 적어도 무엇인가 알고 있는 것이 있다. 이처럼 동물이나 어린아이에게까지 적용될 수 있는 앎(새는 날 줄 알고, 아이는 젖을 빨 줄 안다)은 지식의 범주에 속한다.

그러나 위에서 든 예는 인식이라고 하지 않는다. 지식 없는 행동은 불가능하지만 인식 없는 행동은 가능하다.

현실과 피상

지식은 사방으로 퍼진다. 그러나 인식은 현실에 파고들어 특수한 작업을 거친 후에만 나올 수 있다. 단순한 관찰만으로도 어떤 것에 대한 지식은 얻을 수 있다. 그러나 인식은 얻기가 매우 까다롭다.

예를 들어 그리스 인들은 광물의 일종인 호박을 세게 문지르면 전기가 일어난다는 사실을 알고 있었다('호박'을 가리키는 그리스 어가 'electron(전자電子)'이다. 이 말에서 오늘날 쓰이는 '전기electricity'가 유래했다). 그리스 인들은 전기를 얻는 법은 알고 있었지만 그들에게 전기에 대한 인식이 있었다고는 할 수 없다.

의식과 무의식

무의식적인 앎(지식)은 가능하다. 그 증거로, 우리가 사용하지 않는 기억은 잠재적인 것, 다시 말해 무의식적인 것이 된다. 그렇다면 무의식은 그 정의상 지식을 포함하게 된다.

반면, 무의식적인 인식은 그 말 자체가 모순이다. 자신이 알고 있음을 알지 못할 수는 있지만 자신이 인식하고 있음을 모를 수는 없다. 그렇기 때문에 (극단적으로 말하면) 기계에 대해서도 '지식'이라는 말은 쓸 수 있는 반면, '인식'은 절대 적용할 수 없는 것이다.

이렇듯 인식은 지식의 성취, 자기의식이 있는 상징 체계로의 통합으로서 나타난다. 지식의 경험적 축적이 아무리 많이 이루어진다고 해도 그것을 인식이라고 보기에는 부족하다. 어떤 교양이나 문화도 구성하지 못하는 단순한 현학의 형태들도 얼마든지 있을 수 있다.

그러나 다른 한편으로, 자신이 아는 것밖에 알지 못하는 자의 지식이란 무엇인가? 지식은 인식이 되어야 진정한 지식이 되는 것 아닌가? 수많은 정보의 합은 인식이 아니다. 그 이유는 정보의 합은 지식조차도 아니기 때문이다. 아리스토텔레스는 인식은 원인을 통하여 아는 것, 원인을 아는 것이라고 했다. 어느 나라에서 대규모 학살 사태가 일어났는데 사태의 원인이 무엇인지 전혀 알지 못한다면 나는 그 사건에 대해서 아무것도 모른다고 해도 좋을 것이다.

▶ 철학의 도구들

▷▷▷ 혼동하지 마세요
- '과학'이라는 말의 두 가지 의미 |

넓은 의미에서 과학science은 모든 지식을 가리킨다. 이때 '과학'은 '학문'으로 종종 번역되곤 한다.

엄격하고 좁은 의미에서 과학은 논리적인 방법과 증명된 진술의 총체를 가리킨다. 이러한 의미에서는, 정합성과 검증성이라는 규준에 부합하는 지식만을 '과학적이다'라고 할 수 있다.

▷▷▷ 정의
- 지식은 존재가 가질 수 있는 관념과 능력의 총체이다.
- 인식은 개념화되어 있으며 스스로 의식하고 있는 지식이다.

▷▷▷ 더 읽어볼 만한 글들
칸트, 『논리학』.

과학은 인식의 유일하게 가능한 형식인가

인식은 일반적으로 인간 주체가 대상과 맺는 관계로서 받아들여진다. 인식은 일종의 수용을 통하여 낯설고 외재적으로 머물러 있던 것이 의식-주체의 한 요소가 되는 것이다. 철학은 그 기원에서부터 끊임없이 인식의 두 가지 형태, 즉 진정한 인식과 거짓 인식을 구분하고 대립시켜왔다. 그래서 헤라클레이토스Heracleitos는 그가 생각하기에 유일하게 진정한 인식인 사물의 이성(로고스)에 대한 사유를 내세워 피타고라스주의자들의 백과사전적인 지식을 거부했던 것이다(헤라클레이토스는 피타고라스주의의 지식을 '박학polymathie'이라고 비난하기도 했다). 또한 플라톤은 소피스트의 궤변론을 철학과 대립시키고 진리에 대한 과오(혹은 기만)라고 비판한 바 있다. 실증주의, 그다음에는 과학주의가 플라톤의 머나먼 후계자가 되었다. 모든 인식의 형태 가운데 과학만이 진정하다는 것이다.

인식 양태의 다수성

우리는 어떤 주체가 대상과 내적 관계를 가질 때마다 인식을 논할 수 있다. 그러므로 종교적 인식, 예술적 인식도 얼마든지 가능하다.

종교적 인식

종교적 인식은 경험이나 추론을 매개로 이루어지지 않는다. 그러한 인식은 계시 혹은 영감에 근거를 둔다. 대천사 가브리엘은 무함마드Muhammad에게 알라의 말씀을 전했다. 그것이 꾸란의 계시였다. 신께서 예언자에게 친히 밝혀주신 것이다.

예술적 인식

마찬가지로 여러 문화권에 속하는 시인과 음악가도 측정이나 계산 없이, 특별한 법칙이나 공리 없이도 종종 내면적이고 심오한 실재에 대한 인식에 도달하곤 한다.

그렇지만 실증주의는 종교적 인식이나 예술적 인식을 모두 환영으로 치부한다.

과학은 유일한 인식이다

인식과 사유

인식은 단순한 사유가 아니다. 인식은 개념이라는 상징적 수단을 통하여 실재의 본질을 표현한다. 또한 인식은 참을 겨냥하며 종교와 예술이 지니지 못하는 객관성에 도달하고자 한다.

인식의 보편성

진정한 인식은 신비주의 체험이나 예술가의 직관과는 달리, 모든 사람들에게 공통되는 실재를 다루기 때문에 소통될 수 있다. 그런데 과학만이 보편적이다. 2 곱하기 2가 4라는 사실은 모든 인류에게 참이지만, 모든 인류가 섬기는 신이나 모든 인류를 위한 예술은 있을 수 없다.

과학은 아마도 인식의 유일하게 가능한 형식은 아닐 것이다. 모든 것이 우리가 인식 개념을 얼마나 엄밀하게 다루느냐에 따라서 달라질 수 있다. 만약 인식이 어떤 주체가 대상과 맺는 단순한 관계일 뿐이라면 분명히 과학적이지 않은 인식의 양태도 존재할 것이다. 그러나 인식을 인간이 실재를 이해하고 설명하며 다른 모든 이에게 전달할 수 있게 해주는 입증된 관념과 증명된 사태의 총체로 본다면 우리도 실증주의자들처럼 과학이 인식이 취할 수 있는 유일한 형식임을 주장하게 될 것이다.

▶ **철학의 도구들**

▷▷▷ **정의**
- **로고스**logos | 이성과 말言을 동시에 의미하는 그리스 어이다. 논리학logic이라는 말과 학문을 나타내는 접사 -logy(예: geology, zoology 등)가 여기에서 유래했다. 로고스는 꿈이나 신화 같은 비이성적인 환상에 대립되는 합리성이나 사유와 언어의 단일성을 가리키기도 한다.
- **실증주의** | (19세기에 오귀스트 콩트Auguste Comte가 설립한) 철학 사조로서 모든 형이상학을 거부하고 유일하게 타당한 인식 형태는 과학적 인식뿐이라고 주장했다.

▷▷▷ **더 읽어볼 만한 글들**
플라톤, 『고르기아스』.
플라톤, 『테아이테토스』.

과학과 기술

일반적인 견해는 대개 과학과 기술을 혼동한다. 그렇기 때문에 의술(기술)을 하나의 학문, 즉 의학이라고 하는가 하면 물리학(과학)은 어떤 기술처럼 생각하기도 한다. 이러한 혼동은 쉽게 설명된다. 과거에는 과학과 기술이라는 두 영역이 지금처럼 서로를 포섭하지 않았다. 그럼에도 오늘날 과학과 기술의 구분은 철학적으로 반드시 필요하다.

과학과 기술의 구분

과학은 진술의 총체요, 기술은 수단과 대상의 총체다. 과학은 이론적이며 말과 관념으로 이루어진 상징계에 속한다. 반면, 기술은 실천적이고 행동과 사물로 이루어진 현실계에 속한다.

과학과 기술은 그 목표에 따라 서로 구분된다. 과학이 인식을 목표로 하는 반면, 기술은 실존적인 욕구에 이용되는 까닭이다. 완전히 이해관계를 떠난 객관적 과학이라는 생각이 착각에 지나지 않는 듯 보이겠지만(그 어떤 것도 절대적으로 '무사공평할' 수는 없으므로) 어쨌든 크리스티안 골드바흐Christian Goldbach의 추측에 대한 증명이나 중

성미자의 질량 연구, 캥거루의 행동방식 연구 등은 그 성격상 우리의 실제 생활을 완전히 뒤바꾸어놓을 만한 것이 못 된다. 이처럼 '아무 대가를 바라지 않는' 과학은 가능하다. 그러나 '아무 대가를 바라지 않는' 기술은 있을 수 없다.

기술은 과학보다 우위에 있는가, 아니면 그 반대인가?

기술의 우위성

과학과 기술은 대칭적으로 파악할 수 있는 관계가 아니다. 하지만 이론과 실천, 인식과 행동의 이원론은 우리를 속이지 않는다.

기술의 우위성은 우선 기술이 시간적으로 앞선다는 점에서 나타난다. 최초의 도구는 최초의 정리定理보다 족히 100만 년은 먼저 등장했을 것이다. 사실 과학 없는 사회는 가능하지만(고대 사회, 전통 사회는 과학이라는 지식의 특수한 양태를 몰랐다), 기술 없는 인간 사회는 생각할 수도 없다.

진리에 대한 추구는 시급하지 않지만 욕구를 만족시키는 일은 시급하다. 그래서 모든 사회, 모든 문화는 개념들로 작동하는 메커니즘을 전혀 인식하지 못하는 가운데서도 모든 영역에 걸쳐 효과적인 기술을 발전시켜왔다. 폴리네시아 사람들은 바람이 부는 원리나 흘수(배가 물에 잠기는 부분)를 따지지 않았어도 좋은 배를 만들 줄 알았고, 골 족의 통 제조인들은 자기가 만드는 통의 부피를 계산하는 법도 몰랐지만 얼마든지 통을 잘 만들어낼 수 있었다.

일반적으로 도구, 기계, 장비는 그 작동 원리를 이해하지 못해도 만들어낼 수 있다. 열역학이라는 과학은 최초의 증기선이 발명되고 한참 뒤에야 등장했다. 또한 건전지는 전기역학이 과학적으로 이해되기 전에 발명되었다.

과학의 우위성

그러나 과학이 언제나 기술에서 파생되는 것은 아니다. 사실은 그 반대에 가깝다! 원추형에 대한 그리스 인들의 연구(포물선, 쌍곡선, 원, 타원)는 한참 뒤에야 광학 분야에 적용되었다.

오늘날 근본적 연구의 실험실로서의 세계 안에서 과학의 우위성이 존재한다면, 그 이유는 과학에서 전개되는 이론적 작업이 아직까지도 기술적으로 적용되지 않고 있기 때문일 것이다. 원시 기술은 '우연히' 발견될 수도 있었지만 지금처럼 텔레비전을 만드는 기술은 결코 우연의 산물일 수 없다.

과학과 기술의 상호작용

앞의 두 관계를 연결해보자. 과학은 기술에서 파생되고, 과학은 기술을 결정한다. 그러므로 우리가 관심을 두는 것은 오늘날의 세계에서 특징적인 상승 작용이다. 과학은 기술에 영향을 주고, 그 기술은 다시 과학에 영향을 준다. 기하학은 광학에 적용되고, 광학은 다시 현미경을 만드는 데 이용되며, 현미경은 세포를 관찰할 수 있도록 돕는다. (과학적인) 발견은 (기술적인) 발명의 이전 단계인 동시에 이후 단계다.

과학과 기술의 명실상부한 변증법을 해석하기 위해서 '테크노사이언스technoscience'라는 신조어도 만들어졌다. 개념적으로는 과학과 기술이 구분되어 있다. 그러나 현실에서는 순수 수학의 지극히 추상적인 연구 작업만을 제외하면 더는 과학과 기술의 개념적 대립을 유지할 수 없다.

▶ **철학의 도구들**

▷▷▷ 정의
- 상승 작용 synergy | 서로 다른 힘들의 합력合力, 결합으로 인한 효과.
- 변증법 | 여기에서 변증법은 두 힘 사이에 서로 대립되는 관계와 상호함축적인 관계가 공존함을 의미한다.
- 기술 | 기술은 물질적 총체(도구, 기계 등)와 관념적 총체(노하우 등)를 모두 가리킨다.

▷▷▷ 더 읽어볼 만한 글들
베이컨, 『신기관』, I, §1~4.
베르그송, 『창조적 진화』.

인식에는 한계가 있는가

이 물음은 절대적이고 전적인 인식이라는, 우리의 상상을 초월하는 요구를 전제로 할 때만 제기될 수 있다. 실제로 전적인 인식 개념은 생각할 수 없는 반면에, 인식의 한계에 대한 생각은 그 한계가 실제로 명백히 보이는 한에서 결코 문제시되지 않을 것이다.

완전한 인식에 대한 착각

데모크리토스Democritos는 "나는 모든 것에 대해 말하겠다."라고 했지만 헤라클레이토스는 동시대 철학자들의 '박학'을 비난했다. 플라톤은 『히피아스』에서 자신이 모든 것을 안다고 주장할 뿐 아니라 자기 몸에 걸친 샌들, 옷, 손가락에 낀 반지까지 모두 직접 만들었다고 자랑하는 소피스트 히피아스Hippias를 조롱하기도 했다.

전지全知는 신의 속성이다. 그러한 신으로 동양에 부처가 있다면 서양에는 하느님이 있다. 그러므로 완전한 인식에 대한 꿈은 신이 되고자 하는 꿈, 무한하고 절대적인 존재가 되고자 하는 꿈이다.

소크라테스는 자신이 아무것도 모른다는 것 외에는 아는 바가 없다고 말하곤 했다. 그러나 소크라테스가 만났던 소피스트들(히피아스도 그중 한 명이었다)은 자기가 아무것도 모른다는 사실조차도 모르고 있었기 때문에 소크라테스보다도 무지한 자들이었다!

인식의 필연적인 한계

칸트는 경계schranken와 한계grenzen를 구분했다. 경계는 경험적이고 후험적으로 결정될 수 있는 것이지만, 한계는 선험적으로 결정될 수 있다. 경계는 사실의 문제이다. 역사적인 시대마다 인식은 "어떤 지점까지 나아갔다." 그러나 한계는 권리의 문제이다. 한계는 불가능의 선을 긋는다. 그러므로 경계가 아는 것과 알지 못하는 것의 구분을 결정한다면, 한계는 인식 가능한 것과 인식 불가능한 것의 구분을 결정한다고 하겠다.

인식이 진보할수록 우리의 무지 또한 커진다. 여기에 인식의 진보가 지닌 패러독스가 있다. 어떤 구球가 팽창함에 따라서 그 표면적도 확장되듯이, 각각의 문제들이 해결되고 대안이 제시되면서 한없이 갈래를 치는 과정에서 또 다른 문제, 또 다른 물음에 부딪치게 된다. 그럼에도 우리가 사유할 수 없는 인식 불가능한 것은 존재한다.

인식 불가능한 것의 사유할 수 없음

인식 불가능한 것에 대한 주장은 우리가 적어도 그것이 인식될 수 없다는 것만은 안다는 점을 전제하기 때문에 자기모순적이다. 그렇지만 우리는 어떻게 그것을 확신하는가? 어떻게 우리는 우리의 지식을 벗어나는 무엇인가가 존재함을 알 수 있을까? 인식 불가능한 것이 존재하려면 그 인식 불가능한 것이 존재하는 어떤 것과 일치해야만 한다. 나의 책상에 영혼이 존재하는지 확신하지 못한다면 나는 내 책상의 영혼이 인식 불가능하다고 말할 수도 없을 것이다.

신 혹은 내세의 삶이 인식 불가능하다고 주장한다면, 그 주장 자체가 신이나 내세의 삶이 나무나 원자처럼 실재하는 것이라고 상정하는 셈 아닌가? 루돌프 카르납Rudolf Carnap은 형이상학은 의미가 없다고 했다. 사실 우리는 실제로 존재하는 대상만을 규정할 수 있기 때문이다.

그러므로 우리는 결론적으로 칸트가 수립한 구분을 다시 한 번 도입하되 칸트와는 달리(칸트는 인식에 한계가 있다고 생각했으므로) 인식에는 경계가 있을 뿐 한계가 있는 것은 아니라고 말할 수 있겠다. 만약 인식에 한계가 있다고 가정한다면 그 한계는 본성상 인식 불가능하며, 나아가 그 한계에 대해 우리는 아무것도 논할 수 없기 때문이다.

▶ 철학의 도구들

▷▷▷ **혼동하지 마세요**
• 사실의 문제와 권리의 문제 |
미지의 것은 사실의 문제이지만 인식 불가능한 것은 권리의 문제다(미지의 것은 우리가 모르는 실재로서 인식의 가능성 자체를 부정하지는 않지만, 인식 불가능한 것은 아예 인식될 수 없는 것이다).

▷▷▷ **정의**
• 절대 · 상대 | 자기 자신 외에는 다른 어느 것에도 의존하지 않는 것은 절대적이다. 절대적인 것의 반대는 상대적인 것이다.
• 선험적 · 후험적 | 선험적인 것은 경험에서 파생되지 않는 것을 말한다. 반면, 후험적인 것은 경험(획득된 것)에서 파생된다.

▷▷▷ **더 읽어볼 만한 글들**
플라톤, 『대히피아스』, 『소히피아스』.
칸트, 『순수이성비판』.
칸트, 『미래의 형이상학에 대한 서설』.

▶ **생각해볼 주제**
기술의 암흑전설과 황금전설

  백과전서파, 루소, 산업혁명의 시대라고 할 수 있는 18세기부터 기술은 때로는 찬양을, 때로는 조롱을 받아왔다. 천국과 지옥이라는 상반된 두 모델이 대립해왔던 것이다. 그리고 이 논쟁은 오늘날에도 계속되고 있다.

기술의 암흑전설

  창세기에서 신은 농사꾼 카인의 제물보다 양치기 아벨의 제물을 더욱 기쁘게 여긴다. 우리는 카인과 아벨의 일화에서 기술에 대한 저주를 읽을 수 있다. 바벨탑 이야기에서도 볼 수 있듯이, 기술은 인간을 교만이라는 범죄로 이끌었다. 신학적으로 교만은 아주 강한 의미를 지니며, 신과 감히 겨루고자 하는 욕망이 그 원인으로 지목된다.

  실제로 기술은 힘을 추구하는 의지에서 나온다. 그리고 그 힘은 폭력성 없이 행사되지 않는다. 더욱이 인간이 자연환경에 대항하여 포식자 노릇을 한다는 점에서(숲을 밀어버리고 야생동물을 멸종시키는 등), 또한 인간 사회에 대항하여 도적 같은 짓을 한다는 점에서(기술이 없다면 세계대전이나 집단수용소 따위도 존재하지 않았을 것이다) 폭력은 이중적이다.

　루소가 말했듯이 기술은 불평등을 낳는다. 기술은 실제로 기계를 소유한 자와 소유하지 못한 자, 기계를 쓸 줄 아는 자와 그러지 못하는 자를 차별화하기 때문이다. 오늘날 그와 같은 불평등이 더욱 커지는 경향이 있다면 그 이유는 아마 상당 부분 새로운 기술 때문일 것이다(정보과학은 엄청난 부의 전이를 낳았고, 수백만 명이 실업자가 되었다).

　기술은 인간의 삶을 점점 더 조밀한 네트워크 안에 가두기 때문에 자유를 위협한다. 그래서 이제는 모든 행위에 자취가 남는다. 과거의 어느 독재 정권에서도 시민에 대한 감시와 통제가 이렇게까지 심화된 적은 없었다.

　기술은 우리의 생활양식만 뒤바꾸어놓은 것이 아니다. 우리가 생각하고, 믿고, 소망하는 방식마저도 기술에 의해 결정된다. 기술은 그 본성상 제국주의적이며 우리 존재의 가장 조밀한 조직까지 파고든다. 자동차, 텔레비전, 컴퓨터는 이제 단순한 도구가 아니다. 그것들은 우리 삶의 틀을 그려내는 동시에, 그 틀을 채우기까지 한다. 어디서나 기술은 자신의 가치―신속성, 성과, 유용성, 효율성 등―를 내세운다. 우리는 아무 비판 없이 자연스럽게 그 가치들이 좋은 것인 양 생각하게 된다.

기술의 황금전설

　인간이 천 년의 숙명이었던 굶주림을 모면할 수 있었던 것은 기술 덕분이다. 기술은 빈곤을 풍요로 대체하고 행복을 창조했다. 요컨대 기술은 인류에게 선을 끼친 것이다. 백과전서파에서 빅토르 위고에 이르기까지의 시대에는 "인간은 불행하기 때문에 못된 짓을 하고, 가난하기 때문에 불행하다."라는 낙관론적인 설명이 지배적이었다. 그러므로 가난을 제거하면 행복이 불행을 대체할 것이고, 선이 악을 대체한다는 것이다. 실제로 가장 부패한 국가들, 내전으로 초토화된 국가들은 거의 예외 없이 가난한 국가들이었다. 그런데 풍요는 어디에서 오는가? 비료와 농기구 같은 기술에서 오는 것이다.

기술은 힘이다. 그런데 힘은 자유 그 자체이다. 사람은 힘이 있을수록 자유롭게 마련이다. 자동차, 텔레비전, 컴퓨터는 우리에게 시공간을 열어주었다. 자연의 세계, 인간의 세계를 활짝 열어준 것이다. 과거의 소규모 동아리들(마을, 가족, 직장 등)은 인간을 가두고 삶과 사유를 방해했다. 그런데 이제 그런 작은 동아리들은 깨져버렸다. 기술은 인간의 목적지인 셈이다.

기술은 노동을 폐기하지 않는다. 기술은 노동을 대치하고 창조한다. 옛날 농부들의 빈약한 생산성은 현대 경제에서 불로 활동과 비견할 만하다. 더욱이 인간은 순수하게 기계적인 작업(똑같은 동작만 반복하는 일)을 기술에 떠넘김으로써 인간의 가장 고귀한 것, 다시 말해 사유를 펼칠 여지를 더 많이 갖게 되었다.

지금까지 살펴본 상반된 논증에서 어떤 결론을 끌어내기란 어렵다. 각 사람은 자기 생각(혹은 선입견)에 따라서 어느 한 요인을 강조하여 받아들이는가 하면 다른 요인들은 간과할 수밖에 없을 것이다.

아름다움, 작품, 예술가

1917년 프랑스 예술가 마르셀 뒤샹Marcel Duchamp은 미국에서 열린 미술 전람회에 변기를 작품으로 출품했다. 이 변기는 공장에서 만든 것을 뒤샹이 직접 구입한 것으로 그는 이 변기를 뒤집어놓고 가명으로 서명하고 날짜를 적은 후 '샘물Fountain'이라는 제목을 붙였다. 뒤샹은 예술가이다. 하지만 뒤샹은 자기 손으로 만들지 않은 물건을 관람객 앞에 전시한 것이다. 그것도 미술 전람회에서 말이다.

현대 예술에서 굉장히 중요한 작품으로 평가받고 있는 이 작품은 예술 작품의 본성에 대한 여러 문제를 제기한다. 이 변기 앞에서 우리는 여러 가지 질문을 떠올린다. 만약 이 변기가 예술이라면 하나의 예술 작품은 어떻게 해서 예술 작품이라는 지위를 갖게 되는가? 이 변기가 예술이 아니라면 그것이 예술이 아니라는 것을 어떻게 알 수 있는가? 예술인지 아닌지를 판단하는 것은 관람객인가, 그것이 전시된 장소인가, 그것을 전시하는 예술가인가? 한 가지 확실한 사실은 이런 작품을 아름답다고는 할 수 없다는 것이다. 이렇게 뒤샹은 **예술**과 **미**美가 구별된다는 것을 선언한 것이고, 좋건 싫건 이러한 현상은 20세기 미술의 특징이 되었다.

아름다움

판단인가 감정인가?

우리는 누구나 예술을 작품의 아름다움으로 규정하는 경향이 있다. 하지만 이것은 완전히 부적절한 정의이다. 적지 않은 작품이 아름답지 않으며 심지어 아름답다고 주장하지도 않는다. 다른 한편 아름다움이란 인간의 손으로 만들어낸 작품에만 해당되는 것이 아니다. 자연은 우리에게 수많은 아름다운 예들을 선사한다. 따라서 미학에서 아름다움의 본성은 매우 중요한 문제이다. 그래서 미학은 심지어 미의 학문이라고 정의될 수도 있었던 것이다.

아름답다는 것은 예술 작품이 가지는 한 가지 특성일 것이다. 그런데 이 특성은 우리가 사물에서 알아보게 되는 어떤 것, 우리 안에 고유한 관념을 갖고 있는 어떤 것을 의미하는가? 아니면 우리 안에 특정한 감정을 불러일으키는 무엇이 그 작품 안에 들어 있다는 뜻인가? 아름다운 사물이라는 특성은 그 사물에 이 특성을 부여하는 판단력에 의해 인지된다. 따라서 아름다움을 알아본다는 것은 감성을 완전히 배제한 채 수행해야 하는 지적 활동인 것이다.

만약 반대로 아름다움이란 것이 사물이 우리에게 유발하는 현상이라면 그것은 판단이라기보다는 감정인 것이 아닐까? 그렇다면 아름다움을 파악하는 것은 반대로 오성이 철저히 배제된 전적으로 정서적인 경험일 것이며, 이 경험은 인간의 감성에 특별한 영향을 끼칠 수 있는 힘이 담긴 작품의 행위가 야기하는 것이라 하겠다.

예술 작품의 규준이 되는 아름다움

전통적으로 예술 작품은 아름다움에 따라 평가되어왔다. 그런데 여기서 아름다움이라는 것은 예쁜 것, 숭고한 것sublime, 매력적인 것과 대립된다. 에티엔 수리오Etienne Souriau는 "아름다운 것은 더 고귀하고 더 엄격하며 더 웅장한 것이라면, 예쁜 것은 더 사랑스럽고 더 매력적이고 더 작은 것"이라고 말한다. 숭고한 것은 과도하고 불균형적인 커다람을 뜻한다. 매력적인 것은 우리 감각의 쾌감에만 관련된다. 드레스라면 예쁘다고 하고, 미쳐 날뛰는 바다는 숭고하다고 하고, 색깔이나 냄새는 매력적이라고 하는 것이 적절할 것이다. 물론 드레스가 숭고하다고 할 수도 있고 색깔이 예쁘다고 말할 수도 있겠지만 말이다.

이렇게 구별하고 나면 다음과 같은 문제가 제기된다. 아름다움을 어떻게 알아볼 것인가? 아름다움을 알아볼 기준을 제시하지 않는다면 어떻게 어떤 것이 아름답다는 것에 사람들이 동의할 수 있겠는가? 반대로 그런 기준을 제시할 수 있다면 아름다움은 단지 규범에 불과한 것이 되지 않을까? 아름다움의 기준이 없다면 아름다움을 정의하기는 어려울 것이다. 반대로 아름다움의 기준이 있다면 아름다움은 판단의 문제가 되어 감정은 끼어들 자리가 없을 것이다.

이렇듯 아름다움 자체가 여러 문제를 제기하고 있으므로 예술 작품과 예술가를 정의하는 일은 더욱 어려워진다. 예술이라는 영역을 규정할 때 아름다움 말고 다른 기준이 있을 수 있을까? 확실히 현대 예술만 놓고 보면 대부분의 경우 현대 예술은 아름다움이라는 기준의 지배를 받지 않는다. 하지만 현대 예술을 차치하더라도 아름다움이 예술 일반의 근본적 관심사였다는 것은 과연 확실한 사실인가? 어쩌면 예술의 본성을 탐구하려면 작품 자체의 본성을 먼저 탐구하는 편이 좋을지도 모른다.

작품

예술 작품의 질료

예술가의 머릿속에 있는 관념만 놓고 보면 그것은 본인 이외의 다른 사람은 알 수 없는 것이다. 우리는 결코 그의 내밀한 생각을 꿰뚫어 파악할 수 없을 것이고, 기껏해야 그에게 질문을 던지거나 그가 일하는 과정을 지켜볼 수 있을 따름이다. 따라서 대중과 의사소통을 하려면 관념은 투사와 객관화를 통해 감각적 질료로 표현되어야 한다. 따라서 질료는 사람들이 작품을 이해할 수 있게 하는 핵심적 기반이다.

예술 작품이 창조될 때 바탕이 되는 질료는 관념이 원하는 대로 마음껏 모양이 변할 수 있는 수동적 모체가 아니다. 모든 질료는 나름의 특성이 있어 관념의 추상적인 일반성에 제약을 가한다. 나무, 금속, 돌은 각기 강도도 다르고 색깔도 다르다. 같은 돌이라도 돌마다 똑같지 않다. 목재를 재료로 조각을 하려 할 때 나무의 마디가 나오면 어떻게 해야 할까? 재료의 특성을 무시하고 처음 머릿속 생각대로 밀어붙이려 하다가는 작품을 완전히 망칠 수도 있다. 그렇다고 예상치 못한 재료의 특성을 지나치게 신경 쓰다가는 애초의 의도에서 벗어날 수도 있다.

장 뒤뷔페Jean Dubuffet는 예술이란 두 명이 춤을 추는 것과 같다고 말한다. 재료는 예술가의 가공에 저항하고 예술가는 이에 맞서 육탄전을 벌인다. 예술가의 관념과 재료가 완전히 딱 들어맞기 어려운 것은 이 때문이다. 아리스토텔레스도 비슷한 생각을 했는데, 미켈란젤로Michelangelo는 이 문제를 다음과 같이 설명한다. 통나무나 대리석 덩어리 안에는 잠재적으로 예술 작품이 벌써 들어 있으며, 이 재료 안에 잠재적 상태로 잠들어 있는 예술 작품에 형태를 주어 실제 예술 작품으로 빚어내는 것이 예술가의 재능이라는 것이다.

예술 작품의 의미

작품의 질료는 작품의 의미에 영향을 끼친다. 재료의 특성과 색깔에 따라 다른 함의가 생겨나며, 의미가 표현되기에 유리한 분위기를 창출한다. 목재는 따뜻하고 친근한 느낌이어서 대리석의 차갑고 시간을 초월한 느낌과는 판이하게 다르다. 또한 화가의 붓자국도 작품의 의미 작용에 기여한다. 레오나르도 다빈치의 그림에는 화가의 붓자국이 보이지 않아 우리는 그것이 그림이라는 사실을 잊게 되는 반면, 빈센트 반 고흐Vincent van Gogh의 작품에는 붓자국이 생생히 남아 있어 이것이 그림이라는 것을 끊임없이 상기하게 된다.

작품의 의미는 종종 작품이 재현하는 것과 혼동된다. 하지만 작품이 언제나 무엇인가를 재현하는 것은 아니다. 그렇지만 니콜라 푸생Nicolas Poussin의 그림과 같은 고전주의 회화의 경우처럼 무엇인가를 재현해야 한다는 생각이 극단적으로 발휘될 수도 있다. 이때 회화 작품은 굉장한 상징적 정확성을 띤 기호 체계를 통해 이야기를 전달하는 그림책이 되며, 그림 안에는 이유 없이 우연히 존재하는 것이 하나도 없게 된다. 이런 그림에서 화가는 옷의 색깔이나 인물의 몸짓을 통해 그 인물이 누구인지를 알아볼 수 있게 하고, 긴 서사시만큼이나 정확하게 그의 감정을 표현할 수 있다.

작품의 의미가 질료를 눌러버릴 때 그림은 이미지를 충실히 재현하여 우리는 그것이 그림이라는 사실을 잊는다. 이런 경우 관람객은 작품을 완벽히 이해할 수 있으며 질료가 전혀 튀어 보이지 않으면서 그림은 순전히 관념의 표현이 되어버린다. 19세기 말 반 고흐를 필두로 이러한 이상에 반대하여 작품이 가진 질료의 생생한 느낌을 강조하는, 질료 자체에 독자적 의미를 부여하는 흐름이 대두되었다.

예술가

작품의 지향성

작품의 지향성intentionality이란 작품 생산을 주재한 어떤 의도intention가 작품을 관통한다는 말이다. 물론 도구에서 예술 작품에 이르기까지 인간이 생산하는 모든 것은 무엇인가를 지향한다. **하지만 예술 작품은 전적으로 작가의 의도이다.** 도구는 특정한 용도의 매개체이며 도구의 지향성은 이 목적을 향해 있다. 반면에 작품은 어떤 의미를 전하는 매개체이며 그 지향성은 이 의미일 뿐이다.

예술 작품이 아름다운 것은 그것이 실용성에서 완전히 자유롭기 때문일 것이다. 또한 지향성이 작품을 관통하면서도 작품을 실용적 목적에 맞춰진 도구로 만들지 않는다는 것이다. 그렇다면 자연 속의 아름다움은 조물주의 의도의 표현일 것이다. 그럼 예술가를 신과 비슷한 것으로, 혹은 신을 예술가 비슷한 것으로 이해해야 하는 것일까? 예술 작품은 실제적 쓸모가 없는 무상無償한 것이어서 작품을 창조할 때 가지는 의지 이외에는 아무것도 표현하지 않는다. 아무런 실용성도 없고 이익도 추구하지 않는 것이야말로 예술 작품의 아름다움의 핵심인 것이다.

하지만 작품 속의 모든 것이 의도적이라고 할 수 있을까? 창작 매체의 불완전성이나 창작 과정에서 생기는 우연한 일을 고려하면 작품은 예술가의 손을 빌리면서도 스스로 창조되는 것이고 때로는 예술가의 의도를 거역하는 경우도 있다고 볼 수 있다. 생성 중인 작품의 의도와 예술가의 의도가 창작 과정 중에 서로 대결하는 것이다. 예술가는 작품 탄생의 필수불가결한 원인이다. 하지만 일단 작품이 창조·생산되고 나면 작가는 필요 없다. 작가 없이도 작품 홀로 관객과 독자와 청중 앞에 보여질 수 있는 것이다.

작품과 예술가 중 어느 쪽이 더 중요한가?

작품의 중요성과 예술가의 중요성은 반비례 관계이다. 중세에 화가들은 장인匠人이었고 잡화상 길드에 소속되어 있었다. 그래서 당시 화가들은 익명으로 남아 작품의 중요성에 가려졌고 작가의 존재는 지워졌다. 20세기에는 반대로 예술가의 유명세가 작품 자체보다 중요한 경우도 빈번해서 대가의 작품이라면 별 볼일 없는 작품이라도 대접을 받는 경우가 있다. 예를 들어 살바도르 달리Salvador Dali가 엉덩이에 물감을 묻힌 후 종이에 앉은 다음 서명을 하면 굉장히 비싼 작품이 된다.

극단적인 경우에는 작품과 예술가를 완전히 분리해서 별도로 연구할 수도 있겠지만 작품과 예술가는 분리 불가능한 존재이며 예술을 이해하기 위해서는 양자의 관계에 대한 성찰이 불가피하다. 오늘날 출판 시장에는 예술가의 생애를 다룬 전기傳記가 점점 많이 나오고 있는데 이런 책들은 위에서 말한 문제의 이중적 측면을 잘 보여주고 있다. 한편으로는 예술가의 삶에서 출발해서 작품을 이해하려 하고, 다른 한편으로는 작품에서 출발해 예술가의 생애를 이해하려 하는 것이다.

　예술 작품을 창조하는 사람이 예술가인가, 아니면 예술가가 창조한 물건이 예술 작품이 되는 것인가? 예술 작품을 창조했기 때문에 그 제조자가 예술가가 된다면 특정 작품이 예술 작품이라고 판단할 수 있는 근거는 무엇인가? 반대로 예술가가 창조했기에 어떤 작품이 예술 작품이라고 한다면 그것을 만든 사람이 예술가라는 근거는 무엇인가? 이것은 쉽게 답할 수 있는 문제는 아니다. 하지만 한 가지 확실한 것은 아무것도 창조하지 않는 예술가는 예술가가 아니지만, 작가가 누구인지 잊더라도 그 작품은 여전히 예술 작품이라는 사실이다.

▶ **철학의 도구들**

▷▷▷ **혼동하지 마세요**
- 창조와 생산 |

창조는 무無로부터 한 사물 안에서 전에 없던 새로운 성격이 생겨나게 하는 작업이다. 예술에서 창조라는 용어는 원재료에 대한 완성된 작품의 새로움을 강조할 때 쓰인다.

생산은 이미 존재하는 재료에서 출발해서 새로운 것이 생겨나게 하는 작업이다. 예술에서 생산이라는 용어는 원재료를 변형·가공하는 작업을 강조할 때 쓰인다.

▷▷▷ **정의**
- 재현 | 한 사물의 감각적 외양을 보여주는 이미지. 이때 모델이 되는 본래의 사물은 사라지며 이 이미지는 그 사물을 대신하게 된다.
- 미학 | 헤겔은 미학이 예술 철학 또는 미의 과학이라고 정의한다. 더 넓은 의미에서 보면 미학이란 예술 일반, 예술의 생산 과정, 생산자들의 본성, 생산물의 성격을 연구하는 이론이다.

▷▷▷ **더 읽어볼 만한 글들**
에티엔 수리오, 『미학 용어집』, '미' 항목과 '작품' 항목 참조.
칸트, 『판단력 비판』, §§ 43~50.
헤겔, 『미학』.
플로티누스Plotinus, 『에네아데스』.
발자크H. de Balzac, 『미지의 걸작』.

예술, 모방, 자연

17세기 프랑스에서는 데생 – 채색 논쟁이 벌어졌다. 채색이 핵심적인 것인가 아니면 데생이 더 중요한 것인가를 따지는 논쟁이었다. 예술가들과 이론가들은 자연의 모방이라는 문제를 두고 격론을 벌인 것이다.* 데생은 모방보다 더 높은 지위에 있는가 아니면 모방을 완성해주는 것인가? 채색은 현실에 가까워지는 수단인가, 현실에서 벗어나는 수단인가? 더 큰 관점에서 본다면 예술로 자연을 모방하는 것은 어디까지 나아가야 하는 것인가?

예술은 자연을 모방한다

순수 모방

사물을 똑같이 하나 더 만들지 않으면서도 사물의 감각적 외양을 복원해내는 것이 예술가의 전통적 역할이었다. 이때 작품의 주제는 자연적 현실이든 인위적 현실이든 언제나 감각적으로 지각할 수 있는 것이

---

*데생을 중시하는 측은 푸생이나 피렌체의 신플라톤 학파를 위시로 하여 예술 작품은 정신적 관념의 구현이라는 플라톤의 입장을 따르는 것이고, 채색을 중시하는 측은 루벤스P. P. Rubens나 베네치아의 아리스토텔레스 학파를 중심으로 예술은 현실·자연의 구체적, 물질적 모방 행위라고 보는 관점이다.

었다. 전통적 예술 교육은 모사模寫에 기반하고 있었다.

하지만 '모방'이란 무슨 뜻인가? 일차적으로 모방은 모델의 실제 비례에 부합하는 사본을 만드는 것이다. 하지만 모방을 할 때는 보는 이의 시각에서 현실의 외양을 복원하기 위해 현실을 변형하거나 왜곡할 수 있다. 즉 모방이란 시뮬라크르를 만드는 것이다. 피디아스Phidias의 조각상들은 머리의 크기가 인체 비례에 맞지 않는다. 사람들이 아래에서 위로 올려다봐야 하기 때문이다.

예술이 단순한 모사로 환원된다면 거울을 들고 다니는 것만으로 충분하지 않겠냐고 플라톤은 지적한다. 모델과 똑같은 사본을 만드는 순수한 모방은 의미가 없다는 것이다. 따라서 현실의 변형은 모방 예술의 핵심적 성격이다.

아름다운 자연을 모방할 것인가, 자연을 아름답게 모방할 것인가?

자연계의 모든 사물이 아름다운 것은 아니다. 모방을 할 때 화가는 실제 자연에서 출발해서 조합을 통해 이상적 자연을 만들어낸다. 화가 제욱시스Zeuxis는 크로톤 시의 최고 미녀 다섯 명을 데려와 그들의 몸에서 가장 아름다운 부분들을 조합해 비너스 여신의 그림을 만들었다고 한다.

브왈로N. Boileau는 예술이 보기 좋게 만들 수 없을 만큼 추악한 뱀이나 괴물은 없다고 말했다. 모델이 추하거나 현실에 존재하지 않더라도 예술가에게는 별 문제가 되지 않는다. 칸트는 "예술은 아름다운 사물의 재현이 아니라 사물의 아름다운 재현"이라고 단언한다.

예술 작품을 제작할 때 중요한 진정한 원칙은 원본을 충실하게 따르는 것이 아니라 재현 자체의 아름다움이다. 따라서 예술가는 모델을 관찰하는 자신의 눈보다는 자신의 정신에서 더 큰 도움을 받는다. 따라서 예술은 자연의 모방으로 환원될 수 없을 것이다.

예술은 자연을 넘어선다

예술은 실재를 드러낸다

일상적 지각은 소박한 것이어서 속기 쉽다. 화가는 사물이 겉으로 보이는 것과는 다른 것이라는 점을 보여준다. 우리는 보리 다발 안에는 수많은 이삭이 들어 있다는 것을 알고 있지만 그것을 볼 수는 없고, 인상주의 화가라면 노란 점으로 묘사할 불분명한 덩어리만을 볼 수 있다.

일상적 지각은 실용적이다. 일상적 지각은 사물을 관심사나 이해관계에 따라 재단한다. 화가는 이해관계나 유용성에서 해방되어 있기에 지각에서 참인 것에만 관심을 갖는다. 베르그송이 말하는 것처럼 "예술은 실재의 더 직접적인 시각vision일 뿐이다."

일상적 지각은 사물의 의미를 말해주지 않는다. 지각하는 바에만 만족할 경우 우리는 지각하는 대상을 제대로 이해할 수 없다. 화가는 사물의 겉모습을 묘사하는 것에 만족하지 않고 사물의 의미를 가시적으로 묘사하려 노력한다.

예술은 자연을 연장한다

예술은 자연적 산물의 모방 과정이라기보다는 자연적 생산 과정의 모방이다. 예술가의 활동은 자연이 하려던 일을 이어받아 연장한다. 예술가의 작품은 더 완벽한 제2의 자연 영역을 열어준다. 그래서 예술 작품 속에는 모든 것이 더 아름답고 모든 것에 의미가 담겨 있다.

작품은 그 자체로 충분하다. 작품은 현실을 재현하지만 그 현실을 참조하는 것은 부차적일 뿐이다. 작품의 주제가 현실에 없더라도 그것이 회화적으로 실존한다면 그것으로 충분하다. 작품은 자연의 복제물이라기보다는 자연에 추가된 새로운 어떤 것이다.

20세기 예술은 자연 묘사에서 완전히 벗어났다. 즉 자연을 복제한다는 개념을 내던진 것이다. 그 대신 20세기 예술은 이전과는 다른 임무를 맡게 되었다. 단순히 재현하는 것이 아니라 표현하는 것이 예술의 임무가 된 것이다. 그래서 칸딘스키V. Kandinskii의 작품은 감정과 정서를 그려내면서 감정과 정서가 진정으로 지각될 수 있는 권리를 제공한다.

▶ **철학의 도구들**

▷▷▷ **혼동하지 마세요**
- 표현과 재현 |
표현expression은 내면에 있는 것을 외부로 나타내는 것이다. 예술에서 표현은 정서나 감정의 외재화를 뜻한다. 이때 사물에 특정한 주관적 형태를 줄 수도 있고 표현 자체가 작품의 중심이 될 수도 있다.

재현representation은 외부에 존재하는 사물을 다른 형태로 제시presentation하는 행위이다. 따라서 예술에서 재현이란 사물의 직접적 재생산을 뜻한다(물론 여기에는 예술가의 주관성이 담겨 있을 수도 있다). 예술에서 재현은 표현과 대립되지만 양자가 한 작품 안에서 공존하는 경우도 얼마든지 있다.

▷▷▷ **정의**
- 모사模寫 | 실제 사물을 정확히 모방하여 그 사물을 하나 더 만드는 행위. 물론 그렇다고 해서 자연계에 그 사물이 실제로 두 개가 되는 것은 아니다.
- 시뮬라크르 | 현실과 똑같이 보이는 감각적 외양을 제공하는 허상. 예컨대 사실적 그림은 눈속임과 같은 효과를 자아낸다.

▷▷▷ **더 읽어볼 만한 글들**
아리스토텔레스, 『시학』, 1448b~b27.
헤겔, 『미학』.
미셸 푸코, 『말과 사물』.

미적 취향은 사람마다 다른 것인가

루브르 박물관에 전시된 '모나리자'까지 가는 회랑回廊에는 이 걸작을 보고 싶어 마음이 급한 관람객들을 돕기 위한 화살표가 여기 저기 붙어 있다. 이 그림은 왜 그렇게 엄청난 관심의 대상이 되는 것일까? 아름답다고 세계적으로 인정받고 있어서 그런 것인가, 아니면 단지 호기심에 불과한 것인가? 자연과 예술의 아름다움은 어려운 문제를 제기한다. 모든 인간은 아름다움을 평가할 능력을 갖추고 있다. 그렇다면 어떤 자연물이나 예술 작품이 아름답다는 것에 모든 사람들이 동의해야 하는가? 아니면 사람마다 각기 다른 개인적 입장을 갖고 있는 것인가?

취향이란 남들과 다툴 문제가 아니다

취향은 개인적 감수성의 문제인가?

어떤 사람이 미인인가, 혹은 어떤 풍경이나 예술 작품이 아름다운 가를 판단할 때는 사람마다 의견이 엇갈리게 마련이다. 심지어 이런 문제에 관한 한 자기와 언제나 의견이 엇갈리는 사람도 있을 수 있다. 따라서 취향이란 각자의 특이성의 지표이다.

이는 아름다움을 판단할 때 개인의 주관성, 개인 감정의 내밀한 영역이 작용하기 때문이다. 흔히 어떤 것이 "아름답다고 생각한다."라는 말 대신 "좋아한다."라고 말하지 않는가? 누군가가 내가 좋아하지 않는 것을 아름답다고 생각하라고 명령할 수는 있어도 내 마음을 바꿀 수는 없을 것이다. 내가 어떻게 느끼는지는 오직 나만이 알 수 있으니 말이다.

결국 각자는 사물의 아름다움을 자신의 개인적 경험에 비추어 판단하게 마련이다. 이 개인적 경험이 사람마다 다르다는 것은 두말할 나위도 없다. 각자가 살아가면서 보고 들은 것이 각자의 평가 방식에서 모델이 된다. 사람의 추억은 자기만의 것이고 각자의 교양의 프리즘을 통해 자신의 취향 판단을 개별화하는 것이다.

취향이란 교양의 문제인가?

물론 사람마다 교양은 다르다. 하지만 개인의 교양은 자기가 속하는 여러 집단의 교차점에 놓여 있다. 즉 각 개인은 한 시대, 한 나라, 한 세대, 한 사회 계층에 속하게 마련이며 이러한 집단은 각기 나름의 정전正典, canon을 갖고 있다.

이렇듯 각 개인이 여러 사회 집단에 속하므로 어떤 의미에서는 이러한 소속의 조합이 개인의 취향을 결정한다고 할 수도 있다. 하지만 한 사람은 여러 집단에 속하므로 하나의 집단이 개인의 취향을 완전히 결정할 수는 없으며, 각 개인은 자기 개성의 특이성과 미적 판단의 통일성을 가질 수 있다.

또한 개인은 사회화를 통해 다른 개인들과 취향의 공동체를 형성할 수 있다. 이 공동체의 영향을 받아 **취향 교육** 효과를 통해 취향은 보편화된다. 이를 두고 흔히 문명이라고 말한다. 하지만 교양이나 문화는 그 자체가 가장 작은 공통점의 타협이나 특정한 보편적 인식으로 이루어지는 것은 아닐까?

취향의 판단은 보편적인 것인가?

아름다움은 대상 안에 들어 있는가?

아름다움이 아름다운 대상의 속성이라는 점을 인정한다면 우리의 (미적) 판단에는 개인적인 것이 있을 수 없게 된다. 이런 논리에서 보면 대상은 모든 사람에게 동일한 것이고 취향 판단은 보편적인 것이 된다. 따라서 미적 판단을 내리기 위해서는 그 대상 안에 있는 이 속성을 알아보는 것으로 충분하지 그 대상이 우리의 내면에 산출하는 효과는 중요하지 않게 된다.

대상 속의 아름다움이란 어떤 것인가? 그 대상의 각 부분 간의 조화인가? 자연의 완벽한 모방인가? 그렇다면 아름다운 대상은 스스로 아름다운 것으로 존재할 것이고, 아름다움을 판단하기 위한 규준은 아름다운 대상 속에 들어 있을 것이다.

아름다움이 기준이라기보다는 대상 안에 들어 있는 속성이라면 그것이 우리에게 산출하는 효과를 논할 필요도, 우리가 그것이 아름다운지 여부를 판단할 필요도 없을 것이다. 그렇다면 에드먼드 버크Edmund Burke가 말하는 것처럼 "아름다움이란 대부분의 경우 감각의 개입을 통해 인간 정신에 기계적으로 작용하는 신체의 특성"이 될 것이다. 그리고 아름다움은 개인에게 자동적으로 강제로 부과될 것이고 개인은 선택의 여지가 없을 것이다.

개인적이고 보편적인 판단

아름다움이라는 것이 판단의 대상이라면 주관성이 요청된다. 아름다움이 보편적인 것이라면 객관성이 요청된다. 미적 판단이 개인의 깊은 내면의 표현인 동시에 인간의 가장 공통적인 보편성이라면 아름다움에 관련된 미적 쾌감과 매력적인 것에 관련된 감각적 쾌감을 먼저 구별해야 할 것이다.

매력적인 것의 경우에는 사실 "취향은 사람마다 다르다."는 말이 법칙이나 다름없다. "나는 이 포도주를 좋아하지 않지만 너는 그걸 좋아하잖아. 그러니까 나더러 그걸 좋아하라고 설득하려고 애쓸 필요는 없어."라고 말할 수 있는 것이다. 이와는 반대로 아름다운 것이란 매우 개인적인 감정으로부터 만장일치를 끌어내야 한다.

한 예술 작품을 제대로 판단하지 못하는 사람은 그 아름다움보다는 매력을 평가하고 있는 것이다. 즉 그 사람은 예컨대 그림이 재현하는 대상에 쏟는 완전히 개인적인 감각적 관심에 휩쓸린 바람에 취향 판단이 순수하지 않게 되어버린 것이다. 이 때문에 취향 판단의 보편성은 실제로는 일어나기 힘든 이상에 가까운 일이다.

▶ **철학의 도구들**

▷▷▷ 혼동하지 마세요
• 미적 판단과 비평 |
미적 판단은 한 예술 작품을 보고 즉각적으로 그에 대한 선호의 입장을 취하는 것이다.
비평은 예술 작품에 대한 평가를 논리 정연하게 기술하는 것이다.

▷▷▷ 정의
• 취향 | 미학에서 취향은 미를 판단하는 능력으로 인간이라면 누구나 갖고 있는 보편적 능력이다. 이는 각 개인의 개별적 감성과는 무관하다.
• 정전正典 | 아름다움이란 무엇인지를 정해놓은 객관적 규칙 체계. 또는 어떤 것이 아름다움인지 알 수 있는 규칙이나 전범으로 쓰일 수 있는 아름다운 대상.
• 매력적인 것 | 감각을 통해 쾌감을 낳는 것. 이는 각 개인의 특수성에 따라 좌우된다.

▷▷▷ 더 읽어볼 만한 글들
데이비드 흄, 『미학 논고』.
에드먼드 버크, 『숭고와 아름다움의 기원에 대한 철학적 탐구』, 3부 12절.
칸트, 『판단력 비판』, §§ 56~57.

예술과 유용성

20세기 초엽 러시아에서는 일단의 예술가들이 전위 예술을 혁명을 위해 사용하려 했다. 몇 년 후 이 아방가르드 예술가들은 쫓겨나고 예술에 대한 국가의 지령(소위 말하는 사회주의 리얼리즘)을 따르는 예술가들이 그 자리를 차지하게 되었다. 이때 예술은 정치에 이용되면서 예술의 본령을 상실한 것은 아닐까? 어떤 종류의 목적이든 예술을 특정 목적에 종속시키는 것은 예술 자체의 고유한 특징을 파괴하는 것이 아닐까?

예술의 용도

예술과 권력

망치가 못을 박는 데 쓰이는 식으로 예술이 정해진 임무에 직접 사용되지 않는다는 것은 두말할 나위도 없다. 그러므로 예술 작품의 용도는 간접적이다. 그것은 작품의 사용이라기보다는 작품에 담긴 의미를 사용하는 것이다. 이때 예술은 예술을 복속시키는 힘의 매개체로 사용된다.

작품을 검열하거나 유포시킴으로써 정치 권력은 예술을, 예술의 의미를 장악하여 단순한 이념적 가치를 강요하곤 한다. 반대로 예술은 권력에 대한 저항의 도피처로 사용될 수도 있다.

19세기 후반부터 예술의 경제적 효용은 점점 커지고 있다. 20세기에 이브 클라인Yves Klein은 허공을 팔기까지 하면서 경제력은 작품의 물질성과 무관하다는 것을 보여주었다.

예술의 기능

자기 환경을 재현하는 마법을 통해 인간은 자기 환경에 영향을 끼친다. 선사 시대의 인간이 짐승을 죽이기 전에 먼저 사냥 장면을 그림으로 그려 싸움에서 심리적 우위를 차지한 것처럼 예술가는 적대적이거나 말을 듣지 않는 대상을 작품 속에서 길들여 자연을 통제한다.

재현이 현실을 그려낸다는 점에서 어떤 기능을 수행한다면, 재현은 또한 현실이 아니라는 점에서 또 다른 기능을 수행한다. 재현은 현실이 아니므로 현실의 가장 끔찍한 모습을 거리를 두고서 보여줄 수 있다. 이렇게 하여 예술은 아무 위험 없이 해로운 감정을 느끼게 하여 나쁜 감정을 배설(카타르시스)할 수 있게 해준다.

일반적으로 말하면 예술적 재현의 이중적 기능은 우리를 현실에서 분리시킨다. 예술에서 유용한 점은 그것이 무용하다는 것이다. 예술은 우리로 하여금 유용성에 몰입하는 인간 활동의 광폭한 독재에서 벗어나 휴식과 관조에 빠질 수 있게 해준다.

유용한 것은 예술이 아니다

예술가와 장인 : 아름다운 것과 유용한 것

18세기 이후로 'art'라는 단어는 본격적으로 예술가의 활동을 가리키기 시작했다. 하지만 그 이전까지는 예술가의 예술art을 장인의 기술art과 분명히 구별하지 않는 것이 보통이었다. 이는 예술가들의 투쟁의 결과이다. 이제 art라는 단어는 수공예arts mécaniques가 아니라 예술arts libéraux로 간주되기 시작한 것이다.

장인의 기술에는 유용성에 매력을 결합시키는 직분이 있다. 이러한 임무에서 벗어난 예술가의 예술은 자기가 만드는 물건의 유용성이라는 직분에서도 해방되며 완전히 다른 임무에 몰두한다. 예술가와 장인의 구별은 아름다움과 유용성의 구별이다.

예술가와 장인 사이에 우열 관계를 설정하는 것이 옳을까? 플라톤은 예술 작품은 장인이 만들어내는 것을 복사하는 것에 불과하므로 예술가가 장인보다 열등한 존재라고 본다. 반대로 헤겔은 예술가는 인간 내면에 있는 가장 심층적인 것을 더 잘 표현하므로 장인보다 우월한 존재라고 본다. 예술가와 장인 사이에 위계를 세운다는 것은 결국 아름다움과 유용성이라는 완전히 다른 두 사항 사이에 위계를 세우는 일이 된다.

예술에는 그 자신 이외의 목적이 없다

예술에서 모든 유용성의 관념을 제거함으로써 우리는 가장 내밀한 영역에 들어가게 된다. 예술 작품이 예술적인 것은 비싸게 팔린다거나 정치적 의미가 있다거나 장식적 기능을 갖고 있기 때문이 아니다. 물론 원치 않게 이런 용도 중 한두 가지를 가질 수는 있지만 근본적으로는 이 모든 외적 용도를 부인할 때 예술 작품은 예술적이 된다.

그러므로 예술 작품의 본성은 바로 모든 종류의 용도에 대한 자유이다. 작품은 사용할 곳이 없는 역설적 도구이다. 작품 속에서는 인간 내부의 가장 자유로운 부분, 즉 인간의 정신이 표현된다.

따라서 예술 작품이란 사유의 가벼움이 물질의 중력을 누르는 것이다. 예술 작품에서 목표는 표현이므로 관념이 예술 작품을 지배한다.

▶ 철학의 도구들

▷▷▷ 혼동하지 마세요
- 예술가와 장인 |
예술가는 조형예술을 실천한다. 이 말은 직업적 능력과 지적 · 미학적 태도를 동시에 포괄하는 것이다. 그의 작품의 질은 관념의 표현과 관련되어 있다. 장인은 수공업에 종사한다. 이 말은 오직 직업적 능력이나 수작업의 실행만을 의미한다. 그의 제조품의 질은 제조품의 용도에 종속되어 있다.

▷▷▷ 정의
- 카타르시스 | 아리스토텔레스의 『시학』에서 빌려온 그리스 어로 예술적 재현을 통해 해로운 인간 감정을 정화 · 배설하는 것을 뜻한다.
- 수공예 | 유용성과 용도에 따라 규정되는 사물을 생산하는 직분을 가진 장인의 기술. 이것은 수작업 위주의 작업이다.
- 예술 | 예술가의 예술. 그 기능은 유용성에 종속된 것이 아니라 오히려 어떠한 목적과도 무관하다. 레오나르도 다빈치에 따르면 예술가의 작업은 작품 제작의 원천이 되는 '정신적인 일cosa mentale'이다.*

▷▷▷ 더 읽어볼 만한 글들
플라톤, 『대히피아스』, 295c~296d.
칸트, 『판단력 비판』, §§ 4~5.
쇼펜하우어A. Schopenhauer, 『의지와 표상으로서의 세계』.
헤겔, 『미학』.
베르그송, 『웃음』.

---

*그리스 어 ars에서 나온 영어나 불어의 art는 본래 '기술'의 의미를 갖고 있었지만 근현대에 이르러 '예술'의 의미로 더 많이 사용된다.

천재성과 창조

천재적이라는 표현은 쉽게 남발해도 천재genius라는 표현은 흔히 쓰지 않는다. 르네상스 이후로 예술에서 천재라는 단어는 최상급의 초인적 수준의 창작을 할 수 있는 사람에게만 국한되어 사용되고 있다. 즉 '성聖 미켈란젤로'라는 말처럼 거의 종교적인 수준의 대가에게만 붙일 수 있는 말이 되었다. 하지만 중세에는 신 이외의 누구에게도 창조자(창작자)라는 말을 할 수 없었으며, 천재라는 말은 알려지지 않았을 뿐 아니라 불경한 표현이었다. 오늘날 이 단어는 무엇을 가리키는가?

창조자로서의 예술가

천재성의 보편성

천재성은 모든 인간이 갖고 있는 보편적 성질인가? 19세기 초 독일의 초기 낭만주의자들은 그렇게 생각했다. "천재성은 인간의 자연적 조건"으로 동물과 인간을 구별할 수 있게 해주는 조건이며 인간을 자연과 연결시킨다는 것이다.

이런 논리에 따르면 천재성은 자연적 유산이며 인간이 자연에 귀속되는 것을 보여주는 가장 보편적이고 가장 원초적인 표현일 것이다. 더구나 천재성을 가진 인간은 개인성을 최소한으로 축소시킬 수 있는 자이다. 보편적 자연은 인간들의 보편성을 대표하여 천재의 목소리로 표현되며 개개의 인간은 그의 목소리 속에서 자신의 모습을 알아볼 수 있다.

천재성에 교양과 교육이 덧붙여지면 천재성은 감춰진다. 천재성을 가진 사람들은 다른 사람들보다 무엇인가를 더 많이 가진 것이 아니라 무엇인가를 덜 가진 것이다. 천재성이 자연 속에서 가장 보편적인 것의 표현이라면 예술가는 바로 그 이유에서 독특한 존재이다.

천재성의 독특성

"성스러운 격정"인 천재성은 창조의 근원으로 회귀할 수 있는 능력이라는 의미에서 소수의 사람만이 얻을 수 있는 타고난 재능이다. 따라서 천재는 신과 비슷한 모습의 창조자이다. 신에게 손을 빌려주기라도 한 것처럼 예술가는 자연의 창조력과 동일시된다.

취향이 미를 판단할 수 있는 능력이라면 천재성은 미를 창조할 수 있는 능력이다. 마찬가지로 취향의 규칙이란 것이 없다면 천재성의 규칙도 없다. 하지만 천재의 창조는 취향 면에서 미의 독특한 모델이 된다. 마지막으로 취향이 관조 중인 가장 개인적인 내면성의 표현이라면 천재성은 이 내면성이 활동하는 것이다.

천재의 독창성을 기리는 찬탄은 때로는 우상숭배에 이르기도 한다. 천재의 창조력을 신의 천지창조 능력처럼 찬양하다보면 작품은 이제 비범한 인간의 생애를 증언하는 것에 불과해진다.

예술가와 전통

기술과 직업

천재성이라는 것이 그것이 표현되는 예술과 어느 정도 독립된 정신 능력이라 해도 천재성이 발휘되려면 이 예술을 비범하게 다룰 수 있는 능력이 있어야 한다. 화가는 주제를 구성할 줄도 알아야 하지만 물감 섞는 법도 알아야 하고 캔버스 위의 붓놀림도 잘 알아야 한다.

이러한 숙련된 기술을 익히려면 배움의 과정이 필요하고 대체로 이러한 학습은 모방을 통한다. 전통적으로 화가들은 스승 밑에서 도제 훈련을 받으면서 처음에는 스승의 작품을 모사하는 일부터 시작했다. 스승과 다르게 그리는 사람이 아니라 스승의 작품을 가장 잘 모방하는 사람이 천재인 경우도 많다. 스승의 기법을 흡수하고 스승의 기술 속에 녹아들면서 천재는 자기 성격의 독자성을 쉽게 지워버릴 수 있다.

배움의 경험은 천재를 이류 예술가와 구별해준다. 천재는 자기에게 영감을 불어넣어 주는 관념을 위해 기술을 사용할 줄 알지만 이류 예술가는 기술적 능란함을 전면에 내세운다. 이때 스타일은 매너리즘으로 전락한다.

예술사의 무게

천재의 독창성은 이전에 다른 사람들이 한 작업과 급진적으로 단절됨으로써 드러나는 것이 아니다. 아방가르드주의는 천재성의 표현이 아니다. 시에서 여인을 장미에 비유하는 것은 전혀 독창적이지 않다. 하지만 천재는 그렇게 하면서도 단순한 관습에 빠지는 것이 아니라 그 관습을 비틀어버린다.

  마찬가지로 천재라고 해서 반드시 새로운 예술 사조를 만들어내는 것은 아니다. 천재의 작품은 너무나 독특해서 아무도 모방하지 못할 수도 있다. 반대로 천재가 표현해낸 것이 많은 사람의 생각과 명백히 부합할 때 그것은 하나의 사조가 된다.

  역사가 여러 시대로 이루어지고 이 시대들에 어떤 정신이 깃들어 있다면 **예술의 천재는 자기 시대의 정수를 표현할 줄 아는 사람이다.** 천재는 자기가 살고 있는 시기의 시대 정신의 다양한 측면을 작품 속에 모아 종합해낼 수 있다. 따라서 동시대인들은 각기 자기가 느끼는 가장 내밀한 부분이 천재의 작품 속에 표현되어 있는 것을 볼 수 있다.

▶ **철학의 도구들**

▷▷▷ **혼동하지 마세요**
• 매너리즘과 스타일 |
헤겔적 맥락에서 한 작가의 매너리즘이란 그의 성격의 우연성과 개별성을 표명하는 작품 속 특징의 총체이다. 헤겔은 스타일을 매너리즘과 대립시키면서 스타일이란 인간 본성의 보편성을 예술가 특유의 형식으로 표현하는 독특한 방식이라고 정의한다.

▷▷▷ **정의**
• 천재(성) | 인간 본성에 담긴 가장 보편적인 부분을 예술적으로, 즉 개인화된 감각적 형태로 표현할 수 있는 독특한 능력.
• 아방가르드주의 | 예술은 전통과 단절하는 진보를 통해 앞으로 나아간다고 주장하는 이론. 이 이론을 따르는 작가들은 언제나 소수이며 대중과는 유리되어 있다.

▷▷▷ **더 읽어볼 만한 글들**
칸트, 『판단력 비판』, §§ 46~50.
헤겔, 『미학』.
에르빈 파노프스키Erwin Panofsky, 『예술작품과 그 의미들』.

▶ **생각해볼 주제**

미와 숭고에 대한 칸트의 관점

칸트는 1790년에 그의 세 번째 주저主著인 『판단력 비판』을 출간한다. 이 저작은 '미학적 판단력 비판'과 '목적론적 판단력 비판'의 두 부분으로 나뉘어 있는데 여기서 우리는 앞쪽 것만을 다루어보자. 우선 1권('미의 분석론')의 네 단계를 분석한 후 미와 숭고의 차이를 설명하고 있는 2권('숭고의 분석론')의 핵심적 구절 하나를 인용해보자.

미

"취향은 한 대상이나 재현 양식을 모든 이해관계를 떠나 (취향 판단의 무관심성disinterested) 만족이나 불만족으로 판단하는 능력*이다. 이러한 만족을 주는 대상을 우리는 아름답다고 한다."

어떤 사물이 아름답다고 말하게 하는 미학적 취향 판단은 순전히 관조적인 유일한 판단이며 대상의 존재 유무에 무관심한, 이해관계를 떠난 유일한 판단이다. 이 점에서 미학적 취향 판단은 인식 판단(한 사물이 무엇인지 알기 위해 그것에 관심을 갖는 것), **미감성의 판단**(미

---

*여기서 '능력'은 철학적 용어로 오성, 상상력 등 정신적 능력을 가리킨다.

감적인 것은 감각을 즐겁게 하며 만족감을 다시 느끼기 위해 그 사물을 소유하고 싶은 욕망을 불러일으킨다), **도덕적 판단**(어떤 것이 좋다고 말할 때 기반이 되는 판단. 이때 우리는 그러한 도덕성이 존재하면 좋을 것이라고 느끼게 된다)과 대립된다. 예컨대 장미 한 송이를 두고 장미가 아름답다, 장미는 물과 공기로 사는 식물이다, 장미의 냄새가 좋다, 장미는 조물주의 선의善意의 결과이다 등의 얘기를 할 때 이러한 여러 판단이 동원된다.

"미는 개념 없이도 보편적으로 마음에 드는 것이다."

인식 판단은 보편적이다. 이 점에 대해서는 모두가 동의한다. 사물에 대한 과학적 개념은 객관적이다. 개념이 우리 모두에게 대상을 지각하는 방식을 부과한다는 점에서 사물은 누구에게나 동일하다. 그러므로 인식의 보편성은 한 가지 개념에 의존하는 것이다. 칸트에 따르면 취향 판단 역시 보편적이다. 하지만 취향 판단의 보편성은 개념에 기반하지 않는다. 한 사물을 보고 아름답다는 생각을 할 때 그것은 미 개념 일반에서 도출되는 것이 아니다. 미는 느껴지는 것이지 증명되는 것이 아니다. 미는 우리를 즐겁게 하지만 쾌감은 개념에 근거하는 것이 아니다. 하지만 어떤 쾌감이 보편적일 수 있는가? 오직 인간 주체의 능력, 모든 인간이 갖고 있는 능력과 연결된 쾌감만이 보편적일 수 있다. 아름다운 사물 앞에서 우리가 모두 동일한 즐거움을 느끼는 것은 우리 모두 동일한 정신을 갖고 있고 동일한 방식으로 이해하고 상상하기 때문이다. 아름다운 대상을 보면 우리 내부에서는 조화로운 상태를 의식하게 되는데 칸트는 이를 오성과 상상력의 "자유로운 유희"(여기서 '자유롭다'는 것은 개념이 개입하지 않는다는 뜻이다)라고 불렀다. 이런 상태를 의식할 때 우리는 다른 이들도 우리와 같은 능력을 갖고 있다면 마찬가지로 이를 의식할 것이라고 생각할 수 있다. 하지만 취향 판단의 보편성을 인정하려면 우리가 예술 작품을 평가할 때 쾌적함의 문제인 개인적 요소들을 전혀 섞지 않고 순전히 미만을 판단해야 한다는 전제가 붙는다. 당연히 이런 일은 오히려 매우 드문 것이므로 칸트는 미적 판단이 보편적으로 이루어진다고 말하는 대신 이상적 상황에서 보편적으로 이루어져야 한다고 말한다.

"미는 한 대상 안에서 특정한 목적을 표상하지 않은 채 지각되므로 미는 한 대상의 목적성의 형식이다."

유용한 사물에는 그것의 용도인 목적이 있으며 이 사물은 그러한 목적을 위해 만들어진다. 도구의 자루는 그 도구를 손으로 잡을 수 있게 해준다. 반대로 아름다운 대상은 그 존재 이유, 목적을 드러내지 않는다. 장미는 아무짝에도 쓸모가 없다. 장미는 먹을 수도 없고 장미의 향기는 장미의 아름다움과는 아무 상관이 없다. 또한 장미에는 주관적 목적도 없다. 왜냐하면 장미의 미는 개인의 이해관계에 달려 있는 것이 아니기 때문이다. 장미가 아름답다는 사실은 그 목적이라는 개념, 그것이 어디에 소용된다는 일반 관념에도 의존하지 않으며 따라서 **객관적 목적도 없다**.

하지만 목적이 없음에도 우리는 한 사물이 아름답다면 그것이 아무짝에도 쓸모없는 것은 아니라고 생각하게 마련이다. 즉, 그것은 어떤 이유로 만들어진 것 같지만 그 이유가 무엇인지는 말하기 어려운 것이다. 목적이 없다는 것을 알면서도 목적성이 있다고 칸트가 말하는 것은 이러한 의미에서이다.

"미란 개념 없이도 필연적 만족을 주는 대상으로 인지되는 것이다."

아름다운 대상 앞에서 각 개인은 누구든 미가 가져다주는 만족감을 느낄 수밖에 없다. 하지만 개인이 특정 대상을 아름답다고 판단하는 필연성은 미의 개념에서 나온 논증에 따른 필연성이 될 수 없을 것이다. 미는 감정이지만 미의 경험은 개인적 감성의 자의성과 개인적 기질의 우연성에 기반하는 것이 아니다. 취향 판단의 필연성은 감각에 기반한다. 이는 공통감을 상정한다. 즉 미 앞에서 작동하는 인간의 보편적 능력을 상정하는 것이다. 그리고 이 보편적 능력의 작동 방식은 엄격하게 정해져 있을 것이다. 우리가 이 공통감(특히 미에 민감한 공통 감각)을 소유하고 있으므로 만족감은 필연적이다.

숭고

"절대적으로 커다란 것을 숭고라 부른다."
"숭고는 그에 비하면 다른 모든 것이 작아 보이는 어떤 것이다."

칸트는 '숭고 sublime'라는 단어를 일상적으로 흔히 그러는 것처럼 미의 최상급이라는 의미로 사용하는 것이 아니다.* 칸트에게 숭고는 굉장히 아름다운 것이 아니다. 숭고는 미와 무관하다.

숭고는 사물 안에 있는 것이 아니라 사물과 우리 정신의 관계에 있다. 그래서 칸트는 "폭풍으로 일렁이는 거대한 대양大洋은 숭고하

---

*불어에서는 예컨대 매우 아름다운 미녀에게 이 표현을 쓸 수 있다.

다고 할 수 없다. 그 모습은 추악하다."고 말한다. 하지만 이러한 거친 바다를 지각할 때 우리는 숭고의 **감정**을 느낀다. 숭고의 감정이란 어떤 광경을 보고 우리의 능력으로는 감당할 수 없어 얼이 빠져 일차적으로 힘을 잃었다가(불쾌), 기운을 회복하는 과정(쾌)으로 이루어져 있다.

사물이 숭고를 유발하는 데는 두 가지 방식이 있다. 첫 번째는 감각이나 상상력 같은 하위의 인식 능력이 과부하가 걸려 눈 앞에 펼쳐진 광경의 크기를 감당하지 못했다가 그 광경의 거대함을 정신적 총체로 이해할 수 있는 이성과 같은 상위의 인식 능력이 작동하여 자신이 그 광경에 지적으로 눌려버렸다는 것을 인식하는 것이다. 이러한 경우를 칸트는 **수학적 숭고**라고 부르는데 이는 지식의 숭고가 된다. 두 번째 방식은 우리를 넘어서는 힘 앞에서 우리의 육신이 절대적으로 연약함을 느꼈다가 이 힘을 포괄할 수 있는 인식 능력인 이성을 되찾아 이러한 힘의 느낌은 대상이 아니라 우리 안에 있는 것이므로 그 어느 것도 인간을 완전히 압도할 수는 없다는 느낌을 갖게 되는 것이다. 칸트는 이를 **역학적 숭고**라 부르는데 이는 위력의 숭고가 된다.

숭고의 본성이 어떠한 것이든 숭고는 언제나 인간 안에 어떠한 것도 짓누를 수 없는 힘인 이성이 있다는 것을 의식하는 것으로 귀착된다. 자연계에서 인간의 다른 능력을 압도하는 것에 대해 인간은 이성으로 승리를 거둔다.

역사와 역사학

'역사'라는 단어를 쓸 때 우리는 정확히 무엇을 말하는 것일까? 시험 공부하려고 보는 교과서를 얘기하는 것인가? 역사책을 쓴 역사가가 설명, 분석하는 사실들을 이야기하는 것인가? 혹은 어제 극장에서 본 영화의 줄거리를 말하는 것인가? 불어에서 'histoire'(이야기, 역사)라는 단어는 역사책, 과거 시대의 사건들, 픽션 작품(소설이나 시나리오 등) 등을 모두 의미하고 있으니 말이다.

그러므로 역사라는 주제에 천착하는 철학자는 무엇보다 이 단어의 여러 의미를 구별해야 한다. 그 이후에만 이 연구 주제가 제기하는 여러 문제에 답할 수 있을 것이다.

역사를 글로 쓴다는 것

역사라는 것을 과거 사실의 총체라고 본다면 역사는 이 사실들을 기술하는 역사가의 활동과는 구별된다. 혼동을 피하기 위해 역사가의 학문 분과는 **역사학**이라고 부르고, **역사**라는 단어는 역사학이 기술한 사건들에만 국한하여 사용하기로 하자. 하지만 여기서 한 가지 문제가 생긴다. 역사학이 역사를 충실히 기술할 것이라고 정말로 믿을 수 있는가? 역사가는 소설가와는 확실히 다른가? 역사책은 진실한 것인가 아니면 단지 '아름다운 이야기들'을 들려주는 것인가?

역사는 과학인가?

흔히 역사학은 과학이 아니라고 말한다. 역사학에는 객관성이 결핍되어 있다는 것이다. 이런 식으로 주장하는 사람들은 역사학이 자연 과학의 방법론을 따라야 하지만 그럴 수 없다고 은연중에 상정하는 것이다. 과학적 방법론은 관찰, 가설, 실험을 통한 검증이라는 세 단계로 이루어지는데 역사학의 작업에는 이런 과정이 부재하는 것이 사실이다.

자연 과학의 연구 대상인 현상들은 실험실에서 재현할 수 있는 데 반해 역사학 작업은 연구 대상을 직접 관찰하는 것이 불가능하다. 왜냐하면 역사학의 연구 대상은 정의상 이미 지나간 과거의 사건이기 때문이다.

더구나 물리학이나 생물학은 사실에서 출발하여 가설을 수립할 수 있다. 이와는 달리 역사학이 가설을 만들려면 사실이 아니라 증언에 의존해야 한다. 또한 물리학자는 무한히 실험을 반복해서 가설을 검증할 수 있지만 역사가는 그의 가설을 입증해줄 사건이 일회적인 데다 이미 과거의 일이므로 실험에 의존할 수가 없다. 그러므로 자연 과학의 방법론에 따라 실험을 통해 검증되는 것만을 객관적이라고 한다면 역사적 해석은 결코 객관적일 수 없다.

공평무사한 객관성은 불가능하다

이념적·정치적 편견 또한 역사가의 객관성에 장애물이 될 수 있다. 물론 투키디데스Thucydides가 『펠로폰네소스 전쟁사』의 도입부에서 밝힌 대로 역사가는 언제나 편파적이지 않고 공평무사하려고 노력해야 한다. 투키디데스는 과거 사실에 대한 공평무사함이 필수불가결하다는 것을 처음으로 명확히 밝힌 역사가로서 이 때문에 그는 역사학의 진정한 창시자로 간주되고 있다. 하지만 역사가라고 해서 어찌 한 사회에 속하지 않을 수 있겠는가? 역사가라고 해서 어찌 당대의 가치를 벗어날 수 있겠는가? 역사가는 언제나 당대의 자기가 속한 문화의 이념에 영향을 받지 않는가?

이러한 어려움을 제거하기 위해 나오는 일반적 답변은 다음과 같은 것이다. 즉 역사가는 객관성의 확보를 위해 사실을 나열하는 것으로 그쳐야 한다는 것이다. 그렇다면 역사가의 임무는 "드골de Gaulle은 프랑스 대통령이었다." 또는 "워털루 전투에서 나폴레옹Napoléon I은 패했다." 같은 말을 쓰는 것으로 국한될 것이다. 하지만 이러한 '날것의 사실'에 대한 실증주의적 믿음 또한 기만적일 수 있다. 하나의 사실을 기술하려고 선택하는 순간 우리는 그 사실에 어떠한 역사적 역할을 부여하는 것이다. 예컨대 정치사에서 특정한 날짜들을 골라 역사를 기술한다면 여기에는 정치 외적인 사회 문화적 사건은 과거 사회의 형성에서 정치적 사건만큼 중요하지 않다는 전제가 깔려 있는 것이 된다. 정치사의 '날것의 사실'만을 기술하는 것 또한 하나의 판단이고 과거 사건들 사이에 어떤 위계 관계를 수립하는 것이다.

아날 학파는 실증주의자들을 이런 식으로 비판했다. 1930년대에 출현한 아날 학파의 역사학 흐름은 역사를 연구하면서 역사의 모든 측면을 고려하겠다는 야심을 가지고 있었다. 따라서 그들은 과거의 특정한 측면만(주로 왕조사, 정치사)을 중시하는 것이 아니라 역사의 전반적 모습을 그려내려 한다. 이렇게 해서 아날 학파가 제시하는 새로운 역사학 방법론에는 전통의 역사학에서는 주변적 위치를 차지하던 인구, 지리, 경제, 사회적 부분들이 중요한 위치를 차지하게 된다.

따라서 역사학에서의 진리는 심각한 장애물에 부딪히는 것처럼 보인다. 역사가는 언제나 현실에 대해 어떤 관점을 취할 위험이 있으며 총체적 역사는 개인의 능력을 넘어서는 것처럼 보인다. 그렇다면 역사학은 역사를 배반할 수밖에 없는 것인가?

역사가라는 직업

역사를 비과학적인 것으로 간주하는 태도는 암묵적으로 실험 과학을 모든 지식의 모델로 여기는 것이나 다름없다. 하지만 역사는 다른 지식들과 비교하여 평가받아서는 안 되는 매우 독특한 유형의 지식이다. 역사학은 그 자체로 생각되어야 하는 것이다. 물론 역사가는 과거를 과거의 흔적을 통해서만 알 수 있다. 역사가는 연구 대상이 되는 시대에 쓰인 텍스트를 읽고 과거가 남긴 기념물, 예술 작품, 일상적 생활 도구 등을 목록화하고 분석한다. 그리고 역사가는 이러한 요소들에 대한 지식을 정립할 수 있다. 물론 이런 요소들이 과거에 대한 충실한 이미지를 제공한다고 믿어서는 안 되겠지만 말이다.

더구나 역사학은 실험 과학들과는 목적이 다르다. 실험 과학들은 여러 현상을 주재하는 보편적 법칙을 찾으려 한다. 하지만 역사학은 무엇보다 과거의 유물을 해석하여 각 시대를 이해하려고 노력한다. 역사가는 우리가 인지할 수 있도록 과거를 재구성하지만 이 작업은 자료와 가설의 부합을 전제하므로 결코 아무렇게나 하는 일이 아니다. 그러므로 역사적 진실은 특히 해석의 일관성과 설명력에 따라 좌우될 것이다.

생시몽C. Saint-Simon의 『회상록』을 읽는 역사가는 루이 14세 치하의 궁정을 정확하게 묘사한 것에 감탄하면서도 이 책에는 냉소적 신하의 편견과 의견이 섞여 있음을 잊어서는 안 된다. 전거가 되는 자료들을 의심 없이 믿을 경우 역사가는 객관성을 담보할 수 없다. 또한 자신의 분석에 들어맞지 않는 증거나 증언을 의식적으로 빼먹는 일도 저질러서는 안 된다. 그러므로 역사학은 매우 독특한 요구 사항과 방법론을 갖고 있는 독자적 학문이다.

역사가가 특정 시대를 기술하는 것이 가능다면 역사의 전반적 진행을 설명하는 것 또한 가능하지 않을까?

역사를 사유하기

역사는 시대를 막론하고 끔찍한 전쟁, 범죄적 광기, 어이없는 열정으로 뒤덮여 있다. 우리 대다수는 인간의 과거가 절망적이고 부조리하고 지리멸렬하다고 느낄 것이다. 이러한 혼돈 앞에서 한 가지 질문이 생긴다. 역사에는 어떤 의미도 없는가? 아니면 수많은 사건들이 뒤섞인 이 혼란 속에도 어떤 의미가 있지만 단지 감춰져 있어 쉽게 간파하지 못하는 것인가?

의미의 필요성과 진보의 관념

역사의 흐름 앞에서 철학자가 분개하는 것은 철학자가 보기에 역사에 숨은 질서를 드러낼 수 있으리라는 희망 때문이다. 그래서 칸트는 「세계 시민적 관점에서 본 보편사의 이념」에서 실망한 듯 단언한다. "인간 역사에는 의미가 없어 보인다." 하지만 그는 어떤 희망을 표시하면서 이 책에서 그 점을 설명하려 한다. 칸트에 따르면 역사에는 의미가 있으며 역사는 진보하고 있다. 하지만 과거의 노선은 분명히 보이지 않아 역사철학자가 그것을 드러내야만 한다. 비록 인간의 역사는 언제나 유혈이 낭자했지만 전반적으로 볼 때 인류를 끊임없이 개선하는 방향으로 나아가고 있었다. 따라서 부조리한 사건들도 설명이 가능하다. 전쟁은 전체적으로 더 나아지기 위한 걸음의 한 단계일 뿐이다. 진보의 이념 덕에 처음에 느꼈던 부조리의 감정은 해소된다.

하지만 진보의 이념은 너무나 잔혹한 사건들을 진보를 위한 사소한 디테일로 축소시킨다는 문제가 있다. 더구나 이러한 이념은 특정한 시대가 다른 시대보다 낫다고 평가할 기준을 상정하고 있다. 예컨대 우리는 우리 시대가 기술적으로 발전했기 때문에 고대보다 낫다고 생각한다. 하지만 고대인들이 볼 때 현대인들의 풍습은 추악한 것일 수도 있다. 진보의 규준이 시대에 따라 변한다면 시간이 흐르면서 인류가 개선되고 있다고 어떻게 말할 수 있겠는가?

이성의 도약

역사에서 어떤 질서를 발견하려 한다면 특정 시대 특유의 것이 아닌 발전 원리를 찾아야 할 것이다. 그리고 이 원리는 역사상의 잔혹한 사건들을 소홀히 하지 않는 것이어야 할 것이다.

헤겔의 역사 철학은 이러한 진보 개념을 넘어서고자 한다. 헤겔에 따르면 역사는 인간의 광기들에도 **불구하고** 그 목표에 도달하는 것이 아니다. 역사는 인간의 **광기를 통해서** 그 목표를 이룬다. 인간의 의식은 협소하여 자기 행동에서 이성적 목적을 파악할 수 없다. 하지만 이성은 아무리 부조리한 행위일지라도 모든 인간 행위를 이용하여 세계의 이성적 질서를 최대한도로 실현시킨다는 것이다. 이렇게 이성이 (비합리적) 인간의 정념을 이용하는 것을 헤겔은 '이성의 간계'라고 부른다. 역사 속에는 이성이 어디에나 있기 때문에(이성의 편재성) 역사는 어떤 의미, 방향을 갖게 된다.

역사적 사건의 진정한 근원이 인간이 아니라면, 역사의 주역들이 역사의 목적을 모르고 있다면 자유라는 것은 얼마나 보잘것없는 자리만을 갖게 될 것인가! 역사라는 것을 인간의 의지와는 무관한 사실들의 필연적 연쇄로 보아야 한단 말인가?

역사와 자유

역사를 구성하는 집단적 사건은 개인에게 강제적으로 부과되며 외적 구속이 되어 개인을 짓누른다. 역사의 흐름이 맹목적인 것이든 아니면 숨은 이성의 뜻에 의한 것이든 인간은 역사에서 영원히 소외되어 있는 것일까? 아니면 그럼에도 인간은 역사에 대해 어떤 영향력을 끼칠 수 있는 것일까?

우리는 앞에서 '역사'라는 단어의 두 의미를 구별했지만 아마 이 지점에서 두 의미는 서로 만나게 될 것이다. 개인은 역사를 수동적으로 겪는 것이어서 그 역사를 이해하거나 파악할 수 없지만, 역사가의 작업은 조금씩 역사를 정리하고 거기에 질서를 부여할 수 있다. 하지만 역사가는 오직 과거의 일만을 정리할 수 있을 뿐이라고 반박할 수도 있을 것이다. 그러나 역사가의 지평에서 현재와 미래는 사라지는 것이 아니다. 오히려 자기 시대를 만들어낸 과거의 계보를 연구하면서 역사가는 개인적이고 결정적인 행동을 요청하는 계기들을 알아볼 수 있는 법을 익힐 수 있을 것이다. 그러므로 역사학의 지식은 미래의 역사에서 자유로운 행동의 조건이 될 것이다.

▶ 철학의 도구들

▷▷▷ **혼동하지 마세요**
• **역사학과 역사** |
역사학은 문서 자료 연구, 유적 연구, 문서의 출전 비판 등 역사책 생산에 포함되는 모든 활동을 가리킨다. 반면에 역사는 과거 사실의 총체이다. 역사학에서 중요한 문제는 연구 과정에서 제공되는 지식의 가치에 관한 것이다. 역사에서 중요한 것은 역사가 어떤 의미를 가질 수 있는가, 역사 안에서 개인의 자리는 어떤 것인가 하는 것이다.

▷▷▷ **정의**
• **필연** | 현재 되어진 것과는 다르게는 될 수 없는 것을 필연적이라고 한다. 역사 철학에서 필연이라는 용어는 주로 이런 의미로 사용된다.
• **소외** | 외적 요인의 구속 때문에 개인이 자기 행동의 주인이 되지 못하는 상태.
• **이성의 간계** | 헤겔의 주장에 따르면 역사 속에서 은밀히 작동하고 있는 이성은 이성의 자기실현을 위해 인간의 비이성적 감정을 이용한다.

▷▷▷ **더 읽어볼 만한 글들**
투키디데스, 『펠로폰네소스 전쟁사』.
칸트, 『칸트의 역사철학』, 2장.
헤겔, 『역사 속의 이성』.
마르크 블로크 Marc Bloch, 『역사를 위한 변명』, 서론.

역사와 기억

우리가 경험하자마자 그 순간과 동시에 죽어버리는 우리 생애의 수만 가지 디테일을 생각해보라. 때로는 망각이 우리 과거의 가장 중요한 부분마저 집어삼킨다는 것을 알 수 있을 것이다. 오직 기억만이 영구적 상실에 맞서 싸울 수 있지만 인간의 기억력은 유한한 것이다. 시간의 파괴적 힘을 진실로 극복하려면 기억은 역사책이 되어야 하는 것이 아닐까?

망각에 저항하기 위한 협약

자신의 추억을 그러모으는 사람은 어떤 의미에서 자기 인생의 역사가이다. 그는 역사가처럼 과거를 탐구하고 그것을 망각에서 지켜내려고 한다. 그렇다면 거꾸로 역사책이란 단지 기억을 글로 고정한 것에 불과한 것은 아닐까?

역사책은 기억을 도와준다

기억과 망각 사이의 전투는 애초부터 불공평하다. 인간의 정신은 유한하며 기억 능력도 제한되어 있다. 인간은 그래서 여러 보조적 도구에 의존한다. 오랫동안 과거의 이야기들은 운율 같은 기억술의 기법을 통해 구전으로 보존되어왔다.* 하지만 속담에도 있듯이 "말은 사라지고 글은 남는다." 기억의 기반이 되는 역사책은 과거를 글로 기록하는 탐구(그리스 어 historia의 원뜻)이다. 이는 연보年譜, annals 와 같은 형태로 지속적 기억이 된다.

보르헤스J. L. Borges의 단편(「기억의 천재 푸네스」)에 나오는 푸네스처럼 아무것도 잊지 않는 사람만이 진정한 역사가가 될 수 있을까? 푸네스의 기억력은 물론 망각으로 제한받지 않지만 그래도 역시 자신의 개인적 과거에 국한된다.

역사책과 그 보조 도구

기억은 특정한 관점에 의존한다. 집단적 기억이라고 해도 과거에 대한 부분적 관점일 뿐이다. 예를 들어 2차대전에 대한 프랑스 인들의 기억은 미국인들과 다르다. 역사학은 사건의 전반적 그림을 그려내려 한다. 하지만 그렇다고 해서 역사가 모든 기억의 총합인 것일까? 그것은 결코 아니다. 왜냐하면 여러 기억은 서로 상충되기 때문이다. 이 모든 증거와 증언에서 출발해서 역사학은 개별적 증언을 넘어서는 기술記述을 만들어 전체적 조망을 제공한다.

더구나 기억은 보존된 인상으로 만들어지는 데 반해 역사학은 과거에 대한 '객관적' 의미를 찾으려 한다. 분명 역사학은 기억을 재료로 이용한다. 하지만 역사학은 어떤 추억에서도 명시적으로 나타나지 않는

---

*서구의 고대에는 글과 책이 존재했음에도 여전히 많은 지식이 구전으로 전해졌으며 '기억술ars memoriae'이라는 분과가 수사학 안에 별도로 존재했다. 여러 종류의 운율 체계를 통해 문장을 짓는 운문 형식은 기본적으로 암송의 편의를 위해 탄생했다는 것이 정설이다.

해석을 시도하고 제안한다.

기억의 배신

역사와 기억은 짝을 이루는 것처럼 보인다. 기억을 공고히 한 것이 역사이든 기억이 역사의 도구이든 말이다. 하지만 역사와 기억의 연대連帶는 영속적인 것일까?

망각은 기억과 공모 관계를 맺고 있다

망각은 단순히 기억이 약해지는 것이 아니다. 어느 누가 자기 과거를 모두 기억하면서 살 수 있겠는가? 푸네스의 기억은 '쓰레기 더미'이다. 푸네스의 눈 앞에는 과거가 너무나 구체적으로 보여서 현재는 새로움을 갖지 못한다. 이상과다기억hypermnesia은 기억상실amnesia만큼이나 삶을 마비시킨다.

반대로 역사학은 망각의 적이다. 역사학은 아무리 명백해 보이는 사실조차 의심하고 확인해가면서 가설을 세워간다. 역사가는 보통 사람의 기억처럼 자기 마음에 들지 않는 사건을 지워버릴 수 없는 것이다.

유용한 거짓말과 역사적 진실

역사를 해석하는 역사가와 자신의 과거 경험에서 교훈을 얻는 보통사람은 같은 상황에 있는 것인가? 기억이란 그 순간의 필요에 따라 사실들을 선별하고 재구성하게 마련이다. 과거의 실패에 상처받은 사람은 마음의 평화를 얻고 다시금 행동할 기운을 얻기 위해 그

일을 다르게 해석해서 정당화하게 마련이다. 기억력은 기억하는 만큼이나 망각도 수행하며 특히 현재에 사로잡혀 있으므로 과거를 나름의 방식으로 다시 만들어낸다.

반대로 역사가는 과거를 과거 자체로 연구한다. 역사가는 현재에 그것이 어떤 소용이 있을까를 생각하면서 과거를 연구하는 것이 아니다. 역사가는 기억의 함정을 피해나간다. 기억이란 언제나 과거에 유용하지만 거짓된 의미를 부여하려 한다. 나폴레옹L. Napoléon의 회고록 같은 역사적 신화는 나폴레옹 3세의 권력에는 유용한 것이었지만 역사학의 관점에서 보면 최악의 사례이다.

▶ 철학의 도구들

▷▷▷ 혼동하지 마세요
• 이상과다기억과 기억상실 |
이상과다기억은 기억력이 병적으로 과도하게 증가하는 것이며, 기억상실은 기억이 완전히 사라지는 것을 뜻한다.

▷▷▷ 정의
연보 | 로마 공화정 치하에서 매년 일어난 사건을 연대기 순서로 기록해놓은 책.

▷▷▷ 더 읽어볼 만한 글들
플라톤, 『파이드로스』.
니체, 『반시대적 고찰』.
보르헤스, 『픽션들』, 「기억의 천재 푸네스」.

역사 속의 개인

개인이 속한 시대는 파란만장한 강과 같아 흔히 말하듯 우리는 '역사의 흐름에 휩쓸릴' 수밖에 없는 것일까? 그 물결에 휩쓸려 익사하지 않으려면 강변으로 헤엄쳐 가야 할 텐데 개인이 역사의 물결에 맞서 싸우는 일이 가능한 것일까?

역사의 무게

역사적 사건은 우리의 힘으론 어찌할 수 없는 것일 때가 많다. 매 순간 우리 삶의 역사와 세계의 역사는 우리를 뒤흔들어 불행이나 행복으로 우리를 이끌 수 있다.

개인은 자기 시대에 예속되어 있다

역사는 우리에게 외부에서 강제로 주어지며 우리를 족쇄처럼 옭아맨다. 극도로 왜소한 존재인 인간은 자신의 주변 상황도, 자기를 둘러싼 타인들도 자기 마음대로 할 수 없다. 예컨대 혁명기에 역사는 더욱 우리를 짓누른다. 집단의 힘은 법이나 칙령으로 개인의 삶을 바꾸어버린다. 집단적 힘인 역사 앞에서 개인은 무력하다.

더구나 우리 삶의 조건들은 완전히 과거에 달려 있다. 모든 직업의 근간이 되는 사회의 법률과 기술의 진보는 오랜 역사적 변화를 거듭하면서 나온 것이다. 역사 속에서 우리는 동시대인들에게만 의존하는 것이 아니라 과거의 사람들에게도 의존하고 있다.

개인은 자기 시대의 자식이다
하지만 역사는 족쇄와 같은 구속력으로만 존재하는 것이 아니다. 한 시대는 우리 안에 사고방식과 생활습관을 만들어주며 이는 조금씩 우리의 행동양식, 성격, 믿음을 결정한다.

마르크스가 주장하는 것처럼 사회경제적 관계가 한 시대의 모습을 결정짓는다면 우리의 세계관은 역사에 의해 창출되는 것이다. 예컨대 역사적 상대주의의 주장에 따르면 옳고 그름의 개념은 시대마다 다르다. 역사는 억압을 하지만 또한 개인들을 만들어낸다. 개인은 언제나 자기 시대의 자식이다.

역사 앞의 개인

역사의 격변기에 때로는 상황을 통제하고 길들이고 다스리는 사람들이 나타난다. 아르콜 다리 전투 때의 나폴레옹처럼 국가를 구하는 구세주들은 정말로 역사를 '만드는' 사람들인가?

위인인가 꼭두각시인가?
전통적으로 위대한 인물들은 영웅이고 신들의 선택을 받은 자로서 역사적 사건을 자기 의지 앞에 굴복시킨다고 여겨져 왔다. 카이 사르Caesar는 수많은 사람들의 운명을 좌지우지했다. 그는 역사에 자기 구미에 맞는 얼굴을 부여했다. 하지만 이런 역사적 이야기는 인간에게 초자연적 권능을 부여하는 찬양가에 불과하다.

그렇다면 한 시대를 위대한 인물 중심으로 바라보는 사가史家는 그 시대를 제대로 그려내지 못하는 것일까? 위대한 인물이라고 해도 자신의 주변 사람, 정적, 협력자들의 의도에 종속되기 마련이다. 헤겔이 지적하는 것처럼 공인公人은 너무 많은 상황에 의존하고 있어 남들 모르게 자기의 뜻을 결정할 수 없는 것이다. 따라서 헤겔식 논리로 보자면 공인이란 당대의 근본적 열망을 담지하는 역사 속 이성의 도구인 것이다. 위대한 인물이 역사에 자기 얼굴을 주는 것이 아니라 역사가 위인에게 자기 모습의 한순간을 빌려주는 것이다.

인간의 얼굴을 한 역사

위인은 '역사라는 강'의 흐름을 억지로 바꾸려 하지 않는다. 위인은 그 흐름에 몸을 맡기면서 자기가 방향을 정한 것이라고 주장한다. 물론 역사적 사건들은 우리에게 주어지는 것이고 우리는 그 속에 함몰되게 마련이지만 역사 내부에서도 우리는 특정한 방향을 선택할 수 없는 것일까?

한 사람이 전쟁을 찬성하거나 반대하는 것이 반드시 역사에 맞서 홀로 싸우는 것은 아니다. 이런 행위를 통해 뜻을 같이하는 사람들을 모아 힘을 키울 수 있는 것이다. 역사라는 것을 쉽게 방향을 돌릴 수 있는 시냇물 정도로 생각하는 사람이 있다면 그는 자신에게 작용하는 수많은 구속을 보지 못하는 것이다. 하지만 역사를 거스를 수 없는 흐름이라고 생각하는 자는 너무 쉽게 단념하고 정적주의에 빠지는 것이다.

역사의 흐름이 극복 불가능한 것이라고 믿지 않을 때에만 인간은 행동에 나설 수 있다.

▶ **철학의 도구들**

▷▷▷ **혼동하지 마세요**
- **역사적 정적주의와 신학적 정적주의** |
역사적 정적주의는 역사의 불가피한 흐름을 핑계로 아무 행동도 취하지 않는 것을 정당화하는 것이다.
신학적 정적주의는 페늘롱 F. Fénelon의 신비주의 교리로서 기독교인의 자기 완성은 행동이 아니라 신에 대한 묵상으로 이루어진다는 주장이다.

▷▷▷ **정의**
- **역사적 상대주의** | 진선미 眞善美에 대한 모든 판단은 시대에 따라 달라지며 그 시대 안에서만 유효하다는 이론.

▷▷▷ **더 읽어볼 만한 글들**
헤겔, 『역사 속의 이성』.
스탕달, 『파르마의 수도원』.
마르크스, 『독일 이데올로기』.
사르트르, 『변증법적 이성 비판』.

역사 없는 사회

'역사 없는 인간'이라는 표현은 큰 불행을 겪지 않고 지독하게 평범하게 살아온 사람을 가리킨다. 이런 의미에서 '역사 없는 사회'는 행복하면서도 어두운 운명을 가질 것이다. 그런데 한 사회가 역사의 부침을 피할 수는 있는 것일까? 국가라는 것은 역사책이 기록하는 시련의 역사를 통해 만들어지는 것이 아닐까?

얼굴 없는 사회

역사의 백지

어느 역사책을 들춰보건 수많은 재앙이 기록되어 있게 마련이다. 역사가들은 평화와 번영보다는 끔찍한 전쟁과 천재지변에 익숙한 듯하다. 경제적으로 번영하고 평화가 지속되며 시민들이 자유로운 도시에 대해 무슨 할 얘기가 있겠는가? '역사 없는' 사회에는 그 사회를 노래할 시인은 있어도 연구할 역사가는 없다. 그렇다면 왜 행복은 역사가들을 쫓아내는 것일까?

이는 아마 불운을 겪지 않는 사회는 영원히 그 모습 그대로 남아 있으려 하기 때문일 것이다. 이러한 사회는 휴식을 바라기에 역사적 발전의 특징인 끊임없는 변화에서 벗어나 있다. 헤겔이 말하는 것처럼 이런 사회는 세계사에 백지만을 남겨둘 것이다.

정체성과 역사 서술

이러한 사회만이 과거의 의미를 잃을 수 있는 것일까? 사회 구성원들의 욕망이 역사적 장면을 포기하고 사적 영역에 안주한다면 과거 역시 순 개인적인 문제가 된다. 따라서 집단적 정체성은 흐려지고 사회는 흔들리게 된다. 로마가 정복 정책을 중단한 순간부터 로마 시민들은 국가의 영광을 위한 삶을 그만두었다. 정복의 전통이 잊혀지면서 로마는 쇠락하기 시작했고 그 정체성이 해체되기 시작했다.

더구나 한 국가의 탄생은 과거사의 기록에 매우 의존하게 마련이다. 파멸적 위험을 극복한 이야기는 구성원들에게 일체감을 제공한다. 역사 서술이 결핍된 사회는 오래지 않아 정체성을 잃게 된다. 역사가나 글이 없는 사회는 사라질 수밖에 없다.

역사를 벗어난 사회들

황금 시대인가 후진성인가?

어떤 사회는 삼중으로 역사가 없다. 위기도 변화도 글도 없는 사회가 그러한 경우이다. 하지만 이런 사회들은 사라지기는커녕 영원한 황금 시대에 속하는 것처럼 보인다. 역사가 없는 사회는 역사를 벗어나 있기에 인간의 행복한 조건을 보존한다.

반대로 이러한 사회를 '원시적 사회'라고 볼 수도 있다. 예컨대 유럽 인들이 기술적으로 자기들보다 뒤떨어진 문명을 발견했을 때 이들은 원주민들이 근대 유럽은 이미 오래 전에 극복한 시간 속에 갇혀 있다고 생각했다. 유럽 인들은 사회들, 시대들 사이에 우열 관계가 있다고 생각한 것이다. 그래서 그들은 역사의 운동에서 벗어난 이러한 사회들이 철저히 후진적이라고 보았다.

사회와 역사의 두 유형

하지만 이러한 관점은 **인종 중심주의를** 반영한다. '후진적 사회'라는 표현을 쓰는 것은 역사를 모든 인류가 따르는 유일한 길로 간주하는 것이다. 이 길에서 더 많은 단계를 밟고 올라선 사회가 진보의 사다리에서 더 높은 위치에 있다는 것이다. 하지만 이런 입장은 특정 사회의 기준을 가지고 세계사를 판단하는 것이다. 역사를 기술적 진보의 무한한 진행으로 파악하는 "뜨거운 사회"가 다른 모든 사회를 판단하는 잣대가 되는 것이다.

그렇다면 우리는 역사 없는 사회, 혹은 "차가운 사회"의 관점을 채택할 수도 있다. 이런 사회는 시간에 대해 다른 관점을 갖고 있다. 차가운 사회에서 과거란 결코 완전히 지나가 버린 것이 아니며 역사에 속하지 않는다. 이 사회에서 과거는 죽지 않고 현재를 결정하고 있는 전통 속에서 계속 살아남아 있다. 과거는 흘러가지 않는 것이다. 차가운 사회에는 "뜨거운 사회"에서 역사라는 것을 만드는 도약들이 부재한다. 그러므로 전통적 사회를 역사 없는 사회라고 보는 것은 착각일 것이다. 역사적 시간에 대한 이러한 관념은 단지 우리의 시간관, 역사관과 다를 뿐이다.

▶ **철학의 도구들**

▷▷▷ 혼동하지 마세요
• 뜨거운 사회와 차가운 사회 |
인류학자 클로드 레비스트로스가 만든 용어로 뜨거운 사회는 역사를 기술 혁신의 축적으로 간주하고, 차가운 사회는 시간을 전통의 무한한 영속으로 바라본다.

▷▷▷ 정의
• 황금 시대 | 인간이 자연과 조화를 이루며 살았다는 역사 이전의 신화적 시대. 예컨대 성경의 창세기에 나오는 원죄를 저지르기 전 아담과 이브가 살던 에덴동산 같은 것.
• 인종 중심주의 | 한 사회의 성원들이 자기들의 문명을 다른 사회들의 모델, 인류의 중심으로 간주하는 태도.

▷▷▷ 더 읽어볼 만한 글들
루소, 『인간 불평등 기원론』.
헤겔, 『역사 속의 이성』.
레비스트로스, 『인종과 역사』.

역사의 의미는 발견하는 것인가, 만들어내는 것인가?

먹잇감을 사냥하는 야수는 놓칠 수도 있다는 것을 알면서도 끈질기게 추격을 계속한다. 반대로 장인은 자기가 생산하는 대상을 완벽히 통제할 수 있다. 과거의 심연에 웅크리고 있는 의미를 찾아내는 역사가의 작업은 장인의 일보다는 사냥 중인 야수에 가깝다. 하지만 보이지 않는 먹잇감을 추적하다 지친 역사가가 몰래 가짜 의미를 만들어내지 않으리라고 누가 보장할 수 있겠는가?

잃어버린 의미를 찾아서

역사(영어의 history, 불어의 histoire)라는 단어는 어원상 '탐색·수사'를 뜻한다. 분석해야 할 사건들이 이미 사라지고 없으므로 역사가는 탐정이 된다. 역사가는 흔적들에서 출발하여 사실을 재구성하며 그 사실들이 왜, 어떻게 전개되었는지를 이해하려 한다.

이해하려면 먼저 공감해야 한다

수사관은 사건을 조사할 때 자기가 사건 당시 현장에 있던 인물이라고 생각해보아야 한다. 역사적 사건을 이해하려는 역사가도 자기가 그 안에 있다고 생각하고 그 사건의 주역들의 관점을 취해보아야 한다. 따라서 역사의 주역들이 가졌던 동기와 그 행동의 의미를 발견하려면 그 사람들과 공감sympathy을 느껴야 한다.

역사가가 한 시대에 공감하는 처지에 놓인다면 그는 그 시대 사람이 자기 시대를 바라보는 시선을 취하게 될 것이다. 한 시대에 대해 외부자적 입장을 취할 경우 그 시대의 사건들에 현재의 의미를 갖다 붙이기 쉽고 역사적 맥락을 잃게 된다. 중세의 농민 폭동을 계급투쟁의 시초로 보는 식으로 말이다. 이런 경우 역사적 사건의 의미는 발견한 것이 아니라 만들어내는 것이 된다. 반대로 공감을 통해 역사가는 과거 시기에 내재하는 의미를 조명할 수 있다.

거리 두기

하지만 자신이 살고 있는 시대를 정확한 시각으로 보기는 어렵다. 동시대 사건을 연구하는 역사가는 근시안적이기 쉽다. 자기가 속한 환경을 휩쓸고 지나가는 격변에 매몰되어 본질적 원인을 간과하지 못할 수 있는 것이다. 알렉시스 토크빌Alexis Tocqueville이 지적하듯 역사적 사건이란 너무 가까이서 바라볼 경우 우연한 사건들 더미로만 보인다.

그러므로 역사가는 일단 사건에 대해 거리를 두고 천천히 사실들을 수집한 후에야 거기에서 인과적 연쇄를 찾아야 한다. 역사가는 한 사건의 여러 이유를 밝힌 후 시간적 선후 관계를 갖는 여러 사건 사이에서 인과적, 논리적 연관을 찾아야 한다. 역사의 의미는 인과관계의 그물을 밝히는 오랜 탐색으로부터 떠오르는 것이다.

날조의 비밀

하지만 탐정(역사가)은 사건의 당사자 중 한쪽과 공모 관계를 맺는 일이 많다. 이때 탐정은 비밀스럽게 자기 사무실에서 사건의 '공식적 버전'을 만들어내고 싶은 유혹에 빠지지 않을까?

승자의 역사

역사의 의미는 누가 결정하는가? 패배한 자나 억압받는 자일 수는 없다. 이들의 언로는 차단당해 있다. 반대로 승자는 때로 자신의 권력을 동원하여 자기 구미에 맞는 의미를 과거에 부여할 수도 있다. 카이사르는 자신의 과거 행동을 정당화하고 미래의 자기 권력을 보장하기 위해 『내란기』를 집필했다. 그리고 이 텍스트는 공식적 역사가 되었다.

마르크스주의자들이라면 역사는 이데올로기의 생산 과정이며 역사 서술의 목표는 진실이 아니라 현존 권력의 합법화라고 말할 것이다. 이런 경우 역사가는 정복자나 권력자의 개인 비서에 불과하여 주인의 명령에 따라 역사의 의미를 날조하게 된다.

미망에서 벗어난 탐구자

이렇게 되면 역사에는 발견해야 할 의미란 존재하지 않고 이해관계에 따라 수행하는 해석만이 존재할 것이다. 따라서 역사의 의미를 존중하겠다는 학자들의 순진함은 물리치도록 하자. 역사라는 것은 원하건 아니건 역사가가 **구축**하는 것이다.

그러므로 탐구자가 할 수 있는 일은 기껏해야 환상에서 벗어나는 것뿐이다. 역사가는 자기가 발견하려고 하는 것이 (적어도 부분적으로는) 사실은 자기가 만들어내는 것이라는 사실을 깨달아야 한다. 하지만 역사가는 과거를 이해할 수 있는 유일한 수단을 제공하는 사람이기도 하다. 그러므로 폴 리쾨르의 표현처럼 "정당한 주관성"으로 만족하고 과거에서 의미를 발견할 수 있는 우리의 능력에 대해 회의를 품지 말아야 한다.

▶ **철학의 도구들**

▷▷▷ **혼동하지 마세요**
- 연속(시간적 선후 관계succession)과 계기(인과적 논리 관계consecution) | 연속은 단순히 앞의 사건과 뒤의 사건 사이의 시간적 관계를 가리키는 데 반해 계기는 양자가 인과관계에 있음을 나타낸다.

▷▷▷ **정의**
- 공감 | 한 사람이나 한 시대에 대해 감정과 생각이 같을 때 이 표현을 사용한다.
- 내재적immanent | 사람이나 사물의 내부에 있는 것을 사유로 파악한 것을 말한다.

▷▷▷ **더 읽어볼 만한 글들**
마루H. I. Marrou, 『역사적 인식에 관하여』.
폴 리쾨르, 『역사와 진리』.
알렉시스 토크빌, 『추억들』.
폴 발레리Paul Valéry, 『현세계에 대한 시선』.

▶ 생각해볼 주제
역사 서술의 다양한 서술 미학

역사가는 소설가가 아니다. 역사가는 허구로 이야기를 지어내서는 안 된다. 하지만 역사가는 설사 소설가는 아닐지라도 서술 행위narration를 맡은 서술자가 된다. 역사가는 자기 책에서 과거를 '이야기한다'. 하지만 역사가가 선택하는 문체는 단순한 장식이 아니다. 역사가의 문체는 그의 시간관과 역사관에 부합하는 것이 보통이다.

서사시형 역사
헤로도토스는 『역사』에서 끊임없이 중요한 역사적 사건이 운명의 은밀한 영향으로 결정되었다는 결론을 내린다. 숨어 있는 알 수 없는 힘이 인간을 인도하는 것이므로 역사 서술은 예측 불가능한 격변의 연속을 묘사하는 것으로 만족한다. 우연의 변덕을 따르기에 텍스트는 빠르게 진행되고 조리가 없다.

전기형 역사
과거에 대한 이러한 종교적 관점을 물리치고, 인간 행위의 내부에서 원인을 찾으려 한다면 아돌프 티에르Adolphe Thiers의 『통령 정부와 제정사』처럼 사건들이 돌아가는 형국을 위대한 인물의 의지에 귀속시킬 수도 있을 것이다. 이런 경우 역사가는 전통적 소설 비슷한 형식으로 이야기하게 된다. 즉 나폴레옹의 성격을 드러내는 에피소드들로 시대가 구획되며 그의 인생의 여러 격변이 서술을 이끄는 것이다.

사건 위주의 역사

사건을 설명해주는 원인들을 더 넓게 볼 수도 있다. 이런 경우 한 민족의 소망이나 한 시대의 사상이 커다란 중요성을 부여받는다. 이때 역사가는 토크빌이 『앙시앙 레짐과 프랑스 혁명』에서 시도하는 것처럼 한 사건의 이념적, 종교적 이유를 기술하여 그 내적 체제를 밝히려 할 것이다. 하지만 한 사건에 국한되어 있으므로 이러한 역사는 단기적인 범위만을 다룰 수 있다.

서사 없는 역사?

역사는 꼭 사람들이 만드는 것은 아니다. 지리적, 종교적, 경제적 구속들도 역사에 큰 영향을 발휘하는데, 20세기의 아날 학파는 이러한 요소의 중요성을 드러낸 바 있다. 사건 위주 역사의 급박한 진행을 포기하고 아날 학파의 역사학자는 한 시대에 움직이고 있는 무거운 경향들을 찾아낸다. 하지만 그렇다고 해서 역사학은 이야기 형식의 서술에서 완전히 벗어나는 것일까?

분명 이런 식의 역사학에서는 이야기의 리듬이 느려져서 거의 정지한다. 예컨대 페르낭 브로델Fernand Braudel이 『펠리페 2세 시대의 지중해와 지중해 세계』에서 산맥과 지협地峽을 묘사할 때 시대의 흐름 속에서 인간 영웅들은 소홀히 다뤄진다. 하지만 이럴 때조차 역사가는 인물을 인간에서 무생물로 바꾸었을 뿐 바다, 종교, 국가 등에 대해 계속 이야기를 하고 있다. 이야기 서술은 중단된 것이 아니라 느껴지지 않을 정도로 천천히 진행하는 것이다. 그러므로 아날 학파의 저작에서도 서술적 틀은 여전히 유효하다.

역사 소설과 역사 철학

나폴레옹의 러시아 원정을 다룬 역사 소설 『전쟁과 평화』의 말미에서 레프 톨스토이Lev Tolstoi는 당대 역사학의 여러 이론을 분석한다. 다음은 톨스토이가 고대 역사가들이 택한 설명 원칙을 소개하는 대목이다.

역사학의 대상은 여러 민족과 인류의 생활이다. 하지만 인류는 말할 것도 없고 단 한 민족의 생활조차도 이것을 단적으로 포착하고 언어로 둘러싸는 것, 즉 묘사한다는 것은 불가능한 일이라고 생각된다.

종래의 역사가들은 포착하기 어려운 것으로 보이는 민족 생활을 포착하고 묘사하기 위해서 가끔 하나의 단순한 방법을 취했다. 그들은 민족을 지배하는 개개 인물의 활동을 묘사했다. 이 활동은 그들로서는 전 민족의 활동을 표현하는 방법이었다.

도대체 어떻게 해서 개개의 인물이 자기 의지대로 민족을 움직였던가, 또 인물들의 의지 그것은 무엇에 의해서 지배되었던가? 이러한 물음에 대해 역사가들은 다음과 같이 대답했다. 첫번의 물음에 대한 대답은 선택된 일개인의 의지 앞에 국민을 복종하게 하는 신의 뜻으로 행해진 것이며, 둘째의 물음에 대한 대답은 이 선택된 인물의 의지를 예정된 목적으로 향하게 하는 신의 뜻에 의한 것이라고.

이렇게 해서 이러한 문제들은 신이 인류의 일에 직접 관여한다는 신앙에서 해결책을 찾아내고 있었던 것이다.

여기서 톨스토이는 먼저 철학자처럼 고대 역사가들의 방법론을 떠받치고 있는 형이상학적 전제들을 설명한다. 그리고 역사학자의 관점에서 형이상학적 테제들의 인식론적 결과를 묘사한다. 고대인들은 신이 존재하여 몇몇 인물을 선택하여 그들에게 임무를 맡겼다고 믿었기에 모든 역사적 사실을 소수의 선택받은 인물의 활동으로 설명했다는 것이다.

마지막으로 톨스토이는 이러한 역사관에 작가로서 시선을 던진다. 그는 이러한 세계관에 영감을 받고 그에 상응하는 역사학파에 속한 사람이 어떠한 서술 원칙을 택했는지 보여준다. 결국 작가가 철학자와 역사학자의 작업을 마무리하는 것이다.

말과 언어

 언어는 우리와 워낙 가깝고 우리의 모든 경험에 관련되어 있다 보니 언어라는 것을 성찰의 대상으로 삼기란 쉽지 않다. 하지만 오해가 생기거나 거짓말을 들으면 언어는 매우 독특한 것이 되어버린다. 말을 한다는 것은 문법을 따르면서 기존에 수립되어 있는 언어 체계를 사용하는 것이고, 특히 누군가에게 무엇인가를 의미하는 것으로서, 자기 뜻을 표현하거나 어떤 대상이나 사건을 묘사하는 것일 수도 있고 혹은 반대로 직접적으로 언급하지 않으면서 암시하는 것일 수도 있다. 심지어 하는 말과는 완전히 다른 내용을 상대에게 전하는 것일 수도 있다. 하지만 아무것도 말하지 않기 위해 말을 하는 것조차 가능하다면 도대체 말을 한다는 것은 무슨 뜻인가?

언어 : 말과 의미 작용

랑그와 언어

 넓은 의미에서 언어는 모든 의사소통 체계, 하나의 전언$_{message}$을 전달할 수 있는 모든 것이다. 즉, 몸짓이나 비분절음인 외침도 포함하는 여러 규칙으로 조직된 총체가 된다. 특히 음성언어 체계는 여기서 지배적 위치를 차지하고 있다. 좁은 의미에서 언어란 말의 형태로 나타나는 음성언어적 의사소통 양식을 가리킨다. 이때 랑그(언어 체계)는 소리들을 결합하고 연결시켜 의미를 생산할 수 있도록 해주는 대립과 규칙의 체계라고 정의할 수 있다.

달리 말하면 설사 언어가 우리와 우리를 둘러싸는 것들, 우리에게 '사물들'을 재현하고 지칭하는 것들과 관계를 맺게 해준다고 해도 언어는 사물과 우리 사이의 매개물일 뿐이다. 우리는 말을 하면서 기호들을 조작하는 것이지 사물을 조작하는 것이 아니다. 언어 기호는 소리(기표)와 의미(기의)의 연합으로 우리가 사물에 연결시키는 관념이나 의미라는 비물질적 요소에 대응되는 물질적 요소이다. 그래서 각 언어에서 선택된 소리들은 단어의 관습적 성격을 보여준다. 나무라는 것의 본성에는 그것을 '나무'라든지 '트리tree'라고 불러야 할 근거가 전혀 없다. 물론 그렇다고 해서 단어들을 서로 바꾸어 사용해도 된다는 것은 아니다. 사람을 '말馬'이라고 부르지 말라는 법은 없지만 한 언어 안에서는 두 단어를 구별해서 사용해야 하므로 서로 다른 발음을 갖는 것은 당연하다.

상징과 사물의 의미

말을 한다는 것은 그 말의 대상·주제인 사물과의 간극을 상정한다. 말을 하면서 우리는 사물을 손가락으로 가리키는 것이 아니며 단어라는 것도 그 사물에 대한 고유명사가 아니기 때문이다. 언어를 사용하는 법을 배울 때 우리가 배우는 것은 우리가 속한 문화권에서 사물에 부여하는 의미들이다. 언어에는 상징 체계가 담겨 있다. 사물에 의미를 부여하는 방식 말이다. 아랍 어에는 낙타와 직간접으로 관계 있는 단어가 6천 개 이상 있다는 것만 봐도 아랍 문화권에서 낙타가 얼마나 중요한 동물인지 알 수 있다. 따라서 의미 작용이란 단지 어떤 사물만을 가리키는 것이 아니라 그 사물에 결부된 모든 것, 우리가 그 사물에 부여하는 가치와 그 사물을 이해하는 방식을 지칭한다. 따라서 사전에 담긴 단어의 뜻을 아는 것만으로는 상대방의 말을 이해할 수 없다. 말을 한다는 것은 언어에 생명을 불어넣어 주는 사유를 전제하는 것이고 개념과 관념을 조작하는 능력을 전제하는 것이다. 그러므로 의미 없는 말을 하는 사람은 단어를 사용은 하지만 그 어느 것에 대해서도 어느 것도 말하지 않는 것이다. 그가 사용하는 단어에 의미가 담겨 있어도 아무 소용이 없다. 그의 말은 그가 한 사물에 대해 무엇인가를 드러내지 않는 한 아무 의미가 없다.

의미 효과

그러므로 단어의 의미와 담화의 의미를 구별해야 한다. 단어의 의미는 관습적일 수 있으며 (사전에 등록된) 사물을 '언어 기호로 가리키는' 것이다. 반면 담화의 의미는 이와 다르다. 우리는 미움이라는 단어를 사용하면서도 문장 구성을 통해 실은 사용된 단어와는 반대의 감정을 내보일 수 있다. 예를 들어 코르네유P. Corneille의 『르시드』에서 쉬멘느는 "난 너를 전혀 미워하지 않아."라고 말하는데 당연히 이 말은 "너를 사랑해."라는 뜻이다.* 거꾸로 우리가 사용하는 단어가 우리의 의도를 **배신하는** 경우도 있다. 말실수를 한다는 것은 아무 상관 없는 담화 중간에 뜻하지 않은 의미를 생산하는 것이다. 이러

---

*고전주의 시대 문학적 완곡어법의 대표적 사례로 "사랑한다."는 말을 "미워하지 않는다."는 말로 대신하는 것.

한 말실수 때문에 우리는 하려는 말과는 다른 본심을 들킬 수 있다.

마찬가지로 우리는 개인사를 알지 못하는 낯선 사람과 이야기할 때는 말조심을 하게 마련인데 이는 말이라는 것이 때로는 말하려는 내용과는 다른 뜻으로 해석될 수 있기 때문이다. 내가 사용한 단어가 내가 의도하지 않은 의미를 담고 있어서 원치 않게 상대에게 상처를 줄 수 있는 것이다. 이러한 의미 효과는 발화자가 완전히 통제할 수 없는 것이다. 언어란 원래 이런 종류의 공명, 의미 놀이로 되어 있기에 이러한 의미 효과는 언어의 본성상 자연스러운 것이고, 그 때문에 언어는 결코 투명한 도구가 될 수 없는 것이다.

단어를 다루는 것인가, 사물을 다루는 것인가?

담화의 기술(수사학)과 철학

소피스트들은 수사학 교사였다. 그들은 담화 기술(웅변술)의 대가여서 어느 누구든 설득할 수 있기 때문에 세상에서 가장 큰 힘을 지니고 있다고 자화자찬하곤 했다. 재판정에서 어떤 행동이 용기 있는 것이었나를 증명할 단어를 고르고 논증하기 위해서는 덕이나 용기가 무엇인지 알 필요가 없다. 반대 논리를 반박할 수만 있으면 되는 것이다. 따라서 필요한 경우에는 다른 법정에서 정반대의 입장을 지지하고 증명할 수도 있을 것이다. 즉 소피스트들의 수사학은 근본적으로 상대론적 진리관, 언어적 진리관을 가지고 있어서 하나의 소송에서 어느 쪽 편을 맡든지 언제나 싸울 준비가 되어 있는 것이다. 또한 말이라는 것은 사물을 말하는 것이 아니라 단어를 말하는 것이므로 한 사물에 대해 전혀 모르면서도 그 사물에 대해 말할 수 있다.

하지만 철학은 소피스트와 반대 입장에 선다. 우리의 말을 말의 의미에 맞추지 않는다면, 담화의 진리를 그 담화가 말하는 사물에서 출발하여 판단하지 않는다면 참을 말하는 것과 거짓을 말하는 것 사이에 아무 차이가 없을 것이다. 그래서 철학에서는 용기에 대해 무엇인가를 말하려면 용기가 무엇인지, 어떤 상황에서든 용기라는 것의 본질이 무엇인지를 먼저 알아야 한다고 가르친다. 때로는 적을 기습하기 위해 잠시 도망치는 것이 더 용기 있는 행위일 때도 있다. 그러므로 용기가 무엇인지를 규정하는 것은 겉보기에 용기와 관련된 듯한 단어들을 이용하는 것과는 다른 일이 된다.

단어와 개념 : 사물의 이름인가 관념의 이름인가?

그러므로 철학자들의 관점에서 보았을 때 담화는 말하는 대상에 대해 무엇인가를 드러내지 않는다면 텅 빈 것이다. 하지만 우리의 언어가 현실을 분할, 재단한다면 그 단어들은 어떻게 사물과 공존하고 그에 대해 무엇인가를 말할 수 있겠는가? 베르그송의 표현처럼 생성의 연속체 속에서 사물의 세계를 재단, 분할하는 지성은 결코 그 사물들과 공존할 수 없다. 우리는 시간이 마치 수학적 대상이라도 되는 듯 공간처럼 분할할 수 있기라도 한 듯 시분초 같은 도량형의 단위를 써서 말한다. 그런데 무엇인가를 기다리다보면 우리는 시간이라는 것이 단절되지 않은 지속적 흐름이라는 것을 지각하게 되며, 그것이 어떨 때는 더 길게 어떨 때는 더 짧게 느껴진다. '분'이나 '초' 같은 단어는 우리 신체가 지각하는 지속의 구체적 현실에 전혀 대응하지 않는다.

우리가 언어를 통해 사물에 대해 무엇인가를 파악하려면 언제나 언어를 재가공해야 한다. 또한 때로는 사물과 거의 무관해 보이는 단어를 사용하는 시詩나 은유가 현실을 더 잘 말해줄 수도 있다. 강렬한 감정을 묘사하기 위해 우리는 새파랗게 질렸다는 표현을 사용한다. 순간적으로 우리의 피가 굳어 얼굴이 파래지기라도 한 것처럼 말이다. 어떤 단어도 그 순간을 정확히 묘사할 수 없기에 이러한 부정확한 단어들이 오히려 어떤 사태나 상황을 더 정확히 묘사할 수 있는 것이다.

단어와 가치

언어를 의미 조합의 무한한 생명 체계로 만드는 언어의 특징을 내세워 우리는 언어를 편견과 판단을 실어 옮기는 대표적 매개체로 이용하기도 한다. 니체의 지적처럼 언어는 한 문명의 가치를 실어 나르며 그 계보학을 만들어볼 경우 개인들 사이의 역학 관계가 언어 속에 어떻게 표현되어 있는지를 알 수 있다. 켈트 족 침략자들이 이탈리아 토착민을 가리키려고 사용한 그리스 어 단어 'melas'('검은색'이라는 뜻)는 점차 서구어 속에서 고정되어 라틴 어 'malus'('나쁜', '사악한'이라는 뜻)가 되었다.

이것은 언어의 역사에 대한 하나의 가설일 뿐이다. 하지만 우리는 이를 통해 유럽에 자리 잡은 도덕적 편견이 언어에서 어떻게 드러나는지를 잘 알 수 있다. 언어의 사용은 결코 단순한 지표의 사용이 아니다. 단어들은 언제나 역사의 흔적, 즉 **되살리거나 질문을 던져야 할 사유**를 지니고 있다. 말을 하려면 적어도 자기가 사용하는 단어가 무슨 뜻인지를 알아야 한다. 그 뜻을 모를 경우에는 말에 아무 의미도 없게 되니 침묵을 지켜야 할 것이다.

▶ **철학의 도구들**

▷▷▷ **혼동하지 마세요**

• 자의성과 관습 |
현실적 근거가 없거나 근거를 정당화할 수 없는 것을 자의적이라고 한다. 예컨대 자의적 처벌이라는 말을 할 수 있다. 언어학에서는 기표와 기의가 맺는 관계를 자의적이라고 한다. '나무'라는 단어가 반드시 '나무'라는 이름을 가져야 할 근거는 없으며 이는 각 언어별로 기호 체계의 차이에 의해 규정되는 단어일 뿐이다.

한편 관습적이라는 것은 어떤 합의에 따라 채택된 사물이나 결정을 일컫는다. 예컨대 우리 사회에서는 신호등이 빨간 불이면 자동차를 정지시켜야 하지만 파란 불로 바뀌면 지나갈 수 있다. 이러한 기호들은 빨강색의 실제 특성과는 아무 상관이 없고 다른 색깔을 선택했다면 동일한 기능을 수행할 수 있었을 테니 관습적인 기호들이다. 자의적인 것에는 근거가 될 토대가 없다 해도 관습적인 것은 전체 체계의 일관성과 효용 때문에 존재가 정당화된다.

▷▷▷ **정의**

• 상징 | 예전에는 두 사람이 나중에 알아볼 수 있도록 하나의 물건을 반으로 갈라 나눠 가지는 것을 상징이라고 했다. 넓은 의미에서 상징이란 한 사물을 간접적인 방식으로 지시할 수 있는 것을 뜻한다.

• 은유 | 하나의 사물을 지칭하기 위해 두 단어 사이에 실행되는 이동과 자리바꿈이다. 한 사물의 속성이나 의미를 다른 사물에 적용하는 것이 그것이다.

▷▷▷ **더 읽어볼 만한 글들**

플라톤, 『크라튈로스』, 384a~400d.
아리스토텔레스, 『시학』, 1253a9~12.
니체, 『도덕의 계보』.
소쉬르, 『일반 언어학 강의』.
에밀 벤베니스트 Emile Benvenist, 『일반 언어학의 제문제』.

언어의 기원 : 신화인가 역사인가?

기원origin이라는 단어는 라틴 어 orior에서 온 것으로 본래 '별이 떠올라 나타나는 것'을 의미했다. 그런데 인간의 여명과 함께 시작했을 '언어의 여명'이라는 것이 있을까? 우리는 인간이 언어의 기원에 있다는 것을 알고 있지만 왜 어떻게 언어라는 것이 생겨났는지는 알지 못한다. 언어의 기원이라는 것이 **최초의 언어와 언어를 낳은 것**을 동시에 가리킨다면 언어의 기원은 본성상 파악할 수 없는 것이 아닐까? 우리는 역사적으로 언어의 변화를 추적할 수 있지만 언어의 출현 순간을 볼 수는 없고 언어가 출현한 이유도 알 수 없다.

기원과 시작

영원한 것과 시간적인 것

기원의 속성은 그것이 시간적 순간이 아니라는 것이다. 특정한 전쟁의 기원은 두 나라 사이의 이해 충돌일 수 있다. 하지만 전쟁의 시작은 시간 속의 특정 시점으로 자리매김할 수 있으며 우리는 그 순간에서 점점 멀어져 간다. 시작이 이미 사건에 속하는 것이라면 기원의 가치는 토대와 존재 이유를 가리키는 것에 있다.

따라서 언어의 기원은 언어의 근원과 출현 이유를 가리킨다고 할 수 있을 것이다. 언어의 시작을 기술하는 것은 비분절음인 외침이 어떻게 점차 '음성'으로 변해갔고 결국에는 어떻게 '단어'로 고정되었는지를 밝히는 작업이 될 것이다. 하지만 역사 속에서 상실되어 버린 이 순간을 어떻게 위치시킬 수 있단 말인가? 기본적으로 그 순간을 상상할 수 있는 것일까?

기원이라는 허구, 시작의 비밀

신의 혈통을 지닌 영웅들로 왕조의 출발을 이야기하는 고대 도시국가들의 경우처럼 기원이란 엄밀한 역사적 탐구로는 다다르기 어려운 경우가 많다. 지상 낙원에서 쫓겨난 인간의 이야기는 인간이 자신의 욕구에 따를 수밖에 없었던 필요성을 우의적으로 알려주고 있지만 오스트랄로피테쿠스 시대에 인간이 어떻게 점차 사냥 기술을 익혀나갔는지는 알려주지 못한다.

그러므로 기원은 현재를 결정하는 기준점을 가리킨다. 루소의 주장처럼 감정을 공유하려는 욕구가 언어의 기원이라면 언어의 토대는 지성의 도구라기보다는 정서적인 것이라 하겠다. 시작이란 실제의 한순간을 가리키겠지만 우리가 어찌 언어가 시작된 시점을 알 수 있겠는가?

신화와 진실

기원의 이야기 : 신화

이집트 문명에서 문자가 출현한 시기는 대략적으로 추정할 수 있다. 하지만 이집트 문명에는 신들이 인간에게 기호를 사용하여 글을 쓸 수 있는 능력을 어떻게 '주었는지'를 말해주는 신화가 있다. 우리는 외침이 기호로 변화되어간 과정을 설명해주는 근거들을 이렇게 무한히 거슬러 올라갈 수 있다. 하지만 결코 언어 이전에서 언어 이후로 이행하는 역사에서 영점이 되는 지점은 결코 찾을 수 없을 것이다. 사실상 인간이 그림으로 그려놓은 음성 기호를 만든 것인지, 아니면 반대의 순서로 언어가 출현한 것인지를 아는 일은 불가능하다. 어떻게 소리는 '약호$_{code}$'가 된 것일까?

그러므로 우리가 언어를 사용하는 방식을 감안할 때 기원이 되는 하나의 언어가, 태초의 언어가 있었을 것이라는 생각은 충분히 일리 있는 해석이다. 하지만 인간의 두뇌가 충분히 발달한 순간에야 이것이 가능했을 것이라고 짐작할 수는 있어도 최초의 '단어들'은 정의상 영원히 사라져버렸다.

기원의 장소 : 이상

태초의 언어를 찾는 일은 사실상 또 다른 언어, 이상적 언어를 찾으려는 것이다. 우리는 루소 식으로 "자연의 외침", "목구멍에서 자연스럽게 나오는 간단한 소리들", "비분절적인 태초의 자연스러운 목소리"를 상상해볼 수 있지만 이것들은 아직 언어가 아니다. 언어란 소리의 분절적 발음을 전제하고 있으니 말이다.

그러므로 기원이란 우리가 진실을 찾으려 노력하는 틀이 되는 상상의 대상이다. 만약 노래가 언어의 기원에 있으며 이것이 제도화된 언어가 되었고 욕구 충족을 위한 이성의 도구가 되었다면 그것은 그 '본성'인 감정적 측면을 상실하여 단순한 도구가 되었을 것이다. 태초의 언어를 상정하는 것은 이성이 시각적 언어를 극복했다는 것을 보여주려는 방식일 수도 있고 거꾸로 추상적 언어 속에서 이 '본성'이 망각되었다는 것을 애도하려는 기회일 수도 있다.

▶ 철학의 도구들

▷▷▷ 혼동하지 마세요
- 언어와 음성언어 |

언어는 의사소통과 메시지 전달을 위해 사용되는 기호와 약호의 체계이다. 따라서 완전히 추상적인 수학적 언어를 생각할 수도 있고 몸짓 언어도 언어라고 할 수 있다. 모든 언어는 체계를 이루는 조직적 규칙을 갖고 있다.
음성언어는 우리가 흔히 말하는 언어로 소리와 의미를 연결시키는 언어이다.

▷▷▷ 정의
- 시작 | 시간적인 한순간으로 그 이후 이어지는 과정을 전제한다. 시작은 끝과 대립된다. 예를 들어 한 분쟁의 시작은 시간 속에서 위치를 잡을 수 있으며 적어도 한정된 기간의 순간을 가리킬 수 있다. 하나의 사건이 언제, 왜 시작했는지를 모를 수는 있지만 시작이 전과 후가 갈라지는 지점인 것은 분명하다.
- 기원 | 설사 한 과정이 끝날 때에도 기원은 여전히 똑같이 남아 있을 수 있으며 언제든 다시 살아날 수 있다. 기원은 때로는 '시작', 출현 순간과 동일시될 수도 있지만(한 문명의 기원), 무시간적 차원(한 인간의 기원은 종의 관점에서 보면 다른 인간이다)과 인과적 차원(한 분쟁의 기원, 분쟁의 이유, 분쟁이 터지게 한 것)을 지닐 수도 있다.

▷▷▷ 더 읽어볼 만한 글들
루소, 『언어 기원에 관한 시론』, 1장~4장.
루소, 『인간 불평등 기원론』.
자크 모노, 『우연과 필연. 자연 철학과 현대 생물학에 관한 시론』.

우리는 언어 속에서 사유하는가

화가의 상상력은 그가 그린 그림들 속에서 완전히 표현되지 못한다. 마찬가지로 사유는 이용하는 단어의 한계보다 얼마든지 더 클 수 있다. 하지만 말로 옮기지 못하는 사유는 불분명한 직관으로 남을 위험이 있다. 반대로 사유 없는 말에는 별 내용이 없다. 그러므로 사유와 언어 사이에는 필연적 연관이 존재한다고 할 수 있다. 하지만 사유와 언어는 서로 분리되어 독자적으로 작동할 수 없는 것인가? 아니면 독자적으로 작동해서는 안 되는 것인가?

사유와 언어의 관계는 진정 필연적인가?

단어 : 사유의 도구인가 사유의 장소인가?

복잡한 정신 활동은 단어의 발음으로 환원될 수 없다. 사유라는 것은 컴퓨터나 계산기 같은 암호 체계(정신 언어)로 움직이는 논리 함수가 아닌 것이다. 하지만 사유가 작동하려면 단어가 필요하다. 사유는 단어에서 **질료와 내용**(관념, 개념, 의미)을 발견한다.

사실 단어는 사물에 붙은 라벨이 아니다. 단어는 **사물을 형성하는 사유의 흔적**을 담고 있다. 민주주의가 무엇인지 생각해보려면 예컨대 민주주의democracy라는 단어의 어원적 의미를 찾아볼 수 있다. 민주주의라는 단어는 민중demos의 권력crateo이라는 뜻인 것이다. 이때 '민중'이라는 단어를 규정하려면 다른 단어들이 필요하다. 예컨대 개인들 모두라는 식으로 정의할 수도 있고 '시민들'로 정의할 수도 있을 것이다(고대 그리스 도시 국가에서 노예들은 시민이 아니었다). 언어가 사유를 토대로 하고 있다면 사유란 단어 아래에 깔려 있는 사유를 되찾는 것이 된다.

내적이고 필연적인 연관

사유(생각)가 언어의 형태를 취하지 않는다면 사유는 혼란스러운 막연한 인상에 불과할 것이다. 단어는 단지 사유의 외적 포장이 아니다. 사유는 단어 덕에 객관적으로 존재할 수 있게 된다. 헤겔이 말하는 것처럼 단어는 "가장 고차원적인 내면 활동의 표식을 지니고 있는 외재성"으로 사유에 모양을 부여한다. 생각을 입으로 말하지 않을 때조차도 단어의 형태 덕에 우리는 여러 생각을 서로 구별하고 파악할 수 있다.

언어 속에서 사유하기 : 필요성

단어의 자율성

따라서 우리는 단어 안에는 생각이 있다고 분명히 말할 수 있다. 하지만 그렇다고 해서 단어가 생각과 완전히 무관하게 독립적으로 움직일 수 없는 것은 아니다. '수사학 교사'(소피스트)는 설득의 기술(수사학)을 통해 언어를 조작하는 기술을 가르쳤다. 이때 단어는 명명 대상인 사물에 대한 참조의 필요성에서 완전히 해방된다. 왜냐하면 수사학에서 중요한 것은 듣는 사람의 동의를 이끌어내는 것뿐이기 때문이다(380~383쪽 참조). 말을 통해 상대의 동의를 얻어내는 것이 유일한 목적일 경우 꼭 자기 생각대로 말할 이유는 전혀 없다. 따라서 상대를 설득할 수만 있다면 무슨 말이든 할 수 있으며 한 말과 반대되는 말도 할 수 있다.

대중 선동이란 청중의 지지를 얻어내기 위하여 청중이 듣고 싶은 말을 하는 것이다. 이때 언어는 그것이 유발하는 '효과'를 위해 사용된다. 이럴 때는 진실을 피해가려고 하는 언어의 실상을 꿰뚫어보는 비판적 사유가 필요하다.

필연성

아무 말이나 하고 반대되는 말도 할 수는 있다. 하지만 이것이 현실적으로 가능한 일이기는 해도 말은 그 효과뿐 아니라 진실도 따라야 한다는 요구의 이름으로 이성은 이러한 가능성을 제한한다. 이성은 우리가 말을 하면서 생각하기를 요구한다. 그러므로 사유와 언어가 서로 조건지우는 관계를 유지하는 것은 지성인의 의무이다.

따라서 사유는 반드시 언어 안에 머물러야 한다는 법이 없다. 반대로 "언어의 유희"를 통해 사유는 "자연적 사실을 진동 속에서 거의 사라지게 하면서 그로부터 순수한 개념이 떠오르게 할 수 있다."(스테판 말라르메Stéphane Mallarmé)

▶ **철학의 도구들**

▷▷▷ 혼동하지 마세요
• 필연성과 요구 |
필연성은 다르게는 될 수 없는 것, 혹은 존재하지 않을 수 없는 것이다. 한 사건의 필연성은 한 사건의 우연성과 대립된다. 우연성은 일어날 수도 있고 일어나지 않을 수도 있는 것을 뜻한다.
요구는 이성적 관점에서 보았을 때 어떤 판단에 따라 상황상 요구되는 듯 보이며 도덕적, 지적 권위 덕에 필수불가결한 만족을 가져다준다고 평가되는 것이다. 이 단어는 또한 권력의 이름으로 강요하는 것을 뜻할 수도 있다(협박범의 요구 사항 따위).

▷▷▷ 정의
• 정신 언어 lingua mentis | 사유는 고유한 언어 구조에 따라 작동한다는 가설에서 나온 표현으로 이는 개념적 구조(중세의 오컴Ockham의 주장)일 수도 있고 컴퓨터 모델을 따라 약호화된 구조(현대 미국의 인식론 철학자인 제리 포도르Jerry Fodor의 주장)일 수도 있다.

▷▷▷ 더 읽어볼 만한 글들
플라톤, 『크라튈로스』.
베르그송, 『사유와 운동』, 서론.

언어의 힘, 권력의 언어

플라톤은 『법률』에서 입법자는 자기 직분을 수행하면서 특정한 법률이 적절한 근거를 갖고 있다는 것을 이 법률 내용을 철저히 검토해볼 여력이 없는 시민들에게 설득시키기 위해 때로는 신화나 꾸며낸 이야기를 사용해야 한다고 지적한다. 그러므로 언어는 대중의 인식까지는 아니더라도 대중의 지지를 이끌어낼 수 있는, 대중을 설득시킬 수 있는 힘을 갖고 있다고 할 수 있다. 언어에 이 같은 힘이 있다면 정치인에게 언어는 지배 도구에 불과한 것일까?

부정적 측면 : 수사학과 정치

언어가 권력을 위해 사용될 때

아테네 민주주의의 탄생은 또한 아고라agora의 발명이기도 했다. 아고라는 (노예를 제외한) 시민들이 모여 발언권을 가지는 공공 장소(광장)였다. 선출된 시민들로 구성된 의회에 주어진 권력의 상징인 아고라는 가장 능수능란한 변론가들이 말로 겨루는 장소였다. 따라서 의회에 선출되려면 말을 잘해야 하며 말로 청중의 동의를 이끌어낼 수 있어야 했다.

시민 모두가 법학자인 것은 아니므로 법률의 제정과 결정에 참여하고 싶은 사람은 자기가 옹호하는 입장으로 다른 시민들을 끌어들일 수 있을 만큼 연설 능력이 능란함을 증명해야 했다. 그의 연설의 **힘은 공공 업무를 지휘할 능력의 표식이었다.** 그는 사람들을 설득할 능력을 갖추고 있으므로 사람들은 그에게 복종할 것이다. 그래서 언어와 언어의 효과를 다룰 수 있는 능력은 사물을 잘 다룰 수 있다는 기호가 되었다.

설득과 지배

사회는 권력을 모든 사람에게 동등하게 맡길 수 없다. 따라서 대다수 여론을 대표하는 사람이 권력을 맡는 것이 정당할 것이다. 그러므로 모든 시민들을 납득시키는 일은 불가능하다 해도 적어도 시민의 대다수를 설득할 수 있어야 한다. 왜 특정한 결정을 내리게 되었는가 하는 이유를 시민 모두에게 상세히 설명하는 것이 아니라 그 결정이 불가피하다는 논거를 찾을 수만 있으면 되는 것이다.

이렇게 화술話術은 정치인의 주요 자질이 된다. 다른 사람들을 지휘하려면 정치인 자신이 자유로울 수 있어야 한다고 고르기아스Gorgias는 얘기한다. 그러면서 고르기아스는 정치가는 "재판정의 배심원들, 의회의 의원들, 대중 집회의 시민들을 연설로 설득할 수 있어 의사, 판사, 의원을 자신의 노예로 삼을 수 있는 능력"을 갖고 있어야 한다고 주장한다(플라톤, 『고르기아스』 중에서).

긍정적 측면: 권력과 공적 영역

법의 토대에 있는 공공성

권력은 언어를 통한 지배력만으로는 유지될 수 없다. 왜냐하면 더 말을 잘하는 사람이 언제든지 나올 수 있게 마련이기 때문이다. 하지만 광장을 연설로 장악한다고 해서 권력을 얻는 것은 아니지만 권력의 합법성은 광장에서 가늠될 수 있어야 한다.

뛰어난 화술만 지니고 있다면 합법성의 환영을 창출할 수 있다. 하지만 법률이 제정 공포된다고 해서 합법적이 되는 것은 아니다. 시민들이 이성으로 판단할 때 자기 행동의 일반적 원칙이 될 수 없는 법률, 공적인 합의와 지지를 이끌어내지 못하는 법률은 합법적 법률이 될 수 없다. 법의 내용은 국가별로 달라지겠지만 사법 체계로서의 법이란 이러한 공적 형태를 가진다. 왜냐하면 법은 모든 시민에게 **공통된** 차원이 되기 때문이다.

의사소통의 애매성

다수의 이익이라는 이름으로 국가는 공개적으로 부당한 법률의 적용을 정당화할 수 있다(263~267쪽 참조). **적당한 표현을 찾기만 하면 부당한 법 적용이 정당한 것이라고 믿게 할 수 있는 것이다.**

모든 프로파간다는, 대중을 선동하려 하는 모든 담론은 이런 식으로 작동한다. 대중 선동가demagogue는 이해관계를 자극하여 비판 능력이 작동하지 못하게 유도하고, 진실과 사실임직함을 구별하는 능력(구별하려는 욕망)을 마비시킨다. 공적 영역이 시민과 정부 사이의 매개체로 사용되는 이상 선동과 조작의 위험은 언제나 상존한다.

▶ **철학의 도구들**

▷▷▷ 혼동하지 마세요
• 설득과 납득 |
설득은 이성적으로 가치나 진리를 인정할 수 있는 논거를 동원해 특정한 주장에 대해 상대의 동의를 얻는 것.
납득은 상대가 어떤 것을 생각하거나 믿거나 행동하도록 이끄는 것. 때로는 매력만으로도 납득이 이뤄질 수 있다.

▷▷▷ 정의
• 사실임직함 verisimilitude | 진실일 법하지만 진실은 아닌 것.
• 대중 선동가 | 그리스 어 démagôgos에서 온 말로 민중을 이끄는 사람을 뜻한다. 부정적인 의미로 사용될 때는 선거에서 이기려고 대중의 감정을 조작하는 사람을 뜻한다.

▷▷▷ 더 읽어볼 만한 글들
플라톤, 『고르기아스』.
칸트, 『영원한 평화를 위하여』, '부록 2'.
한나 아렌트, 『과거와 미래 사이』, 7장 '진리와 정치'.

의미, 해석, 진리

남녀가 길에서 헤어진다. 여자는 잠시 산책이나 하겠다고 핑계를 대지만 남자는 여자가 다른 남자를 만나러 가는 것은 아닌지 두려워한다. 남자의 짐작이 사실이라면 여자의 말은 그 말의 **의미**와 완전히 다른 뜻을 내포하고 있다. 언어가 엄격한 체계라고 해봐야 소용이 없다. 언어는 관습적인 것이고 사전에 실린 단어의 의미만으로는 말에 담긴 애매함이 사라지지 않으며, 오해를 밝히거나 **불분명한 의미**나 거짓말을 밝히기에 충분하지 않을 경우도 많다. 메시지의 의미는 타인의 의도를 (때로는 나의 의도까지도) 개입시키는 것이기 때문에 어떤 말이 무슨 뜻인지를 알려면 해석이 필요하다. 그러므로 단어의 사전적 의미를 넘어서는 의미를 드러내야 한다. 하지만 의미란 사물에 원래 들어 있는 것인가 아니면 말을 듣는 사람이 끊임없이 부여해야 하는 것인가?

말의 의미는 사전적 의미와 다르다

의미가 있다는 것은 무엇인가?

사람이 없는 세상에서는 단어와 그 단어가 명명하는 사물이 아무런 의미도 띠지 않을 것이다. 사전은 특정한 기표(시니피앙)를 특정한 기의(시니피에)에 연결시키고 있지만 현실 자체는 아무것도 의미하지 않는다. 현실에서 '세계'라는 통합된 관념을 보고 이끌어낼 사람이 없다면 사물이 아무리 많아봤자 그것은 심지어 '사물들'의 집합도 되지 못할 것이다.

어떤 사물에 의미가 있으려면 그 의미는 외부에서 주어져야 한다. 세계란 그에 질문을 던지는 시선이 없다면 어느 누구에게도 신호를 보내지 않으며 그저 존재할 뿐일 것이다. 언어가 언제, 어떤 상황에서 출현한 것이든 간에 소리가 의미를 변별적으로 지시하고 제공하게 된 순간이 있었을 것이다. 그 이후에야 사물은 무엇인가를 표시할 수 있었을 것이고 이는 인간의 존재를 상정하는 것이다.

의미는 언제나 만들어내야 하는 것이다

따라서 설사 글로 된 텍스트를 대할 때도 단어의 용법을 안다고 해서 본질적인 불투명성이 사라지지는 않는다. 모든 말에는 말하는 이의 의도가 있으므로 불투명성은 상존할 수밖에 없는 것이다. 그러다보니 사전만으로는 말의 의미를 정확히 알 수가 없다. 단테Dante가 『신곡』에서 묘사하는 연옥 여행에는 의미의 즉각적 표면만 있는 것이 아니라 알레고리allegory도 있다. 단테는 이미지로 영혼의 속죄를 보여주고 있는 것이다.

말로 하는 대화에서는 대화 도중에 상대방에게 질문을 해서 불분명한 부분을 짚고 넘어갈 수 있다. 하지만 글로 된 텍스트 앞에서 독자는 침묵의 웅변 상태에 놓이게 된다. 모든 것은 말해졌지만 여전히 의미를 끄집어내고 통합을 해야만 한다. 이럴 때 의미는 독자의 독서 행위와 텍스트의 글이 서로 만날 때에만 생산될 수 있다.

해석 : 의미를 번역하는 것인가 창안하는 것인가?

의미 : 가시적인 것과 비가시적인 것

해석자는 올림포스 신들의 사자使者인 헤르메스와 같다. 헤르메스는 사람들에게 말을 전하지만 사람들이 이해할 수 있도록 그 말을 번역해야 한다. 여기에 해석의 애매성이 있다. 숨은 뜻을 드러낼 때 그것을 변형하지 않고 드러내는 것이 가능한가?

이러한 역설은 의미라는 것 자체의 본성에 기인한다. 르네 마그리트René Magritte의 그림 '습격'은 뒤쪽의 건물, 여체女體를 그린 캔버스, 중앙에 놓인 철구鐵球, 왼쪽에 직육면체로 잘라진 하늘 등 알아볼 수 있는 사물들만을 보여주고 있다. 하지만 이 사물들 사이의 알레고리 관계를 언어로 옮겨놓지 않는다면 우리는 이 그림의 의미를 파악할 수 없을 것이다. 이 그림은 다른 곳에 (현실에) 이미 존재하는 것을 재현하는 것이 아니라 하나의 시선을 제시하면서 우리에게 그 의미를 구축하라고 요구하고 있다.

무의미는 위장된 의미인가?

프로이트는 우리가 꿈속에서 말하거나 떠올리는 단어들이 얼마나 의미가 없어 보이는지를 보여주었다. 사실 꿈이란 평소에 의식에 검열당하고 있는 욕망이 형태를 얻어 실현되는 것이다. 그러므로 겉보기에는 의미가 없더라도 꿈에는 의미가 없는 것이 아니다. 하지만 꿈은 비이성적일 수 있으며 이성에 거역할 수 있다.

그래서 의미 연쇄에 통합될 수 없어 보이는 것을 부조리absurd하다고 한다. 꿈이 표현하는 진실은 다른 곳에서 찾아야 하는 경우가 많지만 때로는 가장 직접적인 것(말실수나 꿈이 직접 묘사하는 것)에서 드러날 수도 있다. 겉보기에는 아무 의미가 없어 보이는 아주 습관적인 표현도 꿈에서 사용될 때는 어마어마한 의미가 담겨 있을 수 있다. 그러므로 진실은 숨겨져 있는 것이 아니라 말해지기 전에는, 형태를 갖추기 전에는 존재하지 않는 것이다.

▶ **철학의 도구들**

▷▷▷ 정의
- 알레고리적 의미 | 알레고리라는 단어는 '다르다'는 의미의 그리스어 alloeon(라틴 어로는 alienus)에서 온 말이다. 알레고리적 의미란 단어의 사전적 의미 이상으로 존재하는 의미, 은유적·상징적 해석을 상정하는 의미를 말한다.
- 부조리 | 글자 그대로 말하면 이성과 불협화음을 일으키는 것을 뜻한다.
- 잠재적 의미 | 정신분석학 용어로 명시적 의미와 반대되며 아직 드러나지 않은 의미를 가리킨다.

▷▷▷ 더 읽어볼 만한 글들
프로이트, 『꿈의 해석』.
마르셀 모스, 『사회학과 인류학』, 레비스트로스의 서문.
폴 리쾨르, 『텍스트에서 행동으로』.

▶ 생각해볼 주제
말과 의미에 대한 아리스토텔레스의 관점

　여기 소피스트들이 아리스토텔레스에게 내놓은 난제를 살펴보자. 소피스트들에 따르면 사물은 끊임없이 생성 중이며 그로 인해 끊임없이 "자기 자신과는 다른" 것이 된다고 한다. 어떤 것의 부정을 확언하지 않아도 되면서 어찌 그것을 확언할 수 있겠는가? 또한 우리는 한 아이가 사람man이라고 말하는 동시에 그 아이가 아직 어른man은 아니라고 할 수 있다. 그러므로 하나의 사물이 동시에 존재할 수도 있고 존재하지 않을 수도 있으므로 참을 말하는 것과 거짓을 말하는 것을 구별하는 것은 불가능해진다. 이렇게 어떤 말이든 할 수 있고 그와 반대되는 말도 할 수 있다면 발화란 소리값 생산으로 전락하게 되므로 이러한 언어 문제는 철학자에게 고민거리가 된다.

문제

　말과 사물의 모순
　하나의 사물이 존재to be하는 동시에 존재하지 않는 것은 불가능하다. 또한 한 사물은 어떠한 것to be something이든지 아니든지 해야 한다. 하지만 소피스트들은 언제나 변하고 있는, 언제나 생성 중인 자연 사물의 외양을 강조한다. 우리의 감각은 어떤 것도 고정적이지 않다는 인상을 준다. 하나의 사물에 대한 감각이 어떨 때는 유쾌할 수도 있고 어떨 때는 불쾌할 수도 있다. 특정한 냄새에 대한 인상을 여러 사람에게 물어보면 이러한 사실은 더욱 확연히 드러날 것이다. 어떤 사람은 그 냄새가 달콤하다고 느낄 것이고 어떤 사람은 상쾌하다고 느낄 것이다. 더구나 한 사람이 가진 여러 감각도 서로 공통점이 없다. 우리는 혀로 맛보는 것을 귀로 들을 수 없으며 귀로 듣는 것을 눈으로 보지 못한다. 그러므로 감각을 기준으로 하면 확실히 정해진 것이란 전혀 없다고 할 수 있을 것이다. 모든 것은 어떤 것인 동시에 그것이 아닐 것이다.

배중률은 증명할 수 없다

그러므로 언어가 종종 우리를 속일지라도 사실 현실은 상호모순적이지 않으며 하나의 사물은 존재하는 동시에 부재할 수 없다는 점을 증명해야 한다. 앞에서 언급한 어린아이의 예에서 확실히 아이는 man(사람)이지만 man(어른)이 아니다. 하지만 이 두 가지는 동시에 이루어지는 것, 정확히 말하면 같은 관계에 있는 것이 아니다. 문제는 하나의 사물이 자기 자신인 동시에 자기 자신이 아닐 수는 없다는 원칙(배중률排中律)이 증명 불가능하다는 것이다. 소피스트에게 하나의 사물이 x인지 y인지 인정하라고 한 후 그것이 x라면 그것은 not x가 아니라는 점을 증명하라고 요구할 수는 없다. 왜냐하면 소피스트들은 바로 이 원칙을 부인하고 있으니 말이다. 그러므로 그것이 불가능하다는 점을 소피스트 앞에서 증명해야만 한다. 하지만 이를 증명하려면 소피스트들을 계략에 빠트려 속여야 한다. 어떤 것이 x

라는 점을 인정하라고 소피스트에게 요구하는 것이 아니라 아무것이나 말해보라고 하는 것이다. 아무것이나 말을 할 경우 그것은 최소한 자기 자신에게나 타인에게나 무엇인가를 의미하는 것이 된다. 무엇을 의미한다는 것은 무슨 뜻인가? 소피스트라면 단어에 의미가 있다고 해서 현실이 비모순적이라는 것이 증명되는 것은 아니라고 대답할 것이다. 소피스트라면 의미는 그 자체가 복수적複數的, plural이고 가변적이라고 말할 것이다.

의미의 통일성과 본질의 통일성

무엇인가를 의미하기

실상 말을 하는 것은 무엇인가를 의미하는 것이며 한 번에 한 가지만을 의미하는 것이다. 더 정확히 말하면 단어에는 언제나 여러 의미가 있지만 우리가 무엇인가를 의미할 경우 우리는 그와 동시에 그와 반대되는 것을 의미하지는 않는다. 따라서 누군가에게 "안녕!"이라고 말하는 것만으로도 무언가를 의미하는 것이며 "안녕!"이라고 말하면서 "안녕하지 마!"라는 말을 의미하지는 않는다는 사실을 인정해야 한다. 그러므로 아무것도 결정하지 않고 말할 수 있다고 주장하는 소피스트의 주장은 모순이다. 말을 한다는 것은 이미 어떤 것이 한 사물인 동시에 그 반대물일 수는 없다는 것을 전제하는 것이다. 또한 man이라는 단어를 인간의 의미로 사용하면서 아이가 인간이라고 할 때 우리는 man이라는 단어를 성인의 의미로 사용하지는 않는 것이다. 하지만 man이라는 단어를 어떤 의미로 사용하든 어떤 아이도 어른인 동시에 어른이 아닐 수는 없으며 인간인 동시에 인간이 아닐 수도 없다.

정의定義의 통일성

그러므로 한 단어에 여러 가지 뜻이 있다고 해서 사람이 비非인간(짐승)이 아니라는 사실이 달라지지는 않는다. 물론 반어법, 거짓말처럼 의도적으로 뜻하는 것과는 반대의 말을 하는 경우는 제외한다.

여기서는 사물과 존재의 본질이라는 관점에서 논하는 것이다. 예컨대 '인간man'이라는 단어를 '이족보행 동물'이라고 정의한다면 이것은 인간이 무엇인가에 대한 한 가지 가능한 정의, 한 가지 가능한 언표이다. 하지만 얼마든지 다른 식으로 말할 수도 있다. 인간이란 말하고 생각하는 동물이라고 할 수도 있는 것이다. 다른 문맥에서라면, 특히 어린아이와의 관계에서라면 man(어른)은 성장을 마친 상태로 규정될 수 있다. 하지만 어떤 경우이든 그 의미는 언제나 구체적으로 정해져 있을 것이다. 어느 경우이든 각각의 의미에는 통일성이 있을 것이며, 하나의 의미가 동시에 같은 관계에서 반대 의미를 뜻한다고는 할 수 없을 것이다. 그러므로 소피스트를 함정에 빠트리려면 소피스트에게 아무 말이나 해서 무엇인가를 의미해보라고 하기만 하면 된다. 그다음에 당신은 두 개의 상반된 것을 동시에 의미하지 않았다는 점을 증명하면 된다.

소피스트가 그래도 계속 자기 주장을 되풀이한다면 (예를 들어 자기는 무엇인가를 의미하기 위해 말을 하는 것이 아니라 그냥 **말하는 재미로** 말을 하는 것이라고 고백한다면) 결국 그의 말에는 아무 의미도 없는 것이 된다. 따라서 소피스트의 말에는 귀 기울일 필요가 없으며, 아리스토텔레스의 표현처럼 소피스트는 "로고스를 지닌" 동물이 아니라 식물과 같은 존재가 되어버린다.

하나의 담론 체계가 과학이라는 것을 어떻게 알 수 있는가

아주 옛날이든 비교적 최근이든 과거에는 자신의 사상, 행동, 체제를 정당화하기 위해 과학의 이름을 빌리는 일이 드물지 않았다. 특정 이론에 '과학적'이라는 빛나는 형용사를 붙이면 만인의 지지를 얻을 수 있을 것 같았던 것이다.

그런데 과학이라는 이름은 때로는 가면이나 알리바이에 불과하여 나중에 진정한 지식이 그 허구성을 밝혀내기도 했다. 예컨대 현대 유전학은 19세기에 고비노J. Gobineau가 만들어낸 '과학적 인종 이론'이 허구임을 밝혀냈다. 또한 스탈린J. Stalin이 말하는 인간을 필연적으로 행복으로 이끈다는 '과학적 사회주의' 또한 20세기 후반에 이르러 그 비과학성을 드러냈다.

그러므로 이데올로기와 진정한 지식을 구별하고 믿음과 인식을 구별하는 일은 반드시 필요하다. 따라서 우리는 어떤 이론이 과학인 척할 때 나타나는 가짜 기호들을 식별하는 동시에 과학의 진짜 특징을 찾아봐야 할 것이다. 하지만 '과학'이라는 이름은 워낙 남용되어 서로 완전히 무관해 보이는 다양한 활동에 적용되어왔으므로 이는 매우 어려운 임무가 될 것이다.

과학이라고 착각하게 하는 기호들

과학의 성격이 어떤 것인지 추상적으로 빠짐없이 규정하는 일은 불가능할 것처럼 보인다. 하지만 화학, 생물학, 천문학은 과학 분과이고 연금술, 점성술이 미신적 활동 또는 협잡이라는 것은 명백하다. 이러한 판단은 어떤 기준에 근거하여 나오는 것일까? 과학과 과학이 아닌 것을 즉각적으로 구별할 수 있게 해주는 것은 무엇일까?

효력을 보고 그것이 과학임을 안다

과학과 과학이 아닌 것을 구별하려면 아마 무엇보다 과학적 지식의 가장 명백한 특징을 참조해야 할 것이다. 즉, 자연을 심층적으로 바꿀 수 있는 능력 말이다. 따라서 우리는 아주 간단한 기준에 의거하여 과학을 마술이나 미신과 구별할 수 있다. 즉 과학은 실제적 효력이 있고 물질 세계에 대한 인간의 지배력을 높여준다. 반면 마술이나 미신은 실제적 능력이 없다. 실제로 과학사는 광견병을 퇴치하기 위해 1885년 루이 파스퇴르Louis Pasteur가 만들어낸 백신이나 드니 파팽Denis Papain이 만든 증기기관(베르그송은 증기기관이 인류 역사의 전환점이었다고 평가했다)과 같이 눈에 보이는 결과들을 내놓으며 진보해왔다. 반대로 어느 연금술사도 납을 금으로 바꾸려는 꿈을 이루지 못했다. 미신적 과학은 자연 세계와 물질 세계에 실질적 영향력을 행사하지 못한다는 점에서 '가짜 과학'으로 간주될 수 있을 것이다.

과학이 기술의 진보와 밀접한 관계를 맺고 있다는 점도 지적할 수 있을 것이다. 과학은 종종 기술 발전에 큰 도움을 주며 장 르 롱 달랑베르Jean Le Rond d'Alembert가 『철학의 요소에 대한 시론』에서 '기계술

art mécanique'이라고 불렀던 것, 오늘날 '기술 과학'이라고 불리우는 것을 탄생시켰다. 특히 데카르트는 추상적 사변뿐 아니라 기술적 혁신에도 커다란 중요성을 부여한 학자의 완벽한 예이다. 데카르트는 아직까지도 과학자들에게 모델의 역할을 하고 있다. 『방법서설』 6부에서 데카르트는 "인간이 자연의 주인이 되게 해줄 수 있는" 지식을 제공하는 것이 과학의 임무라고 주장하면서 모든 근대 과학의 기획을 제창하지 않았던가? 데카르트의 제일 관심사는 의학 발전이 아니었던가?

하지만 실제의 결과는 과학보다는 기술의 문제이다. 과학은 실용적 기법의 탐구라기보다는 지식의 탐구이다. 즉 과학에서는 무엇을 '하는 것'보다는 무엇을 '아는 것'이 더 중요한 것이다. 더구나 만약 실제적, 물리적 효력이 과학의 확실한 지표라면 순수 수학은 과학이라고 부를 수 없을 것이다. 그러므로 과학성의 기준은 실제의 효력과는 다른 곳에서 찾아보아야 할 것이다.

방법론을 보고 그것이 과학임을 안다

어떤 이론이 '과학적'이라고 할 때 이 말은 그 이론이 실험과 같은 보편적이고 단순한 방법으로 언제나 검증할 수 있다는 의미를 함축하고 있지 않은가? 과학적 지식이 실험을 통해 그 설명을 검사할 수 있는 것이라면 학자는 또한 가설을 제안하는 사람이기도 하다. 그런데 가설이란 설명해야 할 사실이 있어야만 나온다. 따라서 현상의 관찰로 시작하여 그 현상을 설명할 수 있는 가설을 제시하고 이 가설을 실험을 통해 검증하는 방법론이 대표적인 과학적 방법론이 될 것이다. 그러므로 우리는 방법론을 보고 그것이 과학임을 알 수 있다.

하지만 관찰 – 가설 – 실험을 통한 검증이라는 삼단계 과정만으로는 어떤 이론이 과학이라고 확신할 수 없다. 왜냐하면 모든 과학이 이러한 방식으로 진리를 탐구하는 것이 아니기 때문이다. **삼단계 방법론은 오직 자연 과학에만 해당된다.** 예컨대 수학적 증명을 실현하기 위해 실험에 의존하는 것은 불가능하며 애초에 그릇된 일일 수도 있다. 기하학에서 말하는 삼각형의 속성은 실험적으로 검증되어 입증된 것이 아니라 삼각형의 순수한 개념 분석을 통해 얻어진 것이다. 마찬가지로 피타고라스의 정리는 칠판에 그려진 백묵 줄을 자로 재어 증명되는 것이 아니다. 과학을 실험적 방법론으로 규정한다면 부분을 전체로 간주하는 오류를 저지르게 된다. 이는 자연 과학의 방법론을 과학성의 유일한 규준으로 여겼던 19세기의 수많은 학자들이 저지른 오류와 동일하다.

우리의 질문이 전제하는 것

"하나의 담론 체계가 과학이라는 것을 어떻게 알 수 있는가?"라는 질문을 던지면서 우리는 무엇이 과학인지 언제든 알아볼 수 있는 분명한 식별 기호를 요청한 것이나 다름없다. 하지만 이 질문은 암묵적으로 단일한 과학성의 기준이 존재한다고 상정하고 있다. 즉, 모든 과학에는 하나의 공통점이 있으며 동일한 토대가 있고 정관사를 붙여 말할 수 있는 '과학'이라는 일관성 있는 통일된 체계에 속한다고 전제하는 것이다.

하지만 과학이 의견이나 믿음과는 다른 특수한 지식이라면 정의상 과학은 단일할 수가 없다. 왜냐하면 각 과학 분과마다 연구 대상(무생물, 생물, 언어 구조 등)이 다르기 때문이다. 게다가 각 분과별로 상이한 연구 방법을 따르게 마련이고 검증 방법도 완전히 다르다. 그러므로 한 가지 명백한 사실을 인정해야 한다. 과학이라는 것의 단일한 특징을 찾으려는 시도는 헛된 일이며 우리는 과학의 각 유형별로 변별적 특징을 찾는 것으로 만족해야 한다.

과학 분과마다 특징이 다르다

과학, 과학의 본성, 과학의 진보에 대해 서술한다 해도 실상 그것은 상이한 학문 분과들의 연구에 불과하다. 각 분과에는 과학이라는 공통된 이름이 붙어 있지만 거기에 추가된 형용사는 이들을 구별해 준다. 그래서 자연 과학, 경제 과학, 인문 과학 같은 다양한 분과가 있는 것이다. 그러므로 과학적 지식 일반이나 구체적이고 제한된 지식보다 더 폭넓은 범주로 여러 과학의 유형을 구별하는 편이 적절할 것이다.

실험 과학

'과학'이라는 단어를 들으면 보통 우리는 실험 과학, 자연 과학을 떠올린다. 여기에는 특히 물리학, 화학, 생물학이 포함되며 생물이든 무생물이든 물질을 연구하는 모든 학문이 이에 속한다. 그러므로 실험 과학의 연구 대상은 경험적인 방식으로 인식될 수 있다.

하지만 자연의 관찰만으로는 충분치 않다. 과학적 연구는 자연현상의 개별성을 포기하고 계량화가 가능한 그 보편적 속성을 고려할 때 비로소 시작된다. 학자는 일군의 대상을 관찰하여 속성을 분리해 낸 후 원인에 대한 가설을 수립한다. 이 가설이 과학적이려면 그것은 같은 유형의 모든 대상에 적용될 수 있어야 하며 수학적 도식과 같은 보편적 형태로 표현될 수 있어야 한다. 그러므로 이러한 유형의 과학의 **방법론**은 경험에 뿌리박고 있지만 경험적 데이터를 추상화, 수학화한다.

또한 실험 과학은 **검증** 방식을 통해 알아볼 수 있다. 일련의 경험을 무한히 되풀이해도 가설의 설명력이 약화되지 않는다면, 수학적 공식이 경험적으로 관찰한 현상을 실제로 설명할 수 있다면, 그 가설을 반박하는 실험 결과가 나오지 않는 한 가설은 진리로 인정받게 되며 '자연 법칙'이라는 이름을 얻게 된다.

순수 과학

순수 과학에는 논리학과 수학의 여러 분과가 포함되며 연구 대상 면에서 실험 과학과는 구별된다. 숫자나 도형, 논리 체계는 연구 이전에 경험적으로 주어지는 것이 아니라 인간 정신이 구축해내는 것이다. 그러므로 순수 과학의 방법론은 감각적 직관이 아니라 정의定義에 의존하며 명제나 공리의 연역적 수립에 이른다.

순수 과학의 주요 **검증** 방식은 증명이다. 한 명제가 증명되면, 즉 사전에 인정된 규칙의 적용으로 이루어진 여러 단계를 밟아 이전에 타당성이 인정된 하나 혹은 여럿의 일차 명제들에 연결되면 이 명제를 '타당'하다고 한다. 결국 이 경우 과학성의 최종 규준은 논증 연쇄의 논리적 일관성이 된다.

인문 과학

인문 과학의 연구 대상은 인간 문화의 산물이다. 따라서 인간의 사회적 삶의 각 측면마다 하나의 인문 과학 분과가 생겨나게 된다. 예컨대 사회학은 사회 구조를 연구하며 언어학은 언어 구조를 연구한다. 인문 과학의 방법론은 실험 과학처럼 관찰과 가설 수립에 의존한다. 예컨대 뒤르켕은 사회학에서 관찰과 가설 수립이라는 방법론을 추천한다.

하지만 인문 과학의 연구 대상은 계량 가능성 측면에서는 제한적이며 인문 과학의 가설은 수학적 법칙의 형식을 취하지 않는다. 인문 과학의 가설은 해석이다. 또한 자연 과학에서 동일한 화학 실험을 무한히 되풀이할 수 있는 것과는 달리 인문 과학에서는 인간의 상황을 결코 똑같이 되풀이할 수 없다. 그러므로 인문 과학의 지식은 엄격한 의미의 **실험적 검증이 불가능**하다.

그래서 인문 과학에서 가설을 입증하려면 사실에 맞춰 확인하는 것은 불가피하며, 이런 식으로 수립된 '법칙'은 물리 법칙과 같은 예측력을 갖지 못한다. 인문 과학의 가설에는 순 계량적인 (즉 수학적인) 설명의 보편성도 없고 실험적 검증이 제공하는 힘도 없으므로 이러한 가설이 내세우는 법칙이란 기껏해야 개연적 법칙에 불과하다.

▶ **철학의 도구들**

▷▷▷ 혼동하지 마세요
• 진리와 타당 |
실험 과학에서 실험적 검증으로 약해지지 않는 명제를 진리 명제라고 한다. 그러므로 한 테제의 진리성은 과학 담화 외부의 요소들에 의존한다.
주어진 논리 체계 내부에서 자기 자신과 모순되지 않고 그 체계의 다른 원리와 모순되지 않은 것을 타당valid하다고 한다. 이때 한 테제의 타당성은 담화의 내적 원칙에 의존한다.

▷▷▷ 정의
• 경험적 | 감각적 경험에 근원을 두는 모든 것을 경험적이라고 한다.
• 직관 | 심리적 의미의 직관이 일종의 후각과 같은 것이라면 현대 인식론에서 말하는 감각적 직관이란 현상을 감각으로 평가하는 행위를 의미한다.

▷▷▷ 더 읽어볼 만한 글들
플라톤, 『국가론』, 제4권.
데카르트, 『방법서설』.
달랑베르, 『철학의 요소에 대한 시론』.
칸트, 『순수이성비판 서문』.
에밀 뒤르켐, 『사회학적 방법의 규칙들』.

경험과 과학적 지식

오랫동안 많은 만남을 통해 인간 삶의 다양한 상황에 익숙해진 사람을 '경험 많은 사람'이라고 한다. 하지만 경험 많은 사람이 특정한 지식을 갖고 있다고 해도 그는 과학자가 아니다. 따라서 과학과 경험은 필연적 관계를 맺고 있는 것은 아니며 '실험 과학', 즉 과학적 지식이 존재하기 위해 반드시 경험에 기대야 하는지도 분명하지 않다.

상반된 지식들?

지식과 일상

특히 플라톤적 관점에서 보면 과학과 경험은 극단적으로 상반된 가치와 대상을 갖고 있다. 플라톤적 맥락에서 볼 때 진정한 과학은 필연적이고 영원한 관계나 원리를 드러내야 하므로 보편적이며 비非감각적인 것이다.

반대로 경험 많은 사람은 가변적이고 상대적인 현실에 관한 지식을 갖고 있다. 그는 어떤 사람이 어떤 맛을 좋아하고 어떤 사람은 그 맛을 싫어할지를 알 것이다. 예컨대 요리사는 과학자가 아니라 경험이 많은 사람이다. 플라톤이 보았을 때 개별적 감각과 마주침의 반복인 일상은 경험의 다른 이름이 된다. 일상은 우연적 현실에만 접근할 수 있으므로 불확실한 지식만을 제공한다.

경험으로는 충분하지 못하다

플라톤 식으로 모든 것이 변하는 영역과 모든 것이 필연적인 영역으로 존재의 두 영역을 구별한다면 실험 과학은 애초에 모순적 개념이 된다. 일시적인 것의 과학이란 있을 수 없다. 하지만 이러한 구별을 거부하고 감각적 현상 속에도 항구적으로 존재하는 연쇄들을 찾으려 한다면 경험은 다시금 과학에 재통합될 수 있을 것이다.

하지만 개별적 관찰의 반복만으로 어떻게 과학적 지식을 얻을 수 있겠는가? 물론 우리는 물 안에 넣은 막대가 휘어 보이는 것을 관찰할 수 있다. 하지만 이것만으로는 **일반적** 명제를 내놓을 수 있을 뿐 **보편적** 법칙을 도출할 수 없다. 물 안에 넣은 모든 막대는 휘어 보이게 마련이라고 할 수는 없고 우리가 지금까지 보았던 모든 물 속의 막대가 휘어 보였다고만 할 수 있을 것이다. 그러므로 경험에 결핍된 것은 무엇인지, 경험적 지식이 과학적 지식이 되기 위해 필요한 추가적 요소가 무엇인지를 알아보아야 할 것이다.

경험의 두 기능

경험 없는 과학은 지식의 폐허에 불과하다

칸트가 강조하는 것처럼 감각적 경험은 과학적 연구에 선행하며 과학적 연구를 촉발한다. 따라서 고전 물리학, 화학, 생물학이 채택한 방법론의 첫 단계는 경험적 관찰이다. 하지만 이 방법론에서는 경험적 관찰 이후에 설명 가설을 수립하는 단계가 뒤따르며 이 가설은 실험을 통한 최종 검증을 받아야 한다.

따라서 물 속에서 막대가 휘어져 보이는 현상에 대해 데카르트는 먼저 현상을 관찰한 후 각도에 따라 막대기가 휘어 보이는 정도를 계산할 수 있는 '굴절 법칙'이라는 가설을 제안한다. 그런데 이 설명 가설은 경험적으로 실현되는 방식으로 부인받지 않았을 때에만 과학적 법칙이 될 수 있을 것이다. 그러므로 과학적 지식의 수립에서 경험experience이라는 차원은 필수불가결하며 실험 과학experimental science이라는 명칭도 이로부터 나오게 된다.

경험과 실험

하지만 관찰의 최초 경험을 경험적 검증과 동일시할 수 있을까? 관찰은 과학에만 고유한 것이 아니다. 막대가 물 속에서 휘어 보이는 것은 누구나 관찰한 적이 있지만 법칙을 만들려면 특수한 작업이 필요하다. 관찰이라는 최초 경험은 즉각적 데이터에는 들어 있지 않은 설명 가설이 뒤따를 때에만 과학적 절차의 한 단계가 된다. 그 자체만으로는 경험은 과학적 탐구와 무관하게 남아 있다.

반대로 가설을 뒷받침하거나 약화시키는 실험 절차는 그 자체로 과학적 방법론의 핵심적 단계이다. 하지만 이 절차는 우리의 일상적 경험 장場에는 속하지 않는다. 이러한 실험은 때로는 매우 복잡한 것이어서 자연현상에 대한 설명을 제안하는 과학자가 통째로 재구성한 것일 수도 있다. 실험은 그 자체만으로 실험 과학의 구성 요소가 되며 과학적 이론의 진위 여부는 실험에 의존한다.

▶ 철학의 도구들

▷▷▷ **혼동하지 마세요**
- 보편과 일반 |

보편은 절대적으로 모든 존재에 속하는 성질인 반면, 일반은 관찰된 사례 대다수에 속하는 성질이다. 보편적 법칙은 필연적인 데 반해 일반적 법칙은 개연적일 뿐이다.

▷▷▷ **정의**
- 필연 | 다르게는 될 수 없는 것을 필연적이라 한다.
- 우연(우유偶有) | 그럴 수도 있고 아닐 수도 있는 것을 우연적이라 한다.
- 과학 법칙 또는 자연 법칙 | 둘 이상의 현상 사이의 불변적 관계. 근대 과학에서는 양적인 형태로, 즉 수학적 형태로 표현할 수 있으며 실험적 기법으로 검증될 수 있는 것을 과학 법칙이라고 한다.
- 실험 | 한 가설의 타당성을 검증하기 위해 정해진 조건에서 특정 현상을 인위적으로 생산하기 위한 기술적 조합.

▷▷▷ **더 읽어볼 만한 글들**
플라톤, 『고르기아스』.
칸트, 『순수이성비판 서문』.
칼 포퍼Karl Popper, 『과학적 발견의 논리』.

생명 현상이 과학의 연구 대상이 될 때

노벨상 목록에 의하면 '생명' 과학이라는 자율적 유형의 학문이 분명 존재한다. 하지만 생리학이나 의학은 노벨상이 시상하는 다른 과학 분과와, 특히 물리학이나 화학과 어떻게 구별되는가? 생명 과학은 생명체라는 특별한 연구 대상을 갖고 있다고 할 수 있을 것이다. 하지만 물리학과 생물학은 단지 연구 대상만이 다른 것이 아니다. 생명체가 독특한 것이라면 생명체에 대한 지식은 별도의 방법론을 요구할 것이다.

생물학의 특수성과 통일성

생물과 무생물

우리는 흔히 무생물과 생명체를 대립시킨다. 하지만 양자 모두 물질로 이루어져 있다. 어떤 기준에 따라 양자를 구별할 수 있을까? 생명체는 물질의 특별한 유기체로 사물에는 없는 능력으로 특징지워진다. 생명체는 자기 환경과의 교환을 통해 자기보존, 자기 구축, 자기 수리가 가능하다.

그러므로 생명체는 하나의 유기체, 해체(죽음)에 순간적으로 저항하는 조직된 기능들의 체계이다. 더구나 생명체는 번식 능력을 갖고 있다. 그러므로 생명체는 무생물과는 다른 특수한 존재이다. 하지만 유기체에는 극도로 다양한 종류가 있다. 그렇다면 생물학적 현실에 통일성이 없으므로 생물학의 통일성을 단념해야 할까?

최소 공통분모

각 유형의 유기체에는 위에서 열거한 생명 기능을 보장하기 위한 특유한 방식이 있다. 그렇다면 생명체 전체에 대해 유효한 지식을 어떻게 만들 수 있을 것인가? 19세기 말에서 20세기에 이르는 동안 점진적으로 만들어진 생물학은 모든 생명계에 공통되는 구성 요소를 밝혀내었다. 그것은 바로 세포이다. 최종 단계로 DNA가 발견되면서 모든 생명체는 매우 다양한데도 하나의 단일한 단위를 갖고 있음이 밝혀졌다. 유전 암호의 소유는 생물들의 최소 공통분모인 것이다.

생물학에는 고유의 연구 영역이 없다보니 겨우 19세기에야 독자적 학문으로 정립될 수 있었다. 하지만 연구 대상의 단위와 특수성이 밝혀지자 생물학은 급속히 발전했다. 그러니 이제 생물학의 방법론을 따져볼 차례이다.

다른 과학과는 다른 과학

생명체의 물리학?

생물학은 고전 물리학의 방법론을 따른다. 생물학은 속성을 관찰하고 그 원인에 대한 가설을 생산하며 실험을 통해 검증한다. 이러한 연구 방식은 생물학의 과학성을 보장한다. 관찰에서 출발하여 현상들 사이의 필연적 연관의 존재를 도출하고 이를 법칙으로 정립한다는 점에서 생물학은 여타 과학과 다르지 않다.

심지어 생명체를 기계론적으로 설명할 수도 있다. 생물의 모든 기능은 그 부분들의 배치와 본성에서 나온 것이라는 것이다. 윌리엄 하비William Harvey나 데카르트 같은 경우는 더 급진적으로 기계주의적 이론을 옹호한다. 이들이 보았을때 생물이란 인간이 발명하는 기계와 비슷한 기계이다. 이들은 예컨대 심장을 펌프와 동일시한다. 하지만 유기체는 자동 인형과는 다른 것이다. 유기체는 환경과 상호작용을 통해 스스로 태엽이 감긴다. 물리학자가 무생물을 연구하는 것과 동일한 방식으로 생명체를 연구한다면 '생물학적 대상'의 특수성을 무시하는 일이 될 것이다.

예측과 설명

생명체의 속성을 동력인動力因만으로 분석하는 일은 불충분한 경우가 많다. 예컨대 한 기관의 구조를 그 기능, 즉 목적에 연결시키지 않고 어떻게 이해할 수 있겠는가? 생물학자는 눈의 구조를 시각으로 설명할 수 있다. 이때 다른 실험 과학에서는 거부하고 있는 목적론적 도식은 불가피하게 사용될 수밖에 없다.

생물학적 목적론에는 검증 불가능한 전제들이 담겨 있으므로 자크 모노Jacques Monod처럼 목적론을 배격한다 하더라도 생물학의 성과를 고전 물리학의 성과와 비교할 수는 없다. 생물학의 예측력은 연구 대상 자체의 본성 때문에 매우 제한적이다. 물론 생화학과 생리학에서는 여러 필연적 법칙을 수립한 것이 사실이다. 하지만 종의 진화와 유전 암호의 성립에는 우연적 요소가 분명히 개입되어 있다.

그러므로 생명체에 대한 예측은 필연적이라기보다는 개연적인 수준에 머무른다.

▶ **철학의 도구들**

▷▷▷ 혼동하지 마세요
• 기계론과 기계주의 |
기계론의 관점에 따르면 생명 현상은 물질의 속성에서 나온 것이다.
한편 기계주의는 생명체를 기계로 간주하는 데까지 나아간다. 기계주의의 관점에 따르면 생물은 인간이 만들어낸 자동 인형보다 더 복잡한 자동 인형에 불과하다.

▷▷▷ 정의
• DNA | 유전자를 구성하는 디옥시리보핵산의 약어. DNA의 분자는 사슬 구조로 되어 있으며 그 사슬의 고리 하나하나는 텍스트의 문자 하나에 비교될 수 있다. 이때 유전자는 문장에 비교될 수 있다.
• 유기체 | 각 요소가 상호의존적이며 전체의 보존에 기여하는 스스로 존재하는 체계.
• 생물학적 목적론 | 생물학적 목적론은 기계론과 대립된다. 생물학적 목적론은 생명 현상을 어떤 목적에 의거하여 설명하며 생명에 내재된 목적이 존재한다고 상정한다.

▷▷▷ 더 읽어볼 만한 글들
데카르트, 『방법서설/성찰/정념론』, 정념론 4장~6장.
베르그송, 『창조적 진화』.
자크 모노, 『우연과 필연. 자연 철학과 현대 생물학에 관한 시론』.
조르주 캉길렘Georges Canguilheim, 「생명」 항목, in Encyclopedia Universalis.

수학은 무엇을 알고 있는가

생물학자, 사회학자, 화학자는 그 학문과 무관하게 독립적으로 존재하고 있는 현상을 연구한다. 반대로 수학자들은 자연이나 사회에 이미 존재하고 있는 로그함수나 자연수를 차후에 '발견'하는 것이 아니다. 로그함수나 자연수는 수학자들이 정립하고 발명해낸 것이다. 그렇다면 수학은 어떤 의미에서 진정한 과학이 될 수 있는가? 수학의 연구 대상이란 것이 수학자들이 창조해낸 것이라면 수학의 지식은 연구 대상만큼이나 허구적인 것이 아닌가?

수학적 존재란 무엇인가?

수학적 실재론

하지만 수학적 대상이 언제나 순수한 정신적 구축물로 간주된 것은 아니었다. 예컨대 플라톤은 수학적 대상이 실제로 존재한다고 생각했다. 단, 플라톤은 이것이 감각적 존재가 아니며 가지적 본성을 갖고 있다고 보았다. 수학에서 말하는 원은 사실 칠판 위에 분필로 그린 줄이 아니다. 설사 이 관념의 감각적 표상에 참조하는 일이 있다고 해도 이 원은 오직 사유만이 파악할 수 있는 존재이다.

플라톤이 보았을 때 수학적 관념은 수학자와 무관하게 독자적으로 존재할 뿐 아니라 영원하고 보편적인 것이다. 그러므로 플라톤 사상에서 수학적 관념은 일시적이고 개별적인 감각적 사물보다 더 높은 등급의 실재성을 갖고 있다. 따라서 이러한 대상을 연구하는 지식은 자연학 같은 학문보다 우월한 학문이 된다.

이성의 존재

우리는 플라톤 식 관념이 수학자가 만들어낸 개념을 **실체화하고** 있다고 비난할 수 있다. 예컨대 아리스토텔레스는 수학적 존재들이 감각적이지 않다는 사실에서는 플라톤에 동의하지만 스승과는 달리 이들이 초감각적 실체라고 보지는 않았다. 아리스토텔레스가 보았을 때 원의 관념은 스스로 존재하지 않는다.

근대 철학 역시 플라톤의 수학적 실재론을 거부하며 수학적 대상을 개념으로, 즉 이성의 존재로 규정한다. 하지만 그렇다고 해서 수학적 대상이 아무런 실체가 없는 몽상과도 같은 것이라고 생각해서는 안 될 것이다. 수학적 개념은 이성적으로 구축된 것으로 보편적으로 타당하므로 상상의 산물이 아니다.

형식적 놀이와 현대 과학

가설연역적 지식

수학은 이성의 존재밖에 모른다. 그러므로 우리는 수학이 생산하는 지식이 어떤 유형의 지식인지를 밝혀야 할 것이다. 수학자의 활동이란 가설연역적 추론이다. 즉 사전에 주어진 논증 규칙에 부합하는 최초의 명제와 개념에서 출발하여 새로운 명제를 만들어내는 추론이다. 이렇게 도출된 명제를 정리定理, theorem라고 부르는데 정리는 최초 개념의 속성을 명확히 밝혀준다.

그러므로 수학은 논리-형식적 체계, 즉 감각적 현실에 닻을 내리지 않은 공리와 정리의 일관성 있는(상호모순 없는) 총체를 구축해낸다. 또한 이러한 체계의 타당성은 내적 일관성을 통해서만 확보된다. 그렇다면 공리와 정리는 개념과 명제를 방법적으로 생산하고 발전시킬 수 있는 인간의 능력을 보여주는 명백한 표식인가? 아니면 이들은 단지 인간의 논리력의 유희에 불과한 것인가?

기이한 부합

고전 물리학은 수학의 도움으로 커다란 도약을 할 수 있었다. 수학은 단지 엄격함을 강조하는 학문일 뿐 아니라 세계의 질서를 드러내는 데 공헌한 것이다. 특히 갈릴레이는 "우주라는 책은 수학적 언어로 쓰여 있으므로" 수학이 자연을 설명해낼 수 있다고 주장했다.

논리-형식적 체계와 물리적 현실 사이의 부합은 놀랄 만큼 빈번하다. 리만G. F. B. Riemann과 로바체프스키N. I. Lobachevskii가 19세기에 만들어낸 비유클리드 기하학은 순전한 지적 구성물로 간주되고 있지만 양자 물리학은 이를 이용하여 물질의 이원자 입자 구조를 설명했다. 그러므로 수학이란 매우 기이한 지식 체계이다. 수학은 경험에서 독립된 개념적 건축물을 짓지만 우리는 수학으로 세계의 체계를 이해한다.

▶ 철학의 도구들

▷▷▷ **혼동하지 마세요**
- 감각적 존재와 가지적 존재 |

이 구별은 플라톤의 사유에서 근본적 토대가 된다.
우리가 감각으로 지각할 수 있는 물질적 존재를 감각적 사물이라 한다.
가지적 존재는 감각적 존재 못지 않게 실재적이다. 하지만 그 본성은 비물질적이고 변질되지 않으며 오직 사유로만 파악할 수 있다.

▷▷▷ **정의**
- 이성의 존재 | 이성이 구축했지만 그것을 만든 정신과 독립해서는 존재할 수 없는 개념이나 표상 등을 이성의 존재라 부른다.
- 실체화 hypostatization | 이성의 존재를 실제로 존재하는 것처럼 만드는 것.
- 가설연역적 추론 | 일련의 가설에서 출발하여 새로운 명제들의 언표에 이르는 명제의 연쇄를 말한다.

▷▷▷ **더 읽어볼 만한 글들**
플라톤, 『국가론』, 6권.
아리스토텔레스, 『형이상학』, 2권.
데카르트, 『방법서설』.
루소, 『인간 불평등 기원론』.

상상력과 과학적 정신

 과학적 엄격함은 모든 상상력을 배제한다고 생각하는 속인들은 과학자가 오직 합리적 사고만을 염두에 두느라 상상력이 결핍된 냉혈 동물이라고 생각하곤 한다. 철학을 하는 것은 고정 관념의 '목을 비틀어버리는' 일이니 과학자에 대한 이러한 고정 관념이 과연 옳은 것인지 검토해보도록 하자.

과학의 최대 난적

 상상력과 과학 정신의 대립은 대중의 고정 관념 이상의 것이다. 모든 철학과 과학의 전통은 이러한 이분법 위에 수립되었다.

"상상력은 오류의 정부情婦이다"(파스칼)

 고전적 정의에 따르면 상상력이란 부재하는 것, 심지어 존재하지 않는 것을 마음속에 그려보는 능력이다. 상상력을 이용할 때 우리는 언제나 허구와 현실을 혼동할 위험에 노출된다. 상상력을 오류로부터 보호하려면 어떻게 해야 할 것인가?
 소포클레스가 『오이디푸스 왕』에서 했던 것처럼 여인의 머리에 사자의 몸을 한 존재를 상상한 후 이를 '스핑크스'라 부르고 이 괴물이 등장하는 이야기를 만들어 그것이 존재한다고 믿게 할 수 있다. 반대로 과학자는 참된 지식, 즉 현실에 부합하는 지식을 생산하려 한다. 그러므로 과학자는 자신의 상상력을 극도로 경계해야 한다. 스핑크스의 신경계를 연구한다는 사람을 생물학자라고 부를 수는 없는 노릇 아닌가.

보편적 방법론과 고독한 방랑

게다가 상상력은 과학적 발견을 주재하는 질서와는 극단적으로 다른 질서에 따라 전개된다. 과학적 발견은 연역이나 귀납을 통해 이루어지며 이성적 방법론을 따른다. 과학적 발견의 진행 규칙은 이성을 갖춘 사람이라면 누구나 납득할 수 있는 것이며 따라서 보편적이다.

반대로 상상력은 이성적 구축에는 별로 신경을 쓰지 않는다. 초자연적 괴물을 창조하기 위해 상상력은 양립 불가능한 요소들을 멋대로 결합시킨다. 그래서 어떤 냄새나 소리에 자극받아 이제는 사라진 소중한 존재가 존재한다고 믿게 된다면 우리는 추억과 지각의 조각들에서 출발하여 욕망에 부합하는 현실의 이미지를 재구성하게 된다. 각자는 자기만의 논리에 따라 방랑하는 상상력을 갖고 있으며 이러한 상상력은 절대적으로 개인에 고유한 개별적인 것이다.

과학적 사상가의 몽상

하지만 연구자들은 연구 활동을 실제로 할 때는 창의적이 되어야 한다. 연구자는 아직 존재하지 않는 것을 그려볼 필요가 있다. 하지만 이때 상상력이 발휘되는 것일까?

갈릴레이가 시인이 될 때

과학적 전회轉回의 기원에는 종종 이미지들이 있다. 갈릴레이는 우주를 수학적 언어로 쓰인 책에 비유하면서 진정한 물리학의 혁명을 이루어냈다. 이 은유는 세계에 대한 새로운 설명 가설을 제안하는 것인데 비록 그의 동시대 사람들에게는 엉뚱하게 보였을지라도 근대의 수리 물리학을 정초했다.

여기서 상상력은 과학적 발견의 과정에서 중요한 역할을 했다고 할 수 있다. 상상력은 단지 추상적 이론을 구체적으로 보여주는 것에 국한되지 않는다. 상상력에 힘입어 학자는 실재에 대한 낡고 소박한 관점에서 벗어날 수 있다. 이 유명한 비유 덕에 갈릴레이는 물질 세계는 수학화될 수 없다고 생각하는 아리스토텔레스 물리학을 뛰어넘을 수 있었다. 역설적으로 여기서는 상상력이 자연의 이성적 연구에 도움을 준다.

진리와 상상력

실험 도구를 발명할 때도 진정한 상상력이 필요하다. 16세기 니콜라우스 코페르니쿠스Nicolaus Copernicus가 발표한 지구가 자전한다는 가설은 19세기에 이르러 푸코J. B. L. Foucault의 진자振子 덕분에 실험적으로 입증되었다. 상상력은 과학적 발견의 장애물인 것이 아니라 경우에 따라서는 그 검증 작업에 기여하기도 한다.

실험 기법을 발견하거나 근본적으로 새로운 가설을 만들려면 과학자에게는 기존 이론이나 즉각적 데이터를 넘어설 수 있는 능력이 요구된다. 이 특별한 능력을 '상상력'이라 부르기로 하자. 하지만 상상력은 과학자의 손에서는 이성과 진리를 위해 사용되는 도구에 불과하다는 점을 잊지 말아야 할 것이다.

▶ **철학의 도구들**

▷▷▷ **혼동하지 마세요**
• 귀납과 연역 |
귀납은 개별적 현상을 관찰하여 일반적 법칙을 만들어내는 추론 과정이다. 연역은 귀납과 정반대 방향으로 이루어지는 추론 과정이다. 예컨대 물리학에서 가설의 수립은 귀납적이지만 수학적 진행은 연역적이다.

▷▷▷ **정의**
• 수리 물리학 | 경험의 데이터를 양화하고 그 속성의 법칙을 수학적 형식으로 정리하며 수적 수단으로 이 법칙을 검증하는 물체 과학.

▷▷▷ **더 읽어볼 만한 글들**
아리스토텔레스, 『형이상학』, 1권.
파스칼, 『팡세』.
스피노자, 『에티카』, 2부.
아인슈타인 & 인펠트L. Infeld, 『아인슈타인이 직접 쓴 물리이야기』.

과학은 분별력이 있다고 할 수 있는가

메리 셸리Mary Shelley의 유명 소설 『프랑켄슈타인』에서 프랑켄슈타인 교수는 시체들에서 떼어낸 사지와 기관을 결합하여 생명체를 창조하는 데 성공한다. 하지만 그는 자신의 창조물을 부인하고, 이 괴물은 복수심에서 끔찍한 범죄를 저지르게 된다. 현대 세계에서는 꼭 이 소설에서처럼 과학의 진보가 끔찍한 결과를 낳는 일이 종종 있다. 따라서 우리는 과학을 발전시키는 일이 분별력 있는 일인지 자문해봐야 할 것이다.

계몽주의와 그 성과

짐승의 상태에서 벗어나기

플라톤이 『프로타고라스』에서 서술하는 신화에 따르면 과학은 기술의 개화開花를 촉진하며 인간 고유의 생활양식을 만들어낸다.

더구나 과학은 인간 정신의 특수성을 표현한다. 동물들은 즉각적 감각에 매여 있는 반면, 인간은 기억력 덕택에 특정한 경험을 획득한다. 또한 인간은 이성 덕에 경험으로부터 현실에 대한 보편적 지식인 과학을 이끌어낸다. 아리스토텔레스가 지적하는 것처럼 과학은 인간 영혼의 가장 고차원적 부분인 이성에서 나오는 것이다. 그러므로 과학을 발전시키는 일은 짐승의 상태에서 벗어나 완전한 인간이 되는 것이다.

무지는 모든 악덕의 어머니이다

하지만 과학은 개인의 진보에만 기여하는 것이 아니다. 과학은 사회의 악덕도 치료해준다. 계몽주의 철학자들은 사회악이 무엇보다 무지에서 나온 것이라고 보았다. 가난이 세상을 뒤덮고 있는 것은 농학農學이 알려지지 않았기 때문이다. 전제주의가 살아남는 것은 사람들이 자신의 자연권을 모르기 때문이다. 그러므로 과학은 유일한 치료약이다.

하지만 무지란 단지 지식의 부재만을 뜻하는 것이 아니다. 만약 그것이 단순히 지식의 부재라면 과학적 지식으로 채울 수 있을 것이다. 또한 무지는 잘못된 지식, 이성이 맞서 싸워야 할 유해한 미신이기도 하다. 그러므로 과학은 진정 인간적인 사회의 토대를 침식하고 있는 무지몽매주의와 대립된다. 또 과학은 인간의 참된 본성을 알려준다. 인간은 이성을 지닌 존재라는 것이다.

과학은 행복을 만들지 않는다

온갖 위험을 낳는 과학

분명 과학은 이성적 활동을 대표하는 분야이다. 하지만 그렇다고 해서 과학이 그만큼 이성적, 합리적인 것일까? 지식의 영역에서 이성의 규칙에 부합하는 것을 이성적rational이라고 한다. 이것은 본질적으로 지식 이론의 개념이다. 반대로 분별력이 있다reasonable는 것은 도덕적 개념이다. 어떤 행동(또는 그 행동을 불러일으키는 의견)이 비난받을 만한 결과를 낳지 않을 때 이를 분별력 있는 행동이라고 한다. 반대로 행복이나 정의正義를 파괴하는 것은 분별력 없는 행동이다.

이러한 구별에 의거하여 루소 식으로 계몽주의의 과학주의를 비판하는 일이 가능해진다. 루소가 보았을 때 과학적 진보는 인간의 원초적 순수성을 제거하고 자연적 덕德의 목소리를 약화시키므로 도덕성과 진정한 평안을 파괴한다.

루소의 진단은 현대의 상황에 더 잘 들어맞는 듯 보인다. 현대에 이르러 과학은 무시무시한 권력이 되었다. 유전학의 발전이 정교한 우생학을 낳았던 사례를 생각해보라. 과학이 야만성을 위해 이성을 사용할 때 과학은 더욱 범죄적이 된다.

"의식 없는 과학은 영혼의 폐허이다"(프랑수아 라블레 François Rabelais)

과학에 대한 찬사와 비난은 역설적이게도 공통된 전제를 갖고 있다. 양쪽 모두 과학적 지식을 도덕의 잣대로 평가할 수 있다고 생각하는 것이다. 하지만 도덕적 판단은 행동이나 그러한 행동을 낳은 의견만을 대상으로 할 수 있다. 그런데 과학은 엄밀히 말하면 이론과 사유만으로 이루어지며 행동이 결핍된 분과이다.

그러므로 과학적 지식 자체에 대한 찬사와 비난은 거두어야 할 것이다. 노벨 생물학상 수상자인 프랑수아 자코브François Jacob의 지적처럼 비난은 과학의 오용에 집중되어야 한다. 과학 지식의 사용에 대해 법적, 윤리적 통제가 가해지는 것은 이 때문이다. 이러한 통제 덕에 과학은 분별력 있는 양심을 얻을 수 있다.

▶ **철학의 도구들**

▷▷▷ 정의
* 과학주의 | 19세기에 출현한 논쟁적 용어로 과학의 발전, 특히 물리학의 발전이 물질 문제를 해결할 수 있을 뿐 아니라 종국에는 인간 삶의 도덕적, 정치적, 철학적 문제도 해결할 수 있다는 주장을 가리킨다.
* 우생학주의 | 스스로 우월한 종족이라고 생각하는 나라에서 자기 종족의 보존이나 개선에 적합한 개인들을 선별하려는 정책. 결혼 금지, 인종 차별 등이 주요 수단이며 심지어는 열등하거나 불순한 집단의 사람들을 절멸시키려는 시도까지 나타난다.

▷▷▷ 더 읽어볼 만한 글들
플라톤, 『프로타고라스』.
아리스토텔레스, 『형이상학』.
루소, 『과학과 예술에 대한 시론』.
마르키 드 콩도르세Marquis de Condorcet, 『공공 교육에 대한 최초의 기억』.
프랑수아 자코브, 『가능태들의 놀이』.

▶ 생각해볼 주제
가스통 바슐라르의 인식론

인식론은 지식 이론도 아니고 학문의 역사도 아니다

여기에서는 프랑스 철학자 가스통 바슐라르가 '인식론'이라는 이름으로 부르고 있는 새로운 철학 분과의 전제와 내용을 살펴보도록 하자(이는 '인식론'이라는 단어의 통상적 용례와는 다소 거리가 있을 것이며, 흔히 말하는 '과학 철학'에 더 가까운 개념이다). 바슐라르가 보았을 때 인식론은 인간 지식의 발전을 검토한다. 하지만 인식론이 지식 이론이나 인식형이상학과 어떻게 다른지는 쉽게 파악되지 않는다. 물론 인식론은 인간이 수립한 지식들을 분석하지만 인식론의 연구 영역은 훨씬 좁다. 인식형이상학이 인간 인식을 연구하는 데 반해 인식론은 좁은 의미의 학문만을 다룬다. 예컨대 『순수이성비판』에서 칸트는 오직 당대의 물리학만을 분석하는 것이 아니라 감각, 오성, 이성 같은 인간의 모든 인지 능력에 관한 이론을 펼쳐 보인다.

하지만 인식론은 학문의 역사도 아니다. 학문의 역사학은 체계의 타당성은 따질 이유가 없으며 오직 기술적記述的 작업이 될 것이다. 이와는 달리 인식론은 비판이다. 인식론은 역사적 데이터에서 출발하여 왜 특정한 이론이 승리를 거두었고 왜 특정한 이론이 쇠락했는지를 이해하려 한다. 따라서 인식론은 각 이론의 학문적 타당성을 언제나 염두에 두고 있다.

규범적, 역동적, 내재적 연구

인식론은 학문의 발전을 촉진하거나 봉쇄하는 요소들을 밝히려 한다. 바슐라르는 학문의 발전에 족쇄가 되는 요소들을 "인식론적 장애물"이라고 불렀다. 바슐라르에 따르면 학문적 이론의 성과를 판단하는 규범이 존재한다. 그러므로 인식론은 규범적이다.

하지만 인식론적 장애물은 '필요악'이 아니라 학문의 발전에 필수불가결하다. 특정 이론이 새로운 현상을 설명할 수 없는 것으로 드러날 때도 그 이론은 계속 자리를 지키려고 한다. 이때 이 이론은 인식론적 장애물이 된다. 그리고 이 낡은 이론에 대항하여 새로운 설명 가설이 수립된다. 인식론적 장애물과 그것을 극복하는 이론은 학문적 진보의 두 필수 요소이다.

그러므로 인식론은 여러 학문 체계의 정태적 구도를 보여주는 것이 아니라 이론 간의 대립을 역동적으로 보여준다. 더구나 인식론은 폐기된 가설들의 공동묘지를 둘러보는 학자의 외부적 관점으로 학문을 바라보는 것이 아니다. 인식론은 새로운 학문적 이론이 출현하는 배경이 되는 분쟁 내부에 자리를 잡으며, 학문 성립에 내재적인 관점을 취한다.

요컨대 인식론은 학문을 연구 대상으로 삼으며 학문의 변화 논리, 성립 방법, 학문이 마주치는 난점 등을 이성적으로 검토하는 학문 분과이다.

바슐라르는 여기서 **인식론적 장애물**이라는 개념을 도입한다. 이 개념은 학문 발전에 대한 설명뿐 아니라 학문의 역사와 인식론의 차이를 설명할 때에도 핵심적이다.

 인식론적 장애물이라는 개념은 과학적 사유의 역사적 발전과 교육의 실천 속에서 연구될 수 있다. 두 경우 모두 이러한 연구는 수월하지 않다. 역사학은 원칙적으로 모든 규범적 판단에 적대적이게 마련이다. 하지만 한 사유의 효력을 판단하려면 특정한 규범적 관점을 취하는 것은 불가피하다. 과학 사상의 역사에서 마주치는 모든 것이 실제로 과학적 사유의 진화에 도움이 된 것은 절대 아니다. 어떤 지식은 심지어 정확한 지식인데도 유용한 연구를 너무 일찍 중단하기도 한다. 그러므로 인식론은 역사가가 수합한 자료들을 분류하고 정리해야만 한다. 인식론은 이 자료들을 이성의 관점에서, 심지어 진화된 이성의 관점에서 평가해야 한다. 왜냐하면 정신적 과거의 오류들을 충분히 판단할 수 있는 것은 겨우 오늘날에 이르러서야 가능해졌기 때문이다. 더구나 심지어 실험 과학에서도 사실을 바른 자리에 고정시키는 것은 언제나 이성적 해석이다. 위험과 성공은 모두 경험 - 이성의 축 위에, 이성화의 방향에 놓여 있다. 연구에 동력을 제공하는 것은 이성밖에 없다. 왜냐하면 오직 이성만이 (즉각적이고 허울 좋은) 공통된 경험 너머 (간접적이지만 풍요로운) 과학적 경험을 가리킬 수 있기 때문이다. 그러므로 인식론은 이성화와 구축의 노력을 잃지 말아야 한다. 그러므로 인식론과 과학사의 작업이 어떻게 다른지 알 수 있다. 과학사는 관념들을 사실로 취급한다. 인식론은 사실을 관념으로 취급하며 사실을 사유 체계 속에 집어넣는다. 한 시대에 잘못 해석된 사실도 역사가에게는 사실이다. 하지만 인식론에서 그것은 장애물이고 반反사유이다.

(가스통 바슐라르, 『과학정신의 형성』 중에서)

역사학자는 학문의 과거를 총체적으로 기술한다. 역사가는 성과를 내지 못한 가설과 학문적 혁명을 가리지 않고 연구한다. 인식론은 반대로 이론에 대해 가치평가를 감행한다. 인식론은 학문의 과거를 이성적, 비판적 관점에서 검토한다. 인식론의 관점에서 볼 때 학문적 오류와 결정적 진보는 동일한 가치를 가질 수 없다.

사유, 지식, 믿음

'~이라고 생각한다', '~을 안다', '~이라고 믿는다'는 말은 일상적으로 비슷한 뜻으로 사용되는 경우가 많다. 따라서 "버스 정류장은 저쪽이라고 생각한다.", "버스 정류장은 저쪽이라고 믿는다.", "버스 정류장은 저쪽이라는 것을 알고 있다."라는 말을 비슷한 상황에서 사용할 수 있다.

하지만 이 단어들에는 미묘한 의미 차이가 있고 그것은 결코 작은 차이가 아니다. '~을 안다'는 '~이라고 생각한다'나 '~이라고 믿는다'보다 정도가 강한 표현이 아니라 질적으로 다른 의미를 갖고 있는 표현이다. 따라서 동일한 표상 내용, 동일한 대상에 대해 상이한 지적 태도가 나오게 된다.

하지만 이 차이를 뚜렷이 설명하는 일은 쉽지 않다. 왜냐하면 사유(생각하다), 지식(알다), 믿음(믿다)이라는 세 행위가 서로를 전제하고 있는 듯하기 때문이다. 무엇인가를 믿으려면 먼저 그에 대해 생각을 해야 하고 어떤 사실을 알려면 반드시 그에 대한 생각을 해야 하며 그것을 믿어야 한다. 그러므로 이 세 활동 각자의 본성과 의미를 구별하는 일은 필수불가결하다. 따라서 우리 삶을 믿음의 영역과 인식의 영역으로 가르는 이 범주들의 토대를 검토해볼 수 있을 것이며 그 후에 사유에 얼마만큼의 자리가 남아 있는지 살펴볼 수 있을 것이다.

지식, 믿음의 지평, 사유의 배제

지식, 사유, 믿음의 구별이라는 질문에 접근하기 위해서는 이 세 가지 태도가 다양한 사회적 실천 속에 어떻게 분배되는지를 먼저 살펴야 한다. 이러한 구별로 인해 종종 서로 경쟁 관계에 놓인 것으로 여겨지는 다양한 인간 생활의 영역이 성찰의 대상이 된다. 실제로 과학적 지식은 종교적 믿음이나 다른 믿음(외계인, 마법, 심령학 등)과 경쟁 관계에 놓여 있는 것으로 보인다. 사유를 구현할 수 있는 영역인 철학은 '인생철학' 같은 믿음의 형식이 아니라면 실생활의 통상적 활동에 포함되지 않는다. 그렇다면 이러한 실제적 활동은 서로 어떤 관계를 맺고 있는가? 또한 사유가 이런 자리를 갖지 못하는 까닭은 무엇인가?

과학적 지식의 모델

과학의 현실적 적용은 사회적, 경제적으로 크나큰 중요성을 부여받고 있고, 계몽주의 정신의 유산인 진보의 관념은 여전히 살아 있다. 그러다보니 과학적 지식은 문화적으로 과대평가받고 있다. 그래서 우리의 가치 체계에서 지식을 사유하려면 여전히 기준점은 과학이 된다.

심지어 많은 사람들은 지식을 과학적 지식의 동의어로 생각하고 있으며 더 나아가 기술적 지식의 동의어라고 생각하기도 한다. 마찬가지로 과학적 합리성은 합리성이라는 단어의 의미를 독차지해버렸다. 과학적 지식은 모든 지식 탐구, 더 나아가 모든 지적 태도의 모델이 되어버렸다.

믿음 : 무지의 유예 상태

그러다보니 다른 형태의 지적 활동도 기본적으로 지식을 기준으로 판단된다. 그래서 사유는 막연한 지식, 혹은 미완성된 지식이 된다. 또한 지식이 남겨놓은 텅 빈 영역은 믿음이 차지하게 된다. 과학이 충분히 발전하면서 과거의 믿음은 쫓겨나게 되었다. 과학이 번개 현상을 설명한 이후로 번개는 신앙의 대상이라는 지위를 상실하였다.

과학의 진보를 막을 수 있는 것은 아무것도 없으므로 현재 남아 있는 '믿음'의 대상도 나중에는 번개와 같은 운명을 맞이할 것이다. '과학이 설명하지 못하는' 온갖 현상(UFO, 기적 등)에 대한 현대인의 열광은 과학 모델이 우리의 지적 활동에 행사하고 있는 과도한 지배력의 반영일 뿐이다. 즉, 초자연적 현상도 그에 대한 과학적 설명이 제시되면 그런 현상을 믿는 사람들이 없어질 거라는 것이다.

믿음과 인식 사이에서. 사유의 불필요성

따라서 여기에는 이중의 환원이 있다. 모든 지적 활동이 지식 추구로 환원될 수 있고, 모든 지식은 과학적 지식으로 환원되는 것이다. "그건 증명된 거야. 그건 과학적인 거야." 같은 말이 흔하게 나오는 것도 이 때문이다.

그러므로 지식과 믿음은 인간의 대표적인 정신 활동이 된다. 모든 표상의 대상은 지식의 대상이거나 (각자의 부주의로 인해 남겨진) 믿음의 대상이다.

지식과 믿음의 경쟁은 이성적인 것과 비이성적인 것의 대립을 이어받는다. 이성적인 것은 과학 법칙으로 설명할 수 있는 객관적 지식의 영역이고, 비이성적인 것은 사랑, 감정, 신앙, 취향 등 지식으로 설명할 수 없는 모든 것이다. 이렇게 '지식'과 '믿음'으로 양분된 구도에서 '사유'를 위한 자리는 없다. 이는 이성이라는 것은 객관적 지식의 형태로 실행되며 비이성적인 것의 영역은 각자의 주관성으로 환원되기 때문이다. 따라서 사유할 거리는 전혀 남지 않는다.

지성적 내용과 지성적 태도

각 유형의 실제 활동에서 믿음과 지식의 구별을 받아들이는 방식은 우리가 사유, 지식, 믿음의 차이에 접근하면서 갖고 있는 다양한 전제를 드러내준다.

사유를 철학의 대상으로, 믿음을 종교나 다른 미신의 대상으로, 지식을 과학의 대상으로 기술함으로써 문제를 구체적으로 다룰 수는 있었지만 이 문제를 제도적으로만 접근한 것이 된다. 지식과 믿음의 차이가 지식은 과학에 속하고 믿음은 종교에 속하는 것이라고 말하는 것은 완벽한 동어반복이다. 이런 식의 접근은 지식, 믿음, 사유 활동을 그 자체로 규정해주지 못한다. 결국 우리는 이 제도적 범주들이 완벽히 분리된 것인지를 의문시해야 할 것이다.

구별

버스 정류장 얘기로 돌아가서 세 가지 대답이 심층적으로 어떻게 다른지 규정해보도록 하자. '~믿습니다'와 '~생각합니다'의 경우 이는 말하는 사람의 표상 자체를 묘사하고 있다. 따라서 그는 틀릴 수도 있으며 틀렸을 경우 그렇게 생각했던 것, 믿었던 것일 뿐이라고 할 수 있다. '나는 ~이라고 생각한다', '나는 ~라고 믿는다'라는 문장은 버스 정류장의 실제 위치와 무관하게 언제나 **참인 명제**이다. 버스 정류장의 위치는 틀릴 수 있지만 버스 정류장이 그곳이라고 '내가 생각한다'는 말은 거짓이 아닌 것이다(자기 생각과는 반대로 일부러 거짓말하는 경우는 제외하도록 하자). 반대로 '~임을 안다'라는 표현은 지식에 대한 나의 입장을 묘사하는 것이 아니라 지식 자체, 현실 자체를 묘사한다. 따라서 이 문장은 버스 정류장의 실제 위치에 따라 진위가 가려질 수 있다. '버스 정류장이 저쪽임을 나는 안다'라는 문장은 '버스 정류장은 저쪽이다'라는 문장과 거의 등가적인 문장인 것이다. 또한 '~이라고 믿는다'는 말은 '~이라고 생각한다'와는 달리 그 표상 내용에 대한 발화자의 개인적 인정, 지지를 담고 있다는 점도 특기할 만하다.

동일한 대상

버스 정류장의 예에서 세 문장의 **표상 대상은 동일하지만** 발화자가 표상 내용과 맺는 관계는 각기 다르다. 이는 사유, 지식, 믿음의 구별을 논할 때는 언제나 적용될 수 있는 말이다. 이 세 가지의 차이는 대상의 차이가 아니라 **태도의** 차이인 것이다.

사유, 지식, 믿음의 대상이 되는 영역은 엄격히 구획되지 않는다. 그래서 과학적 진보는 사유나 믿음의 실제 활동(철학이나 종교)을 축소시키지 못한다. 사유, 지식, 믿음의 대상은 같을 수 있는 것이다. 따라서 예수는 기독교에서는 신앙의 대상이 될 수 있고 역사학에서는 지식의 대상이 될 수 있으며 철학에서는 사유의 대상이 될 수 있다. 신과 신의 존재에 대해 성찰하기를 거부하면서 "나는 신을 믿지 않아. 그러니까 신에 대해서는 말할 수 없어."라고 하는 사람은 표상의 대상과 자기가 취한 태도의 유형을 혼동하고 있는 것이다. 신은 무신론자에게도 사유의 대상이 될 수 있다.

다양한 목표

따라서 과학에서 나온 명제도 '믿음'의 대상이 될 수 있다. 과학 법칙은 그것을 이해할 수 있는 사람에게는 지식의 대상이다. 그리고 과학자가 아닌 사람에게 과학 법칙은 학자들의 권위에 의해 인정된 것일 뿐이므로 믿음의 대상이다. 한 명제가 과학의 틀 안에서 생산되었다고 해서 그것이 자동적으로 모든 사람에게 지식이 되는 것은 아니다. 과학적 명제가 나에게 지식이 되려면 나는 그것을 지식 행위로 나에게 관련시켜야 한다. 즉, 객관적·이성적 원칙을 내 스스로 이해하여 받아들여야 하는 것이다.

그러므로 어떤 사유(예컨대 헤겔 철학)를 인정하고 배운다고 해서 스스로 생각할 수 있는 것은 아니다. 주위들은 과학적 명제를 되풀이한다고 해서 과학적 지식을 진정 소유하는 것은 아니다. 사유, 지식, 믿음을 구별하는 것은 우리가 우리의 표상들과 맺는 관계에 대한 성찰을 촉발한다. 각 표상의 지위는 우리가 이 표상들과 관계 맺는 방식에 따라 정해진다.

이 상이한 활동의 구별은 단순한 내용물의 소유에서 우리의 표상에 대한 반성적 평가로 넘어가는 것을 상정한다. 그래서 데카르트는 『성찰」의 근본적 회의가 진리를 거부하는 데 이른다고 말한다. 하지만 데카르트는 한 번 거부했던 이 진리가 지식의 건축물에 재통합될 수 있는 가능성을 배제하지 않는다. 이 진리의 내용물은 동일하되 그 지위만 변할 것이다. 하지만 그러려면 우선 근본적 회의를 거친 성찰을 통해 이 진리를 진리로 인정해야 할 것이다. 데카르트는 이 표상을 지워버리는 것이 아니라 계속 소유하고 있지만 이성에 따라 사유한 후 다시금 진리로 재확인될 때까지는 그 진리의 지위를 일시적으로 유예하는 것이다.

▶ **철학의 도구들**

▷▷▷ **혼동하지 마세요**
• '믿음'이라는 단어의 두 의미 │
이 글에서 우리는 믿음이라는 단어를 통상적 의미로, 즉 믿음의 원칙은 주관적이라는 의미로 사용했다. 하지만 믿음은 객관적 토대를 가진 (모든 다른 이성적 존재에게도 타당한) 주체의 상태를 지칭할 수도 있다. 그래서 우리는 계시 덕에 신을 믿을 수도 있고 과학적 증거에 설득을 당해 진공의 존재를 믿을 수도 있다. 믿음의 이 두 가지 의미는 앞의 글 '언어의 힘, 권력의 언어'(380~383쪽)에서 언급한 납득과 설득의 구별에 상응한다.

▷▷▷ **정의**
• 사유 │ 생각한다는 넓은 의미가 아닐 경우 사유란 객관적 지식도 주관적 인정(믿음)도 아닌 지식과 믿음의 대상 구축에 대한 자기반성적 성찰을 가리킨다.

▷▷▷ **더 읽어볼 만한 글들**
칸트, 『순수이성비판』.

오류와 환상

나폴레옹이 엘바 섬에서 죽었다고 말하는 것은 오류를 범하는 것이지만 자기가 나폴레옹이라고 말하는 것은 환상에 빠진 것이다. 전자에는 진리가 결핍되어 있고 후자에는 현실성이 결핍되어 있으며 양자는 구별되는 별개의 상황이다.

오류를 범하는 것과 환상에 빠져 있는 것

흔히 "오류에 빠져 있다."고 말하기는 하지만 "환상을 범한다."고는 하지 않는다. 오류가 사유의 양태라면 환상은 존재의 양태인 것이다. 플라톤의 동굴 비유에서 동굴에 갇혀 있는 사람들은 (상징적이게도 이는 지하 동굴이다) 허상의 세계 속에서 살고 있다. 그들은 그림자를 만드는 실제 현실(모델)을 한 번도 보지 못했으므로 그림자가 현실 자체라고 생각한다.

이렇게 우리가 환상 속에 있을 수 있다면 이와는 달리 오류란 우리가 저지르는 행위이다. 오류는 우리의 전 존재를 장악하는 것이 아니며 단지 거짓 정보나 오산誤算을 뜻할 뿐이다. 그러므로 오류는 진리와 아주 먼 곳에 있지는 않지만('2×6=13'은 '2×6=12'와 멀지 않

다) 환상은 진리 밖에 있다. 꿈이나 광기는 오류가 아니라 다른 세계의 문제이다.

환상은 끈덕지게 사라지지 않지만 오류는 가볍다

오류와 달리 환상은 뿌리 깊어 제거하기가 쉽지 않다. 이는 감각적 환상(사막의 신기루)이나 심리적 환상(자기가 지상 최강의 남자라고 믿는 과대망상증 환자) 모두 해당되는 이야기이다.

오류는 우리가 그것이 오류임을 인정하는 순간 사라진다. 계산 오류는 고칠 수 있고 날짜 오류는 수정할 수 있다. 그리고 그 즉시 오류는 사라진다. 이러한 소멸의 성질 때문에 플라톤은 계속 괴로워하며, 그는 파르메니데스와는 달리 비존재의 존재를 인정해야 했다.

오류가 밝혀지자마자 오류가 소멸하는 것은 오류의 비존재성 때문일 것이다. 하지만 환상의 경우 얘기는 달라진다. 칸트는 형이상학을 과학으로 만들려는 욕망에서 생기는 환상을 "순수 이성의 환상"이라 불렀다. 『순수이성비판』은 오성(인식의 도구)의 범주를 인식 불가능한 영역(신, 영혼, 우주의 총체성 등)에 적용하려는 환상을 선험적 변증론을 통해 분석한다. 그런데 칸트가 지적하는 것처럼 순수 이성의 환상은 비판을 받고도 살아남는다. 모든 환상이 마찬가지이다. 어떤 논거, 어떤 반론으로도 신자의 신앙을 뒤흔들 수는 없다. 오류는 이성적이지만 환상은 이성적이지 않다.

오류의 이성, 환상의 비이성

프로이트는 종교 문제를 다루고 있는 저작 『환상의 미래』에서 오류와 환상을 현실과의 관계에 의거하여 구별하는 것이 아니라 그 근원에 기반을 두고 구별한다. 환상의 본질은 욕망의 지배를 받는다는 것이다. 전쟁에서 아들을 잃은 어머니가 식탁을 차릴 때마다 아들의 식기를 놓으면서 아들이 살아 돌아올 수 있다고 믿는 것은 아들이 돌아오기를 욕망하기 때문이다. 이러한 사랑의 환상과 권력의 환상(별자리점 따위)은 명백히 욕망의 표출이다.

따라서 우리는 환상은 오류와 달리 인간의 정신 구조와 독립된 별개의 현상이 아니며, 오류를 깨닫는 것과는 달리 환상에서 깨어나는 일이 개인에게 극적인 경험이 될 수밖에 없는 까닭을 이해할 수 있다.

▶ 철학의 도구들

▷▷▷ 혼동하지 마세요
- 오류, 잘못, 죄악 |
오류는 논리의 문제이고 잘못은 도덕의 문제이며 죄악은 종교의 문제이다.

▷▷▷ 정의
- 오류 | 진리와 모순되는 언표.
- 환상 | 현실과 모순되는 믿음.

▷▷▷ 더 읽어볼 만한 글들
플라톤, 『국가론』, 제7권.
데카르트, 『성찰』.
칸트, 『순수이성비판』.
프로이트, 『문명 속의 불만』, '환상의 미래'.

진리는 모든 사람이 인정하는 믿음에 불과한 것이 아닐까?

이것은 도발적인 질문이다. 이 질문은 진리를 특별히 강하게 퍼져 있는 믿음으로 축소시키면서 진리의 존재 자체를 의문시한다. 하지만 이는 실제로 인간 사회에서 일어나는 일이기도 하다. 우리는 흔히 어떤 진술이 일반적 상식과 여론을 대표하는 틀 안에 들어가 있다는 이유로 그것이 참이라고 생각한다. 그중 가장 흔하면서도 어이없는 예는 "그거 진짜야, 텔레비전에서 봤어!" 같은 표현이다. 따라서 여기서는 무엇이 진리를 규정하는가에 강조점을 두는 것이 아니라 우리가 진리로 여기는 것은 어떻게 규정할 수 있는가에 강조점을 두려 한다. 진리의 기능은 각자가 실제로 직접 확인해볼 수 있는 명제의 틀을 분명 넘어선다는 것이다. 한 명제를 모든 사람이 진리로 인정하는 상황에 대한 성찰 없이 진리라는 것의 정의를 내릴 수 있는 것일까?

진리는 참이라고 여겨지는 것이다

진리와 권위

하나의 명제를 직접 확인할 수 없으면서도 참이라고 판단할 때 우리는 모든 사람이 그것은 참이라고 인정한다는 사실을 알고 그렇게 하는 것이 아니라(어찌 그것을 알 수 있겠는가?) 권위에 기반하여 그것을 참이라고 판단한다. 진리를 보장하는 권위는 종교, 전통, 텔레비전, 선생, 여론 등으로 시대에 따라 달라진다.

실제 내용을 알고서 진리라고 인정하는 것이 아니라 권력에 대한 신뢰에 기반하여 어떤 명제를 진리라고 인정하고 있으므로 이러한 경우 우리가 진리를 받아들이는 과정은 '믿음'과 다를 바 없다.

진리와 지식

우리의 담화(참이라고 판단된 명제)와 현실을 맞춰보지 않는다면 이 명제에 진리의 지위를 부여할 수 없다. 그러므로 우리가 직접 확인하고 이해하여 인식할 수 있는 것만을 진리로 받아들여야 할 것이다.

한 명제가 진리인가 거짓인가 여부를 따지는 기준은 그것을 진리로 인정하게 하는 믿음의 힘에 있는 것이 아니라 그 명제가 현실에 부합하는지를 아는 데 있다.

개인적·보편적 탐구

그래서 데카르트는 모든 권위를 거부하고 모든 지식의 진위 여부를 스스로 따져보기 위해, 진리의 재再정초 작업에 착수한다. 그래서 지식 탐구는 데카르트 본인이 자기 이름으로 직접 수행해야 할 작업이 된다. 하지만 이는 개인적 믿음의 문제가 아니다. 반대로 데카르트는 모든 사람이 인정할 수 있는 진리의 기준과 인식의 방법론을 규정하려 한다. 진리란 필연적으로 보편적이어야 하지만 진리의 일반화는 그것을 진리로 인정하기 위한 기준이 아니다.

진리와 검증

진리 검사

이러한 구별은 진리는 인식하는 주체와 대상의 고독한 대결을 통해서만 나올 수 있다는 사실을 내포한다.

그런데 이러한 관계는 사실상 예컨대 과학에서의 실험이나 방법론과 같은 매개를 상정하고 있다. 참된 지식은 개인적 깨달음의 문제가 아니라 언제나 이 진리가 근거 있다고 생각하는 공동체를 전제한다.

학자 공동체

진리의 수립은 학자 공동체가 인정하는 검증 절차 일체에 의존할 수밖에 없다.

근대 과학에서 특정한 실험이 인정을 받으려면 어떤 학자이든 똑같이 되풀이할 수 있어야 한다. 따라서 그 실험을 통해 어떤 가설을 입증한 최초의 과학자는 자기가 참이라고 제시한 것이 검증되는 과정을 공개해야 한다.

진리는 사회적으로 생산되는 것인가?

과학계에서는 검증 절차가 그 공동체 내부에서 사회적으로 합의되어 있고, 이 절차는 아주 중요하다. 따라서 진리의 정의 자체에 대해 질문을 제기할 수 있다. 진리를 정의할 때는 주체와 대상의 대결이면 충분한가? 아니면 사람들이 그것을 진리라고 공인하는 상황 역시 진리의 정의에 포함되는 것인가? 유명 과학 학술지에 발표되었지만 이후 어떤 과학자도 실험으로 재현하는 데 실패한 '물의 기억력water memory' 논쟁을 생각해보면 쉬울 것이다.

이런 맥락에서 어떤 사람들은 심지어 과학적 사실은 사회적으로 생산되는 것이라고 말하기도 한다. 진리를 모든 사람이 인정하는 믿음으로 만들어버리는 도발적 질문 뒤에는 우리 인식의 지위에 대한 불안이 숨어 있다. 우리는 지식의 전문화로 대부분 지식이 개인의 차원에서는 검증이 불가능해진 시대에 살고 있는 것이다.

▶ 철학의 도구들

▷▷▷ 혼동하지 마세요
• 진리와 실재 |
실재(현실)는 실제로 존재하는 것을 가리킨다.
진리는 담화의 속성이지 이 담화가 기반을 두는 현실의 속성이 아니다. '진짜 순금'이나 '진짜 가죽' 같은 표현을 쓰는 것은 '진리'라는 단어를 넓은 의미로 사용할 때만 가능하다.

▷▷▷ 정의
• 이성 | 믿음과 진리를 나누는 구별의 토대가 되는 인간의 정신 능력. 진리가 믿음과 다른 것은 진리는 모든 이성적 존재에게 참으로 보일 수 있다는 것이다.

▷▷▷ 더 읽어볼 만한 글들
플라톤, 『고르기아스』.
데카르트, 『방법서설』, 1~2부.

사상의 자유

사상의 자유는 가족, 기업과 같은 공동체 내부에서든 국가 내부에서든 권리로서 요구된다. 모든 독재 정권은 국민의 의식을 통제하고 개인적 자유의 가장 깊은 근원인 사상의 자유를 부인하려 한다. 이렇게 사상의 자유는 명백한 정치적 중요성을 갖지만 **이를 표현의 자유와 구별하려** 해보면 그렇게 쉽게 이해되는 개념은 아니라는 사실이 드러난다. 국가가 어떤 방식으로 다양한 표현 수단을 통제할 수 있는지는 충분히 알고 있다. 하지만 사유라는 각 개인의 소리 없는 내면 활동을 통제하겠다는 생각은 어떻게 설명할 수 있을까?

사상의 자유 : 난공불락의 인간 내면

개인에게 어떤 압력을 행사하고 어떠한 고통을 가하건 간에 개인은 자기가 원하는 대로 **자유롭게 생각할 수 있다**. 따라서 겉으로는 독재 치하 모국의 정치적 구속에 굴하면서도 마음속으로는 평소의 언행과는 반대되는 생각을 품을 수 있다. 내면의 자유로운 사유는 어떠한 구속도 피할 수 있는 것이다.

고통에 대한 스토아 학파의 설명을 보면 **사상의 자유**라는 관념이 내면과 외면의 단절, 자기 자신과 타인의 단절이라는 관념을 어떻게 사용하고 있는지를 이해할 수 있다. 사물이나 사건은 나와 무관하게 독자적으로 존재한다. 하지만 그에 대한 나의 판단은 오롯이 내 몫이다. 나의 생각과 판단은 완전히 내 소유이며 어느 것도 나의 내면(나 자신과의 대화)을 건드릴 수 없다.

따라서 이렇게 생각하라, 저렇게 생각하라는 명령은 소용이 없다. 하지만 이런 명령이 사유의 자유를 위협하는 구속의 유일한 형태일까?

사유의 자유: 해방

내면과 외면, 자기 자신과 타인을 구별함으로써 우리는 은밀히 개인의 정체성 구축이라는 문제로 넘어간다. 여기에는 언어 습득, 사회적 약호 습득 등이 포함된다. 그러므로 개인이 자유롭게 생각할 수 있는지의 문제를 제기하기 전에 교육이 개인의 부모와 주변 환경의 교양을 내면화할 수 있게 보장해주었다는 점을 기억해야 할 것이다. 따라서 사유의 자유를 말하려면 완전히 고립된 각 개인의 정신 같은 불가능한 상태를 목표로 도전하기보다는 자신의 판단을 편견에서 해방시키는 일에 집중해야 한다.

『방법서설』의 서두에서도 그랬지만 『성찰』의 제1성찰에서 데카르트는 일인칭 사유는 타인(부모, 스승, 권위)으로부터 수동적으로 받은 모든 것을 근본적으로 의심하는 일부터 시작해야 한다는 점을 보여준다. 독립적 이성을 지닌 성인이 되기 전에 우리는 아이였으므로 스스로 판단하려는 모든 노력은 '미리 판단된 것', '미리 사유된 것'과 대결해야만 한다.

따라서 편견 비판에는 깊은 의미가 있다. 편견에 빠져 있을 경우 우리는 스스로 생각하고 판단한다고 믿지만 사실은 남들이 내 대신 판단하고 생각하고 있는 것이다. 그러므로 사유의 자유를 정립하려면 자신의 사유를 다시금 자기 것으로 만들어야만 한다.

사상의 자유 : 타인과 함께하는 것인가, 타인에게 대항하는 것인가?

개인의 성격과 인성이 교육을 통해 만들어진다면 개인의 내적 사유와 타인에게서 오는 외적인 것이 서로 완전히 단절되어 있다는 개념은 의문시된다. 자유롭게 생각한다는 것은 타인 없이 생각한다거나 타인에게 대항하여 사유한다는 뜻이 아니다. 아무리 머릿속으로 생각을 한다 해도 그 생각은 벌써 사회가 만들어준 언어를 통해 이루어지므로 개인의 사유는 **공통된** 형식을 갖게 된다.

그러므로 사유의 자유라는 말의 의미를 이해하려면 **자유란 무엇인가**에 대한 성찰이 먼저 요구된다. 사유의 자유는 외적 구속과의 대립으로 규정되는 것이라기보다는 **사유의 자율성**으로 규정되는 듯하다. 개인이 속한 공동체를 배제하고 사유한다는 것이 아니라 **스스로 사유한다**는 말이다. 스스로 사유한다는 말 또한 개인의 변덕에 휩쓸린다는 말이 아니라 **이성적 대화**를 통해 모든 사람과 공유할 수 있는 사유의 원칙과 규칙을 가진다는 뜻이 된다.

▶ 철학의 도구들

▷▷▷ 혼동하지 마세요
• 자유의 제한 |
만약 사유의 자유라는 것이 아무렇게나, 아무 생각이나 할 수 있다는 것을 뜻한다면 이는 사유의 보편적·이성적 규칙을 따라야 한다는 관점과는 대립된다. 하지만 이러한 규칙들은 사유의 자율성이라는 이름으로 사유의 자유를 규정할 때 핵심적 요소가 된다.

▷▷▷ 더 읽어볼 만한 글들
에픽테토스, 『엥케이리디온』.
데카르트, 『방법서설/성찰/정념론』.

믿음의 이유들

흑사병이 중세 유럽을 덮쳤을 때 사람들은 외국인이나 적이 우물에 독을 탔다고 비난했다. 최근 미국에서는 AIDS 바이러스가 실은 흑인들을 제거하려고 CIA의 연구소에서 만든 것이라고 주장하는 책이 출간되기도 했다. 인간이 생각하는 존재라고 할 때 사유가 무조건 논리적·이성적인 것이라고 생각해서는 안 된다. 이성의 이름으로 미신, 루머, 편견을 부조리한 생각이라고 비판할 수 있지만, 라이프니츠G. W. Leibniz의 말처럼 존재하는 모든 것에는 존재 이유가 있다. 이성reason이 없는 것에도 이유reason는 있는 것이다.

믿는 것은 존재하는 것이다

믿는 것은 단지 생각하는 것만이 아니다. 아니 어쩌면 믿는 것은 생각하는 것이 아니라 존재하는 것be이다. 신자는 신앙을 갖기 전에 이미 신자이다be. 이 때문에 신앙(믿음)은 더 추상적인 주제를 만들어낼 수 있는 사유보다 훨씬 더 우리의 정체성을 잘 표시해준다.

인간은 지식이 자기 고유의 것이 아니기라도 한 듯 지식보다는 믿음에 훨씬 더 집착한다. 또한 지식을 잊는 일은 흔하지만 자기의 믿음을 잊는 일은 없다.

믿는 것은 사는 것이다

하이데거는 '존재'와 '실존'을 구별한다. 사물은 존재하지만 실존하지는 않는다. 실존한다는 것은 자신의 존재를 벗어나 세계 안으로 투신하는 것이다. 오직 인간만이 실존한다. 인간은, 인간만이 자신의 존재와 자기가 보는 것에 의미를 부여할 수 있다.

믿음은 우리 존재의 한 부분이 아니라 우리 삶의 차원이다. 믿음을 구성하는 것은 우리 내부에는 없다. 또한 믿음은 객관적 지식 이상으로 의미를 지니고 있다(객관적 지식은 보편적인 공통의 재산이고 사물을 향해 있으므로 진정 우리의 것은 아니다). 믿음은 우리 삶에 방향을 제시하는 가치들을 표명한다. 믿음의 주요 존재 이유 중 하나는 믿음이 우리에게 살아갈 이유를 제공한다는 것이다.

믿는 것은 타인과 함께 사는 것이다

믿음은 개인 혼자서는 할 수 없는 일이다. 우리는 혼자 살지 않는다. 따라서 개인적 믿음이란 없다. 혼자서 기독교인이 될 수는 없는 법이다. 또한 믿음은 한 공동체의 구성원들이 동일한 믿음을 공유하면서 그러한 믿음으로 공동체의 정체성을 규정할 때 그 공동체의 윤곽을 그려내기도 한다. 종교적 믿음의 경우 이는 명백하다. 하지만 이런 일은 비종교적 믿음의 경우에서도 찾아볼 수 있다. 외계인을 믿는 사람들은 같은 믿음을 가진 사람들끼리 정서적 일체감을 느끼며 일종의 공동체를 형성한다. 믿음이란 사실 절대 보편적일 수 없다. 따라서 믿음은 집단을 구별해주고 각 집단의 정체성을 규정해준다.

결국 아무리 어리석고 부조리해 보이는 믿음에도 깊은 이유가 있으며 이 때문에 믿음은 과학 기술적 합리성에 저항하며 살아남는다. 자기 삶에 의미를 부여하려는 욕망, 타인과 공동체를 이루어 함께 살려는 욕망은 서로 긴밀히 연결되어 있고 상호보완적이다. 예컨대 별자리점은 그것을 읽는 사람의 마음을 편안하게 해주고 그것을 읽는 모든 사람들 간에 잠재적인 사회적 유대 관계를 맺어주는 이중적 기능을 한다.

▶ **철학의 도구들**

▷▷▷ 정의
- 믿음 | 인식 불가능한 대상에 관한 사유 활동 및 이 활동의 결과물.

▷▷▷ 더 읽어볼 만한 글들
플라톤, 『테아이테토스』.
데이비드 흄, 『오성에 관하여(인간 본성에 관한 논고 1)』.
피히테(J. G. Fichte), 『인간의 사명』.

▶ 생각해볼 주제

칸트의 텍스트 「사유 속에서 방향을 바르게 잡는다는 것은 무엇인가?」의 주요 논점에 대한 입문

「사유 속에서 방향을 바르게 잡는다는 것은 무엇인가?Was heisst sich im Denken orientieren」는 1786년 출판된 15쪽의 논문이다. 칸트가 이 논문을 집필하게 된 배경에는 독단론적 합리론의 지지자들과 감정·영감의 옹호자들 사이의 논쟁이 있었다. 감정·영감의 옹호자들, 특히 철학자 러셀 자코비Russell Jacoby는 칸트의 비판 철학의 성과를 왜곡하여 이성 능력의 한계를 인식했으니 그럴 때는 이성을 포기해야 한다고 주장했다. 이는 칸트 철학의 깊은 동기와는 완전히 모순되는 주장이다. 그래서 칸트는 이 논문에서 **이성이 인식 기능을 담당할 수 없는 곳에서도 이성은 여전히 사유할 수 있으며 이성이 우리 믿음의 대상을 합법화**한다고 주장할 수 있다는 점을 분명히 보여준다.

이성은 모든 이성적 요구에서 벗어난 믿음의 영감에 자리를 양보하기는커녕 여전히 먼저 말할 수 있으며 먼저 말해야 한다. 따라서 이성이 객관적 지식에 의존할 수 없는 지점에서 이성이 어떤 원칙에 근거하여 형이상학적 문제들을 결정해야 할지를 이해해야 한다. 영혼이나 신과 같은 형이상학의 대상은 정의상 **경험이 가능한** 영역에 속하지 않는다. 영혼이나 신은 현재와 미래의 모든 감각적 직관을 넘어선다. 그렇다면 이성은 어떻게 이 문제들을 결정할 수 있다고 주장할 수 있는가?

이 텍스트는 사유와 인식의 구별을 제시하여 상기의 논쟁에 깔려 있는 잘못된 이분법에서 벗어나려 한다. 이성은 특정 대상을 인식할 수 있거나 인식할 수 없으므로 이성이 인식할 수 없는 대상의 경우에는 다른 원리(믿음, 감정, 상식 등)가 우리의 판단을 인도해야 한다는 그릇된 전제 말이다. 반대로 칸트는 믿음과 이성은 분리된 두 요소, 인간 삶의 두 '사례'가 아니라는 점을 보여주려 한다. 칸트는 이러한 분리를 예방하기 위한 개념적 수단을 제공하며, 이러한 시도는 각종 광신적 종교와 숭배로 황폐해진 현대에도 여전히 유용하다. 믿음은 그냥 내버려두면 각 개인의 내적 감정의 특수성에 침투하여 뿌리를 내린다. 믿음은 남에게 이해받으려 하지 않으며 모든 사람 앞에서 정당한 것으로 인정받으려고도 하지 않는다. 믿음은 결국 소통 불가능성의 한계에 직면한다. 거꾸로 이성은 이러한 문제에 무관심할 수가 없다. 왜냐하면 이러한 문제는 이성에서 이론이나 실천 양쪽 모두 한 가지 필요에 부합하기 때문이다. 칸트는 이성의 이러한 필요를 객관적 지식이 불가능한 지점에서 우리가 사유의 방향을 잘 잡을 수 있게 해주는 길잡이로 여길 것을 제안한다.

여기서 방향을 잡는다는 말은 본래 의미로 이해되어야 한다. 즉, 주어진 천상의 종교에서 출발하여 (……) 다른 종교를 찾는다는 말이다. (……) 하지만 이러한 효과에서 나는 나 자신에 대해 어떤 차이의 감정을 느끼지 않을 수 없다. 그러니까 오른쪽과 왼쪽의 차이 말이다. 내가 길을 걸으며 방향을 잡을 때는 오직 주관적 차별화 원칙에만 의존한다. (……)

이제 나는 이러한 지리적 개념을 확장시켜 (……) 주어진 공간에서 길을 잡는 것이 무엇인지를 이해할 수 있다. 내가 잘 알고 있는 방 안에서 방향을 잡으려 한다면 빛이 없는 암흑 속일지라도 내가 원래 위치를 기억하고 있는 물건 하나를 만져보기만 하면 된다. (……) 나의 양쪽, 그러니까 내 오른쪽과 왼쪽의 차이에 대한 단순한 느낌 덕에 나는 방향을 잡을 수 있을 것이다. (……)

나는 이 개념을 더 확장시킬 수 있다. 이제는 단지 공간 속에서 방향을 잡는 능력만이 아니라 사유 속에서 방향을 잡는 능력도 포괄해서 말이다. (……) 여기서 순수 이성의 기능을 얘기하고 있음을 유비적으로 짐작할 수 있으리라. 이성이 알려진 대상(경험)에서 출발하여 경험의 모든 한계 위로 올라가려 하지만 어떠한 직관의 대상도 찾지 못할 때 순수 이성의 용법을 조절하는 기능 말이다. (……) 사실상 이성은 자신의 판단력을 결정하면서 이 판단을 인식의 객관적 원칙에 따른 적극적 규칙에 복속시킬 수 없다. 이성은 차별화라는 주관적 원칙에만 근거할 수 있다. 이 주관적 원칙은 이성에 내재된 필요의 감정에 다름 아니다.*

판단을 하느냐 마느냐가 우리의 마음과는 완전히 무관할 때 (실제적 필요나 이성에 내재한 필요가 있어 우리가 판단하도록 강요할 때, 또는 지식 부족으로 인해 우리가 판단을 제한당할 때) 우리는 규칙 하나를 찾아 그 규칙에 따라 우리의 판단을 내려야 한다. 왜냐하면 이성은 만족하고 싶어하기 때문이다. 우리는 이미 이 층위에서는 우리의 확장된 개념에 그 개념에 실제로 해당하는 것을 제시할 수 있고 그 실제적 가능성을 보장해줄 수 있는 어떠한 직관도 있을 수 없다는 점을 밝혔다. 따라서 우리가 할

---

*(칸트의 원주) 그러므로 사유 안에서 방향을 잡는다는 말은 이성의 객관적 원칙이 불충분할 때 이성의 주관적 원칙에 따라 동의하기로 결정하는 것을 뜻한다.

수 있는 일은 가능한 모든 경험을 넘어설 수 있게 해주는 개념을 먼저 검토하는 것뿐이다.

하지만 단순한 개념 하나만으로는 이 대상의 존재 유무나 그 대상이 세계와 맺는 관계에 대해 아무것도 얻을 수 없다. (……) 하지만 바로 이 지점에서 이성의 필요라는 권리가 (주관적 원칙이라는 명목으로) 도입된다. 이 필요 덕에 이성은 객관적 원칙에 따라 인식한다고 말할 수 없는 것을 인정하고 상정할 수 있다. 그러므로 이렇게 감각을 넘어서며 우리에게는 어두컴컴한 암흑뿐인 공간에서 이성이 사유 안에서 방향을 잡을 수 있는 권리가 여기에서 도입된다.

(칸트, 「사유 속에서 방향을 바르게 잡는다는 것은 무엇인가?」 중에서)

인간 본성이라는 것은 과연 존재하는가

칸트는 『논리학』에서 철학을 이끄는 세 가지 질문(나는 무엇을 아는가? 나는 무엇을 해야 하는가? 나는 무엇을 바라도 되는가?)은 하나의 질문(인간이란 무엇인가?)으로 귀착된다고 기술한다. 인간이 한 번도 살지 않았을 현실을 설명하려 하는 과학과는 달리 철학은 결단코 인간에 중심을 두는 학문이다. 형이상학, 심리학, 윤리학, 미학, 정치학, 인식론 등 모든 철학적 문제는 과학적 문제와는 달리 인간 주체에 집중되어 있다. 그러므로 철학은 언제나 인간 주체를 전제하고 있다. 하지만 그렇다고 해서 인간이라는 존재가 어떤 것인지에 관한 문제가 저절로 해결되는 것은 아니다.

더욱 근본적인 문제도 남아 있다. 인간의 존재, 즉 '인간 본성human nature'이라는 것은 과연 존재하는 것일까? 인간 본성이라는 표현은 두 개의 관념을 요청한다. 하나는 인간이 동물과 같은 다른 자연적 존재와 공유할 수도 있는 자연성이라는 관념이고 다른 하나는 본질의 보편성이라는 관념이다. 인간 본성이라는 것이 있다는 것은 개인적 차이, 사회문화적 차이를 넘어서서 시간, 공간과 무관하게 동일한 인간의 보편성이 있다는 말이다. '인간 본성'이라는 표현에서 본성은 자연성의 개별자보다는 본질의 보편자를 가리킨다. 그러므로 인간 개념에는 불변적 실재성이 있는지 아니면 이것은 환상 또는 의미 없는 추상적 개념에 불과한 것인지를 검토해야 할 것이다.

인류가 인간의 보편성이라는 개념을 발견한 것은 그렇게 오래된 일이 아니다. 따라서 인간 본성 개념을 부정하는 여러 논거를 먼저 검토해야 할 것이다.

인간 본성이라는 관념의 부정

인간 본성은 민족, 인종, 개인, 문화, 역사 등의 이름으로 부정할 수 있다.

민족의 이름으로 : 자민족 중심주의

인간이 거주하는 땅에서 가장 멀리 떨어져 있는 땅인 이스터 섬을 원주민들은 '세계의 배꼽'이라고 불렀으며 수많은 민족(에스키모나 반투 족)이 자기 민족을 '인간'을 뜻하는 이름으로 불렀다. 그래서 반투 족 사람들에게는 반투 족이 아닌 사람들은 진짜 인간이 아니다. 중국이 만든 세계지도를 보면 중국이 지구의 중앙에 그려져 있는 데 반해('중국'이란 중앙의 나라라는 뜻이다) 프랑스 인이 볼 때 중국은 극동(동쪽 끝)에 있다. 모든 나라는 자기 나라가 세계의 중심이라고 생각하지만 다른 나라에서 보면 그 나라는 세계의 끄트머리에 있을 수 있다.

각 민족이 자민족을 인류의 기준점으로 간주하며 자기 나라를 세상의 중심이라고 생각하는 경향을 '자민족 중심주의'라 한다. 이는 세계 어디서나 찾아볼 수 있는 편견으로 자기가 속하는 문화에 경탄하며 다른 문화는 경멸하고 심지어 타 문화는 문화도 아니라고 여기는 태도이다. 따라서 자국어만이 아름다운 언어이며 외국어는 개가 짖는 소리처럼 들리고('미개한barbaric'이라는 단어는 그리스 어 barbaros에서 온 것인데 이는 고대 그리스 인들이 자기들이 알아들을 수 없는 외국어 사용자를 지칭하기 위해 사용한 표현이다. 그리스 인들에게 외국어는 '바르바르바르bar-bar-bar'하는 의성어처럼 들렸던 것이다) 자국의 법률만이 정의로운 법률이며 자기 나라 요리가 가장 맛있고 외국 요리는 사람이 먹을 것이 못 된다는 식의 생각은 어느 나라, 어느 민족에서나 찾아볼 수 있다.

인종의 이름으로 : 인종주의

인종주의는 편견일 뿐 아니라 이데올로기이다. 자민족 중심주의와는 달리 인종주의는 타자를 경멸하는 데 그치는 것이 아니라 증오한다. 경멸은 남을 깎아내리지만 그대로 놓아둔다. 증오는 혼자 남고 싶어하며 상대를 절멸시키려 한다.

인종주의는 특정 인종의 우월성을 내세우며 인간 본성이라는 개념을 거부한다. 그런데 흔히 믿는 바와는 달리 인종주의에서 정말로 문제가 되는 것은 선택된 인종의 우월성이라는 생각이 아니라 인종race이라는 개념 자체이다. 품종race이라는 개념은 동물계에서만, 그것도 가축이나 애완동물에만 의미가 있다. 자민족 중심주의가 편견의 집합이라면 인종주의는 환상의 집합이다(순수한 피는 존재하지 않으며 불순한 피도 존재하지 않는다).

개인의 이름으로

우리는 또한 개인의 이름으로도 인간 본성이라는 관념을 공박할 수 있다. 견유학파 철학자인 디오게네스Diogenes는 라블레가 나중에 "순수 본질의 추출자들"이라고 불렀던 철학자들을 비웃기 위해 밤이면 램프를 손에 들고 '인간'을 찾아다녔다. 사실 '인간'은 존재하지 않는다. 하나의 몸과 하나의 이름을 가진, 하나의 경험과 하나의 독자적 생각을 가진 특정한 사람이 있을 뿐이다. 인간은 추상적 개념이며 실제로 존재하는 것은 각각의 사람들뿐이다. '인간 본성'이라는 말을 들으면 사람들 사이에 어마어마한 공통점이라도 있는 것 같지만 사람이 사람이 되는 것은 그 사람이 **자기만의 고유한 것**을 지니고 있기 때문이다. 그는 남들과는 다른 사람이기에 한 명의 사람이 된다.

문화의 이름으로

인간 본성이라는 개념의 일반성은 문화의 이름으로도 거부될 수 있다. '인간'은 자기 문화에 속한 채로만 존재한다. 인간은 중국인이나 로마 인으로 존재하는 것이다. 그런데 각각의 문화는 독자적인 세계를 만들어내며 각 문화는 서로 매우 다르다.

시를 예로 들어보자. 한국 시를 독일 어로 번역할 수 있을까? 그 의미는 옮길 수 있다 해도 번역을 해놓으면 본래 시의 음악성과 '영혼'은 상실될 것이다. 하나의 문화를 다른 문화에서 가져온 가치에 의거해 판단하려 할 때도 마찬가지이다. 언어와 가치를 공유하지 않는 문화를 이해하는 일은 불가능하다. 따라서 문화 간의 접촉에서 몰이해는 정상적인 현상이다. 각각의 문화는 타 문화의 부정을 통해 규정된다. 그래서 거북이를 토템으로 삼은 특정한 아프리카 인종의 바로 옆에는 거북이를 먹는 인종이 살고 있다. 또한 대다수 국민이 가톨릭인 폴란드는 개신교를 믿는 서쪽의 독일이나 정교를 믿는 동쪽의 러시아와 구별되어 자기들의 정체성을 확립했다.

역사의 이름으로

우리는 또한 역사의 이름으로 인간 본성이라는 관념에 담긴 무시간성을 비판할 수 있다. 인간이 조물주의 정신에서 현재 모습으로 나왔다는 가설을 따를 것이 아닌 이상, 오래고 느린 시간적 진행(수백만 년)을 통해 원숭이를 닮은 조상으로부터 우리가 지금 '인간'이라고 부르는 독특한 존재가 나왔음을 인정해야 할 것이다. 약 1만 년 전부터 진정한 역사라고 부를 수 있는 인간의 시간이 자연적 진화를 대체했다.

따라서 인간 본성이란 영화에서 '정지 화면'이라고 부르는 것과 같은 것이 된다. 개인 차원에서나 집단 차원에서나 인간의 모험이 아직도 진행 중인데 어떻게 인간의 본질을 말할 수 있겠는가? 그리스의 현자 솔론Solon은 사람이 죽기 전까지는 그 사람이 행복하다고 할 수 없다고 주장했다. 오직 죽음만이 삶을 더 이상의 변화가 불가능한 운명으로 뒤바꿔놓는다. "실존은 본질에 선행한다."는 사르트르의 유명한 표현도 이런 의미이다. 인간의 실존이 아직 완수되지 않은 상태에서 인간의 본성(인간의 본질)이 어떤 것인지를 말할 수 없다.

인간 본성이라는 관념의 인정

하지만 반대로 인간 본성이 존재한다는 것을 인정할 수 있는 논거도 여러 가지 있다. 이러한 입장은 다음의 관점을 취할 수 있다.

종교적 관점

고대 종교들은 인간을 대지의 자식, 자연의 산물이라고 보았다. 그런데 일신교 종교는 자연을 신으로 대체하고 인간을 대지의 산물이 아닌 성령의 산물로 만들면서 인간 종이라는 새로운 개념을 창안했다. 그렇게 해서 인간은 거대한 가족이 된다. 모든 사람은 한 명의 아버지(신)에게서 태어난 형제들인 것이다. 이런 관점에서 보면 인간의 본성은 존재한다. 인간 본성은 신이 구상한 것이다.

과학적 관점

인종주의의 광란에 맞서 과학은 인간 종의 단일성을 증명했다. 만약 인간들 사이에 인종이라는 것이 존재하고 이 인종이 서로 분명히 구별된 존재라면 어떻게 동일한 백신이 전 세계에서 통할 수 있겠는가? 모든 인간은 같은 속(호모), 같은 종(호모 사피엔스), 같은 아종(호모 사피엔스 사피엔스)에 속한다. 지구에는 약 60억의 호모 사피엔스 사피엔스가 살고 있다. 피부색은 가장 눈에 띄는 차이지만(이 때문에 피부색이 그토록 중시된 것이다) 모든 인간에게는 겉모습을 넘어서는 심층적인 생물학적 통일성이 있다. 모든 인간은 99퍼센트의 유전자가 동일하며 마지막 1퍼센트가 개인별 차이를 낳는다.

정신의 차원에서 볼 때도 인간의 통일성은 매우 크다 하겠다. 모든 인간은 사회에 속해 있으며 자연법이 아닌 사회의 법률을 따르고 있고 음성언어를 구사하며 생각, 계획, 꿈을 갖고 예술 작품을 창조하며 노래하고 춤을 춘다. 인류학과 역사학의 연구는 인류는 시공간적으로 아무리 멀리 떨어져 있어도 유사한 기술적, 예술적, 종교적 결론에 도달한다는 사실을 보여주었다.

윤리-사법적 관점

존엄성과 존중이라는 도덕적 가치는 서로 연결되어 있다. 존엄성은 개인에게 결부된 가치로 한 개인은 인간으로서 대체 불가능한 개별적 성격을 가지고 있다는 말이다. 존중은 타인의 존엄성을 인정하는 것이다.

보편적 인간 본성이라는 개념이 없다면 존중과 존엄이 어떻게 전 인류 차원으로 확장될 수 있겠는가? 18세기에 탄생한 '인권' 개념과 1945년에 제정된 '반인도적 범죄 crime against humanity'라는 개념은 이러한 확장을 바탕으로 만들어진 것이다. 지구 반대편에서라도 인권 침해 사건이 벌어지면 우리는 공분하게 되는데 이는 우리가 전 인류를 인권의 주체로 파악하기 때문이다.

그러므로 인식의 이론적 차원에서는 인간 본성의 존재를 묻는 질문이 비판을 받을 수 있겠지만 위에서 언급한 윤리적, 사법적 이유에서라도 인간 본성의 존재를 인정하는 것이 필요할 것이다.

▶철학의 도구들

▷▷▷ 더 읽어볼 만한 글들
사르트르, 『실존주의는 휴머니즘이다』.
클로드 레비스트로스, 『인종과 역사』.

인간에 대한 과학은 가능한 것일까?

과학은 고유의 연구 대상으로 규정된다. 천문학은 우주 전체 및 우주 안에 있는 여러 천체에 관한 과학이며 식물학은 식물에 관한 과학이다. 그런데 인간도 과학의 연구 대상이 될 수 있을까? 이 질문은 이상하게 보일 수도 있다. 첫째, 인간은 객관적 현실인데 왜 과학적 탐구가 인간을 다루지 못한다는 것인지 알 수가 없고, 둘째 인문 과학human science이라는 이름의 학문 분과가 실제로 여럿 존재한다. 따라서 우리는 여기서 두 가지 질문을 던져볼 수 있다. 인문 과학이 과학이라고 주장하는 것에는 근거가 있는가? 인간은 과학의 연구 대상이 될 수 있는가?

인간 과학의 과학성

인간이 주체이거나 장소인 현상을 연구 대상으로 삼는 과학을 '인간 과학'이라고 부르기로 하자. 역사학, 사회학, 정신분석학, 심리학, 언어학은 이 과학의 주요 분과이며 심리 역사학, 사회 심리학, 언어 사회학 등 다양한 이종교배도 가능하다.

인간 과학의 새로움

인간에 대한 과학은 가장 최신의 과학 분과이다. 오귀스트 콩트는 『실증 철학 강의』에서 다음과 같은 '법칙'을 수립한다. 대상이 복잡하면 복잡할수록 그것을 연구하는 과학은 늦게 출현한다는 것이다.

두 세기 전부터 이러한 분과들은 주목할 만한 성과를 산출해내었다. 과거의 역사 서술은 작가들이 일궈놓은 문학 장르였지만 이후로 역사학은 자기가 생산하는 언표를 증명할 수 있고 그 대상을 측정할 수 있는 과학이 되었다. 다른 인간 과학은 정말 최근에야 생긴 것이다. 그러므로 인간 과학은 가능할 뿐 아니라 실제로 여러 인간 과학이 존재한다는 결론이 나온다.

인간 과학의 불확실성

하지만 소위 자연 과학hard science과는 달리 인간 과학은 어떠한 정리(피타고라스 정리와 같은)도 보편타당한 법칙도 만들 수 없다. 인간 과학에서는 해석, 즉 주관성의 측면이 불가피하다(아마 언어학은 유일한 예외가 될 것이다). 인간 과학에서는 정치 혁명이나 범죄와 같은 동일한 사건도 다양한 방식으로 설명될 수 있다. 따라서 인간 과학이 과학이라 해도 수학이나 화학이 과학이라는 것과 같은 의미에서 과학인 것은 아니다.

인간은 과학의 대상이 될 수 있는가?

인류학

과연 인간 과학이라는 것은 있는가? 물론 인류학이 있다. 인류학은 이름부터가 '인간에 대한 학문'이라는 뜻이다. 하지만 인류학이 다루는 대상은 인간 그 자체가 아니라 원시 사회이다(그래서 예전에는 인류학을 '민속학'이라고 불렀다). 인류학은 칸트가 (인류학이 아직 존재하지 않았던 시대에) '인간학'의 연구 대상으로 삼은 "인간이란 무엇인가?"라는 질문에 대답하지 못한다. 마찬가지로 역사학이 다루는 것은 인간이 아니라 인간의 과거이고 사회학이 다루는 것은 인간이 아니라 인간 사회이다.

그렇다고 여러 인간 과학의 연구 대상을 종합한 것이 인간이라고 할 수는 없을 것이다. 그러니 인문 과학은 여럿 있어도 인간에 대한 과학은 없다고 해야 할 것이다.

인간, 찾을 수 없는 대상

여기에 더 결정적인 논거 하나를 추가할 수 있다. 인간처럼 "변덕스럽고 다양한 존재"(몽테뉴Montaigne)가 어찌 과학의 연구 대상이 될 수 있겠는가? 과학은 연구 대상의 고정성을 상정한다. 설사 그 대상이 가변적이라 해도 그 변화는 규칙적이다. 더구나 '인간'은 수많은 상호모순적 개별성을 포괄하는 개념이다. 이처럼 불분명한 개념을 가지고 과학이 무엇을 할 수 있겠는가?

미셸 푸코Michel Foucault는 『말과 사물』의 말미에서 '인간의 죽음'을 알렸다. 이는 인류의 소멸을 뜻하는 것이 아니라 몇몇 과학의 중심에 있다고 여겨지는 인간 개념의 죽음을 말하는 것이다. 인간에 대한 과학이란 없으며 인간적 현상의 과학이 있을 따름이다.

▶ **철학의 도구들**

▷▷▷ 정의
- 과학 | 논리적 절차와 증명된 언표들의 총체.
- 철학 | 철학은 과학은 아니지만 학문이다. 과학이 진리를 찾으려 하는 데 반해 철학은 의미를 찾으려 한다.

▷▷▷ 더 읽어볼 만한 글들
오귀스트 콩트, 『실증주의 서설』.
미셸 푸코, 『말과 사물』.

인간은 인간 역사의 산물인가

"우리는 어디에서 왔는가?"라는 질문은 보기만큼 순진한 질문이 아니다. 왜냐하면 우리 존재의 본성은 이 기원에 달려 있기 때문이다.

'인간'이라는 말은 인류 전체를 뜻할 수도 있고 개인을 뜻할 수도 있다. '인간의 역사'라는 말은 세계사, 혹은 인간이 속하는 사회의 역사를 뜻한다. 인간이 자기 역사의 산물이라면 인간은 인간이 겪은 변화의 결과물일 것이다.

인간은 인간 역사의 산물이 아니다

창조론적 가설

창조론적 종교는 유일신을 숭배하면서 이 신에게 무한한 힘을 부여했다. 천지창조는 신의 전능성의 일차적 표식이다. 유대교, 기독교, 이슬람교는 인간을 신의 자유로운 행위의 결과물로 본다. "신은 자기 형상대로 인간을 창조했다."라는 성경의 유명한 문장은 두 가지 의미로 해석될 수 있다. 신은 인간과 닮은 모양이라는 것이 첫 번째 해석이고, 신이 자기 생각대로 인간을 만들었다는 것이 두 번째 해석이다. 하지만 일신론에서는 인간이 신과 같은 모습이라는 해석을 부인하며 두 번째 해석을 따른다.

인간은 자연의 자식이다

일신교 이전의 종교들은 자연이 인간의 어머니라고 보았다(이러한 생각의 흔적은 성경에도 남아 있다. 신은 흙으로 사람을 짓고 코에 생기를 불어넣는다).

유물론과 근대 과학은 인간을 자연의 산물로 본다. 하지만 여기에는 신화적 색채가 전혀 없다. 유물론이나 근대 과학에서 말하는 자연은 종교적으로 숭배와 두려움의 대상이 되는 만물의 어머니가 아니라 법칙을 따르는 현상 일체를 지칭하기 위한 표현일 뿐이다. 그래서 진화론은 인간을 45억 년 전 지구와 함께 태어난 어마어마한 과정 속에, 더 나아가 150억 년에 이르는 우주의 기원 이후 진행되어 온 과정 속에 집어넣는다.

인간은 인간 역사의 산물이다

개인

사람은 날 때부터 소극적이거나 탐욕스러운 것이 아니라 자라면서 그렇게 된다. '타고난 살인자 Natural born killers'(올리버 스톤 감독)라는 영화 제목은 말도 되지 않는다. 아기가 엄마 뱃속에서 기관총을 들고 나오는 일은 없다. 시몬 드 보부아르 Simone de Beauvoir는 심지어 여자는 여자로 태어나는 것이 아니라 여자로 만들어지는 것이라고 주장한다. 사회적·문화적 환경, 가정 교육, 학교 교육, 주변의 친지들, 여가 시간, 우연 등이 겹쳐져 사람의 성격을 만들어내는 것이다.

인간 일반

인간이 절대 변하지 않는다는 말은 옳지 않다. 인간이 변하지 않는다면 왜 우리 조상들의 행위가 전혀 이해 안 되는 경우가 그토록 많겠는가? 아랍 속담에 있듯이 "우리는 아버지의 자식이라기보다는 우리 시대의 자식이다." 또한 우리의 시대는 대부분이 그 이전 시대들의 결과이다. 동물과는 달리 인간은 본능의 지배를 받지 않아서 특정한 배타적 유형의 행동을 하도록 결정되어 있지 않다.

여기서는 두 입장을 화해시키는 것이 가능하다. 인간은 인간 역사의 산물이라고 할 수 있지만 그 출발점은 인간 역사의 산물이 아닌 요소이다. 이러한 종합은 칸트의 선험성 개념을 규정하는 종합이기도 하다. 칸트가 볼 때 모든 인식은 경험에서 시작한다. 하지만 경험의 조건들은 경험적이지 않고 선험적이다. 마찬가지로 우리는 말하는 법이나 생각하는 법을 배우지 않는다. 이것은 '습득'에 속하지 않는 토대이다. 마찬가지로 인간이 그 과거 변화의 결과라 해도 과거 행동과 변화는 인간 스스로 만들지 않은 토대(인간의 육체, 신경계, 환경 등)에서 출발한다.

▶ **철학의 도구들**

▷▷▷ 혼동하지 마세요
• 시작, 기원, 토대 |
시작은 시간적, 역사적 개념이다.
기원은 원인, 생산의 관념을 내포한다.
토대는 논리적 가치(가능성의 조건)를 갖는다.
• 본능과 충동 |
본능은 동물 특유의 행동 프로그램이다.
인간은 본능이 아니라 충동을 갖고 있다. 충동은 본능보다 더 유연하며 변형을 겪을 수 있다.

▷▷▷ 정의
• 유물론 | 모든 현실은 물질로 되어 있다는 철학. 유물론은 신과 같은 비물질적 현상의 존재를 부인할 수도 있고, 물질적 메커니즘의 효과를 강조할 수도 있다(의식은 두뇌의 산물이다).
• 창조론 | 지구상의 생물을 신이 창조했다는 개념. 창조론은 과학의 진화론과 대립된다.

▷▷▷ 더 읽어볼 만한 글들
사르트르, 『실존주의는 휴머니즘이다』.

신, 동물, 기계

소포클레스는 인간은 가장 커다란 수수께끼라고 했다. 인간은 자신을 규정하기 위해 다른 패러다임의 도움을 받는다. 인간은 특히 신, 동물, 기계라는 인간이 아닌 세 존재의 패러다임을 통해 자신을 규정하려 했다.

양가성은 비인간적인 것의 속성이다. 신, 동물, 기계는 매력적인 동시에 두려움을 유발한다. 인간과는 완전히 다른 이 존재에서 인간이 자기의 모습을 알아보지 못한다면 어찌 그러한 매력과 두려움을 느끼겠는가?

신이라는 패러다임

인간이 우주 최고의 존재라고 생각하게 된 것은 꽤 최근의 일이며 그 이전에는 어느 문화, 어느 문명권에서도 이러한 생각을 하지 않았다. 신화와 전설은 인간에게 겸손할 것을 가르친다. 신화와 전설은 인간보다 더 강력한 힘, 인간이 완전히 파악할 수 없는 고차원적 지성이 있다는 것을 끊임없이 말한다.

그리스 인들은 신을 불멸의 존재라고 불렀다. 따라서 신적인 것이란 인간적인 것의 반대이다. 인간은 죽지만 신은 죽지 않는다. 인간은 유한하고 불완전하지만 (일신교의) 신은 완전하고 무한하다. 데카르트는 불완전성에서 인간의 본질적·존재론적 표식을 찾은 후 인간 영혼 속에 있는 완전성의 관념에서 신이 존재한다는 '증거'를 발견한다. 인간은 불완전한 존재이지만 인간에게는 완전성의 관념이 있다. 오직 완전한 존재만이 인간에게 이 관념을 줄 수 있다(여기에는 사유가 존재를 반복한다는 가정이 전제되어 있다). 그러므로 신은 존재한다. 이상이 데카르트의 신 존재 증명이다.

신적인 것은 초인적인 것이다. 이 때문에 19세기에는 (특히 니체에게서) 초인 개념이 신의 죽음이라는 테마와 짝을 이루게 되었다.

유일신을 섬기는 종교는 언제나 두 가지 반대 방향의 움직임 사이에서 긴장을 겪고 있다. 신은 자신을 무한히 초월하여 계속 멀어지고 인간은 자신을 초월하여 신 쪽으로 다가가려 한다.

하지만 신은 인간을 규정하기 위한 패러다임으로서 동물이나 기계에 비해 커다란 약점이 있다. 동물이나 기계와 달리 신에 대해 생각하려면 우선 신이 존재한다는 사실을 믿어야 하기 때문이다.

동물 패러다임

인간의 역사는 인간과 동물의 관계라는 관점에서 다시 쓸 수도 있을 것이다. 라스코 동굴 벽화의 들소에서 현재 집에서 키우는 고양이까지 동물과 관계하지 않는 문화는 없었다. 때로 인간은 동물을 경배하기도 했으며(이집트나 인도 문명에서는 신들이 동물의 형상을 하고 있다) 때로는 동물을 이용하고 때로는 사랑했다.

인간만이 영혼을 갖고 있다고 생각하는 기독교나 인간에게 무시무시한 파괴 능력을 제공한 산업혁명은 인간이 동물에 대해 갖고 있던 두려움이나 경배를 없애버렸다. 이제 동물은 인간보다 우월한 위치에서 인간보다 열등한 지위로 추락했다.

그래서 동물은 온갖 결핍이 압축된 존재가 된다. 동물은 문화도 지성도 예술도 언어도 기술도 없다. 신의 패러다임은 그냥 사라졌지만 동물 패러다임은 급진적인 변형을 겪었다. 인간은 처음에 동물을 두려워하거나 경배했지만(이러한 양가성은 종교의 핵심이기도 하다) 결국 동물에서 어리석음과 야만성이라는 부정적 형태를 보게 된 것이다.

기계 패러다임

기계는 생명이 없으므로 신이나 동물보다 인간과 훨씬 다르다. 하지만 기계의 움직임은 생명을 모방하며 기계의 형태는 환상을 완벽하게 재현할 수 있다(로봇의 신화는 고대에도 이미 존재했다). 기술적 진보의 도움 덕에 세 패러다임 중 기계 패러다임은 인간의 존재론적 본성에 대한 질문을 제기하는 데 가장 유리한 위치에 서게 되었다. 인간은 신(만약 신이 정말 존재한다면)도 동물도 창조하지 않았지만 기계는 인간이 만든 것이다. 기계는 창조자보다 더 강력한 창조물이라는 역설(망치는 주먹보다 강하고 계산기는 두뇌보다 빠르다)을 구현하므로 태곳적 시대에 동물이 그랬던 것처럼 인간을 매혹시키는 동시에 거부감을 준다.

따라서 기계는 단순한 사물 이상이 된다. 기계는 사람처럼 파트너가 된다(컴퓨터, 자동차, 텔레비전은 사물 이상의 존재이다). 더구나 이제 기계는 기계의 원판인 인간의 최후 도피처마저 정복한다. 흔히 가장 '지적인' 게임이라고 여겨지는 체스에서 컴퓨터가 세계 챔피언을 이겨버린 것이다.

결론적으로 인간이 아닌 존재는 인간이 자기 자신에 대해 사유할 수 있도록 도와준다. 하지만 그뿐 아니라 인간이 아닌 존재는 인간의 꿈과 불안을 반영하는 거울이다.

▶ 철학의 도구들

▷▷▷ 혼동하지 마세요
- '모델'이라는 단어의 두 의미 |
똑같이 복사하려 하는 모델과 부합하려는 모델을 구별해야 한다.
첫 번째 모델은 실제적, 경험적이다(축소 모형).
두 번째 모델은 이상적, 추상적이다(수학적 모델, 유토피아 모델).

▷▷▷ 정의
- 패러다임 | 더 나은 이해와 실천을 가능케 하는 이상적 모델.
- 초월성 | 자연과 인간의 차원을 넘어서는 모든 것.

▷▷▷ 더 읽어볼 만한 글들
데카르트, 『성찰』.
니체, 『차라투스트라는 이렇게 말했다』.

인간적인 것과 비인간적인 것

이 두 개념은 상반되지만 서로 연결되어 있다. 인간적인 것의 개념이 없다면 어떻게 비인간적인 것을 규정할 수 있겠는가? 하지만 비인간적인 것은 단순한 객관적 현실이 아니며, 사실 차원에만 존재하는 것도 아니다. '비인간적 대접'이라는 말을 할 때 이 표현에는 윤리적 비난이 포함된다. 인간적인 것 또한 현실일 뿐 아니라 가치이기도 하다. 이러한 양가성은 '인간성·인류humanity'라는 용어를 말할 때도 예외가 아니다. 이 용어는 사실 차원에서 인간 전체를 뜻하지만 가치 차원에서는 특정한 정신적 온화함을 뜻하기도 한다.

개념 규정

비인간적인 것은 인간적이지 않다. 하지만 그렇다고 해서 비인간적인 것이 '인간이 아닌 것'과 같은 것은 아니다. 신을 비인간적이라고 부를 수 있는 것은 신이 인간이 아니어서가 아니라 신이 인간의 존엄성을 파괴하는 행동을 저지르기 때문이다.

비인간적인 것은 행동 차원의 것이다. 그 때문에 이 단어의 의미는 도덕적인 것이 된다. 하지만 인간적인 것은 그렇지 않다. '오류는 인간적인 것'이라고 할 때 여기에 도덕적 의미는 없다. 따라서 이 두 단어는 대립되는 것이지만 완전히 동일한 층위에 있는 것은 아니다.

인간의 신체적 온전함과 정신적 존엄성에 위해를 가하는 모든 것은 비인간적이라 할 수 있다. 여기서 신체적 온전함과 정신적 존엄성은 짝을 이루고 있으므로 고문은 모든 행위 중 가장 비인간적인 것으로 볼 수 있다.

두 개념의 상대성

인간이라는 관념은 보편적 관념이 아니며 인간적이라는 관념도 보편적이지 않다. 고대에는 노예가 인간으로 여겨지지 않았으므로 노예를 채찍질하는 일도 비인간적으로 여겨지지 않았다. 강간이 범죄로 인식된 것은 상대적으로 최근의 일이며 예전에는 심지어 '강간'이라는 단어도 존재하지 않았다. '인간적'이라는 개념은 인권 철학과 함께 태어난 것이다(예수는 노예제도를 비난하는 말을 한 번도 한 적이 없으며 무함마드는 심지어 노예제를 옹호한다).

식인 문화, 여성 할례, 입문 의식 등 많은 관습은 그것을 실행하는 사람들에게는 정상적인 행위로 보일지라도 그 관습에 익숙지 않은 사람에게는 비인간적인 행위로 낙인 찍힐 수 있다. 몽테뉴는 『수상록』의 '식인종'이라는 장章에서 종교 전쟁이 식인종의 의식보다 문명적이라고는 할 수 없다면서 진정한 야만인은 식인종이 아니라 서구인일 수도 있다고 암시한다.

비인간적인 것의 인간성

호랑이가 아무리 표독스러울지라도 비인간적이라는 말을 듣지는 않는다. 오직 인간만이 비인간적일 수 있다. 따라서 다음과 같은 현기증 나는 역설이 나온다. 비인간성이 인간에게서 나온다면 그것은 비인간성이 인간성의 일부이기 때문이며 인간 안에 들어 있기 때문이다.

비인간성을 실체화시킨 후 몇몇 드문 '괴물'(사디스트, 연쇄 살인마 등) 같은 인물의 문제로 국한할 수도 있으리라. 하지만 인간의 어두운 면모는 소수의 악마들의 전유물이 아니다. 플라톤은 정직한 사람과 범죄자의 차이는 전자가 단지 꿈만 꾸는 것을 후자는 실제로 저지르는 것이라고 했다. 또한 고야Goya의 판화를 보면 잠자는 미녀의 머리에서 나오는 악몽의 모습을 볼 수 있다. 랭보는 "나는 타자다."라고 말했다. 타자는 단지 우리 밖에만 있는 것이 아니라 우리 안에도 있다. 따라서 인간적인 것이 비인간적인 것을 이기기 위해서는 문명이 끊임없이 비인간적인 것을 억눌러야만 한다.

▶ 철학의 도구들

▷▷▷ 혼동하지 마세요
• savage라는 단어의 두 가지 의미—야생과 야만 |
실제 상태로서의 야생(야생 동물)과 가치판단인 야만을 구별해야 한다. 자민족 중심주의적 편견으로 타 문화권 사람을 '야만인'이라고 부르는 일은 드물지 않다. 하지만 사실상 모든 인간은 문화를 가지고 있으므로 야만인이란 존재하지 않는다.

▷▷▷ 더 읽어볼 만한 글들
아리스토텔레스, 『정치학』.
「세계 인권 선언」(http://www.unhchr.ch/udhr/lang/kkn.htm)

▶ 생각해볼 주제
오귀스트 콩트의 과학 분류

『실증 철학 강의』에서 오귀스트 콩트는 논리적·역사적 순서에 따라 여섯 개의 기본 과학을 분류한다.

왜 수학은 과학의 지위를 획득하고 '실증적 시대'에 도달할 수 있는 첫 학문이 되었는가? 이는 수학 고유의 연구 대상(수와 도형)이 가장 단순하고 확실한 대상이기 때문이다.

2천 년 후에 (코페르니쿠스와 요하네스 케플러Johannes Kepler에 이르러) 천문학이 온다. 점성술은 객관적 결과를 제공하지 못하는 비이성적 몽상에 불과하지만 천문학은 천체 운동의 수학적 연구이다. 오귀스트 콩트가 보았을 때 과학의 출현 순서는 대상의 확실성의 순서이다(천문학은 수학을 언어로 사용한다).

그다음에 17세기 초반 갈릴레이와 더불어 물리학이 등장한다. 물리학의 연구 대상은 수학의 순수 형식이나 천문학의 규칙적 운동보다 훨씬 복잡하다. 따라서 물리학의 연구 대상에 대한 실증적 연구는 나중에야 출현한 것이다(콩트는 '실증적'이라는 단어를 '참된', '객관적인'과 동의어로 사용했으며 자신의 철학을 '실증주의'라 불렀다).

18세기에는 라부아지에A. L. Lavoisier와 더불어 화학이 탄생한다. 화학과 연금술의 관계는 천문학과 점성술의 관계와 같다.

다음에 생물학이 출현한다. 이제 생명이라는 훨씬 복잡한 단계의 연구 대상을 돌파하게 된 것이다. 소화를 설명하는 것은 물체의 낙하를 설명하는 것보다 훨씬 어렵다. 물리학과 천문학이 수학을 자신의 언어로 전제하는 것과 마찬가지로 물리학과 화학은 생물학의 출현 조건으로 전제된다.

콩트는 마지막으로 사회학이 과학으로 수립되었음을 알린다(이는 19세기 초의 일이다). 사회 속의 인간에 대한 과학은 가장 어려운 일이기에 가장 최근에야 생겼다. 왜냐하면 모든 현상 중 인간만큼 복잡한 것은 없기 때문이다. 하지만 사회학(사회학이라는 용어는 콩트가 창안한 것이다)은 또한 과학 분류 전체의 백과사전적 의식이기도 하다.

이러한 순서는 본성상 두 가지 필수조건을 충족시켜야 한다. 하나는 이론적 조건이고 다른 하나는 역사적 조건인데 여기서는 먼저 이 두 조건이 필연적으로 만난다는 점을 인정해야 한다. 이론적 조건이란 과학의 상호 연관관계에 따라 분류하여 하나의 과학이 이전 과학에 기반하고 다음 과학을 준비하는 과정을 밝히는 것이다. 역사적 조건은 제 과학을 실제 형성 과정에 따라 오래된 것에서 최근 것의 순서로 배열하도록 명령한다. 그런데 이 두 가지 백과사전적 방식이 저절로 일치하는 것은 개인적 진화와 집단적 진화가 불가피하게도 근본적으로 동일하기 때문이다. 개인의 진화와 집단의 진화는 비슷한 기원, 비슷한 목적지, 비슷한 동력을 갖고 있어서 언제나 상응하는 단계를 보여준다(물론 각 단계의 지속 시간, 강도, 속도는 서로 다를 수 있다). 따라서 이 필연적 경쟁은 이 두 계기가 하나의 백과사전적 원리의 두 상관적 측면이라고 볼 수 있게 해준다. (……)

이러한 공통된 질서(이론적 의존성과 역사적 연속성)의 근본적 법칙은 여러 과학을 연구 현상의 본성에 따라, 그 현상의 일반성과 독립성, 복잡성에 따라 분류하는 것이다. 그런데 이러한 현상의 복잡성은 점점 증가하고 독립성은 점점 감소하다보니 사변의 추상성은 점점 약해지고 내용은 점점 어려워지며 점점 명확하고 완전해진다. 이는 이 현상들이 모든 이론 체계의 궁극적 대상인 인간과 맺는 긴밀한 관계 덕택이다. 이러한 분류의 기본적인 철학적(과학적이든 논리적이든) 가치는 자연현상에 대한 모든 사변적 비교 양식 사이에 존재하는 항구적이고 필연적인 동일성에 있으며 그 때문에 이 많은 백과사전적 정리定理들이 나오는 것이다. (……)

우리의 모든 현실적 사색의 궁극 대상은 명백히 그 과학적·논리적 본성상 좁은 의미의 인간과 외부 세계에 관한 두 번의 필수불가결한 서론을 요구한다. 실제로 사회성의 현상(정태적 현상이든 역동적 현상이든)을 작동시키는 특별한 동인動因과 이 현상이 발생하는 일반적 환경을 충분히 알지 못한다면 우리는 이러한 현상을 이성적으로 연구할 수 없을 것이다. 그러므로 사회 철학을 준비할 운명을 갖고 있는 자연 철학은 유기물(생물) 분과와 무기물(무생물) 분과로 나눠질 수밖에 없다. 그런데 유기물 분과와 무기물 분과는 양자 모두 똑같이 근본적인 연구이지만 과학적·논리적인 모든 핵심 동기를 고려할 때 개인적 교육에서나 집단적 진화에서나 무기물 연구부터 시작하는 것이 옳다. 왜냐하면 무기물 현상은 일반성이 더 높다보니 더 단순하고 독립적인 현상이어서 그 자체만으로도 진정 실증적인 평가를 받을 수 있으며, 이에 대한 법칙은 보편적 존재에 관한 것이다보니 생명체라는 특별한 존재에 필연적 영향력을 행사하게 마련이기 때문이다. 천문학은 필연적으로 모든 점에서 외부 세계 이론에서 가장 결정적인 요소가 된다. 천문학은 충만한 실증성을 구현할 수 있고 우리의 모든 현상의 일반 환경을 규정하며 어떤 다른 외적 요소의 개입도 없이 모든 현실적 존재에 공통되는 단순한 수학적(즉, 기하학적, 기계론적) 존재를 표현한다. 하지만 참된 백과사전적 개념을 최대한 압축한다 해도 무기물의 철학을 이러한 기본 요소로 환원시킬 수는 없을 것이다. 왜냐하면 무기물의 철학은 유기물의 철학과는 완전히 분리되어 있을 것이기 때문이다. 두 철학 사이의 근본적인 과학적·논리적 연관은 무기체 연구의 가장 복잡한 분과인 합성과 분해 현상의 연구에서 드러난다. 합성과 분해 현상은 보편적 존재에서 생기는 가장 고차원적인 현상이고 진정한 의미의 생명 세계에 가장 가까운 현상인 것이다. 이렇게 자연 철학은 사회 철학의 필수적 서론으로 이해되며 양쪽 끝에 있는 두 개의 연구와 중간에 있는 하나의 연구로 나눠지고 따라서 천문학, 화학, 생물학이라는 세 개의 주요 과학을 차례로 갖게 된다. 여기서 천문학은 진정한 과학 정신의 자발적 기원과 불가피하게 맞닥뜨리게 되고 생물학은 과학 정신의 본질적 종착점을 상대하게 된다.

(오귀스트 콩트, 『실증 정신론』 중에서)

노동의 여러 모순

자신의 노동과 단순한 관계를 맺고 있는 사람은 없다. 사람들은 일을 해야 하는 상황에서는 투덜대지만 막상 실업 상태에 빠지게 되면 자유를 얻었다고 생각하지는 않는다. 광고를 보면서 여가 시간을 꿈꾸기도 하지만 일이 없는 상황은 거의 언제나 악몽이다.

노동의 경계는 불분명하다. 일이 언제 끝나는 줄은 알지만 언제 시작하는지는 모른다. 노동은 활동이다. 노동이 놀이와 다른 점은 노동이 생산 활동이라는 사실이다. 하지만 생산이라는 기준 말고도 사회적 효용이라는 기준도 염두에 두어야 할 것이다. 그래서 일련의 경제적·철학적 문제가 생긴다. 효용(유용성)의 기준은 무엇인가? 사회적으로 인정받지 못하는 유용성은 어떤 운명을 맞게 되는가?

이러한 질문들은 놀라운 것이 아니다. 사실 노동이란 한 번에 규정될 수 있는 현실이라기보다는 특정한 역사적 시기의 특정한 사회의 상태이기 때문이다.

구속과 자유

한편으로 노동은 자연적 필요에서 유발된 애석한 결과라고 여겨졌으며(욕구를 충족하려면 노동 없이는 안 된다) 다른 한편으로는 인간 자유의 표현, 인간 자유의 증표로 칭송받았다. 구속과 자유의 이분법에는 세 가지 특수한 형태가 있다.

노동에 대한 비난과 찬사

어원으로 보나 그 용법을 보나 '노동'이라는 단어는 고통의 개념을 수반한다. 라틴 어 tripalium은 낙인을 찍거나 편자를 달기 어려운 짐승을 날뛰지 못하게 하려고 쓰는 삼각형 형태의 나무 족쇄였으며 오랫동안 삼각형 고문 도구를 가리키기도 했다. 노동을 뜻하는 프랑스 어의 travailler, 스페인 어의 trabajar, 포르투갈 어의 trabalhar가 여기에서 나왔으며 임산부의 산고產苦를 뜻하는 영어 단어 travail도 이로부터 유래되었다. 성경에서는 노동이 원죄의 결과라고 가르치며 고대 그리스 인들은 노동과 노예 상태를 거의 동일시했기에 시민의 자유는 한가함과 분리 불가능한 것으로 여겨졌다.

프로테스탄티즘은 노동을 복권시켰다. 노동은 인간을 짓누르는 숙명의 표식이지만 그 숙명을 벗어날 수 있는 수단이기도 하다. 헤겔은 『정신현상학』에서 노예는 예속 상태의 핵심인 노동 덕에 예속을 벗어날 수 있다는 것을 보여준다. 일하는 것은 자신의 신체와 즉각적 향유에 거리를 두고 뒤로 물러나는 것이다. 노동은 또한 자기 자신에 대해 남이 인정할 수 있는 객관적 형태를 부여하는 것이다. 노동 덕에 노예는 자의식을 갖게 되며 그 결과 미래의 해방을 준비한다. 노동으로 인간은 비천해지기도 하지만 인간의 자기 초극을 이끌어낼 수도 있는 것이다.

필연성과 권리

또 다른 대립항은 욕구에 결부된 (자연적) 필요와 정의에 결부된 (사회적) 권리의 구별이다. 획득 없는 만족은 없으며 노동 없는 획득은 없다. 천국에서 과일을 따는 행동은 이미 노동이며 젖과 꿀의 강이 흐른다 해도 강에 가서 몸을 기울여야 그것을 마실 수 있을 것이다. 노력 없는 삶은 없다는 사실을 잊게 하는 풍요의 몽상 속이 아니라면 욕구와 충족 사이의 거리는 결코 없어질 수 없다.

다른 한편 산업혁명 이후로 기술의 진보와 경제 위기를 맞이한 수많은 사람들은 노동에서 분리되어 실업자가 되었다. 이때 '노동의 권리'를 요구하는 것은 정당하고 말도 안 되며 역설적인 일이다. 이것이 정당한 이유는 노동 없이는 욕구를 충족할 수 없어 정상적인 인간 생활을 영위할 수 없기 때문이고, 말도 안 되는 것은 '~의 권리'라는 것을 요구한다는 것은 그것이 당연하지 않기 때문이며, 역설적인 것은 노동이 필요라면 노동이 권리가 될 이유가 없을 것이기 때문이다. 소화의 권리, 수면의 권리를 상상할 수는 없다. '노동의 권리'라는 말이 있는 것 자체가 노동이 자연적 필요와의 관련성을 상실했으며 이제 노동은 수많은 사회적, 역사적 소여 중 하나가 되어버렸다는 것을 뜻한다.

자기표현과 자기 망각

장인은 손과 머리를 써서 작품을 만들고 그 작품에서 자신의 손길을 알아볼 수 있다. 작품은 그의 솜씨가 물질로 구현된 것이다. 이러한 자기 인식의 쾌감은 아이의 놀이(그림그리기, 찰흙빚기 등)에서 시작한다. 헤겔은 인간과 객관적 현실의 대면에서 인간 의식의 기원을 찾는다. 일을 하는 것은 있는 그대로의 현실을 변형시켜 그것을 우리에게 유의미한 현실로 바꾸는 것이다.

하지만 노동이 노동자에게 속하지 않을 때 노동은 가장 폭력적인 자기부정이 된다. 마르크스는 『자본론』에서 어떻게 근대 노동자가 자신의 노동력(노동자는 자신의 노동력을 자본가에게 팔았다)과 자기 노동의 산물(노동자는 자기가 만든 상품을 절대 소유하지 못할 것이다)에서 분리되는지를 보여준다. 자기 표현이란 자기 자신을 벗어나 자기 자신을 되찾는 것이다. 반대로 소외된다는 것은 영원히 자신을 상실하는 것이다. 자본주의의 출현으로 노동은 노동자와 분리된 것이다.

자기와 타인

노동은 사회적 활동이다

노동의 기원에는 언제나 일하는 인간이 있다. 하지만 인간은 결코 혼자 일하지 않는다. 설사 혼자 독립적으로 일하는 경우에도 노동은 사회적, 집단적 활동이다. 사실상 '일을 한다'는 것과 '사회의 성원이 되는 것'은 서로 같은 것이다. 왜냐하면 실업은 경제적인 비극일 뿐 아니라 심리적으로도 불행한 일이기 때문이다. 직업을 잃은 사람은 자기 존재의 본질적 부분을 상실한 것이다. 타인에게 쓸모 있는 존재로 인정받을 수 있는 가능성을 잃은 것이다.

더구나 타인의 존재는 노동을 규정하기 위한 경제적 기준이 된다. 같은 활동도 거래·유통 구조에 들어가면 의미가 달라진다. 정원 손질은 취미이고 여가 활동이지만 그 일로 돈을 번다면 그것은 노동이 된다. 플라톤은 『국가론』에서 자신의 모든 욕구를 혼자서 해결할 수 있는 사람은 없다는 점을 보여주었다. 빵과 구두를 혼자서 만들 수는 없으니 노동 영역의 분할(분업)은 필연적이며 사회는 이런 이유에서 생겨났다고 할 수 있다.

노동 속의 공동체

사람은 결코 혼자 일하지 않는다는 말은 우리의 노동이 타인의 노동을 기반으로 하고 있다는 뜻도 된다. 오귀스트 콩트는 쟁기의 발명자가 농부 옆에서 보이지 않게 일하고 있다고 했다. 본능을 갖추고 있어 모든 것을 처음부터 새로 시작하는 동물과는 달리 인간의 활동은 역사적 지식 전체 속에 포함되어 있다.

무인도의 로빈슨 크루소조차 자연 앞에 홀로 맞선 사람이 아니다. 크루소는 자기가 살았던 사회의 역사를 보여주는 기호인 도구와 재료를 난파선에서 건져왔다. 더구나 크루소는 이전에 습득한 지식, 즉 '문화'를 가지고 시작했다.

경쟁과 연대

분업(기술적 분업이 아니라 직업적·사회적 분업)을 평가하는 두 가지 상반된 방식이 존재한다. 하나는 뒤르켕처럼 노동의 분업을 사람들 사이의 연대를 이루는 가장 강고한 끈으로 보는 것이고, 다른 하나는 마르크스처럼 이를 인간을 소외시키고 사지절단하는 경쟁 논리로 파악하는 것이다. 뒤르켕의 논리는 플라톤의 사상을 이어받은 것으로 플라톤은 『국가론』에서 어떤 것이 필요한 것은 누군가를 필요로 하는 것과 같다는 점을 보여주었다(나는 구두장이가 만드는 구두가 필요하므로 구두장이가 필요하다). 사회는 그 요소들(사람들)이 상관

관계를 맺고 있는 체계이다. 특정 부문에서 일어난 파업이 사회 전체의 큰 부분을 마비시키는 것을 보면 이를 확인할 수 있다. 마르크스의 논리는 자본주의 체제에서 노동은 상품으로 변했으며, 이렇게 창조된 시장에서는 노동력의 구매자와 판매자 사이에 근본적인 불평등이 존재한다는 사실에 기반하고 있다. 더구나 경제 위기의 경우 (마르크스는 경제 위기는 필연적이므로 정상적인 일이라고 본다) 고용이 위축되면서 노동자들은 서로 경쟁 관계에 놓이게 된다. 그래서 동일한 객관적 (계급적) 이익을 갖고 있는 사람들 사이에 갈등과 분쟁이 생기는 것이다. 따라서 오늘날 일부 노동자들이 외국인 노동자들에게 가하는 인종 차별은 기본적으로 노동력의 경쟁 상태에서 나오는 것이다.

하지만 경쟁으로 인해 사람들이 노동에서 서로 대립한다 해도 (구매자의 이익과 판매자의 이익은 다르며 사용자의 이익과 종업원의 이익은 다르다) 이러한 경쟁 또한 사회적 관계를 만들어낸다. 오늘날 이러한 사회적 관계는 경제의 세계화와 더불어 전 지구 차원으로 확대되었다. 경쟁은 또한 의존이기도 한 것이다.

명백한 노동과 은폐된 노동

노동보다 명백한 것도 없지만 노동은 언제나 실제 이상으로 은폐되어 있다. 텔레비전 광고를 생각해보자. 광고는 상품은 보여줘도 생산자는 보여주지 않으며 소비자는 보여줘도 생산 과정은 보여주지 않는다.

은폐된 노동

마르크스는 상품이나 돈이 자발적으로 생성되어 재생산된다는 환상을 이데올로기라며 비난했다. 우리가 사는 세상에서 노동의 부재가 가능하다는 환상 말이다. 광고가 발전시킨 허구적 수사학은 이러한 환상을 강화한다. 하지만 생산 조건에서 단절된 상품이란 신기루이다.

이러한 환상에서는 노동이 은폐되어야 할 것으로 여겨진다. 노동은 추하고 지겹고 고통스럽다. 예전에는 동일한 환상이 예술에 시적인 베일을 씌우고 있었다. 땀 흘리며 일하는 예술가보다는 영감을 받아 순식간에 작품을 완성하는 예술가가 더 멋있어 보이는 것이다.

보이지 않는 노동

하지만 기술의 진보와 경제 변화 때문에 노동 또한 보이지 않는 영역으로 밀려난다. 농부, 광부, 세공사는 온몸을 바쳐 생산 작업에 종사했다. 오늘날 대부분의 노동은 추상적이고 비非물질화된 것처럼 보인다(그러다보니 비육체 노동이란 말이 나온다). 재료 자체도 점점 추상적이 된다. 에너지와 정보가 물질을 대체해버린 것이다. 굴착기의 움직임은 이 기계를 조작하는 사람의 노동보다 훨씬 더 눈에 띈다. 그래서 오늘날에는 기계를 고안하고 운전하는 사람이 아니라 기계가 일을 하는 것이라는 인상을 받게 된다.

노동에 대해 상반된 이미지를 제공하는 이러한 여러 모순은 여전히 사라지지 않고 그대로 남아 있다. 우리는 그것을 분명히 인식하지는 못하지만 언제나 경험하고 있다. 노동은 소유 양식에 근거해 이해할 것이 아니라(자동차를 소유하듯 일을 가진다는 식의 이해) 존재

양식에 근거해 이해해야 할 것이다(우리는 우리가 결코 단순한 방식으로 경험할 수 없는 노동 속에서 살고 있다).

▶ 철학의 도구들

▷▷▷ **혼동하지 마세요**
• 자유와 독립성 |
독립성은 부정적 개념이다(어떤 외적 힘에도 종속되지 않는다는 것을 의미한다).
자유는 적극적 개념이다(행동 능력을 지칭한다).

▷▷▷ **정의**
• 소외 | 소외는 사법적, 정신의학적, 철학적 개념이다. 어떤 의미이든 소외라는 말에는 하나의 사물이나 존재가 자기 자신에게 낯선 존재가 되어버렸다는 뜻이 담겨 있다.

▷▷▷ **더 읽어볼 만한 글들**
플라톤, 『국가론』.
애덤 스미스, 『국부론』.
헤겔, 『정신현상학』.
마르크스, 『자본론』, 제1권.

노동은 필요인가, 권리인가?

　일을 하면서 행복해지는 경우는 드물다. 우리는 일거리가 없을 때도 투덜대지만 일이 늘 있는 것도 투덜댄다. 일을 하다보면 예속 상태가 아닌 자유를 원하는 생각이 끊임없이 들게 마련이다. 필요는 의무 이상의 것이다. 필요(필연성, necessity)란 불가피한 것을 가리킨다. 반대로 권리는 당연하지 않은 것이다. 그래서 권리는 보통 강력한 투쟁을 통해 획득되고 지켜진다. 필요가 자연적인 것인 데 반해 권리는 문화의 산물이다. 필요와 권리라는 두 상반된 항 사이에서, 이 이분법 사이에서 노동은 망설이는 것처럼 보인다.

노동은 필요이다

　"일하지 않는 자는 먹지도 말라."라고 사도 바울은 가르친다. 인간은 모든 생명체처럼 몇 가지 욕구를 충족시켜야 하는 생물이다. 그런데 욕구 충족은 즉각적이지 않다. 먹거나 마시는 것뿐 아니라 필요한 물건을 얻으려고 해도 활동, 즉 소비가 요구된다. 로크는 사유재산을 노동으로 정당화했다. 자연 상태에서도 과일을 따는 행동은 그것이 노동이므로 그 일을 한 사람에게 과일을 가질 권리를 준다는 것이다.

 욕구란 한번 확정되면 변하지 않는 영역이 아니다. 욕구는 역사와 사회에 따라 변한다. 일반적으로 경제 발전은 욕구의 영역을 확장시켜 노동의 필요는 기술 진보에 따라 사라지기는커녕 끊임없이 재확인된다.

 역사 속에서 어떤 개인, 계층, 계급은 노동을 면제받을 수 있었다. 그렇다고 해서 노동이 필요하지 않다는 것은 아니다. 오히려 이는 사회의 불평등한 구조 때문에 특정 인구의 노동이 다른 인구에게 전가되었다는 것으로 이해해야 한다.

 노동이 불행, 진정한 숙명으로 경험된다는 점에서 노동의 필연성을 알 수 있다. 다르게 될 수 없는 것을 필연적이라고 한다. 노동은 모든 필연성 중 가장 직접적인 것이다. 왜냐하면 노동이 없으면 삶도 생존도 보장받을 수 없기 때문이다.

노동은 권리이다

 노동이 자연적 활동이 아니라는 점을 먼저 지적하도록 하자. 노동이라는 단어를 엄격한 의미로 이해한다면 동물은 노동하지 않는다. 노동은 인간에게 단 한 번도 개인적인 일이었던 적이 없다. 아무리 고독한 상황에서 일한다 해도 노동은 사회 전체와 얽혀 있다. 노동의 조직화가 없다면, 즉 규칙과 법률 체계가 없다면 노동도 없다.

 하지만 노동이 권리라는 말은 인간에게 노동할 권리가 있다는 의미뿐 아니라 노동의 권리가 표현의 자유만큼이나 중대한 권리라는 말이기도 하다. 삶은 욕구 충족에 달려 있고 욕구 충족은 노동을 통해서만 확보될 수 있으므로 노동의 권리는 표현의 자유만큼이나 기본적인 것처럼 보인다.

하지만 노동이 필요라면 어떻게 노동은 또한 권리도 될 수 있을까? 본래 권리란 자연적으로 당연하지 않은 것이다. 예컨대 잠이 권리라고 하지는 않을 것이다. 사실상 노동의 권리는 19세기 공업 시대의 크나큰 경제 위기 속에서 탄생한 개념이다. 대규모 경제 위기와 집단 실직으로 노동은 더 이상 그렇게 당연한 것이 아니게 된 것이다.

권리와 필요 사이에 모순이 있기는 하지만 이 두 개념이 상호배타적인 것은 아니다. 노동은 권리인 동시에 필요이다.

▶ **철학의 도구들**

▷▷▷ **혼동하지 마세요**
- 필요와 의무

필요(필연)는 논리의 문제(2 더하기 2가 4인 것은 필연적이다)이거나 자연의 문제(공기는 생명에 필수적이다)이다.
의무는 도덕의 문제(타인 존중은 의무이다)이거나 사법적 문제(시민은 납세의 의무가 있다)이다.

▷▷▷ **더 읽어볼 만한 글들**
폴 라파르그Paul Lafargue, 『게으를 수 있는 권리』.

여가는 인생의 이상이 될 수 있는가

우리는 앞에서 현대 사회를 한가함과 여가의 문명이라고 칭했다. 경제 발전을 이룬 나라들은 평균 노동 시간이 지난 백년 사이에 절반 수준으로 감소했다. 여가는 비노동 활동이라고 규정될 수 있는데 (수면은 여가가 아니다) 20세기에 들어 의미와 기능이 변했다. 과거엔 주변적인 것이었던 여가는 이제 중심적인 문제가 되었다. 그렇다고 해서 여가를 인생의 이상으로 삼아도 좋을 것인가?

쾌락 원칙의 승리

소외와 필요에 사로잡힌 노동 앞에서 여가는 자유를 대표한다. 현실 원칙에 굴복하는 노동 앞에서 여가는 쾌락 원칙의 승리를 의미한다.

여가에는 다른 목적이 없다
여가는 활동의 부재가 아니다. 여행을 하거나 정원을 가꾸는 것도 무엇인가를 하는 활동이지만 이는 다른 목적을 위한 수단이 아니라 그 자체가 목적이다.

여가의 여러 형식 중 가장 중요한 것인 놀이가 인간 삶의 균형 유지에 필수불가결한 것은 이 때문이다. 결코 도달할 수 없는 나중을 바라보며 늘 긴장해 있는 대신 현재 시간의 흐름을 맛보며 사는 것이 사람에게는 좋은 일이다. 소크라테스는 죽기 전에 리라를 연주했는데 여기에는 다른 이유가 있는 것이 아니었다. 그는 단지 죽기 전에 리라를 연주하고 싶었던 것이다. 노동은 언제나 유용성으로 정당화되어야 하는 데 반해 여가의 의미는 여가 안에 있고 여가는 흐르는 시간에 진정한 두께를 부여한다.

한가함의 사회?

고대에 여가의 대표적 형식은 공부schole였다. 학교school라는 단어는 이 그리스 어에서 나온 것이다. 당시 노동은 노예들의 몫이었다. 그래서 노동은 자유의 부재와 고통에 연결되었다. 노동은 생물학적 삶의 거친 요구에 종속된 것이다.

노동도 실업도 여가가 아니므로 현대 사회가 여가의 사회인지는 확실치 않다. 반대로 고대에는 진정한 여가 문화가 있었다. 그래서 고대 그리스에서는 철학, 스포츠, 대화술, 올림픽이 발명되었다. 하지만 이 모든 것은 자유인만이 누릴 수 있었으며 자유인은 당시 인구 중 소수에 불과했다. 따라서 자유로운 그리스 시민에게 여가 이외의 인생의 이상은 있을 수가 없었다.

현실 원칙의 귀환

노동의 가치

보편적으로 채택될 수 없는 인생의 이상을 생각하기는 어렵다. 어느 누구도 노예가 되는 것을 꿈꾸지는 않을 것이며 노동은 여전히 필요이다. 그런데 퓨리터니즘이라는 종교는 노동을 정당화하는 수준을 넘어 성스러운 것으로 만들었다. 그래서 게으름은 7대 죄악 중 하나가 되었다. 모 유명 작가는 한술 더 떠 게으름은 온갖 악덕의 어머니라고까지 했다.

프로테스탄트 윤리(베버는 이것이 자본주의의 탄생에 결정적 역할을 했다고 보았다)는 노동을 기도만큼이나 신성한 것으로 여기면서(이러한 생각이 미국에는 아직도 남아 있다. 미국 개신교의 관점에서 보면 하나님은 열심히 일하는 사람을 사랑한다) 여가를 불온시했다. 그래서 크롬웰O. Cromwell은 극장들을 폐쇄시키고 도박을 금지했다.

존재, 생산, 소비

이러한 극단에 빠지지 않고서도 여가가 과연 인생의 이상이 될 수 있는지에 대해 의문을 제기할 수 있다. 인간이 일하지 않고 살 수 있다고 가정하더라도 인간이 아무것도 생산하지 않고 살 수 있다는 결론을 내릴 수 있을까? 여가는 아무것도 생산하지 않는다. 더구나 언제나 사회 체계 속에 뿌리박혀 있는 노동과 달리 여가는 사회적 관계를 무시할 수 있다. 노동을 괴로운 것으로 여기고 여가를 찬양하는 것은 사회를 무시하며 개인만을 찬양하는 것이 아닐까?

이 문제는 분명히 결론을 내리기 어렵다. 우선 두 종류의 여가를 구별해야 할 것이다. 그리스 인들이 개발해낸 존재의 여가와 오늘날 지배적인 소유의 여가 말이다. 현대에 이르러 여가는 소비 활동이 되면서 의미가 변했다. 이제 여가는 고대 그리스 때처럼 자기 존재의 잠재성을 실현시키기 위해 노동 이외의 활동에 투신하는 것이 아니다. 현대의 여가는 노동으로 번 돈을 소비하는 것이다. 따라서 이제 여가는 항상 더 많은 노동을 요구한다. 이러한 것이 인생의 이상이 될 수는 없을 것이다.

▶ 철학의 도구들

▷▷▷ 혼동하지 마세요

- idealism이라는 단어의 두 의미—이상주의와 관념론

통상적 의미로 이상주의자는 경험적·일상적 현실과는 분리된 고상한 이상을 믿는 사람을 말한다. 이런 의미에서 간디Gandhi는 이상주의자이고 알카포네Al Capone는 이상주의자가 아니다.

철학적 의미로 관념론자란 우리가 만들어내는 표상 속에만, 그 표상을 통해서만 실재가 존재한다고 생각하는 사람이다.

이상주의의 반대는 현실주의이고 관념론의 반대는 실재론이다.

▷▷▷ 더 읽어볼 만한 글들

베버, 『프로테스탄트 윤리와 자본주의 정신』.
폴 라파르그, 『게으를 수 있는 권리』.

모든 활동은 노동인가

"뭐해?"라는 질문에 "아무것도 안 해."라고 대답하는 거짓말은 익히 알려져 있다. 아무것도 안 하기는 쉽지 않으며 아마 거의 불가능할 것이다. 잠자는 사람조차 무엇인가를 한다. 그는 잠을 자고 있는 것이다. 하지만 잠을 자고 있는 사람이 행동을 한다고는 할 수 없다. 따라서 행동하지 않으면서 무언가를 할 수는 있는 것이다.

노동은 생산 활동이다

아리스토텔레스는 운동이 활동의 토대라고 보았다. 운동이 있으면 활동이 있다는 것이다. 하지만 하루 종일 땅을 파고 메우는 것을 반복하는 광인狂人은 활동은 많이 해도 일을 한다고 할 수는 없을 것이다.

생산이라는 개념은 현실의 변형을 상정한다. 따라서 출발점과 도착점이 달라야 노동이 있는 것이다. 농부가 일구는 땅은 변하고 무엇인가를 배우는 아이는 정신이 변한다.

금전적 수입은 객관적 지표나 기준이 된다. 일부 경제학자들은 심지어 부를 생산하는 활동도 금전적 수입이 없으면 이를 노동으로 간주하지 않는다(예컨대 자기 채소밭에서 채소를 키우는 활동이 이에 해당된다). 이러한 편협한 경제학적 관점에는 노동의 결과에 상품 가치가 있기만 하면 꼭 팔리지 않더라도 그것을 노동으로 볼 수 있다고 반박할 수 있을 것이다. 아직 인기가 없어 그림이 팔리지 않는 화가라고 해도 그는 진정한 노동을 했다고 할 수 있다. 그의 그림들은 잠재적 상품인 것이다.

노동은 사회적으로 유용한 활동이다

경제적 효용이 반드시 필요에 상응하지 않는다는 점은 분명하다. 하지만 적어도 상품이란 가격이 있고 팔고 사는 것이니만큼 매우 유용하다.

따라서 아마추어 스포츠 선수와 프로 스포츠 선수는 겉보기와는 달리 동일한 활동을 수행하는 것이 아니다. 이것이 동일한 활동이 아닌 것은 실력차 때문이 아니라(물론 실력차가 결정적이기는 하지만) 아마추어에게 경기는 놀이인 데 반해 프로 선수에게 경기는 일이기 때문이다.

그러므로 노동을 규정하는 것은 활동 자체가 아니라 사회가 그 활동에 부여하는 의미이다. 유용성(효용)이란 (사회, 역사에 따라 달라지는) 완전히 상대적인 가치이므로 동일한 활동도 때로는 여가로 때로는 노동으로 간주될 수 있다.

노동의 무한한 영역

노동에 부여되는 의미는 결코 확정되거나 완결된 것이 아니다. 한 사회에서 경제적 가치가 없는 일(사람들 앞에서 옷을 벗는 것 따위)이 다른 사회에서는 경제적 가치를 가질 수 있다. 그런데 자본주의란 모든 현실, 모든 활동을 경제 회로에 통합하려는 경향을 가진 체제이다. 그래서 자본주의에서는 모든 현실은 상품이 되어버리며(과거에는 물과 피에 어떤 경제적 실재성도 없었다) 모든 활동은 노동이 된다. 여가의 상품화(우리는 음악을 듣는 즐거움, 여행하는 즐거움을 구입한다)는 지금까지 경제와는 무관했던 영역에 경제라는 괴물이 어떻게 침입했는지를 잘 보여준다. 이제 노동력에 소비력이 추가되는 것이다.

모든 상황은 (아무리 활동성이 결핍된 상황일지라도) 활동과 연결된다. 잠을 자거나 꿈을 꾸는 사람은 노동력과 소비력을 회복한다. 또한 모든 활동은 설사 그것이 노동이 아닐지라도 종국에는 노동과 연결된다(여름에 해변에 누워 몸을 태우는 휴가객들은 9월의 사무실 복귀를 위해 몸을 가꾸고 있는 것이다. 그들은 자신의 신체적 외양에 사회적으로 유용한 가치를 부여하고 있는 것이다). 그러므로 모든 것은 노동이 된다. 오늘날 실업 문제 때문에 잊고 있지만 실제로 노동이란 굉장히 넓은 영역을 차지하고 있는 것이다.

▶ **철학의 도구들**

▷▷▷ 혼동하지 마세요
• 창조와 생산 |
창조의 개념은 형이상학에서 비롯되었다. 창조는 오직 생산력만으로 무엇인가가 생길 수 있다는 점을 상정한다. 예컨대 일신교에서는 신이 우주를 창조했다고 여긴다.
생산은 실증적 개념으로 가능 조건(맥락, 재료, 원인, 요인 등)의 존재를 상정한다.
예술에 대해 창조라는 말을 쓸 때는 신(뮤즈)에게 영감을 받아 시인이 노래한다는 신화가 그 바탕에 깔려 있다. 반대로 예술을 생산 활동이라고 할 경우 예술가는 노동자가 된다.

▷▷▷ 더 읽어볼 만한 글들
아리스토텔레스, 『시학』.
한나 아렌트, 『인간의 조건』.

노동 때문에 사람들은 연대하는가, 경쟁하는가?

욕구는 자기 자신, 자기 신체의 욕구만 있는 것이 아니다. 플라톤이 『국가론』에서 지적한 것처럼 태초부터 사람들은 혼자서 모든 욕구를 충족시킬 수 없어 서로를 필요로 해왔다. 빵집 주인은 구두 때문에 구두장이가 필요하고 구두장이는 빵 때문에 빵집 주인이 필요하다. 이렇듯 사람들은 노동으로 인해 서로 연계를 맺는 듯하다. 반면에 노동은 생산자들 사이의 경쟁, 구직자들 사이의 경쟁 등 수많은 경쟁이 일어나는 영역이기도 하다. 따라서 이러한 경쟁이 노동 자체의 본성에 기인하는 것인지 아니면 특정한 사회 경제적 노동 체제 때문에 생기는 것인지를 검토해야 할 것이다.

노동을 통한 연대

고전적 정치 경제학

애덤 스미스는 『국부론』(이 책은 최초의 정치 경제학 저작으로 여겨진다)에서 생산자들의 연합이 노동 효과를 증대시킨다는 사실을 보여주었다. 천 명이 같이 일하면 혼자 일하는 천 명보다 훨씬 많은 일을 할 수 있다는 것이다. 부富는 교환에서 태어난다. 고립되고 폐쇄된 경제 체제는 가난할 수밖에 없다.

애덤 스미스가 기초를 닦아놓은 자유주의의 기본 원칙 중 하나는 개인의 생산, 교환의 자유가 보장되는 사회에서는 모두가 이득을 본다는 생각이다. 수많은 개인적 이익의 총합에서 집단의 이익도 나온다.

분업과 노동을 통한 연대

에밀 뒤르켕은 『사회분업론』에서 마르크스와는 정반대되는 분업 개념을 발전시킨다. 『자본론』의 저자가 볼 때 분업이란 사람들의 분할(수공업과 지적 노동의 분할, 남성 노동과 여성 노동의 분할, 생산 수단의 소유자와 프롤레타리아의 분할)에 해당한다.

뒤르켕도 이러한 불평등이 있다는 사실을 부인하지는 않는다. 하지만 뒤르켕은 분업이 연대를 창출한다는 사실을 보여준다. 이러한 메커니즘은 현재의 세계화 과정에서도 찾아볼 수 있다. 노동의 국제적 분배로 프랑스 노동자와 한국 노동자는 서로 간에 거의 아무 관계가 없는데도 연계가 된다.

노동으로 인한 경쟁

연대라는 것

우선 연대와 의존을 구별해야 할 것이다. 파리의 증권시장이 부분적으로 홍콩 증시에 의존한다고 해서 중국 투자자와 프랑스 은행가 사이에 연대 관계가 있다고 할 수는 없다. 연대는 각 부분의 외적, 객관적 연관 이상의 것이다. 연대는 의식적 합의의 책임 있는 이행을 전제한다.

시장

현재의 경제 체제에서 경쟁은 동력이자 동기이다. 이러한 논리는 불가피하다. 시장에서 (생산물로 물질화된) 하나의 노동은 다른 노동을 제거해야 한다. 이 때문에 스포츠는 우리 사회의 지배적 패러다임 중 하나가 되었다. 이론상으로는 출발선상에서 경쟁자들은 평등하지만 한 명의 승리로 여러 명이 패배하는 것이 사실이다.

경쟁

노동이 경쟁을 창출하는 것이 아니라면 인종주의로 대표되는 이 끔찍한 사회적 재해가 있을 수 있겠는가? 최근 경제 위기 때마다 실업과 인종주의의 상관관계는 지적되어왔다.

이러한 주장에는 다음과 같은 반론이 가능할 것이다. 사람들이 서로 경쟁하는 것은 노동 때문이 아니라 노동의 부재(실업) 때문이라고. 더구나 경쟁과 연대는 생각만큼 상호배타적인 개념이 아니다.

▶ **철학의 도구들**

▷▷▷ 혼동하지 마세요
• 상관관계와 인과관계 |
상관관계가 반드시 인과관계를 뜻하는 것은 아니다. 외제차 소유자들과 우파 정당 지지자 사이에 상관관계가 있다고 하자. 그렇다고 해서 외제차가 차 주인들이 우파 정당에 투표하도록 유인한 것은 아니다. 외제차 소유자들이 비슷한 정치 성향을 갖는 것은 그들이 경제적으로 부유하기 때문이다.

▷▷▷ 정의
• 경제 | 아리스토텔레스에게 경제라는 단어는 한 집의 물질적 생활을 조직하는 규칙을 뜻했다. 18세기에 '정치 경제학'이라는 용어가 등장했는데 이는 한 국가 전체에서 이루어지는 부의 생산과 분배의 연구를 의미했다. 프랑스의 중농주의자 프랑수아 케네François Quesnay와 영국의 자유주의자 애덤 스미스가 정치 경제학의 창시자이다.

▷▷▷ 더 읽어볼 만한 글들
플라톤, 『국가론』.
애덤 스미스, 『국부론』.

▶ 생각해볼 주제
자유주의와 마르크스주의

　자유주의자는 프랑스에서는 우파이고 미국에서는 좌파이고 영국이나 독일에서는 중도파이다. 다시 말하면 이 용어의 의미가 애매하다는 것이다. 이 단어의 이데올로기적 용법(이 단어는 깃발이나 슬로건으로 쓰인다)은 그 정치적·철학적 의미를 덮어버리고 말았다.
　자유주의는 17세기 영국에서 절대주의 왕정에 대항해 태어난 사상적 흐름이다. 존 로크(『시민정부론』)로 대표되는 자유주의는 정치 권력의 합법성이 신을 대신하는 국왕이 아니라 대표자를 선출하는 국민에 있음을 밝혔다. 자유주의는 자유의 철학이다.
　18세기에 정치 경제학의 창시자인 애덤 스미스의 영향으로 자유주의는 경제학적 개념이 된다. 경제학적 자유주의는 자유방임주의 laissez-faire를 내세운다. 그래서 자유주의는 직업 선택의 자유를 가로막는 길드 조직에 맞서 싸우고, 세관을 통해 상품의 자유 무역을 막는 국가의 보호주의 정책에 맞서 싸우면서 기업 활동·생산·교역의 자유를 옹호했다. 이 자유주의는 낙관주의적 철학이다. 각 개인이 자기 이익을 추구하게 내버려두면 집단의 이익은 저절로 성취된다는 것이다.
　18세기에 경제적 자유주의와 정치적 자유주의는 짝을 이루고 있었다. 이들의 동지와 적은 같았고 조국도 같았다. 절대주의 왕정에 맞선 시민의 자유를 위한 투쟁이 처음으로 승리를 거둔 곳도 영국이었고 산업혁명과 더불어 자유 기업의 경제가 처음으로 승리한 곳도 영국이었다. 로크는 이 '총체적' 자유주의의 철학자이다. 로크의 머릿속에서 개인의 자유와 사유재산은 짝을 이루고 있었다. 사유재산은 개인 자유의 결과인 동시에 개인 자유를 보장하는 것이었다.

마르크스는 경제적 자유주의에 무자비한 비판을 퍼부었다. 마르크스가 볼 때 경제적 자유주의는 (노동 착취 체제이며 불평등과 불의를 창출하는 체제인) 자본주의를 이데올로기적으로 정당화하는 것에 불과하다. 애덤 스미스가 내세우는 '보이지 않는 손'의 이론은 완전히 허구적인 신화에 불과하다. 기업 활동의 자유로부터는 어떠한 정당한 질서도 저절로 태어나지 않는다(프랑스의 사회주의자 장 조레스Jean Jaurès는 자본주의의 자유는 "자유로운 닭장 속의 자유로운 여우"의 체제라고 조롱했다). 자유를 빙자해 소수의 기업가와 자본가가 인구의 대다수인 피착취 노동자를 멋대로 부릴 수 있을 뿐이다. 마르크스는 (혁명을 통한) 생산 수단의 집단 소유를 위해 투쟁했는데 마르크스가 볼 때 이 낡고 부당한 체제를 끝낼 수 있는 길은 혁명밖에 없었다.

20세기에 이르러 1917년 10월의 러시아 혁명 이후로 마르크스의 사상을 따른다고 주장하는 정치 체제들이 등장했다. 그런데 이 '마르크스주의'는 사실 마르크스의 철학과는 별 상관이 없다. 정치적 차원에서 마르크스는 자유주의자였으며 그가 꿈꾸던 '공산주의'는 모든 자유를 완수하는 것이었지 모든 자유를 파괴하는 것이 아니었다(마르크스는 사형제도 폐지를 주장했으며 종교 탄압 정책은 어리석은 것이라고 생각했다). 이 '공산주의' 국가들의 정치적 '마르크스주의'는 마르크스의 사상을 타락시키고 끔찍한 것으로 만들어버렸다. 그 결과 오늘날 세계를 지배하는 경제 체제 앞에서 단호히 맞설 수 있는 비판적 사상은 존재하지 않는다.

자유주의는 완승을 거둔 것처럼 보인다. 정치적 차원에서 보면 민주주의와 인권은 이제 넘을 수 없는 모델이 되었다. 최악의 독재 국가들도 '민주주의'라는 단어를 즐겨 쓴다는 사실만 봐도 정치적 자유주의라는 이상이 얼마나 큰 보편성을 띠게 되었는지 익히 짐작할 수 있다. 물론 아직 이상과 현실의 거리는 아득히 멀다. 하지만 오늘날만큼 많은 사람이 자유롭게 살았던 시기는 과거 역사에서 결코 찾아볼 수 없다. 경제적 차원에서 보면 자유주의는 그야말로 완벽한 승리를 거두었다. 시장 경제, 민영화, 규제 철폐라는 구호는 전 지구를 정복했다. 이제 지구는 자본주의라는 유일신의 지배를 받고 있다. 공산주의의 붕괴 이후(경제적으로 볼 때 중국은 이제 공산주의 국가가 아니다) 자유주의에 대항하는 경제 모델은 존재하지 않을 뿐 아니라 생각도 할 수 없는 지경에 이르렀다. 사르트르는 마르크스주의가 "우리 시대의 넘을 수 없는 지평"이라고 했지만 오늘날 우리 시대의 지평은 자유주의이다. 그렇다면 역사는 끝난 것일까? 불평등과 불의는 계속되고 있다. 아니 점점 심해지고 있다. 불평등은 인간의 자유에 커다란 위협이 되기 때문에(소득도 직업도 없는 빈민이 어떻게 자유롭게 살 수 있겠는가?) 세계의 현 질서를 뒤흔들 수도 있다. 이러한 위협은 자유주의에 가장 큰 위험이 되겠지만 사실 현재 상황을 만든 것은 다름 아닌 자유주의이다.

행복의 추구는 윤리학이 될 수 있는가

행복한 것은 고통도 불만도 없는 상태일 것이다. 하지만 행복을 어떻게 정의할 수 있을까? 충만하다는 것은 무엇일까? 우리의 모든 욕망이 충족되면 포만감에 싫증이 나고 권태에 빠지지 않을까? 또한 행복은 궁극적 선, 추구할 가치가 있는 유일한 것일까? 아니면 행복의 가치는 추구하는 행복의 도덕적 특성에 달린 것일까? 때로는 고대하던 행복을 도덕적 요구로 인해 단념하기도 해야 하는 것일까?

쾌락, 즐거움, 행복, 지복

쾌락의 가치

쾌락은 감각에 관련된, 즉 몸으로 느끼는 유쾌한 경험이다. 신생아는 쾌와 불쾌의 차이를 모른다. 그래서 처음에 인간 정신은 쾌락 원칙에 따라 만들어졌다가 점차 현실 원칙의 근원인 현실의 시련을 겪고 교정된다. 이 현실 원칙에 따라 인간은 만족을 연기하고 기다리거나 특정 욕망이 가능한지 불가능한지 고려하게 된다.

그래서 쾌락은 자발적으로 추구하는 최초의 선善이다. 하지만 유쾌함은 선과 **구별된다**. 전제 군주가 권력을 자의적으로 행사하면서 느끼는 쾌락은 타인의 불행을 야기하며 도덕적 악惡이 된다. 우리가 바라는 것이 언제나 선은 아닌 것이다. 또한 훌륭한 스포츠 선수가 되고 싶은 의지는 강도 높고 고통스러운 훈련을 상정하며 게으름을 피우거나 자유 시간을 갖고 싶은 욕구와 대립될 수 있다. 더구나 유쾌함(쾌락)은 그저 고통을 진정시킨 것에 불과할 수 있고 따라서 고통과 공존할 수 있다. 플라톤은 쾌락을 좇는 인간은 밑 빠진 독처럼 만족을 모르며 절대 만족하지 않는다는 것을 보여주었다. 따라서 쾌락은 때로는 도덕적 선과 대립될 뿐 아니라 행복 자체와도 대립된다.

쾌락은 이성적 차원이 아니라 감각적 차원에 속하다보니 **본성상 일시적이고 선에는 무관심하다**. 그러니 쾌락이 어떻게 윤리학을 정초할 수 있겠는가? 더구나 각자는 쾌락 원칙을 벗어나지 않는 논리에 따라 자신의 행복을 추구하고 있으니 행복의 추구는 윤리학이 될 수 없을 것처럼 보인다.

즐거움, 행복, 지복(스피노자)

아마 여기서 쾌락과 즐거움을 구별해야 할 것이다. 쾌락은 신체적·심리적으로 유쾌하다고 느끼는 것이다. 반면 즐거움은 영혼의 성질로 스피노자는 이를 영혼의 **존재의 힘을 증가시키는 것**이라고 했다. 쾌락은 우리에게 작용하지만 즐거움은 일단 내적인 것이며 우리의 존재 자체를 건드린다. 쾌락은 타인에게서 올 수 있지만 내가 느끼는 바에 관련되어 있어 즐거움은 부분적이다. 즐거움은 나와 타인의 관계 전체에 관련되며 타인의 인격과 태도에 따라 나는 즐거워진다.

이런 관점에서 볼 때 행복은 즐거움 쪽에 있다. 왜냐하면 행복은 총체성의 문제이며 지속을 상정하기 때문이다. 반면 쾌락은 순간적일 수 있으며 고통이나 괴로움과 공존할 수 있다. 행복은 자기와 자기 자신 사이의, 자기와 타인 사이의, 자기와 세계 사이의 **총체적이고 지속적인 조화를 상정한다**. 그러니 어찌 행복을 바라지 않을 수 있겠는가? 하지만 어떻게 하면 대뜸 이러한 기대가 환상에 불과하다고 단정짓지 않을 수 있을까?

지복은 아무 결함 없는 총체적, 결정적 행복의 실현일 것이다. 게다가 지복이라는 단어에는 인간의 가장 숭고한 숙명을 완성시킬 수 있는 영혼 차원의 행복이라는 관념이 내포되어 있다. 지복이라는 단어는 특히 종교적 어휘이며 신을 명상하는 데서 느끼는 완벽한 즐거움을 내포한다. 이러한 지복의 약속에 대한 전통적인 상징은 천국의 이미지이다.

스피노자의『윤리학』에서 지복은 "세 번째 종류의 인식"과 연결되어 있다. 스피노자가 말하는 "세 번째 종류의 인식"은 만물의 본질과 필연성을 적합하게 인식하고 느끼며 그것에서 즐거움을 찾을 수 있는 인식이다. 이것은 결국 신을 사랑하는 것이 된다(스피노자가 말하는 신은 기독교의 신이 아니라 만물을 생산하는 법칙적 자연이다).

도덕과 행복의 대립(칸트)

스피노자는 윤리학과 행복 추구를 화해시켰지만 **도덕의 자율성을** 상정하는 칸트에게 이러한 화해는 불가능하다. 칸트 철학에서 의무는 이성이 표명하였고 **보편성의 요구**로 특징지워지는 도덕법에서 나온다. 그래서 제일 정언 명령은 "너의 의지의 준칙이 언제나 동시에 보편적 입법의 원리로 타당할 수 있게 행동하라."가 된다.

따라서 칸트가 볼 때 선한 의지만이 절대적으로 선하며, 이는 성공 또는 실패의 기준과 완전히 무관하다. 도덕적 의도는 선을 목표로 삼아야 하며 오직 선만을 목표로 삼아야 한다. 행위가 도덕적이 되려면 그것은 오직 의무의 존중에서 나온 것이어야 하며, 그의 '준칙'의 유일한 목표는 선하게 행동하려는 노력이어야 한다. 그러므로 도덕적 행위는 개인의 이익 추구와 모순 관계에 있을 뿐 아니라 행복 추구와도 모순된다. 도덕은 우리를 **행복할 자격이 있는** 사람으로 만들어주지만 행복을 보장하지는 못한다.

쾌락주의적 도덕

에피쿠로스

에피쿠로스(기원전 3세기)는 인간의 특징은 감각이라는 유물론적 공리에서 출발하여 쾌락의 적절한 사용이 도덕의 토대가 될 수 있다고 단언한다. "쾌락은 복된 삶의 시작이고 끝이다."

하지만 우리는 모든 쾌락을 추구하지 않고 모든 고통을 피하지도 않는다. 좋은 면보다 고통을 더 가져다주는 쾌락도 있다. 그러므로 자연적 쾌락과 비자연적 쾌락을 구별하고, 비자연적 쾌락 중에서 필연적 쾌락과 비필연적 쾌락을 구별해야 한다. 행복하고 고통 없는 인생을 살려면 자연적 쾌락과 필연적 쾌락에 만족해야 한다.

현대의 쾌락주의적 도덕

오늘날에는 '인생을 즐겨라'라는 표어를 내세우며 쾌락에 근거한 쾌락주의적 도덕의 정당성을 보여주려는 저작이 적지 않다. 이는 에고이즘에 빠지라는 말이 아니라 도덕을 핑계로 쾌락을 단념하지 말라는 얘기이다.

하지만 쾌락주의는 도덕에는 별로 신경 쓰지 않는 태도인 것도 사실이며, 이는 약간의 경박함이나 냉소주의와 더불어 현대의 개인주의에서 흔히 찾아볼 수 있는 태도이다. 그리고 삶의 지평이 소비와 안정('사생활'이나 직접적 이익이 아닌 모든 것에 무관심한 안정)이라는 목표로 축소되면서 행복에의 열망은 빈곤해지는 것처럼 보인다.

자유는 행복의 조건이라고 생각할 수 있을 것이다. 비록 자유가 행복의 충분조건은 아니더라도 필요조건인 것은 사실일 듯하다. 하지만 이미 살펴본 것처럼 수동성 및 의존 상태를 달게 받아들이는 행복도 있지 않은가?

행복보다 자유를 선호해야 하는가?

노예 상태의 행복이라는 문제

자유롭지 않으면서 행복할 수 있는가? 엄마 품의 젖먹이는 엄마에게 전적으로 의존하고 있지만 그 순간 아이는 행복할 수 있다.

이 경우 행복은 본질적으로 안전함과 안락함이라는 가치에 결부되어 있다. 이러한 동물적·유아적 이상은 (물론 실제로는 어린아이들은 아주 어려서부터 개인성과 독립성을 획득하려는 욕망을 갖는다), 이렇게 안락함만을 바라는 욕망은 과연 인간으로서 바람직한 것인가?

루소는 노예 상태의 행복은 자신의 인간 조건을 단념하는 방식이라고 말한다. 인간은 스스로 생각할 수 있고(데카르트) 자연적으로 자유로운 존재(루소)여서 자율성에 대한 열망과 자의식을 포기하지 않고서는 안락함에 만족할 수 없다.

자유는 행복을 보장하지 않는다

자유를 바라는 것은 자신의 족쇄를 더 강하게 느끼는 것이다(마르크스). 따라서 자유와 행복 사이에는 어떤 모순이 있고 자유에 대한 열망을 잊게 하는 습관과 타성은 비난을 받게 된다.

해방의 작업은 개인 차원에서나 집단 차원에서나 노동이고 전투이다. 따라서 해방을 추구할 경우 즉각적인 안락함은 단념해야 하며 두려움과 불안에 직면하지 않을 수 없다. 해방의 추구는 즉각적 행복을 주는 것이 아니라 행복에 대한 기대와 희망을 준다.

인간의 행복은 자유를 상정하므로 행복과 자유는 그 자체로 대립되는 것이 아니며 해방의 행복이 있다. 하지만 해방에는 고통이 뒤따르며 해방을 위한 투쟁은 목숨을 걸어야 할 수도 있다. 자유를 위해 삶을 희생할 수도 있는 것이다.

행복보다 자유를 선호해야 하는가?

혁명가들은 행복을 위해, 모두의 행복을 위해 해방을 열망한다. 해방의 길은 지고한 선이며 자기 완성이고 그 길에서 우리는 인간이 된다. 또한 연대는 개인적 만족보다 중요하다.

행복은 또한 도망갈 자유로도 찾을 수 있다. 음악 같은 예술이나 픽션, 상상력과 창조력이 그러하다. 예술 창작은 자유와 행복이 화해하는 순간이다. 하지만 창작의 작업에도 출산의 고통은 피할 수 없다.

그러므로 자유와 행복의 변증법은 양자택일의 문제가 아니다. 하지만 자유와 행복의 적절한 결합은 인간 조건을 부정하지도 않고 위험이나 책임을 회피하지도 않으면서 행복을 추구할 수 있는 유일한 방법이다. 사랑과 우정의 위험을 감수하지 않고서 인생이 행복해질 수 있겠는가?

▶ **철학의 도구들**

▷▷▷ **혼동하지 마세요**
• 스피노자의 인식 삼분법 |
스피노자는 인식을 세 종류로 나눈다.
첫 번째 종류의 인식은 풍문이나 막연한 경험에 해당한다. 이는 감정적이고 미신적인 행동으로 이어진다.
두 번째 종류의 인식은 추론과 오성의 여러 자원(특히 수학적 방법론)을 이용하는 것이다.
세 번째 종류의 인식은 신의 속성의 적합한 관념에서 사물의 본질의 적합한 인식으로 나아가는 것이다. 모든 사물과 사건은 신성한 자연에서 유출되어 나온다. 여기서 영혼은 지고의 즐거움을 맛본다.

▷▷▷ **정의**
• 지복至福 | 정신적, 총체적, 결정적 행복.

▷▷▷ **더 읽어볼 만한 글들**
에피쿠로스, 「메노에케우스에게 보내는 편지」.

행복, 상상력의 이상

행복해지고 싶은 욕망은 우리에게 행복해질 수 있는 수단을 직접적으로 제공하지 않는다. 행복의 관념은 다양한 표상을 낳지만 이 표상들 역시 행복에 대한 기대의 완성을 보장하지 못한다. 행복은 개념화될 수 없다. 행복은 상상력의 이상에 속한다.

행복의 관념

행복의 관념에는 "절대적 전체, 현재 내 상태와 내 모든 미래의 조건에서 최대한의 안락이 필수적"이라고 칸트는 상기시킨다.

인간은 유한한 존재여서 자기가 진정 바라는 것을 분명한 개념으로 만들어낼 수 없다. 그것을 개념화하려면 전지적이 되어 상황과 반응의 연쇄 전체를 예측할 수 있어야 할 것이다.

지식과 이성을 발전시킨다고 해도 행복에 도달하는 것은 아니며 오히려 세계의 어려움과 불행의 가능성을 더 분명히 볼 수 있을 뿐이다. 욕망과 욕구를 모두 충족시킬 수는 없으므로 우리의 욕망과 욕구는 지식에 상응하여 증가할 것이다.

그러므로 행복해지려고 우리를 행동하게 만드는 것은 신중함의 조언에 부합할 것이지만 행복에 객관적·실제적으로 필요한 분명한 행동을 명할 수는 없다. 행복이라는 이상은 이성으로 다룰 수 있는 문제가 아니기 때문이다. 칸트는 『도덕 형이상학을 위한 기초 놓기』에서 "어떤 행동이 행복에 도움이 되는지를 분명하고 일반적인 방식으로 결정하는 문제는 절대 해결 불가능한 문제이다. **행복은 이성의 이상이 아니라 상상력의 이상**이므로 이 점에 대해서는 어떤 행동을 하라고 정해줄 수 있는 명령이 없다."고 지적한다.

이상 개념의 비판적 분석

행복이 상상력의 이상이라는 말은 우리가 행복에 대해 **감정이 투입된 주관적 표상**을 만들어낸다는 뜻이다. 이 표상은 욕망의 논리를 따르며 따라서 **미망**을 불러일으키기 쉽다.

사장과 결혼하고 싶은 꿈은 동화에 나오는 백마 탄 왕자님을 기다리던 마음이 다른 모습으로 나타난 것이다. 이렇게 규격화된 행복의 꿈은 에른스트 블로흐Ernst Bloch가 그 애매성과 사회적 변형력을 연구했던 **백일몽**에 다름 아니다.

욕망의 작업은 설사 그 꿈이 현실로 이루어질 수 있다 해도 **꿈과 현실의 간극**을 견뎌내야 한다.

우리는 연애 경험, 우정, 가족의 사랑 등을 통해 행복의 이상에 가까워질 수 있다. 하지만 이별, 죽음 등 **고통의 경험**을 수반하지 않는 **사랑이란 없다**. 따라서 사람은 사랑 때문에 상처받기 쉽다. 즐거움이 존재를 증진시켜준다는 스피노자적 개념과는 달리 행복에 대한 성찰은 비관주의로 귀결되게 마련이다(프로이트, 『문화 속의 불안』 참조).

충동의 충족과 승화

정신분석학에서 말하는 환상fantasy은 개인사에 연관되어 있지만 모든 개인에 공통된 감정 구조에 따라 형태를 취하기도 한다. 행복의 꿈은 그래서 **본원적 환상**을 따른다.

우리가 충족시키려 하는 **충동**은 처음에는 성적인 것이었지만 **변형**을 겪을 수 있다. 환상의 모양은 행복에 대한 우리의 표상을 조직해 낸다.

충동의 네 가지 기본 운명은 다음과 같다. (가) 직접적 성적 충족, (나) 전도(수동적 향락)나 귀환(사랑의 대상 추구는 자기 자신에게 돌아와 나르시스적 욕망이 될 수 있다)을 통한 성적 충족, (다) 목표가 억압된 충족(이 경우 목표는 성적인 것이 아니어서 예컨대 우정이 목표가 될 수 있다), (라) 승화(일, 책임, 예술 작품, 학문 등 사회적으로 인정받는 활동에서 만족을 추구하는 것).

따라서 우리의 개인 삶에서 구체화되는 행복의 형상은 인간이 이용할 수 있는 다양한 충족 추구의 형식에 근원을 두고 있다. (개인의 승화를 통해) 문화의 각 부문을 실현하도록 유발하는 에너지는 충동의 직접 실행을 피하면서 나온 것이다. 그러므로 충동의 직접적 충족이라는 총체적 행복을 단념하지 않으면 문명도 없다.

▶ **철학의 도구들**

▷▷▷ 혼동하지 마세요
• 개념과 상상력의 이상 |
개념은 실재의 본질을 이성적, 객관적 방식으로 진술한다.
이와는 달리 상상력은 다양하고 주관적인 형상을 생산한다.

▷▷▷ 정의
• 충동 | 프로이트 정신분석학에서 충동은 신체적인 것과 정신적인 것의 경계가 되는 개념이다. 충동은 신체 속의 근원(성감대), 추동력, 목표(능동적·수동적 만족의 추구), 대상(타인의 몸. 자기성애의 경우에는 자신의 몸) 등으로 이루어져 있다.

▷▷▷ 더 읽어볼 만한 글들
프로이트, 「충동과 충동의 운명」.

우리는 악을 원할 수 있는가

나는 고통을 겪는다, 그러므로 나는 존재한다……. 우리는 고통을 겪으면서 우리 몸을 뚜렷이 의식하고 주의를 기울이게 된다. 또한 정신적 고통을 겪는 중에 우리는 무엇이 우리를 괴롭히는지 또는 우리에게 무엇인가가 결핍되었다는 사실을 예민하게 깨닫는다. 하이데거의 설명에 따르면 위험에 대한 공포를 느낄 때 우리는 실존의 불안 한가운데 있는 우리의 취약함을 근본적으로 경험하게 된다.

고통의 원인

극적인 것이건 평범한 것이건 화禍를 겪으면 우리는 일어난 사건을 정당화하거나 누군가를 비난하기 위해 그것을 이해하고 설명하고 싶은 욕구가 든다. 숙명이나 운명 같은 관념은 이러한 무질서에 어떻게든 질서와 의도를 부여함으로써 이 같은 욕구에 부분적으로 부응한다. 하지만 우연한 사고나 자연 재해를 겪으면 불운不運 또는 심지어 악惡*의 부조리성에 대해 생각하지 않을 수 없다.

---

*프랑스 어의 mal이라는 단어에는 악과 화·재난·불행·고통 등의 의미가 함께 담겨 있다. 이 글에서는 이 단어의 양의성을 염두에 두기 바란다.

반대로 고통거리의 상당한 부분은 타인의 행동 때문에 생기게 마련이다. 따라서 사람이 저지른 악, 오류를 설명해야 한다. 이러한 인재人災는 의식적으로 저지른 것일 수도 있고 원치 않게 저지른 것일 수도 있으며, 그 일을 저지른 당사자는 죄책감을 느낄 수도 있고 않을 수도 있다. 더구나 사람은 의식적으로 잔인하게 악행을 저지를 수 있다. 이런 일을 보면 이기적이어서 타인이 느끼는 고통에 무심한 수준이 아니라 악을 저지르는 것에 즐거움을 느끼는 경우도 있다는 사실을 인정하지 않을 수 없다.

거의 모든 문명에는 불행을 **숙명**으로 돌리는 신화나 전설이 있다. 그런데 이러한 태도는 고대의 신화적 사유로만 나타나는 것이 아니라 죄책감(우리가 겪은 불행은 우리의 과거 잘못에 대한 '처벌'이다)으로 나타나거나 모든 불행을 특정 사회 범주의 탓으로 돌려 **희생양**을 만드는 식으로 나타나기도 한다.

이러한 신화적 설명과 대립되는 것은 실제 원인을 이해하는 것이다. 이때 불행에 맞선 결연한 투쟁이 가능해진다.

의도적 악: 고전적 논쟁

소크라테스는 본성상 악한 사람은 없다고 주장한다. 폭군 같은 악인은 오류를 저지르는 것이다. 악인은 악을 저지르면서 자신의 행복을 위해 행동한다고 믿는다. 이런 사람은 그의 존재와 판단을 정화하기 위해 처벌을 받아야 한다.

아리스토텔레스는 반대로 사악함은 의식적, 의도적인 것이라고 주장한다. 우리 행위의 원인은 우리 자신이라고 보는 아리스토텔레스 철학에서 보면 이는 당연한 결론이다. 사악함이 의도적인 것이 아니라면 칭찬이나 처벌은 할 수가 없다.

사악함이 의도적인 것이라면 그 사람의 방향 설정 자체가 교정되어야 한다. 만약 악이 자신의 행복을 가져다준다고 생각하고 저지른 오류라면 바른 판단을 할 수 있도록 교육을 시켜야 할 것이다.

칸트에 따르면 인간은 이성에 따라 도덕적 행위를 할 수 있지만 동물적 경향이 인간을 판단력이 결핍된 쾌락으로 몰고 갈 수 있다. 이런 경우 인간은 도덕법의 준수·위반에 대한 기준을 완전히 상실하여 사악해진다. 그러므로 **근본적 악**(기독교 전통에서는 악마가 이를 구현한다)을 상정해야만 한다. 인간을 도덕법의 부정으로 몰고 가는 악의 힘이 존재하는 것은 사실이지만 어느 누구도 근본적으로 악하다고는 할 수 없다.

니체는 문제를 뒤집어 바라본다. 인간이라는 동물이 약속을 할 수 있기 위해서는, 즉 도덕적 행동을 할 수 있기 위해서는 **필연적으로 잔인성을 사용해야 했다**. 거꾸로 우리의 나쁜 행동은 대부분의 착한 행동처럼 우리의 이해관계에서 나온다.

프로이트는 도착 증세를 해석하면서 남에게 고통을 줄 수 있는 행위와 부분적 충동의 무정부적 충동 사이의 연관성을 보여주었다. 성인이 된 후에도 사디즘, 마조히즘, 노출증, 관음증에 탐닉한다면 그것은 도착이다. 전쟁과 전쟁이 초래하는 무질서를 보면서 우리는 불행히도 인간 대다수의 도덕성이 매우 피상적 수준에 머무르고 있으며 인간 사회는 고삐 풀린 폭력과 순수한 파괴성으로 퇴행할 수 있음을 알게 된다.

악의 일상화

아우슈비츠와 다른 죽음의 수용소들은 근본적 파괴성과 인종청소 의지가 역사적으로 실현된 예이다. 블라디미르 장켈레비치Vladimir Jankélévitch가 말하는 것처럼 오직 희생자들만이 용서할 수 있으며 그것도 오직 회개하는 자들만을 용서할 수 있다. 한나 아렌트Hannah Arendt는 아이히만 재판을 분석하면서 악이 얼마나 평범한 일이 되었는지를 보여준다. '정상적인' 사람들이 엄청나게 끔찍한 일을 저지를 수 있는 것이다.

여기서 우리의 기억력은 어떤 의무를 가지는가? 무척 예외적 사태인 절대적 악의 신화는 불행히도 아직도 되풀이되고 있는 사건들을 윤리적·정치적으로 이해하는 데 장애가 될 수 있다. 역사적 기억력과 정치적 각성은 악에 맞서 싸울 수 있는 조건이다.

오늘날의 사회는 20년 전이라면 용인하지 못했을 사회악(가난, 실업)에 익숙해 있다. 노동의 고통은 증가했으며 개인들은 자기 방어를 위해 악을 흔한 것으로 받아들이고 있다. 두려움이나 부끄러움 때문에 자기가 겪는 불행과 악을 말하지 않으며 자기들 역시 남들에게 고통을 주는 것이다.

그와 동시에 모든 위험을 거부하는 현상도 확산되고 있다. 그래서 사고에 책임이 있다고 여겨지는 사람들(의사의 의료과실 등)은 책임 소재가 분명히 밝혀지기도 전에 거의 자동적으로 소송을 당하고 있다. 개인의 몰락과 더불어 악에 대한 신화적 개념이 복귀하고 있는 것이다.

▶ **철학의 도구들**

▷▷▷ 정의
- 숙명fate | 이 단어는 운명을 뜻하는 라틴 어 fatum에서 유래했다. 사건이나 상황이 피할 수 없는 성질의 것일 때, 인간 행동으로 그것을 막을 수 없을 때 이를 숙명이라고 한다.

▷▷▷ 더 읽어볼 만한 글들
알랭 바디우Alain Badiou, 『윤리학』.

종교, 약속, 기억

종교라는 것은 인간 사회에서 언제나 극도의 중요성을 부여받고 있었다. 모든 전통 사회는 종교의 영역에 근본적 위치를 부여하고 있다(달력, 금기, 세계관 등). 종교의 문제는 인생에 어떤 의미를 부여하는가라는 문제와 결합된다. 하지만 역사적으로 최근의 조류인 무신론도 인생의 의미 자체에 대해서 입장을 표명하는 동일한 논리를 따르고 있다. 또한 문화의 다양성이 반영된 결과인 **종교의 다양성** 때문에 특정 종교의 타당성을 인정하기 어려워진다.

종교 전통에 대한 철학적 성찰

종교성에 대한 이성적 성찰은 당연히 필요하다. 이러한 성찰을 하려면 자신의 개인적 입장(특정 종교의 신자인가 무신론자인가)은 잠시 접어두고 종교라는 것의 범위와 다양성을 연구해야 한다. 따라서 종교에 대한 성찰에는 관용적 태도가 필수적이다. 하지만 이 성찰은 거리를 두고 비교 연구를 해야 하므로 비판적 성찰이 된다. 이러한 비판의 결과 종교와 미신은 어떻게 다른지 질문을 제기할 수도 있다.

신이라는 관념은 철학적으로도 근본적인 중요성을 갖는다. 최소한 신 관념은 제한 없는 인식(전지성), 절대적 자유, 영원 등의 문제를 제기하는 극한 개념이다. 데카르트에게 신 관념은 진리에 접근할 수 있는 모든 가능성을 필연적으로 보장하는 것이다. 하지만 칸트는 경험을 지니지 않는 인식의 가능성을 부인한다(신은 우리 감각으로는 접근할 수 없다). 신 관념은 (영혼이나 자유라는 관념처럼) **이성의 관념, 이성적 믿음**이지만 인식은 아니다. 신앙이 이성적 지식을 존중하기를 거부한다면 그것은 비이성적 믿음이 된다.

프로이트는 **전통적 종교의 힘**을 강조했다. 종교는 개인을 만들어내고 문명의 구속을 받아들이게 하며 도덕적 감각을 형성(하거나 왜곡)한다. 또한 종교는 교회에 나가지 않고 신을 믿지 않으며 이러한 전통과 단절했다고 믿는 사람에게도 영향력을 유지하고 있다. 전통 종교의 이러한 힘은 종교적 애착의 정서적 측면에서 비롯되며 이는 **욕망의 논리**를 따른다. 문제는 종교가 인간을 인간화하는 동시에 소외시키지 않는가 하는 것이다. 믿음을 요구하면서 종교는 사유를 마비시켜 독단주의, 미신, 불관용을 조장하지는 않는가?

기억으로서의 종교

물활론物活論(정령숭배)은 **성**聖을 자연적 존재에 연결시켜 이들에게 살아 있는 영혼을 부여한다. 다른 종교적 길은 어떤 면에서는 **구원의 이야기들**이다. 이런 이야기들은 다신교 전통에 흩어져 있다가 일신론 종교를 통해 통합되어 세계사에 연결되었다.

종교는 믿음만으로 규정되지 않는다. 집단적·개인적 종교 경험은 다양한 **문화적 실천**으로 만들어지고 각인된다. 집단적 실천인 의식儀式은 종교 경험의 상징적 이해를 이끌어내고 전달하며 성스러운 이야기들과 현재의 역사를 관계 맺어준다.

각 종교를 만든 텍스트(베다, 성경, 꾸란)의 역할은 핵심적이다. 이러한 경전은 신앙 활동의 고정된 기준이 될 뿐 아니라(기독교에서 공인된 성경은 '정전正典', 종규宗規가 된다) 여러 세대에 걸친 끝없는 재독再讀의 대상이 된다. 이러한 재독은 언제나 재해석이며 주관적 재흡수이다. 그래서 종교는 기억의 저장소가 된다.

근본주의는 경전과 계율을 문자 그대로 이해하려 한다. 이는 기성 체제를 유지하려는 수구守舊적 입장과 결합하여 사회의 모든 부분이 종교의 결정에 따라 움직이게 하며 이를 위해 폭력 행사도 서슴지 않는다.

종교적 실천과 종교적 믿음은 역사적 변화의 심판관이다. 전통과 마찬가지로 종교는 연속성을 강화하고 개인의 상징적 구조화, 개인이 시간과 맺는 관계, 주요 사건을 '기념'할 능력 등을 보장한다. 이야기(플롯), 설교, 신학적 설명은 이러한 **상징적 주입**의 발화 양식이다.

약속으로서의 종교

기독교에서 신앙은 구원의 사건들의 진실성을 확인하며 그것을 기념한다. 신앙은 기대나 신앙이 내리는 명령(**자비**)과 분리 불가능하며 여기에는 저지른 잘못에 대한 죄의식과 신이 내릴 용서에 대한 기대가 동반된다. 따라서 믿음은 희망의 토대가 된다. 고통, 번뇌, 죽음을 피하리라는 희망, 자신의 약점·모순·폭력을 극복하리라는 희망 말이다. 반대로 이러한 희망은 회개의 원동력이 된다.

실제로 신앙은 신자의 삶을 규정하고 여러 명령을 내리는데 이는 신자에게 그 신앙에 따라 살 수 있는 힘을 준다는 의미에서 신앙의 핵심적인 차원이 된다. 그래서 각 개인은 의미의 일관성을 갖고 단일한 기억 속에 자리 잡고 신념에 따라 행동할 수 있게 된다.

메시아 신앙은 종교적 희망을 미래에 투사된 집단적 소망의 형식으로 표현하며 역사의 종말을 예고한다(종말론).

▶ 철학의 도구들

▷▷▷ 정의
- 성聖과 속俗 | 성스러운 것은 일상생활의 통상적 공간(세속)을 벗어나 있으며 인간이 통제할 수 없다. 성스러움은 두려움과 존경을 동시에 유발한다.
- 의례 | 보통 집단적으로 이루어지는 문화적 실천으로 말과 몸짓을 사용한다. 대부분의 의례는 규칙적으로 되풀이해야 하며 이로 인해 세속적 시간에 리듬을 부여한다.

▷▷▷ 더 읽어볼 만한 글들
다니엘 푸이유Daniel Fouilloux, 『성서 문화 사전』.

최고선의 관념

선善의 관념은 **규범**의 정의定義를 상정한다. 자신의 본성에 부합하는 것, 우리가 기대하는 바에 부합하는 것이 선이며, 도덕적 차원에서는 우리가 해야 하는 것, 도덕적인 것이 선이다.

선의 개념

선 개념은 어떤 규범을 따르는가에 따라 굉장히 다양한 방식으로 이해될 수 있다. 우선 선은 불완전한 사람들이 접근하려고 노력해야 할 이상일 수 있다. 플라톤의 관점에서 보면 불완전한 존재들도 어느 정도는 선의 이데아를 분유分有받고 있다. 아리스토텔레스의 관점에서 보면 선은 각 존재의 고유한 본성이 최대한으로 발전된 상태이다. 또한 에피쿠로스는 쾌락과의 바른 관계로 보장되는 행복을 선이라고 보았으며, 스토아 학파에서는 자연의 보편적 질서에 부합하고 동의하는 것이 선이라고 보았다. 종교, 특히 일신교(유대교, 기독교, 이슬람교)에서는 신의 법을 따르는 것이 선의 규범을 규정한다. 공리주의는 선을 유용성의 기준에서만 판단하며 칸트는 선을 순수한 도덕적 의도로 본다.

그러므로 모든 사람은 선과 행복을 바란다고 할 수 있을 것이다. 하지만 선이 무엇인지에 대한 사람들의 생각은 각기 다르다. 무엇이 선인지를 말하는 것은 하나의 의미를 만들어내는 것이며 이는 언제나 어떤 윤리학을 내포한다.

하지만 선은 **궁극 목적**에 관계되는 것이라고 볼 수도 있다. 따라서 어떤 선들은 그 자체로 추구되는 것이 아니라 그것이 궁극 목적의 실현에 봉사하기 때문에 추구된다. 따라서 우리는 최고선에 관한 논의로 넘어가야 한다.

최고선의 개념

최고선(라틴 어로는 summum bonum)은 고대부터 인간이 추구해야 할 궁극 목적, 모든 선의 상위에 있는 선을 의미했다.

따라서 최고선 개념은 하급한 선(부, 권력, 수완 등)과 참된 선을 혼동하지 않도록 막아준다. 그래서 스피노자는 『지성개선론』의 도입부에서 다음과 같이 주장한다. "나는 마침내 진정한 선에 해당하는 것이 존재하는지 찾아보기로 결심했다. (……) 이 선을 발견하고 소유한다면 부단한 지고의 즐거움을 영원히 얻게 될 것이다." 스피노자에게 선은 수단일 뿐이다. 진정으로 바람직한 유일한 것은 "사유하는 영혼과 자연 전체의 결합의 인식"이다.

하지만 최고선에 대한 고대의 개념은 여럿으로 갈렸다. 에피쿠로스 학파가 보기에 지고선은 행복이며 덕은 우리를 행복으로 인도하는 것이다. 스토아 학파의 관점에서 보면 선이란 자연을 보편적으로 주재하는 이성과 일치하는 것이며 이러한 일치는 우리가 어쩔 수 없는 것에 부당하고 비이성적으로 의존하지 않게 해줌으로써 행복을 만들어준다.

18세기에 칸트는 덕이란 순수 이성이 제공하는 도덕법의 무조건적 존중에 연결된다고 보는 도덕 개념에서 출발하여 이러한 최고선의 개념을 비판한다. 칸트가 볼 때 에피쿠로스 학파는 행복 추구를 덕과 혼동하고 있다. 또한 스토아 학파는 덕을 의지의 엄정성과 동일시하기는 하지만 이성과 자연을 동일시하고 감각적 성향의 힘을 과소평가한 것은 잘못이었다. 칸트가 볼 때 스토아 학파는 덕이 행복을 전혀 보장하지 못한다는 것을 알지 못했다.

최고선에 대한 칸트의 관점

칸트는 최고선에 대한 새로운 개념을 수립한다. 최고선이란 가지적 세계에서 덕과 행복의 일치를 실현시키는 것이다.

자신의 의지를 무조건적으로 도덕법에 복종시키고 있는 사람이 있다고 하자. 그럼에도 그는 여전히 행복을 갈망하는 감각적 존재이다. 그의 의지는 끊임없이 자신의 감각적 성향에 맞서 싸워야 한다. 그는 결코 완전히 도덕적인 존재가 될 수 없을 것이며 따라서 그는 이에 절망할 수도 있다.

그가 감각적 성향과의 투쟁을 승리로 이끌며 도덕적으로 행동한다고 해도 이로부터 그에게 개인적인 이득이 생길 것이라고는 할 수 없다. 그의 도덕적 의도는 선의 완성에서 개인적 이득을 찾지 못하게 하고 있다.

더구나 인간의 개인적 의지는 자연의 질서도 사회의 질서도 뜻대로 할 수 없다. 따라서 이성이 받아들일 수 없는 추악한 상황이 발생한다. 도덕적으로 행위하고 행복을 누려 마땅한 사람이 아무런 이득도 얻을 수 없는 상황 말이다. 무고한 사람의 고발에 반대하는 사람이 진짜 죄인 대신에 처벌을 받을 수도 있는 것이다.

그러므로 칸트는 이성은 최고선을 **상정해야** 한다고 주장한다. 즉 보편적 도덕법이 실제로 선을 추구하고 있으며 이 선은 설사 이승에서 실현되지 않을지라도 **무한한 도덕적 진보를** 가능케 하며 피안彼岸에서는 **덕과 행복의 화해를** 보장한다는 가정 말이다.

이러한 최고선 개념으로부터 **실천 이성의 공리들이** 도출된다. 자유의 확신, 영혼 불멸의 긍정, 미래의 삶에 대한 기대, **지고의 입법자인** 신의 존재에 대한 믿음 등의 공리 말이다(이 공리들은 증명할 수는 없지만 도덕적 인간의 불행이라는 부조리를 받아들일 수 없는 이성의 내적 요구에 의해 수립된다).

▶ 철학의 도구들

▷▷▷ 혼동하지 마세요
- (이론적) 순수 이성과 (순수한) 실천 이성 |

칸트의 비판적 사유에서 나오는 이 구별은 순수 이성('순수'라는 말은 경험과 무관하게 선험적으로 실행된다는 뜻이다)의 두 형태의 차이를 가리킨다.
- 이론적 활동에 종사할 때의 이성(사유, 인식)
- 실제 활동에 종사할 때의 이성(행위의 기준)

▷▷▷ 정의
- 도덕법 | 순수 이성이 규정하는 도덕법은 무조건적 복종을 요구하는 정언 명령을 수립한다. 도덕법은 '신중함'에서 나오는 가언 명령과 구별된다. 가언 명령들은 어떤 보편성도 지닐 수 없다.
- 덕德 | 의무에 부합하게 행동할 수 있는 능력.

▷▷▷ 더 읽어볼 만한 글들
칸트, 『이론과 실천』.

창작 활동의 행과 불행

내 말을 남들이 듣지 않는다면 나는 존재한다고 느끼지 못할 것이다. 하지만 예술가들은 적어도 자기 작품 속에서, 자기 작품으로 존재할 수 있다. 작품은 작가와는 다르지만 작가가 자기 자신에 대해 할 수 있는 말보다 훨씬 더 작가를 잘 드러내준다.

트라우마와 창작

창작욕이 어디에서 나오는가라는 질문은 충동의 운동이 억압받는 대신 승화되도록 이끄는 요인에 대한 성찰과 분리 불가능하다.

창작의 원형은 아마 아이들의 놀이일 것이다. 아이들의 놀이는 이미 연출이고 환상에 형태를 부여하는 작업이다.

하지만 현대의 많은 작가와 이론가는 글은 트라우마trauma(외상후 스트레스 장애)에서 나오며 고통에서 출발하여 살고 즐길 수 있는 가능성을 재조직한다는 사실을 의식하고 있다. 글이란 보통 '위험의 예술'(르 풀리셰S. Le Poulichet)이다. 하지만 글은 예술이며 여기서 위험은 변형된 채로 나온다. 스위스 작가 로버트 발저Robert Walser는 정신적 고통을 "사랑의 과잉"에 동일시하는데, 그는 자기가 글을 쓸 수 있는 한 이러한 고통은 통제될 수 있다고 말한다. 이러한 과잉과 희열의 순간은 루소의 『고독한 산책자의 몽상』에서 구체화된다.

프로이트는 레오나르도 다빈치가 어머니와의 관계 때문에 스스로의 성욕을 억압하고 있었으며 이는 그가 과학자와 화가의 두 직업을 수행할 수 있었던 삶과 연관이 있다고 분석하는데 이는 **승화** 개념의 수립을 위한 최초의 시도였다.

프로이트는 예술가와 신경증 환자의 유사성과 차이를 강조한다. "예술가는 신경증 환자처럼 불만족스러운 현실에서 멀리 벗어나 상상의 세계에 **빠져든다**. 하지만 신경증 환자와는 반대로 예술가는 현실로 복귀하여 현실에 다시 발을 내딛는다. 예술가의 창작과 작품은 그의 무의식적 욕망의 상상적 충족이며 이 점에서 꿈과 마찬가지로 타협의 속성을 갖고 있다. 하지만 꿈의 생산물이 사회와의 관련을 끊은 나르시스적인 것이라면 예술 작품은 타인의 만족을 기대할 수 있다. 예술 작품은 동일한 욕망의 무의식적 소망을 타인에게 일깨우고 충족시킬 수 있는 것이다."

예술은 단지 **환상**인 것이 아니라 승화를 통해 환상이면서도 현실적 충족처럼 보이는 외양을 창조할 수 있는 **형식**이다(따라서 픽션이나 연극은 의도적 환상이다).

향유의 승화와 예술

예술 작품이 주는 쾌락은 타인의 창조물에서 자기 자신을 만날 수 있다는 것이다. 따라서 이 창조물은 작가의 자아가 표현된 세계라기보다는 자아와 타인을 이어주는 관문과 같은 세계이다. 자아와 타인, 주체와 객체, 내재성과 외재성의 대립은 일시적으로 철폐된다. 행복에 대한 우리의 기대감, 꿈꾸기도 힘들 만큼 불가능한 우리의 소망은 이러한 순간의 마법에서 양분을 얻고 자란다.

예술은 그 자체로 **승화된 향유**의 가장 고차원적인 표현이다. 예술이 행복은 아닐지라 해도 예술은 쾌락과 향유이며, 아마도 행복의 조건일 것이다. 행복해지기 위한 기술의 구성 차원인 것이다. 특히 예술이 표현, 위험의 예술, 불행의 변형이기 때문에 말이다.

음악은 시 이상으로 행복의 형상이다(시에는 언어의 상처가 이미 각인되어 있다). 음악은 상반된 것들을 결합한다. 음악은 의식적 통제인 동시에 무아지경이고, 균형인 동시에 감각이며, 조화(화음)인 동시에 불협화음이다. 음악은 내재성 속의 초월성이고 외재성 속의 내면성이며, 무상하면서 심각한 것이고 도피인 동시에 깊이이다.

음악과 행복

철학자이자 피아니스트인 장켈레비치는 음악적 아름다움의 주술적 힘과 그 근본적 불명료성 사이의 역설에 주목한다. 음악이란 또한 일시적이고 소멸하는 외양을 갖고 있기 때문이다.

음악의 매력charm(마력)은 주술이고 마법이다. 음악은 인간에게 강력히 작용한다. "거대한 침입을 통해 음악은 우리 내면에 들어앉고 그곳을 자기 집으로 삼는다. 이 불청객이 소유하고 거주하는 인간은 스스로 도취되어 이제 자기 자신이 아닌 다른 존재가 된다. 음악의 침입을 받은 인간은 현악기, 관악기가 되어 활의 움직임이나 연주자의 손가락에 미친 듯이 전율한다."

음악의 작용은 **신들림**과 비슷하다. 정서적 즐거움을 만드는 기술로 생긴 이러한 몰아지경은 화성의 매력과 리듬의 매혹으로 전 존재를 뒤흔든다. 냄새가 논거가 아닌 것처럼 발성 연습도 이성은 아니다. 음악으로 새들을 춤추게 하는 오르페우스는 학자가 아니라 마법사인 것이다.

음악은 **은총**이다. 노래란 노래가 아닌 보통의 말도 존재할 것을 상정한다. 매혹은 벽에 난 틈이며 음악적 도피는 일상 세계에 내재한다. 물질적 존재성이라는 관점에서는 '거의 아무것도 아닌' 음악이 영혼에 마법을 걸며 그것만으로도 영혼은 자신의 유한성에서 탈출할 수 있다. 음악은 청각적이지만 소음과는 정반대되는 것이다. 음악은 소리인 동시에 침묵이며 한마디로 리듬이다.

행복의 패러다임인 음악은 외양과 덧없음의 베일 아래 지울 수 없는 것과 깊이를 나타낸다.

프랑스 시인 르네 샤르René Char는 "시란 욕망으로 남은 욕망의 사랑이 실현된 것"이라고 썼다. 글, 텍스트의 즐거움, 시는 이렇게 언어를 '영혼의 안식처'로 만든다.

▶ **철학의 도구들**

▷▷▷ 혼동하지 마세요
- 본질과 외양 |

본질은 사물 자체, 존재이며 그 정의는 개념적 내용을 기술한다.
외양은 기만적일 수 있어서 우리는 존재에 대해 착각할 수 있다. 반대로 외양은 존재의 몇 가지 (부분적·즉각적) 진정한 측면을 표시할 수도 있다. 그러므로 외양이 반드시 기만적인 것은 아니지만 그래도 외양은 본질의 진정한 인식과는 구별된다.

▷▷▷ 정의
- 매력charm(마력) | 이 단어는 원래 마법의 효과를 뜻하며 '매력'이라는 미적 의미는 1차 의미인 '마력'에서 파생된 2차 의미일 뿐이다.
- 은총grace | 이 용어는 그리스 신화에 나오는 미의 세 여신three graces(유프로시네, 탈리아, 아글라에아)에서 빌려온 것이지만 또한 신학 용어이기도 하다(신의 은총). 따라서 은총은 신의 선물이라는 관념이나 미 앞에서 느끼는 황홀이라는 미적 경험과 분리 불가능하다.

▷▷▷ 더 읽어볼 만한 글들
블라디미르 장켈레비치, 『음악과 지울 수 없는 것』.

▶ 생각해볼 주제

걱정 없는 인생이라는 고대의 이상
: 에피쿠로스와 마르쿠스 아우렐리우스

아타락시아와 영혼의 평안

고대의 도덕은 처세술이나 자기 관리에 막대한 중요성을 부여했다. 사람들이 자신의 진정한 본성(플라톤의 경우에는 영혼의 신성함, 스토아 학파의 경우는 이성, 에피쿠로스 학파의 경우에는 감각)을 인식한다면 지혜의 사랑, 철학의 길을 따라 두려움과 걱정에서 벗어난 인생에 도달할 수 있을 것이다.

살다보면 끊임없이 격랑을 겪게 마련이다. 따라서 고통을 벗어나 **아파테이아**apatheia(고통의 부재)에 도달하는 것만큼 중요한 것도 없다. 걱정 없는 인생, 즉 **아타락시아**라는 이상에 도달하는 것 말이다. 우리는 여기서 행복이 부정적으로 규정되고 있다는 것을 알 수 있다. 두 그리스 어 단어는 부정의 접두사 '아(a-)'가 붙어 있다. 우리가 인생해서 추구해야 할 것을 적극적으로 규정한다면 그것은 **영혼의 평온, 평안**이 될 것이다. 그런데 영혼의 평안은 내적 평화와 안정을 목표로 하는 것이지 욕구를 한껏 채우는 것도 아니고 무엇인가를 완성하는 것도 아니고 위대함을 추구하는 것도 아니다. 그러므로 우리는 이러한 고대적 지혜의 이상이 과연 행복의 형상을 묘사하고 있는 것인지, 아니면 단지 고통에서 벗어나는 통로만을 제시하고 있는 것인지 질문을 던질 수 있다. 평안을 얻는 것만으로 행복해질 수 있는가?

두려워할 것은 전혀 없다 : 에피쿠로스의 쾌락주의

에피쿠로스 학파의 관점에서 볼 때 행복에 도달하려면 무엇보다 두려움을 넘어서야, 특히나 죽음의 공포를 넘어서야 한다. 그런데 죽음이란 우리에게 아무것도 아니다. 인간이 감각이라면 죽음은 감각의 부재이므로 우리에게 도달할 수 없다. 현자賢者에게 인생은 버거운 것이 아니며 죽음은 나쁜 일이 아니다.

자연적 쾌락과 필연적 쾌락을 구별하고 이 두 가지만을 존중함으로써 아타락시아를 향한 길은 열린다.

잘못된 길로 빠지지 않는 욕망의 연구는 모든 선택과 거부를 신체의 건강과 영혼의 걱정 없음으로 귀결시킬 줄 안다. 왜냐하면 이러한 것이 행복한 인생의 목표이기 때문이다. 또한 이러한 상태에 도달하기 위해, 그러니까 몸이 아프지 않고 영혼이 번민에 빠지지 않기 위해 우리는 무슨 일이든 할 것이기 때문이다. 이러한 상태가 한번 우리 안에서 실현되면 영혼의 모든 폭풍은 가라앉으며 그렇게 되면 생명체는 이제 자기에게 부족한 무엇인가를 찾아 나설 필요도 없고 영혼과 신체의 안녕을 완전하게 해줄 무엇인가를 찾을 필요도 없다. 쾌락의 부재로 고통받을 때, 오직 그때에만 우리는 쾌락의 필요를 느낀다. 반대로 고통을 받지 않을 때 우리는 쾌락을 필요로 하지 않는다. 쾌락은 행복한 삶의 원칙이자 목표라고 우리가 말하는 것은 이 때문이다.

(에피쿠로스, 「메노에케우스에게 보내는 편지」 중에서)

아무것도 너를 구속하지 않으리라 : 스토아 학파의 자유 개념

스토아 학파가 말하는 자유는 이와는 다른 구별을 근거로 두고 있다. 이는 자기 자신에게 달린 일(뜻대로 할 수 있는 일)과 그렇지 않은 일의 구별이다.

우리의 판단, 성향, 욕망은 우리 자신에게 달린 일이다. 하지만 신체적 건강, 부, 권력은 우리 마음대로 할 수 없다. 따라서 이러한 외적 선에 대한 모든 의존으로부터 내적으로 해방되어야 한다. 그러면 어느 무엇도 현자에게 폭력을 가할 수 없고 현자를 괴롭힐 수 없을 것이다.

따라서 자유는 (사회생활을 그만두고 시골로 은퇴하여 걱정거리를 피하는 식으로) 외적 조건 쪽에서 찾을 일이 아니다. 평안은 우리 자신의 표상에 대한 내면적 작업의 결과이다. 평안은 영혼의 개종, 개심을 통해 얻을 수 있는 것이다.

다음 텍스트의 결론은 우리가 앞에서 지적한 한계를 분명히 보여 준다. "우리가 고통을 겪지 않을 때는 우리에게는 쾌락이 필요 없는 것"이다.

> 사람들은 은퇴해서 시골, 바닷가, 산 등의 장소에 정착하려 한다. 너만 해도 이렇게 외딴 장소를 열렬히 갈구하곤 한다. 하지만 이 모든 것은 너무나 속된 생각이다. 너는 원하면 언제든지 네 안으로 도피할 수 있는 것이다. 자기 영혼 속보다 더 평온하고 조용한 곳도 없을 것이다. 하물며 그 즉시 절대적 평안을 가져다주는 이러한 개념을 품고 있다면 더욱 그럴 것이다. 여기서 내가 말하는 평안이란 어떠한 혼란과 격동도 없이 완벽하게 질서 잡힌 상태를 뜻한다.

그러니 스스로 이러한 은퇴의 시간을 자주 갖도록 하여라. 그리고 그로써 원기를 회복하고 갱생토록 하여라. 하지만 또한 네 영혼 속에 칩거하고 고통 없이 원래 하던 일로 돌아갈 수 있게 해주는 간결하면서도 근본적인 수칙을 갖도록 하여라. 무엇 때문에 너는 고통스러워하는가? 사람들의 사악함 때문에 괴로운가? 모든 이성적 존재는 서로를 위해 태어났으며 서로를 견디며 사는 것은 정의正義의 일부라는 것을, 사람들은 원치 않게 죄를 저지르게 마련이라는 것을, 서로 다투고 의심하고 증오했던 사람들은 모두 창에 찔려 쓰러져 먼지로 변해버렸다는 것을 잊지 말도록 하여라. 그러니 진정토록 하여라.

(마르쿠스 아우렐리우스, 『명상록』, 4권 3절)

왜 철학을 하는가?

철학과 무관하게 사는 사람들은 언제나 철학에 대해 애매한 반응을 보여왔다. 철학을 하고 싶다거나 철학자가 되고 싶다는 뜻을 표명하면 감탄의 시선 못지않게 불쌍하다는 표정도 많이 나온다. 경계하는 듯 한 발짝 뒤로 물러서거나 재미있다는 듯 미소를 짓는 일도 없지 않다. 철학은 아무짝에도 쓸모없는 일이라는 말은 언제 어디서나 들을 수 있다. 하지만 철학자라는 직업이 25세기 전부터 계속해서 존재해왔고 최근 철학에 대해 언론과 대중이 보이는 열광을 보면 철학은 관심을 가질 만한 가치가 있을 뿐 아니라 어떤 관점에서 보면 필수불가결한 것이라고 생각할 수도 있을 것이다. 그런데 어떤 관점 말인가?

'왜?'라는 질문은 여러 방식으로 읽을 수 있다. 먼저 협의의 해석이 있다. 왜 어떤 사물이 만들어졌는가, 그 목적은 무엇인가, 철학의 효용은 무엇인가, 혹은 (철학 교수들의 임용을 정당화할 만한) 그 사회적 기능은 무엇인가 등을 질문할 수 있다. 하지만 '왜'라는 질문은 더 근본적으로는 우리가 철학을 하게 되는 이유를 묻는 질문으로 이어진다. 철학에 대한 인간 고유의 욕구가 있는 것일까? 이러한 욕구의 본성과 기원은 무엇인가?

철학은 어떤 욕구에 부응하는가?

지혜의 욕구

우리는 흔히 철학자에서 현자의 모습을 보곤 한다. 이는 철학이라는 단어의 어원(지혜에 대한 사랑)에도 부합한다. 우리는 철학자라면 자기 내면과 심리를 변화시켜 인간 조건 고유의 구속과 고통을 초월할 수 있다고 생각하곤 한다. 스토아적 영감에서 나온 이러한 관점은 큰 재난을 당한 사람에게 흔히 하는 "철학자가 되어라(달관해라)."라는 표현에서도 찾아볼 수 있다. 철학자가 된다는 말은 한 발 뒤로 물러서서 사건을 해명하는 이성적 설명을 찾는다는 말이다. '철학자'가 아닌 사람은 절망적인 위기 상황에 몰입하며 모든 사물의 궁극적 이유에 대한 지혜를 갖고 있지 못함을 드러낸다.

철학은 친지의 죽음, 병, 죽음의 공포, 삶의 부조리 등 인생을 괴롭히거나 위협하는 고통에 대답할 수 있게 해준다. 철학은 사람들을 안심시키고 해방해주고 설명을 제공하고 각자의 삶에 의미를 부여해준다.

철학과 철학이 부응하는 욕구·필요를 이런 식으로 바라볼 경우 철학을 종교, 사교邪敎, 비교祕敎, 사이비 심리학, 점성술 같은 것과 동일시하는 오류를 정당화할 수도 있다. 사실 전통적 도서관에 가보면 철학책들이 꽂혀 있는 칸 바로 옆에는 종교 서적이나 신비로운 인간 내면을 발견하라고 권유하는 비학祕學, 사이비 심리학, 심령술 책이 놓여 있는 일이 드물지 않다.

철학은 답변이 될 수 있는가?

철학의 효용과 필요성을 이런 식으로 규정하면 철학이 종교나 점성술과 어떻게 다른지, 철학의 특수성은 무엇인지를 알 수 없게 될 위험이 있다. 앞에서 우리는 '철학'을 세계와 인생의 설명 체계, 교리敎理로 간주했다. '인생철학'이라는 표현에는 바로 이런 의미가 깔려 있어서 이때 철학은 세상에 대한 기초적 관점과 인생살이를 위한 몇 가지 규칙으로 요약된다.

그러므로 이러한 철학은 분명히 유용하다. 하지만 이런 것을 철학이라고 할 수 있을까? 이는 철학의 본질 자체에는 등을 돌리면서 철학이라는 단어를 오용誤用하는 것이 아닐까? "왜 철학이 필요한가?"라는 질문은 철학의 정의에 관한 질문과 밀접한 관련을 맺고 있다.

철학과 철학의 용도

이 첫 번째 질문을 벗어남으로써 우리는 철학의 본질을 그 내용 쪽이 아니라 내용에 대한 **특정한 태도**를 통해 찾아야 한다는 것을 이해하게 되었다. 사실 철학의 효용을 철학이 부응하는 욕구를 통해 표현하려 하면서 우리는 **철학의 비철학적 용도**를 묘사한 셈이 되었다. 이런 유형의 답변들은 다른 '지혜'의 분과들도 제공할 수 있는 것이어서 철학적 전문 용어를 빼면 진정 철학적인 것이라고는 전혀 없다.

우리가 철학의 필요성이라고 생각했던 것에 부응하는 정도의 일이라면 세계와 인간에 대한 어떠한 해석틀도 그 소임을 다할 수 있다. 예컨대 정치, 종교, 심지어 스포츠조차도 이런 일은 할 수 있다. 이러한 활동은 각자에게 세상을 이해하고 판단하는 본질적 관점이 될 수 있다. 모든 일에 대답을 해주는 인생과 사유의 체계가 될 수 있는 것이다.

철학은 이러한 역할을 수행할 수 있다. 하지만 철학이 꼭 그런 일을 해야 할 이유는 없다. 따라서 최근 언론과 대중 사이에서 불고 있는 '철학으로의 귀환' 열풍은 심각한 오해로 빚어진 일이라 할 것이다. 더구나 철학의 입장에서 보면 이러한 오해는 새로운 현상도 아니고 낯선 일도 아니다. 왜냐하면 철학은 어찌 되었든 화술話術이고 언어의 힘이 실행되는 장소인 궤변술과 완전히 분리될 수 없기 때문이다.

철학으로의 이행

이상한 질문 한 가지

그러므로 철학은 본질적으로 사유의 내용물이 어떤 토대를 갖고 있는지, 그것이 얼마나 일관성이 있는지 질문을 던지는 방식이다. 이 점에서 철학은 특정 사유의 내용물이 확정적 진리라고 여기는 맹목적 믿음과는 확연히 다르다. 철학은 사유의 형식이고, 비판적 정신이라는 말을 자주 들어왔던 지적 태도이다. 철학은 무엇보다 철학 속에 들어온 정신에 거꾸로 영향을 끼치는 경험이다.

철학은 본디 대답이 될 수 없으므로 철학의 필요성에 부응할 수 없다. 결국 이는 철학의 무용성으로 귀결된다.

따라서 철학의 유용성이라는 질문은 아마 **철학과는 무관한 질문, 철학 바깥에서만 제기될 수 있는 질문**일 것이다. 철학이 왜 필요한지 질문을 더 제기하지 않아도 되는 까닭을 검토하려면 일단 이 문제는 잠시 접어두어야 한다. 어떻게 비철학성에서 철학성으로 이행할 수 있는가? 철학의 무용성이라는 걸림돌을 어떻게 넘을 수 있는가?

철학으로 들어가기, 억견에서 벗어나기

철학으로의 이행이라는 까다로운 문제는 억견과 철학 사이의 고전적 대립에서 명확히 드러난다. 철학은 태어날 때부터 진리와 고차원적 토대가 필요하다는 명목으로 억견을 비판, 비난해왔다.

하지만 철학을 위해 억견을 포기해야 한다는 것을 이해하려면, 철학으로 이행할 필요성을 밝히려면 억견은 그 자체로 불충분하고, 내적 모순을 담고 있으며 존속 가능성이 없다는 점을 증명해야 한다.

그런데 억견의 속성은 스스로 만족한다는 것이다. 억견은 그 명제들에 근거가 없어도 크게 개의치 않는다. 억견에 빠져 있다는 것은 진리의 근거를 질문하지 않는 것이고 철학이 억견을 비난하는 이유를 무시하는 것이다. 따라서 억견에서 철학$_{philosophia}$으로 넘어가기 위한 핵심적 단계가 여전히 빠져 있다.

철학의 역설의 형상들 : 죽음, 놀라움, 의심

많은 철학자들은 철학으로의 이행이 내포하는 불연속을 강조했다. 특히 죽음이라는 테마가 중시되었는데 몽테뉴는 "철학한다는 것은 죽는 법을 배우는 것"이라고 말하면서 철학을 하는 것은 몸과 마음이 관계를 맺는 특정한 형태와 관계가 있으며 철학을 하는 것은 수수께끼로 가득한 행위라는 점을 보여주었다.

'죽는 법을 배우는 것'이라는 표현은 철학에 밝지 않은 사람에게는 전혀 이해가 되지 않는 말이다. 이 표현은 **철학으로의 이행을 이성적으로 설명할 수 없다는 것**을 나타낸다. 철학을 한다는 것은 지금까지 살던 것과는 다른 삶을 살게 되는 것이고 그 이전의 비철학적 삶의 죽음을 맞이하는 것이다. 따라서 철학하기는 논증의 결론이 아니라 철학에 들어간 사람에게 중대한 영향을 끼치는 '경험'인 것이다. 그래서 소크라테스는 "철학에 전념하는 것은 죽어가는 것이고 이미 죽은 것"(『파이돈』, 64a)이라고 말한다. 이 놀라운 표현은 철학으로의 이행이 얼마나 어려운 일인지를 말해준다. 죽기 위해, 죽음의 의미를 이해하기 위해 철학자는 이미 죽어 있어야 하는 것이다.

플라톤은 **놀라움**의 개념으로 철학의 탄생을 설명하려 한다. 이는 우리가 억견을 멀리하고 철학 쪽으로 방향을 선회할 때 세계 앞에서 생기는 태도의 전복을 뜻한다. 이러한 **개종**은 모든 사람이 알고 있고 언제나 알아왔던 것에 대해 "그게 뭔데?"라는 소크라테스의 유명한 질문을 제기하는 것이다. 마찬가지로 데카르트는 철학이 우리의 모든 지식에 대한 근본적 회의로 시작한다고 믿었으며 따라서 **자기 자신을 변화시키는** 작업이 끊임없이 계속되어야 한다고 생각했다. 논증으로는 충분치 않다. 사유하는 자아를 변형하는 데 이르러야 한다. 의심하려는 의지는 끊임없이 습관적 사유로 돌아가려는 위협에 부딪힌다.

철학을 외부에서 바라보면 철학으로 이행해야 할 필요성은 결코 결정적으로 증명될 수 없을 것이다. 일단 철학이라는 경험 안에 들어온 다음에야 우리는 **사후적으로** 이러한 철학적 결정의 의미와 필요성을 이해할 수 있다. 우리는 철학이 자기 인생에 어떻게 쓸모 있는지를 논증적으로 증명했기 때문에 철학으로 이행하는 것이 아니다. 철학으로의 이행은 **다른 어느 것으로도 환원될 수 없는 욕망의 존재**에 기반하고 있다. 따라서 흥미롭게도 철학이라는 설명 방식, 철학이라는 사유의 토대는 사실상 철학을 하고픈 욕망이라는 비이성적 차원에 근거하고 있는 것이다.

▶ **철학의 도구들**

▷▷▷ 더 읽어볼 만한 글들
플라톤, 『파이돈』.
플라톤, 『테아이테토스』.
데카르트, 『성찰』, 제1성찰.
에드문트 후설, 『순수 현상학과 현상학적 철학의 이념들』.

철학, 철학하기, 철학들

철학의 정의를 따져보려고 하면 그 즉시 철학의 현실 한 가지에 직면하게 된다. 철학이란 고등학교나 대학교에서 철학 선생이 가르치는 것이다. 그러므로 철학에 대한 성찰은 철학 교육에 대한 질문을 거칠 수밖에 없다. 철학이란 2,500살 먹은 교육 과목이다. 하지만 철학은 또한 지적 태도, 삶과 사유의 방식이다. 그렇다면 철학을 한다는 것은 인류의 역사에서 출현한 여러 철학 사조를 공부하는 것인가? 철학사적 지식을 쌓는 것이 철학을 하는 것인가? 거꾸로 철학적 지식 없이 철학을 하는 것은 가능한가? '철학'이라는 단어의 다의성은 철학의 본질 자체와 무관하지 않다.

철학을 하는 것은 여러 철학을 습득하는 것인가?

누군가가 철학을 한다고 하면 우리는 그가 플라톤, 칸트, 헤겔의 철학을 잘 알고 있을 것이라고 기대한다. 이것은 철학적 지식의 문제이다. 철학과 학생들이 공부하는 철학 책의 내용 말이다.

하지만 철학 교육도 그렇게 간단한 일은 아니다. 가장 큰 걸림돌은 '철학'이라는 학문에 일관성이 없다는 것이다. 특정한 법칙이나 이론이 보편타당하게 적용되는 물리학이나 수학과는 달리 철학이라는 학문에는 그것을 총괄할 수 있는 이론이 있는 것이 아니라 여러 철학 이론이 있을 뿐이며 이 이론들은 보통 극단적으로 대립된다.

철학 교육이 위대한 철학들의 내용을 전하는 것이라면 부조리에 빠질 위험이 있다. 예컨대 다루는 철학자에 따라 신의 존재는 증명 가능한 것일 수도 있고 증명 불가능한 것일 수도 있다. 철학 교육은 논증을 따라간다고 하면서 한 사상의 가치를 그 철학자에게 귀속시킬 뿐이다. 그래서 "플라톤이 보기에 인식이란 이러이러한 것이다."라고 말하는 것인데 이것은 모든 철학적 방법론의 보편적·이성적 차원을 부인하는 것이다.

철학을 하는 것 – 철학적 사유

따라서 철학은 그 본질 자체를 잃은 것처럼 보인다. 철학을 한다는 것은 모든 학교 교육과의 대립으로만 정의될 수 있다. 학교 교육은 사상의 내용을 그것이 아리스토텔레스나 데카르트의 것이라는 핑계로 그 자체로 받아들이고 습득하는 것이어서 철학의 근본적 성격인 비판 정신이 전혀 없다.

철학을 한다는 것은 철학자들의 말을 배우는 것이 아니라 과거의 철학자들처럼 스스로 철학 활동을 수행하는 것이다. 철학하기는 철학자들의 권위를 부인하는 것으로 시작한다. 철학을 하려면 이성적 토대를 스스로 직접 찾아야 한다.

철학은 역설적이게도 이전의 모든 철학 전통의 붕괴를 내포하는 전통이라고 규정될 수 있다.

철학을 하는 것 – 철학적 독서

이러한 역설에서 알 수 있듯 **철학사(과거 철학에 대한 지식)는 철학 자체와 무관한 현실이다.** 철학은 모든 이성적 존재가 잠재적으로 소유하고 있는 절대성으로서 문화적 맥락 바깥에서 정의될 것이다. 하지만 철학은 다른 모든 인간 활동과 마찬가지로 역사적·문화적 조건과 상황을 벗어나지 못한다. 철학 역시 문화의 산물인 것이다.

하지만 **철학은 문화와 역사로 완전히 환원될 수 없다.** 철학을 한다는 것은 남들의 생각을 고분고분 배우는 것도 아니고 문화와 무관하게 혼자 철학하는 것도 아니다. 철학이란 오히려 **독서 방식이다.**

텍스트란 문화적 현실로 간주될 수도 있고 어떤 사상의 표시라고 이해될 수도 있다. 그러므로 읽는다는 것은 글의 문자적 의미 파악이 아니라 한 사상의 일관성에 도달하는 것이다. 이때 철학적 독서는 대표적인 철학적 활동이 된다. 의미와 해석의 탐구라는 뜻에서 말이다. 이는 최종 결과가 절대 아니며 성찰의 출발점이다.

▶ **철학의 도구들**

▷▷▷ 혼동하지 마세요
• 문화적인 것과 상대적인 것
우리는 흔히 이 두 개념을 뒤섞어 혼동한다. 이는 절대적인 무엇이 있다면 그것은 문화적인 것이 아닐 것이라는 전제 때문이다. 그렇지만 철학이 문화적 현실이라고 해서 자동적으로 철학의 보편적 가치가 사라지는 것은 아니다. 문화적이라고 해서 반드시 상대적이거나 주관적인 것은 아니다.

▷▷▷ 더 읽어볼 만한 글들
칸트, 『순수이성비판 서문』, 초판 서문, 재판 서문.
헤겔, 『정신현상학』, 서문.

철학적 언어는 존재하는가

철학 초심자라면 이러한 질문 자체가 이상해 보일 것이다. 초심자가 볼 때 철학에는 복잡하기 짝이 없는 고유의 전문 언어가 있다. 철학자들의 은어는 분명 이 비밀 종파에 속하지 않은 사람들에게는 걸림돌이 된다. 생명공학자나 컴퓨터 프로그래머가 전문 언어를 사용한다고 비난할 사람은 아무도 없으리라. 하지만 철학의 연구 대상은 소수의 학자에게만 상관있는 것이 아니다. 철학의 담화는 사회의 제한된 집단에 정보를 제공해야 할 소명도 없다. 철학은 지식과 가치의 토대 자체에 대해 성찰한다고 주장하며 이성의 언어라는 보편적 언어로 말한다고 주장한다. 그렇다면 철학이 전문 용어를 사용하는 것이 철학적으로 정당화될 수 있을까? 이는 필요악일까?

보편적 철학 언어라는 이상

억견의 매개체인 일상 언어에 대한 비판

철학에 입문하려면 특정한 어휘를 습득하는 단계를 거쳐야 하는 것처럼 보이는데 이는 많은 철학자들이 일상 언어로 자기 생각을 표현하기가 어렵다고 생각하기 때문이다. 사실 언어란 어떤 사유이든 반영할 수 있는 중립적인 의사소통 수단이 아니다.

성찰을 시작하기 전에 우리는 자기도 모르는 새 이미 교육이 물려준 세계에 대한 선先개념화, 환경이나 나라에서 비롯된 편견을 갖고 있다. 모든 철학적 절차가 내포하는 지식들의 쇄신에 완벽히 적합한 보편적 언어를 사용할 수 있다면 이상적일 것이다.

사유의 단절, 언어의 단절

하지만 이러한 보편적 언어는 없다. 따라서 우리는 철학자들이 별도의 언어를 사용하는 것도 어느 정도 이해할 수 있다. 새로운 어휘와 표현법을 사용해서 한 가지 사유 방식에서 다른 사유 방식으로의 급진적 이행을 구체화하는 것이 적절한 것이다. 따라서 '윤리학'이라는 말을 쓰면 대번에 일상적 행동의 일시적 정당화 문제가 아니라 보편적인 선이나 의무를 어떻게 정의할 것인지 탐구하는 문제가 된다.

철학들의 바벨탑

철학적 의미의 분산

따라서 철학이 고유의 언어를 사용하는 것은 이성적·철학적으로 합리화될 수 있을 듯하다. 하지만 문제가 있다. 같은 단어를 철학자마다 다른 의미로 사용하는 일이 빈번하다보니 철학적 단어들의 의미가 파열되면서 이러한 정당화 자체가 토대를 잃는 것이다.

주요 용어들이라면 철학자마다 각자 다르게 의미를 사용하는 일이 흔하니 '철학 용어'라는 말은 거의 의미가 없다. 같은 용어가 완전히 반대의 의미를 띠는 예들도 적지 않다. 플라톤에게서 변증법은 사물의 참된 규정으로 인도하는 언어적 사유를 뜻하는데 칸트에게서 변증법은 이성의 비합법적 사용에 해당한다. 보편성을 얻겠다는 철학의 야심은 헛된 것인가?

한 학설의 어휘와 한 사상의 정신

단일한 철학 언어라는 것을 만들기가 어렵다는 사실로 인해 우리는 다시금 철학 행위를 정의하는 근본적 질문과 마주치게 된다. 철학 용어 하나를 알고 있다고 해서 철학적 독해라는 철학의 이상에 도달할 수는 없다. 철학 용어는 질문을 열어주는 것이 아니라 **특정한 이론의 틀 안에 있다.**

특정 철학자의 문구들을 자유롭게 구사할 수 있는 학생이나 전문가는 수도 없이 많지만 이 철학자의 근본적 관심사를 다른 철학의 언어로 번역할 수 있는 사람은 많지 않다. 하지만 철학자들 사이의 철학적 대화가 가능한 것은 이러한 번역 덕택이다.

실제로 '변증법'이라는 단어의 다양한 의미에서 출발하여 이성적 인식이라는 개념에 관한 온갖 성찰이 이루어졌다. 중요한 것은 단어에서 출발하여, 단어를 뚫고 사유하려는 시도이다. 플라톤은 자기만의 용어가 거의 없다시피 한데 그렇다고 해서 플라톤 철학에 엄격함이 결핍된 것은 아니다. 오히려 플라톤은 단어들을 꿰뚫어 사유해보라고, 억견이 부과하는 단어들의 관습적 정의를 넘어서라고 권유하고 있는 것이다.

▶ 철학의 도구들

▷▷▷ 정의
- 은어隱語 | 철학자들의 언어는 흔히 은어라고 불린다. 은어란 특정 집단 안에서 통용되는 복잡한 언어로 결과적으로 외부인이나 문외한을 배제하게 된다. 그런데 철학이 전문 용어를 사용한다는 것은 단순히 표현의 문제가 아니다. 이는 인간 사회 안에서 철학의 지위, 철학이 차지하는 지위의 문제가 된다.

▷▷▷ 더 읽어볼 만한 글들
플라톤, 『크라튈로스』, 383a~386c, 428b~440e.
데카르트, 『성찰』, 2권.
니체, 『유고(1870년~1873년)』, 니체전집 3권 8장 「그리스 비극 시대의 철학」.

철학과 형이상학 : 공통의 운명?

중세 학자들은 아리스토텔레스가 『자연학Physics』 이후에meta 쓴 텍스트들에 『형이상학Metaphysics』*이라는 제목을 붙였다. 이때 형이상학은 단순히 '『자연학』 이후에 집필된 저작들'이라는 뜻이 된다. 하지만 어떤 이들은 여기서 meta를 '~을 넘어서는', '~의 위에'라는 뜻으로 해석하기도 한다. 이 경우 형이상학은 '자연을 초월하는 대상에 관한 학문'이 된다. 자연을 사유할 수 있게 해주는 이성적 원칙들 너머에 존재의 최초 원칙들이 있으며 이 원칙들은 모든 감각적 사물에 관계한다. 이렇게 형이상학이 감각성의 자명성을 넘어서는 질문이라면 형이상학은 어떻게 '인식'이 될 수 있을까? 존재하는 모든 것의 토대를 수립하려면 우리는 신학, 제일원리(신)에 도달하게 되는데 이는 어떠한 확실한 진리도 가능하지 않은 영역이다. 철학은 감각성과 가지성 사이에서, 차안과 피안 사이에서 불확실성의 왕국에서 방황할 운명인 것인가?

---

* 『형이상학』은 아리스토텔레스의 저작 중 제1철학에 관한 텍스트 14편을 후대인들이 합쳐 한 권으로 묶으면서 붙인 제목이다.

형이상학은 필연적이지만 허황된 도약인가?

토대라는 필연적 질문

데카르트는 형이상학이 모든 지식의 근원에 있다고 주장하는데 기실 형이상학은 우리가 지각하는 모든 이차적 원인을 산출하고 통합하는 제일원인까지 거슬러 올라가 사물들의 토대를 사유하려 한다. 그래서 형이상학의 황금 시대였던 17세기에는 "왜 무無가 아니라 존재인가?"(라이프니츠)라는 질문에 대답하는 **이성적 신학**이라는 것이 수립되었다. 이러한 **무제약성**을 향한 도약에는 인식론적 기능이 있다.

하지만 이는 대표적인 불가능한 지식이다. 칸트의 시대에 형이상학이 불신을 받은 것은 형이상학이 공회전을 하고 있기 때문이었다. 형이상학은 이성의 한계를 벗어나는 '지성적 직관'으로 아무런 믿음이나 마구 정당화하기도 했고 이성의 이러한 한계를 핑계로 세계의 기원, 영혼 불멸, 자연법 속에서 인간 자유의 가능성 등 우리를 떠나지 않는 문제들에 대해 입을 다물기도 했다(449~452쪽 참조).

형이상학의 미망

인간 정신은 어떠한 **지성적 직관**도 가질 수 없으며 오직 (시간과 공간이라는 경험의 조건과 연결된) 감각적 직관밖에는 가질 수 없다. 따라서 실증주의적 관점에서 보면 형이상학적 정신은 허구적 실체와 의인화된 추상 개념 등 온갖 공상에 빠져 허우적거리고 있는 '인류의 유아기'에 속한다.

하지만 이러한 질문들은 비판을 받으면서도 사라지지 않고 우리

주위를 맴돌고 있다. 니체의 지적처럼 인간은 자기 조건의 공허함을 마주보지 않기 위해 이러한 뻔한 거짓말들을 놓지 않고 있는 것이다. '사물 그 자체'니 '사물의 존재'라는 말을 하는 것 자체가 우리가 살고 있는 세계와는 무관한, 그 존재 자체가 인식될 수도 없는 제2의 세계를 상정하는 것이다.

철학사는 미망의 역사인가?

존재론과 신학

아리스토텔레스는 '존재를 존재로서 연구하는 학문'인 존재론과 행성과 우주의 '원동자'(신)를 다루는 학문인 제1철학(형이상학)을 구별했다. 하이데거에 따르면 형이상학을 비난하는 것은 철학이 신학 쪽으로 미끄러질 수밖에 없음을 보여주는 것이다. 존재란 무엇인가를 말하는 대신 철학자들은 '지고의 존재'를 찾는 경향이 있다.

형이상학을 거부하는 철학?

하지만 철학이 반드시 형이상학으로 흘러야 하는 것은 아니다. 형이상학적 태도의 특징은 언제나 아는 것 이상으로, 알 수 있는 것 이상으로 말하는 것이다. 철학이 본질적으로 비판이라면 철학은 또 다른 질문 양식을 만들 수 있다. 사물의 외양보다 '더 진실하고', '더 고차원적인' 사물의 존재를 상정하는 경향이 우리의 언어 자체에 어떻게 들어와 있는지를 연구하는 것이다. 철학자들은 "사물이 무엇인지를 아는 것보다 사물이 어떻게 명명되는지를 아는 것이 훨씬 더 중요하다."(니체)는 점을 이해해야만 한다.

▶ 철학의 도구들

▷▷▷ **혼동하지 마세요**

• 오류와 미망 |
오류error는 방황errantry과 비슷한 것이다. 특정 지식의 영역에서 오류는 길을 잘못 들어 바른 결론에 도달하지 못하는 것이다.
미망illusion은 판단 오류를 이끌 수도 있지만 본디 지각의 문제로서 '존재하지 않는 것을 존재한다고 믿는 착각'을 뜻한다. 착시나 환각 같은 것이 대표적인 예이다.

▷▷▷ **정의**

• 무제약성(절대성, unconditioned) | 문자 그대로 해석하면 이 말은 '다른 것의 조건에 종속되어 있지 않은 것'을 뜻한다. 따라서 신은 무제약적이다. 왜냐하면 신은 자기의 '존재'를 정당화하기 위해 자기 자신 이외의 다른 이유에 의존할 필요가 없기 때문이다.

▷▷▷ **더 읽어볼 만한 글들**

아리스토텔레스, 『형이상학』, 1장.
칸트, 『모든 미래의 형이상학을 위한 서론』.
콩트, 『실증정신론』.
니체, 『선악의 저편』.
니체, 『즐거운 지식』.
레비나스, 『후설 하이데거와 함께 실존을 발견하기』.

철학과 과학

철학과 과학의 관계에는 길고 복잡한 역사가 있다. 오늘날 '철학'과 '과학'이라고 부르는 것의 의미와 범위는 역사적으로 계속 변해왔으니 양자의 관계가 복잡한 것도 새삼스러울 것은 없다. 더구나 이 두 개념은 적용 영역을 통해 분명히 규정되는 두 분과라기보다는 사유와 인식의 두 방식이라고 보아야 할 것이다.

철학은 과학이다

'과학'이라는 단어를 넓은 의미로 이해하면 과학은 체계적 지식이라는 뜻이 되며 과학과 철학은 혼동될 수 있다. 피타고라스가 창안했다는 '철학'이라는 단어 자체가 '지혜에 대한 사랑'이라는 뜻이니 말이다. 하지만 고대에 지혜라는 단어는 오늘날과 같은 좁은 의미가 아니라 '지식'도 포함하는 넓은 의미의 단어였다.

소크라테스는 모든 것을 알고 있다고 주장하는 소피스트들과 싸우기 위해 아무것도 모르는 척했지만 오랫동안 학자와 철학자는 뚜렷이 구별되지 않았다. 한편으로 많은 철학자들은 당대의 과학을 포괄하는 백과사전적 사상을 발전시켰으며(아리스토텔레스, 라이프니츠, 헤겔), 다른 한편으로 근대 초엽까지 대다수의 유명 철학자는 과학 분야에서도 명성을 떨치고 있었다(플라톤은 수학자였고 아리스토텔레스는 생물학자였으며 데카르트와 라이프니츠는 둘 다 물리학자이고 수학자였다). 뉴턴의 역작에는 『자연 철학의 수학적 원리』라는 제목이 붙었으며 18세기까지 물리학은 '자연 철학'이라는 이름으로 불리고 있었다.

철학은 과학의 한 분과이다

과학이 진보함으로써(과학이 진보한다는 개념은 17세기 초 프랜시스 베이컨의 이론으로 처음 확립되었다) 한 사람이 모든 방면의 지식에 정통할 수 없게 되었다. 그래서 수많은 문제들이 점차 철학에서 분리되어 독자적 학문 분과가 되었다. 예컨대 데카르트는 음악, 생리학, 운동 법칙, 광학 등에 대해 글을 썼고 이 여러 분야가 철학에 속한다고 생각했지만 오늘날 이런 분과들은 철학과 무관한 것으로 여겨진다.

18세기 말에 철학은 형이상학과 논리학이라는 두 종류의 질문으로 대표되었다. 칸트는 철학에서 수많은 환상을 걷어내어 철학을 인식 원리의 과학으로 만들려 했다. 한편 오귀스트 콩트는 철학이 일종의 '과학의 과학'이 되기를 원했다.

20세기 초에 에드문트 후설은 현상학을 창시하면서 현상학을 사유와 실존의 틀을 연구하는 '엄밀 과학'으로 만들려 했다. 하지만 후설은 말년에 이 점에서 자기가 실패했음을 인정했으며 20세기 후반에 이르면 철학은 마지막으로 남은 전통적 연구 대상인 의식, 인식마저 신생 학문인 인지 과학에 빼앗겨 버리게 된다.

과학과 철학의 독립성

과학은 증명된 언표들, 즉 참 언표들의 형태로 표명되는 일군의 활동이며 결과이다. 철학은 인간 현실에서 가능한 최대한의 의미를 뽑아내려는 일군의 활동이며 작업이다. 과학의 이상이 객관성이라면 철학적 문제들의 속성은 인간 존재와의 필연적 연관이다. 이러한 일반론적 규정을 제외하면 철학은 과학과 달리 특유의 연구 대상이 없다고 할 수 있다.

그렇다고 해서 철학이 반드시 과학에 등을 돌려야 하는 것(베르그송, 하이데거)은 아니며 과학이 철학을 무시해야 하는 것도 아니다. 양자는 여전히 합리성이라는 모태를 공유하고 있다. 사실 과학 없는 철학은 없으며(과학이 없다면 철학의 사유는 무엇에 기댈 수 있겠는가?) 철학 없는 과학도 없다(철학이 없다면 과학의 지식은 무엇에 기댈 수 있겠는가?).

▶ 철학의 도구들

▷▷▷ 혼동하지 마세요
• '철학'이라는 단어의 두 의미 |
넓은 의미에서 '철학'은 생각이다. 이런 의미에서는 누구나 자기 철학이 있다.
좁은 의미에서 철학은 일관성 있고 엄격하게 정리된 사유들을 상정한다.

▷▷▷ 정의
• 논리학 | 넓은 의미의 '논리'는 사유의 질서이다. 좁은 의미에서 논리학은 이성적 사유의 조건과 구조를 다루는 과학이다.
• 형이상학 | 이 용어는 때로는 철학의 한 분과를 가리키며(제일원인과 궁극 목적과 같이 감각적 경험으로 파악할 수 없는 개념을 다루는 철학 분과), 때로는 철학 자체를 가리키기도 한다(철학은 존재, 진리, 선과 같이 가장 보편적인 관념을 다룬다).

▷▷▷ 더 읽어볼 만한 글들
칸트, 『순수이성비판』.
오귀스트 콩트, 『실증 정신론』.

모든 철학은 체계를 이루어야 하는가

어느 날 체계의 신봉자인 독일 철학자에게 그를 믿지 않는 청중 한 명이 도전했다. "선생께서는 정말 대단하시군요. 제 만년필을 한 번 연역해보시죠!" 철학적 논증의 놀라운 필연성과 모든 것을 설명할 수 있는 듯한 능력 앞에서 평범한 사람은 이러한 질문을 던질 수 있을 것이다. 철학 체계란 극도로 관념적인 필연성을 지니고 있다지만 아주 속되고 우연적이고 개별적인 현실에 대해 이 체계는 무엇을 할 수 있는가?

체계의 철학들

철학적 체계란 무엇인가?

철학적 체계란 서로를 배제하거나 반박하지 않는 명제들의 집합이다. 즉 일관성 있는 집합이다. 이 명제들 각각은 단일한 전체의 시각에 대한 부분적 관점이다. 이 시각의 통일성이 이 명제들의 일관성을 보장한다.

체계는 아무것도 빠뜨리지 않는다. 철학 체계 고유의 관점은 그 영역에서 보편적이다. 만약 이 영역이 현실 일반의 영역이라면 체계는 모든 현실을 포괄해야 한다. 체계가 작동 중인 영역의 모든 현실을 체계가 포괄하지 않았다면 그 체계는 보편적인 것이 아니라 특수한 것이 되었을 것이다. 그러므로 체계는 어느 하나도 바깥에 내버려두지 않으므로 자신이 이론상 흡수하는 전체 안에 갇혀 있기도 한 셈이다.

체계가 보편적이라는 말은 그 체계가 모든 명제를 증명할 수 있다는 말이다. 하지만 각 명제는 체계 내의 다른 명제에 의존할 뿐이다. 만약 하나의 명제가 체계 바깥의 무엇인가에 의존한다면 이 체계 밖의 요소는 체계 안으로 흡수될 것이다. 그러므로 모든 명제는 체계와 연동되어, 체계 안에서만 증명될 수 있다. 그래서 체계는 스스로 증명된다.

반反랩소디 원칙

체계의 모든 명제는 체계 내의 다른 명제를 통해 증명되고, 그 다른 명제도 또 다른 명제로 증명되므로 체계의 모든 명제는 나머지 명제 모두 덕에 필연적이 된다.

근본 명제는 다음과 같은 체계의 원리이다. 체계 자체의 관점이 일관성을 제공하는 것이며 이로부터 모든 명제가 도출된다. 체계는 이 원리 위에 수립되어 있다. 하지만 또한 체계는 이 원리를 증명할 수 있는 유일한 증거이다. 그러므로 체계는 순환적이다.

체계의 작동 방식은 연역적이다. 원리로부터 모든 것이 도출되어 조화롭게 배치되며 모든 것이 원리의 필연성에 결부되어 있는 것이다. 이러한 방식은 귀납과 대립된다. '서로 독립적인 진리를 조립하여 만든 랩소디'라는 작은 행복을 추구하는 대신 체계는 내부의 모든 것을 하나도 빼놓지 않고 필연적으로 묶어놓는다. 결국 지식의 과학성을 보장하는 것은 체계뿐이다.

사실의 철학들

사실은 체계로 환원될 수 없다

체계는 사실들을 설명해야 한다. 사실의 한 측면이 바로 그 우연성이라면 체계는 이를 설명할 수 없을 것이다. 왜냐하면 체계의 임무는 바로 사실을 필연성의 망網으로 묶어놓는 것이기 때문이다. 체계는 모든 것을 과학적으로 인식한다. 하지만 모든 것이 과학적으로 인식 가능한 것일까?

하나의 사실은 그 보편성(그 사실이 다른 모든 사실과 같은 점)보다는 그 특수성(그 사실이 다른 모든 사실과 다른 점)으로 규정된다. 그렇지 않다면 모든 존재는 다른 존재로 대체될 수 있을 것이다. 체계는 각 사물의 특수성을 설명할 수 없으므로 개별 사물의 본성을 설명하지 못한다.

체계는 자기 원리의 단일성을 수많은 사실에 적용한다. 그런데 이 원리는 사실이 이렇게 여럿 있다는 점 자체를 설명할 수 없다. 각 사물에 대해 다른 사물과 같은 점만을 알고 있다면 그 사물에 대해 도대체 무엇을 알고 있다는 것인가? 헤겔은 셸링의 체계를 비판하면서 밤이면 모든 소들이 검어 보인다고 말한다.

경험 많은 사람과 진정한 철학적 체계

각각의 사물이 다른 모든 사물과 공통점(보편성)을 갖는 동시에 차이(특수성)도 갖는 것은 그것이 특수하다기보다는 유일하기 때문이다. 그러므로 현실에 대한 두 가지 접근이 가능하다.

우선 지식의 두 유형을 나란히 놓아야 한다. 같은 현실을 놓고도 모든 것을 관념의 보편성 속에 희석시키는 철학자의 허황된 이론적 지식이 있을 수 있고, 지식의 양은 제한적이지만 참된 지식을 가진 현장 전문가가 있을 수 있다. 이렇게 경험 많은 사람 앞에서 모든 것을 알고 있다고 자부하는 체계는 단번에 그 허구성이 드러나 파산한다.

또는 진정한 체계의 수립을 시도해야 한다. 여기서 말하는 진정한 체계는 각 사물이 다른 모든 사물과 갖는 공통점은 다름 아니라 모든 사물이 서로 다르다는 사실이라는 것을 원리로 인정하는 체계이다. 현실을 체계적인 동시에 랩소디적인 것으로 생각하는 것은 진정한 사유인가 아니면 현실과는 무관한 완전히 불가능한 논리인가?

▶ 철학의 도구들

▷▷▷ 혼동하지 마세요

• 연역과 귀납 |
연역은 한 명제를 처음 명제로부터 도출하는 진리 수립 방식이다.
귀납은 한 명제를 그 예가 되는 수많은 구체적 사례로부터 이끌어내는 진리 수립 방식이다.

▷▷▷ 정의

• 랩소디 | 각 요소가 합쳐져 유기적 총체를 이루는 것이 아니라 내적 연관이 전혀 없는 사실의 단순한 병치로 그치는 것. 칸트는 이를 체계와 대립되는 것으로 규정한다.

▷▷▷ 더 읽어볼 만한 글들
아리스토텔레스, 『분석론 후서』, I, 3.
칸트, 『순수이성비판』, 「순수 이성의 건축술」.
헤겔, 『철학백과 서론』.
니체, 『우상의 황혼』, 1장.

▶ 생각해볼 주제
소피스트들

　소피스트들은 기원전 5세기에서 4세기 무렵에 살았던 철학자 집단을 가리킨다. 그들의 명칭은 '지혜'를 뜻하는 그리스 어 '소피아'에서 비롯되었다. 우리는 철학(필로소피아=지혜에 대한 사랑)이라는 단어에서도 이 어휘를 다시 한 번 발견한다. 소피스트들은 원래 현자들이었으며, 지혜를 가르치는 직업적인 선생들이었다. 하지만 플라톤은 소피스트라는 말을 부정적인 어감으로 사용하게 된다. 플라톤은 그의 대화편들을 통하여 가장 유명한 소피스트들, 히피아스, 고르기아스, 프로타고라스 등을 그의 스승 소크라테스와 대립시켰다(심지어 『고르기아스』에서는 칼리클레스라는 소피스트를 만들어내기까지 했다). 여기서 소크라테스는 진리의 진정한 대변인 역할을 한다. 플라톤은 크게 두 가지 점에서 소피스트들을 비판했다.

　첫 번째는 잡다한 학문을 아우르려는 그들의 야욕이 너무나 허무맹랑하다는 것이었다. 플라톤이 생각하기에 철학적 사유의 대상은 감각적인 세계가 아니라 절대적 이데아였다. 그는 『소小히피아스』(368c~d)에서 소크라테스가 소히피아스에게 이렇게 빈정대는 장면을 상상했다. 문제의 소히피아스는 모든 것을 알 수 있고 모든 것을 할 수 있다고 주장하는 인물이다.

자네는 일단 올림피아에 와서는 자네가 몸에 걸치고 있는 모든 것을 어느 하나 예외 없이 스스로 만들었다고 말했지. 우선 자네가 끼고 있는 반지는 자네가 만든 것이지(자네가 반지부터 거론했기에 하는 말일세). 그다음에는 자네의 인장印章 역시 스스로 만든 것이고. 말의 털을 빗는 글겅이와 기름병 역시 자네 혼자서, 자네 식대로 만든 것이지. 그다음에는 자네가 신은 신발 역시 스스로 만들었다고 했지. 자네의 외투도 자네가 직접 짠 것이고 자네가 걸친 튜닉도 마찬가지라고 했어. 사실 모든 이가 판단하기에 가장 놀라운 일, 그야말로 한량없는 지식을 보여주는 증거는 자네가 튜닉에 두른 허리띠마저 자네 손으로 직접 짰다는 거였지. 페르시아 허리띠처럼 생긴 그 허리띠는 정말로 섬세해 보였으니 말일세! 그게 다가 아니지. 자네는 대단한 시, 서사시, 비극시, 디오니소스 찬가와 산문으로 쓴 온갖 종류의 연설문을 외우고 있노라고 호기롭게 말했지. 또한 내가 조금 전에 말한 학문에 대해서도 자네가 하는 말을 듣자 하니 자네의 지식은 범상치 않은 경지에 올라 있었어. 리듬, 화성, 문법적인 교정, 그 밖에도 내가 기억할 수 있다고 생각하는 한에서 대단히 많은 다른 것들에 대해서도 마찬가지였지! 그렇지만 적어도 내가 잊어버린 게 한 가지 있네. 그러한 기억술의 방법, 자네가 비견할 데 없는 명성을 얻을 수 있게 해주었다고 하는 자네의 위업 말일세. 나는 자네와는 달리 엄청나게 많은 것들을 잊었다고 생각하는데 말이야!

(플라톤, 『소히피아스』 중에서)

두 번째 비판은 소피스트들이 순전히 수사학적인 기법들만 가르치면서 그들이 말하는 내용에 대해서는 충분히 주의를 기울이지 않기 때문에 진리의 관념과 그 가치를 망치고 있다는 것이었다. 그래서 소피스트들의 '지식'은 거짓 지식에 지나지 않는다. 그들의 지식은 오히려 조작 기법에 더 가까운 것이다.

'소피스트'라는 말 자체는 플라톤이 제기한 불신에서 벗어나지 못했다. 그래서 '소피스트주의'라고 하면 기만적인 추론을 뜻하게 되었고, 진리보다는 자신의 이익을 구하면서 테제와 그 반대를 동시에 주장할 수도 있는 냉소적인 인물을 소피스트라고 부르게 되었다.

그러나 최근 저작들 중에는 소피스트들의 실추된 명예를 회복시키려는 시도가 많이 있었다. 얼마 안 되는 진짜 사료들(소피스트들의 작품은 대부분 소실되었으므로)은 그들의 사유가 진지하고 값진 것이었음을 충분히 짐작할 수 있게 한다. 일단 그들이 당시로서는 매우 현실적인 문제였던 자연과 관습의 이원론을 가장 먼저 제기한 사람들이었다는 점을 차치하더라도, 그들은 정치에서 민주주의 개념을 설파했다는 점을 잊으면 안 된다. 이 단 한 가지 사실만으로도 민주정에 반대하는 관점을 가진 플라톤이 그들을 적대시하기에는 충분했을 것이다.

▷▷▷ 더 읽어볼 만한 글들
플라톤, 『대히피아스』.
플라톤, 『소히피아스』.
플라톤, 『고르기아스』.
플라톤, 『프로타고라스』.
로메예르Romeyer, 『소피스트들』.

찾아보기

『고독한 산책자의 몽상』 529
『고르기아스』 224, 381, 565
『구토嘔吐』 25
『국가론』 480, 481, 496
『국부론』 496
『꽃피는 아가씨들 그늘에』 140
『논리학』 450
『도덕 형이상학을 위한 기초 놓기』 511
『말과 사물』 459
『명상록』 536
『문화 속의 불안』 511
『방법서설方法序說』 12, 46, 126, 144, 149, 394, 440
『법률』 380
『법철학 강요』 180
『사회계약론』 191, 274
『사회분업론』 497
『성찰』 429, 440
『소히피아스』 565, 566
『수상록』 470
『순수이성비판』 80~82, 115, 420, 432
『신곡』 385
『실증 철학 강의』 458, 473
『안티고네』 247
『앙시앙 레짐과 프랑스 혁명』 361
『에티카』 246
『역사』 360
『유형지에서』 269
『윤리학』 505
『자본론』 158, 480, 497
『자연 철학의 수학적 원리(프린키피아)
　Philosophiae naturalis principia mathematica』 85, 557
『자연학Physics』 552

『정신현상학』 478
『파르메니데스Parmenides』 53
『파이돈』 542
『테아이테토스Theaetetus』 14
『향연饗宴』 133
『형이상학Metaphysics』 552
『환상의 미래』 433
『회상록』 340
『히피아스』 295

ㄱ

가능성 12, 27, 45, 52, 91, 93, 111, 124, 138, 209, 212, 480, 520, 528
가설 337, 346, 394, 396, 398, 402, 405, 414, 423, 437
가지적可知的 24, 69, 70, 408, 411
가치판단 19, 34, 55, 99, 472
간디Gandhi 491
갈등 31, 122~124, 163, 183, 208, 212, 214, 222, 226, 247, 249
갈릴레이Galilei, G. 174, 410, 414, 473
감각(적) 16, 24, 25, 44, 65, 102, 117, 149, 256, 318, 401, 411, 420
감성(적) 61, 80~82, 85, 103, 177, 238, 303, 334
감정 35, 36, 39, 55~60, 120, 133, 135, 146, 159, 271, 303, 304, 307, 334
개념 15, 69, 70, 146, 149, 187, 257, 289, 332, 366, 411, 469, 525, 547, 559
개별 이익 265, 267
개별성 242
개인주의 187, 507
객관성 319, 338, 340
거부 159, 170, 232

격률格率 237, 238
결정론 233
경험 23, 31, 45, 48, 53, 103, 128, 163, 246, 280, 364, 399, 449, 520, 542
경험론 76, 77
계몽주의 42, 418, 425
계발 182
고르기아스Gorgias 381
고비노Gobineau, J. 392
고야Goya 471
고유성 50, 79, 106
고흐, 빈센트 반Gogh, Vincent van 306, 307
골드바흐, 크리스티안Goldbach, Christian 291
공간 82, 83, 102, 120, 125, 151, 158, 209, 210, 357, 359, 448, 449
공공선 186, 198
공동체 119, 122, 183, 200, 203, 204, 237, 267, 437, 439, 444, 445
공리주의 202, 523
공포정치 187
공화국 197, 198, 217
과학 169, 172, 174, 290~294, 392~396, 400, 427, 455, 556, 558
관념론 176
관습 191, 193, 250, 328, 370, 470, 567
교양 317, 327
교육 12, 45, 78, 142, 327, 440, 441
구조주의 27, 29
국가 181, 183, 194~198, 204~206, 219, 253, 254, 269, 321, 353, 439
국가 이성 266, 267
군주정 195
권력 194, 204, 205, 264, 266, 322, 377, 380~382, 418, 433, 436, 535
권위 185, 188, 203, 218, 253, 265, 436, 545
궤변론 288
귀납 77, 79, 109, 413, 415, 561, 564
귀류법 272

근본주의 521
금욕주의 168
기계 292, 294, 300, 467
기만(적) 21, 26, 37, 39, 71, 99, 132, 237, 288
기술 119, 143, 174, 176, 280, 281, 323, 328, 349, 393, 394, 479, 483
기억 25, 37, 87, 88, 96~100, 102, 105~107, 109, 163, 286, 344~347, 522
기원 189, 190, 191, 192, 193, 213, 371~373, 375, 461, 464, 537
기의 365, 370, 385
기표 365, 370, 385
기호 27, 59, 109, 125, 204, 277, 365, 373, 375
꿈 173, 290, 386, 387, 468, 529

ㄴ
나르시시즘 132, 135
나폴레옹Napoleon, L. 347, 361, 362
낭만주의 177, 178, 180
네트워크 200, 300
노동 111, 155, 156, 160, 177, 178, 209, 282, 301, 447, 479, 481~489, 491~494, 496, 508, 516
노예 184, 185, 226, 478
노하우 277, 279~282, 294
뉴턴, 아이작Newton, Isaac 85, 557
니체, 프리드리히 빌헬름Nietzsche, Friedrich Wilhelm 47, 107, 369, 466, 516, 554

ㄷ
다빈치, 레오나르도da Vinci, Leonardo 278, 306, 325, 529
다양성 41, 51, 88, 185, 190, 519
단일성 84, 155, 198, 290
단테Dante 385
달랑베르, 장 르 롱d'Alembert, Jean, Le Rond 393
달리, 살바도르Dali, Salvador 308

찾아보기 **569**

담화 366, 368, 436, 548
대면 94, 123, 155
대중 선동가 382, 383
대치 38, 39
대화 23, 145, 147, 148, 150, 385, 441
데메니, 폴Demeny, Paul 30
데모크리토스Democritos 295
데카르트, 르네Descartes, René 12, 13, 16, 17, 44~47, 73, 126, 155, 244~246, 394, 402, 406, 520, 542, 557
도구 11, 15, 48, 119, 142, 143, 282, 292, 294, 300, 307, 373, 415, 481
도덕 법칙 213, 216~218, 237, 238
도덕적 선 219~221, 223
도시 170, 177, 189, 249
동물성 47, 112, 160, 170, 184
동족 120~123, 192
뒤르켕, 에밀Durkheim, Émile 47, 398, 481, 497
뒤뷔페, 장Dubuffet, Jean 305
뒤샹, 마르셀Duchamp, Marcel 302
들라크루아Delacroix, F. V. E. 278
디오게네스Diogenes 453

ㄹ

라부아지에Lavoisier, A. L. 473
라신Racine, J. B. 136
라이프니츠Leibniz, G. W. 443, 553, 556, 557
라캉, 자크Lacan, Jacques 48
랭보Rimbaud, J. N. A. 30, 471
레비스트로스, 클로드Lévi-Strauss, Clade 27, 29, 41, 123, 355
로고스 113, 154, 288, 290, 391
로바체프스키Lobachevskii, N. I. 410
루소, 장 자크Rousseau, Jean-Jacques 15, 120, 195, 272~274, 373, 418, 507, 529
르 풀리셰Le Poulichet, S. 528
리만Riemann, G. F. B. 410
리쾨르, 폴Ricoeur, Paul 28, 359

ㅁ

마그리트, 르네Magritte, René 386
마르크스, 카를Marx, Karl 47, 158, 167, 201, 349, 480~483, 497, 501, 502, 508
말라르메, 스테판Mallarmé, Stéphane 378
말로, 앙드레Malraux, André 158
망각 92, 96, 105~108, 344~347
메를로퐁티, 모리스Merleau-Ponty, Maurice 147, 150~152
모노, 자크Monod, Jacques 406
모방 178, 311~313, 315, 318, 328, 329
모순(적) 7, 54, 84, 92, 108, 107, 220, 231, 237, 253, 273, 286
모스, 마르셀Mauss, Marcel 157
몰리에르Moliére 131
몽테뉴Montaigne 459, 470, 541
무도덕 212, 218
무신론 519
무의식 37, 38, 48, 98, 286
무지 276, 296, 417
문명 41, 174, 318, 369, 375, 471
문화(적) 23, 25, 153, 154, 156~160, 255, 286, 292, 451, 452, 481, 546
뮈세, 알프레드Musset, Alfred 221
미켈란젤로Michelangelo 306
미학 303, 310
민주주의 376, 380, 502
믿음 392, 395, 424~430, 435, 436, 438, 443~445, 447, 521

ㅂ

바벨탑 146, 147, 299
바슐라르, 가스통Bachelard, Gaston 27, 420~423
발저, 로버트Walser, Robert 528
버크, 에드먼드Burke, Edmund 318
버클리, 조지Berkeley, George 62
번역 146, 287, 386, 452, 550
법정성 249, 254, 259

베르그송, 앙리 루이Bergson, Henri Louis 25, 87, 116, 117, 146, 313, 368, 393, 558
베버, 막스Weber, Max 169, 263
베일 52, 66, 483, 531
변증법 24, 185, 293, 294, 509, 550
변화 31, 53, 58, 85, 116, 349, 353
보들레르, 샤를 피에르Baudelaire, Charles Pierre 122
보르헤스Borges, J. L. 345
보부아르, 시몬 드Beauvoir, Simone de 462
보편성 42, 187, 262, 451, 502, 562, 563
복수 246, 268~271
복종 185, 190, 216, 226, 252, 254, 260, 261, 263~265, 273, 275, 362, 381
본능(적) 12, 142, 144, 157, 182, 185, 220, 221, 249, 463, 464
본성 120, 181, 201, 208, 213, 305, 330, 335, 424, 450, 456, 461, 537
부도덕 212, 218
부정성 31
부조리 341, 387, 526, 545
분업 119, 209, 481, 497
분쟁 190, 194, 204, 271, 375
불안 159, 169, 468
불평등 179, 187, 205, 300, 482, 497, 502
뷔리당, 장Buridan, Jean 226
브로델, 페르낭Braudel, Fernand 361
브왈로Boileau, N. 312
블로흐, 에른스트Bloch, Ernst 511
비판 14, 52, 80, 159, 421, 554

ㅅ

사랑 131~134, 136, 137, 140, 141, 166, 177, 211, 235, 427, 433
사르트르, 장 폴Sartre, Jean-Paul 21, 25, 47, 87, 88, 124, 454, 502
사유 13~17, 92, 180, 276, 289, 290, 301, 376~378, 408, 567
사회 체제 195, 196, 197, 206

사회적 이익 21
사회화 317
산업 169, 174
산업혁명 169, 299, 467, 479, 501
상대성 90, 256, 257
상대주의 81, 256, 258
상상 11, 13, 26, 27, 50, 82, 89, 140, 159, 166, 173, 192, 295, 332
생명체 404, 405, 406, 407, 534
생산 111, 155, 160, 178, 179, 307, 308, 310, 438, 492, 495
생성의 법칙 84
생시몽Saint-Simon, C. 340
생태주의 172
생태학 172
샤르, 르네Char René 531
선善 219~221, 279, 300, 301, 503, 504, 524, 549, 559, 523
선先이해 66
선입견 14, 16, 22, 45, 301
선천적 161~164, 221, 260
선험적 81, 114, 200, 298, 463
성 아우구스티누스Augustinus 100, 101
성찰 45, 55, 16, 17, 22, 150, 227, 308, 364, 429, 519, 544, 546, 549
성향性向 212~218, 223, 226, 535
세계관 21, 24, 363
세계화 42
세네카Seneca 232
셸리, 메리Shelley, Mary 416
셸링, 프리드리히 빌헬름 폰Schelling, Friedrich Wilhelm von 155, 178, 562
소쉬르, 페르디낭 드Saussure, Ferdinand de 29
소외 136~139, 151, 177, 201, 342, 343, 484, 488, 520
소크라테스Socrates 23, 34, 154, 262, 279, 295, 296, 489, 515, 542, 556, 565
소통 145~148, 151, 152
소포클레스Sophocles 247, 412, 465

소피스트 153, 288, 367, 368, 377, 388, 390, 391, 556, 565~567
솔론Solon 454
수리오, 에티엔Souriau, Etienne 304
수사학 367, 378
스미스, 애덤Smith, Adam 201, 496, 497, 499~501
스탈린Stalin, I. 392
스탕달Stendhal 140, 144
스토아 학파 439, 524, 525, 533, 535
스피노자, 바루흐Spinoza, Baruch 23, 46, 155, 246, 504, 505, 509, 524
승화 142, 144, 512, 529
시간 20, 25, 32, 67, 82~89, 92, 97, 99~104, 110~116, 344, 354
시뮬라르크 312, 315
시민 181, 186, 187, 199, 200, 249, 262, 263, 300, 380~382
시선 124, 127, 150, 151
신체 166, 167, 194, 195, 245
신화 27~29, 189, 192, 290, 380, 416, 465, 515
실용주의 283
실재 23, 52, 66, 85, 97, 175, 176, 276, 280, 289, 298, 313, 438
실정법 247~252, 254, 260
실존 30, 32, 33, 50, 83, 84, 87~90, 93, 95, 149, 151, 157, 192, 230, 444
실증주의 288~290
실천 276, 278, 281, 292, 521, 522

ㅇ
아날 학파 338, 361, 362
아라공, 루이Aragon, Louis 26
아렌트, 한나Arendt, Hannah 516
아름다움 303, 304, 316, 317~320
아리스토텔레스Aristoteles 54, 67, 116, 191, 200, 286, 306, 325, 388, 391, 409, 554, 556, 557

아타락시아 137, 139, 533, 534
아파테이아 533
악惡 301, 514~516
알랭Alain 13
알레고리 385, 387
알키에, 페르디낭Alquié, Ferdinand 132
앎 78, 79, 147, 163, 219~221, 241, 276~280, 285, 286
야만인 123, 470
야콥슨, 로만Jakobson, Roman 29
양가성 96, 98, 99, 121
양심 220, 235, 250~252, 260, 418
억견臆見 276, 541, 542, 550
억압 37, 106~109, 259
언어 12, 27, 164, 290, 364~369, 384, 386, 452, 531, 549, 550
에피쿠로스 학파 524, 525, 533, 534
에피쿠로스Epicouros 166, 506, 523, 534
에픽테토스Epiktētos 139
여가 156, 488, 489, 490, 491, 493
여론 19, 381, 435
역사가 336, 337, 362, 423
연대기 112, 113
연속의 법칙 84
연역 109, 413, 415, 564
영적 에너지 25
예술 177, 178, 289, 290, 302~304, 310, 312~315, 321, 329, 495, 529, 530
오류 16, 72, 257, 395, 431~434, 515, 538, 555
오성 11, 244, 303, 332, 420, 432, 509
오컴Ockham 379
외부 세계 51, 56, 63, 215
욕구 12, 36, 119, 165~167, 181, 479, 496, 510, 514, 533, 537, 538
욕망 11, 13, 31, 124, 175, 201, 209, 212, 214~217, 433, 445, 503, 507, 542
우연성 57, 167, 230, 231, 233, 330, 334, 379, 562

운명 113, 229, 231~233, 360
원시 사회 203, 205, 459
위고, 빅토르Hugo, Victor 119, 300
유기체 144, 195, 404~407
유물론 462, 464
유아론 127, 130, 150
유용성 183, 190, 196, 201, 202, 221, 235, 313, 477, 489, 493, 540
유한성 86, 95, 138, 139, 531
의견 14, 19, 22~24, 152, 395
의무감 234
의미 효과 367
의식 25, 27, 60, 64, 91~95, 98~102, 104, 106, 130, 150, 183
의심 16, 17, 19, 44, 46, 130
의존성 157, 190
이데아 24, 53, 66, 68~70, 523, 565
이데올로기 21, 22, 24, 163, 172, 202, 358, 392, 452, 483
이론 276, 278~281, 292, 418, 550
이미지 13, 15, 103, 132, 175, 205, 307, 310, 339, 413, 483
이성 12, 16, 137, 155, 223, 237, 335, 342, 447, 448, 520, 548, 553
이원론 66, 75, 153, 162, 292, 567
이중적 30, 156, 300, 309, 322, 445
이타성異他性 32, 33, 94, 121, 122, 125, 128, 133, 134
이해관계 119, 120, 170, 196, 199, 257, 291, 313, 331, 333, 358, 382
인권 42, 120, 219, 250, 456
인류 공동체 123
인식 27, 52~55, 80~82, 114, 279, 295 ~298, 380, 392, 447, 520, 545, 556
인종 중심주의 354, 355
인종주의 452, 455, 498
일관성 23, 540, 560, 561
일원론 155

ㅈ

자급자족 119, 125, 199
자기보존 133, 182, 183, 184, 185, 209
자기의식 25, 30, 31, 40~42, 126~128, 130, 184, 286
자민족 중심주의 41, 203, 206, 451, 452
자본주의 480, 490, 494, 502
자아 60, 63, 64, 73, 131, 132, 138, 146, 217, 529, 542
자연 법직 114, 214, 216
자연법 160, 179, 182, 248~252, 254, 260
자유 22, 31, 137, 151, 207, 208, 224~ 301, 324, 439, 497, 501, 508, 535
자유의지 16, 44, 46, 212, 217, 227, 228, 237, 244, 497, 500, 502
자율성 32, 45, 204, 205, 216, 441, 442
자의성 334, 370
자코브, 프랑수아Jacob, François 418
자코비, 러셀Jacoby, Russell 446
장켈레비치, 블라디미르Jankélévitch, Vladimir 516, 530
재현 312~315, 319, 322
전복 265, 542
전쟁 상태 207, 208
전지全知 295
전체주의 197
절대자유 215, 231
절대정신 177
정념 35, 36, 39, 131, 136~139, 177, 213, 214, 235
정당화 14, 16, 36
정동情動 58
정보 63, 96, 97, 286, 548
정부 194, 195, 198, 382
정언적 236
정열 36, 177
정의 200, 201, 213, 221, 250, 255~258, 268~270, 274, 275, 479

정체성 28, 29, 32, 41, 107, 121, 125, 264, 353, 440, 444, 445, 454
정체政體 197, 200
제욱시스Zeuxis 312
제일원리 552
제일원인 230, 553, 559
제일진리 17
조레스, 장Jaurès, Jean 501
존경심 171
존재 17, 19, 23, 28, 100, 101, 209, 225, 391, 411, 429, 555, 559
졸라, 에밀Zola, Émile 229
종교 174, 289, 427, 428, 447, 455, 461, 519, 520, 523
죄의식 234, 239, 241, 242, 521
주관성 26, 27, 41, 149, 152, 315, 317, 319, 359, 427, 458
주체 149~151, 176, 181, 186, 226, 227, 288, 290, 437, 457
죽음 91~94, 105, 106, 184, 211, 225, 454, 459, 534, 541
중립성 50, 51
지각 27, 39, 54, 57, 61~65, 67, 82, 89, 102, 176, 313, 314, 413
지속 102, 103, 116, 368
지식 16, 22, 150, 174, 221, 276, 339, 392, 394, 404, 510, 542, 562, 567
지혜 538, 539, 565
직관 80~82, 104, 114, 289, 376, 399, 448
진리 16~18, 22, 68, 72, 127, 283, 292, 415, 430, 432, 435, 565, 566, 567
진보 341, 349, 354, 393, 396, 416, 417, 425, 483, 526, 557
진정성 21
질료 305, 306, 376
징후 98, 106, 109

ㅊ

창조 178, 305, 307~310, 327, 495
창조론 464
책임 21, 32, 239~241, 258, 269
천재성 326, 327, 328
철인哲人 220
초월적 46, 47, 80
최고선 524~526
추론 35, 62, 109, 186, 234, 289, 409
추상(적) 13, 15, 78, 79, 86, 102, 115
추억 96~98, 105, 107~109, 317, 344, 413
추장 203~206
충동 144, 157, 238, 239, 245, 246, 464, 512, 513, 528
취향 316, 317, 319, 320, 327, 331, 427

ㅋ

카르납, 루돌프Carnap, Rudolf 297
카이사르Caesar 349, 358
카타르시스 322, 325
카프카, 프란츠Kafka, Franz 269
칸딘스키Kandinskii, V. 314
칸트, 이마누엘Kant, Immanuel 11, 163, 178, 218, 280, 341, 401, 463, 505, 564
케네, 프랑수아Quesnay, François 499
케플러, 요하네스Kepler, Johannes 473
코기토 17, 47, 149, 151
코르네유Corneille, P. 366
코스모스 154
코페르니쿠스, 니콜라우스Copernicus, Nicolaus 414
콩트, 오귀스트Comte, Auguste 290, 458, 473, 474, 476, 481, 557
쾌락 99, 166, 168, 212, 214, 217, 503, 504, 506, 523, 534
쾌락 원칙 36, 488, 503
크라틸로스Cratylus 67
크롬웰Cromwell, O. 490

클라인, 이브Klein, Yves 322
키케로Cicero 233

ㅌ

타율성 216
타인 32, 40, 59, 93, 118, 120~129, 149
　~152, 167, 235, 257, 440, 480, 529
탈레스Thales 276
탈리온 법(동태복수법) 269, 271
테렌티우스Terentius 118
테크노사이언스 293
토크빌, 알렉시스Tocqueville, Alexis 357, 361
톨스토이, 레프Tolstoi, Lev 362, 363
투키디데스Thucydides 337, 338
트라우마 528
특수성 34, 150, 281, 562
티에르, 아돌프Thiers, Adolphe 360

ㅍ

파괴 170, 175
파르메니데스Parmenides 154, 432
파스칼, 블레즈Pascal, Blaise 91, 131, 138, 250, 256, 274
파스퇴르, 루이Pasteur, Louis 393
파팽, 드니Papain, Denis 393
판단 12~16, 19, 22, 210, 245, 258, 303, 304, 440, 448, 535
패러독스 66, 192, 201, 205, 274, 296
페늘롱Fénelon, F. 351
평등 187, 188, 208, 259, 262, 275
평등주의 187
평화 208, 274, 275, 352
포도르, 제리Fodor, Jerry 379
폭력 263~267, 299
표상 15, 30, 37, 82, 102, 114, 115, 209, 426, 429, 430
표현 314, 315, 319, 324, 365, 551
푸생, 니콜라Poussin, Nicolas 306
푸코, 미셸Foucault, Michel 459

푸코Foucault, J. B. L. 414
프로메테우스주의 169, 172
프로이트, 지그문트Freud, Sigmund 37, 48, 386, 433, 511, 516, 520, 529
프로테스탄트 윤리 490
프루스트, 마르셀Proust, Marcel 88, 140, 141
플라톤Platon 14, 24, 111, 153, 213, 224, 380, 381, 401, 431, 523, 567
피아제, 장Piaget, Jean 13
필연성 76, 205, 229, 334, 379, 485, 486, 560, 561

ㅎ

하비, 윌리엄Harvey, William 406
하이데거, 마르틴Heidegger, Martin 21, 444, 554, 558
한계 296, 297
해방 185, 217, 440, 478
해석 339, 346, 358, 367, 398, 546
행동 63, 216, 217, 220, 236, 243, 245, 277, 279, 283, 285, 292
향수 159, 175, 177
헤겔Hegel, G. W. F. 22, 30, 42, 155, 156, 158, 310, 323, 478, 556, 562
헤라클레이토스Heracleitos 288, 295
혁명 262, 414
형이상학 432, 450, 495, 557, 559
홉스, 토마스Hobbes, Thomas 183
환상 47, 159, 171, 290, 358, 432~434, 451, 483, 512, 528, 529
회의주의 80, 81, 283
획일성 42
후설, 에드문트Husserl, Edmund 27, 47, 557
후천적 161~164
후험적 88, 102, 298
휴머니즘 120, 122

철학, 쉽게 명쾌하게

초판 1쇄 인쇄일 · 2007년 11월 15일
초판 1쇄 발행일 · 2007년 11월 22일

지은이 · 도미니크 부르댕 외
옮긴이 · 이세진 · 이충민
펴낸이 · 양미자

책임 편집 · 추미영
경영 기획 · 하보해
본문 디자인 · 이춘희

펴낸곳 · 도서출판 **모티브북**
등록번호 · 제 313-2004-00084호
주소 · 서울시 마포구 동교동 203-30 2층
전화 · 02-3141-6921, 6924 / 팩스 · 02-3141-5822
e-mail · motivebook@naver.com

ISBN 978-89-91195-20-2 03100

- 잘못된 책은 구입한 곳에서 바꾸어 드립니다.
- 이 책은 저작권법에 따라 보호를 받는 저작물이므로 무단 전재와 무단 복제, 광전자매체 수록을 금합니다. 이 책 내용의 전부 또는 일부를 이용하려면 도서출판 모티브북의 서명동의를 받아야 합니다.